新编公务写作进阶丛书

应用写作一点通

（进阶版）

中国写作学会副会长
中国公文学研究所所长
岳海翔◎编著

中国文史出版社

图书在版编目（CIP）数据

应用写作一点通：进阶版／岳海翔编著. —北京：中国文史出版社，2024. 11. —ISBN 978-7-5205-5056-7

Ⅰ. H152. 3

中国国家版本馆 CIP 数据核字第 2024UM7644 号

责任编辑：戴小璇　詹红旗

出版发行：中国文史出版社
社　　址：北京市海淀区西八里庄路 69 号　　邮编：100412
电　　话：010-81136606　81136602　81136603（发行部）
传　　真：010-81136655
印　　装：廊坊市海涛印刷有限公司
经　　销：全国新华书店
开　　本：1/16
印　　张：24. 25
字　　数：397 千字
版　　次：2025 年 7 月北京第 1 版
印　　次：2025 年 7 月第 1 次印刷
定　　价：72. 00 元

出版说明

公文既包括党和国家公文法规中所明确规定的15种法定公文，也包括各类机关单位常用应用文种，党政机关公文是党政机关实施领导、履行职能、处理公务的具有特定效力和规范体式的文书，是传达贯彻党和国家方针政策，公布法规和规章，指导、布置和商洽工作，请示和答复问题，报告、通报和交流情况等的重要工具；应用文是各级党政机关、人民团体、企事业单位以及公民个人在处理和解决各种公私事务过程中形成并使用的具有广泛实用价值和惯用体式的文书。随着新时代中国特色社会主义事业的不断发展和深入，公文的应用范围越来越广泛，认真学习公文写作基本知识，掌握公文写作方法和技巧，对于我们适应新质生产力背景下的社会形势需要，进一步做好本职工作，更好地服务于经济社会发展，具有十分重要的意义。

全书分为上下两编，其中上编为应用文写作基本知识，包括应用文的概念、起源与演变、写作特点和基本要求等内容；下编为应用文写作技法与范例，重点介绍法定公文和常用事务文书、法律文书、仲裁文书、律师文书等的写作模式和写作要领。每个文种均精选了新近发布的典型例文。

本书全面体现党和国家公文现行公文法规和公文格式国家标准的精神和要求，紧密结合机关及企、事业单位工作实际，反映当前公文学研究的最新成果，全力做到准确性、权威性和实用性相统一。是广大公文工作者、机关公务人员和广大文秘人员学习公文写作的好帮手。

中国文史出版社

2025年3月

目　　录

上　编　应用文写作基本知识

下　编　应用文种写作技法与范例

上编 应用文写作基本知识

第一章　应用文的概念

随着新质生产力背景下社会政治经济建设的不断发展，各种公私事务交往活动的逐步深入和日趋频繁，应用文越来越凸显出异乎寻常的重要地位，具有其他文体难以企及的社会功用。因此，我们每一位机关单位的工作人员特别是文秘工作者必须充分认识应用文这种特殊文体的重要性，认真了解和掌握各类应用文的写作规律、特征和要领，能够撰写出符合规范要求的应用文，以适应当今社会飞速发展形势的需要。

了解和掌握应用文写作的基本知识，具备相应的应用文写作能力，不断提高应用文写作的质量和水平，是每一位机关单位的工作人员特别是文秘工作者必备的一项基本功，它与我们的职业选择和定位密切相关，是我们做好工作的重要基础和必备条件之一。可以这样说，不具备一定的应用文写作能力和水平，就不能胜任本职工作。从古至今，凡是那些有作为的当权者及仁人志士，都非常重视文章写作特别是应用文写作。三国时期的魏文帝曹丕在他的名著《典论·论文》中将文章体裁分为四科八类，即奏议、书论、铭诔、诗赋，并且高度概括了各类文体的写作规律和基本特征，指出："夫文本同而末异。盖奏议宜雅，书论宜理，铭诔尚实，诗赋欲丽。此四科不同，故能之者偏也，唯通才能备其体。"更为重要的是，他把文章写作特别是应用写作上升到治理国家的高度来认识，指出："盖文章，经国之大业，不朽之盛事。年寿有时而尽，荣乐止乎其身，二者必至之长期，未若文章之无穷。"南朝刘勰在《文心雕龙》中也说："章表奏议，经国之枢机。"北宋大儒张横渠更加明确地指出："我们的写作要，为天地立心，为生民立命，为往圣继绝学，为万世开太平。"前新华社社长、中国著名新闻工作者郭超人也说："我们的写作人员，笔下有人命关天，笔下有财产万千，笔下有是非曲直，笔下有毁誉忠奸。"这些论述，都应该成为我们每一位从事应用写作特别是公文写作人员的座右铭。可以说，面对当今已经进入信息化和网络时代的全新社会，人们的一切政治、经济、文化、生产活动和科学研究等都离不开应用文写作，不具备相应的应用文写作能力，就算不上一名合格的人才，也难以胜任本职工作。毛泽东同志早在延安时期就曾经讲过："一个革命干部，必须能看能写，又有丰富的自然常识和社会常识，以此作为从事工作的基础和学习理论的基础，工作才有做好的希望，理论也才有学好的希望。"（《文化课本序》）他在这里提出了要具备阅读能力和写作能力的要求，并指出这两种能力是做好工作和学好理论的前提条件。美国著名的社会预测学家约翰·奈斯比特教授在《大趋势——改变我们生活的十个新方向》一书中指出："在这个文字密集的社会里，我们比以往更需要具备基本的读写技巧。"可以说，科学技术、文化教育越发达，越应重视应用文写作。反过来，应用文写作的发达，会更为有效地传播知识信息，提高全社会的生产和工作效率，促进科学技术和文化教育的繁荣发展。在这种情况下，如若不具备相应的应用文写作能力，是很难适应实际需求的，甚至会被时代所淘汰。有鉴于此，每一位有志于在当今广袤纷繁的社会舞台上展露身手的人，一定要站在时代的高度，用战略的眼光，以求真务实的态度、顽强拼搏的毅力和持之以恒的精神，重视应用文，熟悉应用文，写好应用文。

究竟什么是应用文？这是我们学习和掌握应用文写作知识必须首先弄清楚的一个问题，也是研究应用文写作规律和技巧的逻辑起点。这一问题不解决，有关应用文其他方面知识的学习就无法开始或者继续，它是解决全部问题的总纽结。

关于应用文的概念问题，在以往所出版的众多应用写作专著、教材和辞书中均有所涉猎，但表述却不尽一致。从总体上讲，应用文是传统文章学所划分的四大重要文体之一，即记叙文、议论文、说明文和应用文。这四类文体各具特点，各具不同的使用功能。早在 20 世纪 90 年代末期，就有学者指出应当将这四类文体合并，采取"两分法"的主张，其主要原因就在于前三类经过几十年的发展，也已逐渐向应用文靠拢，亦即应用文存在着明显的扩张趋势。例如，说明文中的产品说明书、简介等，就都属于应用文；议论文中很多文种，诸如学术论文等，也已经被应用文所同化；至于新闻等文体，在我国新闻的源头是文学，然而早在 100 年以前新闻就已经被划归应用文的名下。有鉴于此，有人主张将文体划分为怡情文和应用文两大类就足够了。其中应用文是现实的世界，怡情文则是理想的世界；应用文是理性的再现，怡情文则是情感的表现；应用文是实在的人生，怡情文则是希望的人生；应用文更多地连接着人们的物质世界，怡情文则更多地连接着人们的精神世界。但无论如何，我们可以看出，无论采取四分法还是两分法，应用文都是不可或缺的重要文体，具有不可替代的社会功用。

那么，应用文的概念应当如何表述呢？我们认为，应用文是各级党政机关、人民团体、企事业单位以及公民个人在处理和解决各种公私事务过程中形成并使用的具有广泛实用价值和惯用体式的文书。就其性质而言，应用文是党和国家机关从事各种组织管理活动以及人们交流思想、办理事情、沟通情况、传递信息、交流经验、解决问题不可缺少的重要文字工具，亦即工具性是应用文的本质属性；就其适用范围讲，应用文是所有文章体裁中与人民群众联系最为直接、最为密切、使用频率最高的一种文体，随着新时代中国特色社会主义事业的不断发展和深入，应用文的适用范围越来越广泛。因此，认真学习应用文写作方面的基本知识，掌握各类应用文写作的方法和技巧，对于我们做好工作，更好地服务于经济社会发展，具有十分重要的意义。

应用文从属于文书，它是文书这个大概念下的一个属概念。而文书又是什么呢？应该说，文书是一个极其宽泛的概念，外延很广，它囊括各级党政机关、人民团体、企事业单位以及公民个人在处理和解决各种公私事务过程中形成并使用的所有文字材料，既有成文的，例如决定、决议、报告、计划、总结、贺电、感谢信、协议书等，也有不成文的，例如录音、录像、微信聊天记录、餐馆菜谱、晚会节目单等，层级很高，范围甚广；相比之下，应用文的外延则相对要窄，只涉猎文书中的成文部分，而且应用文包括公文和私文，并且公文又可以进一步细分，划分为法定公文、事务文书以及各类专业文书等；私文则通常只适用于个人或者宗族为了处理个人私务。本书所列之应用文，即全面充分地考虑到了这一点，以适用各个层面、各个范围的人们之需。

从总体上讲，应用文具体包括两大类：一类是各种社会组织在推动和处理国家、集体公共事务过程中所形成并使用的公务文书，即通常所称的公文；另一类是个人、家庭和宗族在处理自身内部事务过程中形成并使用的私务文书，简称私文。而其中的公文又可做进一步划分，由党和国家以法规形式加以明确的部分公文文种，称为法定公文，也即狭义的公文。除此之外在各级各类党政机关、企事业单位及社会团体的公务活动中运行的用以处理日常事务性工作所使用的公文文种，称为事务文书，属于广义的公文。私人文书根据实际使用情况又可以分为多种类别。如图所示：

- 应用文
  - 公文
    - 法定公文
    - 事务文书
    - 专业文书
  - 私文

【进阶内容】 对于文书、应用文、公文、私人文书这几个概念的准确区分和把握，是学习和理解相关知识的基础。从总体上看，文书是一个总概念，应用文从属于文书，而应用文又包括公文和私文。把几个概念之间的关系捋清楚，是解决全部问题的总纽结。

第二章　应用文的起源与演变

在我们国家，应用文的产生与发展具有极其悠久的历史，它与文字的出现和国家的产生同步。文字的产生是人类文明与野蛮的分界线。任何一个国家和民族，从文字产生开始也就随之产生了应用文写作。斯大林在《马克思主义与语言学问题》一书中明确指出："生产的继续发展，阶级的出现，国家的产生，国家进行管理工作需要比较有条理的文书。"由此可见，应用文写作是以文字出现、阶级的出现和国家的产生为基本条件，起于治理国家的需要。

应用文写作，起源于人类的社会劳动，是社会生产、社会分工、社会管理、社会发展的产物。历史文献告诉我们，公文的使用在我国是古已有之。根据《尚书·序》中记载："古者伏羲氏之王天下也，始画八卦，造书契（指文字），以代结绳之政。由是文籍生焉。"这里的"文籍生焉""代结绳之政"，可认为是指应用文的产生。

关于"结绳记事"，《老子》中有"使民结绳而用之"的记载。《庄子·胠箧》中有"昔者……祝融氏、伏羲氏、神农氏，当是时也，民结绳而用之"。《说文解字·序》中有"神农氏结绳而治，而统其事"。从这些古典文献中可以发现，统治者借助结绳来进行管理，而且结绳的大小能够标示记载不同的内容，用这种简单的方法帮助记忆，达到管理与应用的目的，具有备忘、信守、凭证的作用。

客观而言，"结绳记事"是公文的"原始形态"。因为它是一种典型的象征性记事的方式。但从历史上讲，应用文作为一种文字载体，应该是与文字结伴而生的，并随着生产与管理活动的发展而不断发展。自从人类发明了文字之后，就产生了应用文，这是人类走向文明的重要标志之一。正如《周易·系辞》中说："上古结绳而治，后世圣人易之以书契。百官以治，万民以察。"最早提出"应用文"这一名称的，应当是宋代的张侃，他在《拙轩集·跋·陈后山再任教官谢启》中说："骈四俪六，特应用文耳，前辈直谓世间一种苛礼，过为谨细。"正式提出应用文这一概念的，是清代学者刘熙载。刘熙载在他的《艺概》一书中更加具体地指出："辞命体，推之即可为一切应用之文。应用文有上行，有平行，有下行。重其辞乃所以重其实也。"如果说，在中国文学史上，"神话"是中国文学"祖先"的话，那么在中国应用文发展史上，"甲骨文"则当之无愧为应用文的"祖先"了。只是在名称上，历代说法不同而已。

我国应用文写作的历史极为悠久，可以说源远流长。据考证，早在5000多年前我国就有了国家雏形的原始文明活动，诸如征讨、民主选举、征询商议、祭祀，等等。这些公务活动的进行需要形成相应的文字材料。如前所述，随着阶级的出现和国家的产生，统治阶级为了实行自己的统治，越来越需要通过相应的书面载体来发布政策、施行政令，人们之间也需要通过相应的文字材料来加强沟通与交流。因此，应用文写作作为一种特殊的行为活动应运而生，出现了大量的应用文书。

一、原始社会可以视为应用文的孕育时期

这一时期人们由于生产、生活的各种实际需要，创造了原始形态的"应用文"，除典型的"结绳记事"之外，还有甲骨文。2000年11月10日《人民日报》公布200多名考古学者经过5年研究的最新成果《夏商周年表》，把我国的历史纪年由西周的共和元年——公元前841年向前推移了1200年，证明范文澜在《中国通史》中推断夏朝已有原始文字是有据可查的。而在西安市斗门乡花园村发掘出的甲骨文，比殷墟甲骨文要早1200年。也就是说，早在5000年前我国就产生了应用文。

二、从奴隶社会到秦统一中国以前的战国时期为应用文的发端时期

这一时期随着文字的产生，开始出现了最早的书面语言公文，而且形成了众多体裁，首开秦汉以后应用文发展、演进的先河。比如，从作为古代应用文"信史"开始的殷墟甲骨刻辞到钟鼎彝器铭文以及春秋战国时期的各种书（如策书、上书、玺书、盟书、移书等）、檄、祝、颂、箴、谋、吊、赋和司法文书、经济契券等，都初具应用文的实用性与严肃性。在甲骨卜辞之后出现的商周时期的钟鼎铭文，不仅证实了文字与应用文的关系，而且以实物向我们提供了那个时代应用文的具体模式。商周以青铜器作为礼器和乐器，是奴隶主贵族的传家之宝。礼器和乐器上铸造的铭文称为"钟鼎文"或"金文"，其中有很多是歌功颂德的文字，也有不少已经具备了公文的性质和功用。《周易》中的卦、爻辞，

大约也产生于商末周初，卦、爻辞中的记事，虽然也很简短，但比起甲骨卜辞而言更趋完善，并且有某些生动的记述，有的还用简洁洗练的语句表达了某种生活经验乃至人生哲理，是我国古代应用文萌芽发展中的一个重要阶段。由此可见，甲骨卜辞、钟鼎铭文以及《周易》中的卦、爻辞等，与前述“结绳记事”一样，均是应用文的原始形态。特别是春秋战国时期，应用文的写作业已逐渐走向成熟。《论语·宪问》中记载了孔子的一段话，谈及当时文件起草加工的情形：“子曰：为命，裨湛草创之，世叔讨论之，行人子羽修饰之，东里子产润色之。”可见，一篇应用文的产生需要经过几道程序，充分体现出当时对应用文写作的重视和严肃认真的态度。这一时期出现了我国最早的公文集《尚书》（又称《书经》），是一部国家文书汇编。其中收录了虞、夏、商、周四个朝代的公文，并将文体划分为典、谟、训、告、誓、命6种，总计100篇。

三、秦汉时期是公文的发展时期

秦统一中国后，封建专制主义中央集权国家的建立，应用文发展进入了成熟时期。秦王朝进行了政治、经济、文化上的一系列改革，如“书同文”“车同轨”等，应用文受此影响，日趋规范化。秦初兼并天下，首改政令，确定“命”为“制”，“令”为“诏”，陈事曰“表”，勤俭政事曰“奏”，推覆平论曰“驳”，天子自称为“朕”，首开应用文体裁规范化之先河。汉承秦制，并有了进一步发展，具体表现在体裁上，如东汉蔡邕在《独断》中说：“其命令，一曰策书，二曰制书，三曰诏书，四曰戒书。”又云：“凡群臣上书天子者有四名：一曰章，二曰奏，三曰表，四曰驳议。”正如刘师培在《中国中古文学史》中指出：“文章各体，至东汉而大备。”不难看出，应用文特别是公文发展到这一时期显然已经定型了，并涌现出了大量的应用文佳作，如东方朔的《上书自荐》、贾谊的《陈政事疏》、晁错的《论贵粟疏》、赵充国的《上屯田便宜十二事奏》等都对后代产生了深远影响。

四、魏晋南北朝时期是应用文的成熟时期

这一时期各种应用文的体裁特点明显形成，而且文体也略有增加，如三国之后，增加了一种平行文“移”。应用文的体裁在汉代趋于规范的基础上，在实际使用中发展得更加切实可行，出现了不少脍炙人口的名篇，如曹操的《述志令》《求贤令》《内告诫令》《举贤勿拘品行令》、陈后主的《咨询诏》，这些诏令典雅凝重、温润深厚。又如孔融的《荐祢衡表》、诸葛亮的《出师表》，此二表被

刘勰在《文心雕龙》中并称为“表之英也”。最为著名的首推诸葛亮的《出师表》，陆游在《书愤》中称“出师一表真名世，千载谁堪伯仲间”。品读这篇《出师表》，可以说写得有理、有力、有节、有情，在反复叮咛中责己、谏君，确实堪称表中精英，文中楷模。特别值得一提的是，这一时期古代公文写作理论基本形成，尤其是南朝齐、梁时期文学理论批评家刘勰的《文心雕龙》，对历代各种应用文体裁的功用、特点、写作规律进行了全面、深入、系统的分析研究，对今天的应用文研究具有重要价值。

五、隋唐宋时期是公文发展的高峰时期

这一时期出现了一些新的文体，如唐代皇帝将下行的应用文称作册、制、敕。册、制、敕用法各有不同，“册”用于封立皇后、太子以及王公大臣；“制”用于颁发国家重大制度；“敕”又分为发敕、敕旨、论事敕、敕牒等。这一时期应用文受唐宋诗词文的影响，各种体裁的名篇云集，如韩愈的《答李翊书》、王安石的《答司马谏议书》，柳宗元的《段太尉逸事状》，骆宾王的《为徐敬业讨武曌檄》，欧阳修的《朋党论》等，不胜枚举，并建立了一文一事制、修改公文须加印章制、机要公文实封编号制和催办制。各种应用文文体之完备，从《唐六典》《宋史》中可见一斑。

六、元明清时期是应用文的稳定时期

这一时期突出的特点是，应用文文体的分类更加详细，如明代的上行文就有题、奏、启、表、笺、讲章、书状、文册、揭帖、制对、露布、泽等，而经常使用的也只有题、奏、启、揭帖等几种；下行文种类很多。总的看来，文体的类别越分越细。至明清时期，已经十分烦琐，直到清末才有所改观。明清时期应用文的体裁也有所变化，但在明代没有出现类似唐宋八大家那样杰出的作家，应用文也无崛起之势；在清代，文体虽有发展，如“照会”“申陈”“滚单”等，但公文也不如唐宋时期那样“丰盛”。

七、辛亥革命、五四运动和新民主主义革命时期是公文的重大变革时期

这一变革突出表现在五个方面：一是应用文在表达上发生了重大变革，白话文逐步替代文言文成为应用文表达的手段和特征。二是辛亥革命推翻清王朝后，

南京临时政府于1912年颁发了中华民国第一个《公文程式条例》，规定“令”“咨”“呈”“示”“状”五种，废止了封建时代所使用的“制、诏、诰、敕、戒、策、册、表、章、奏、议、疏”等文种，还明确规定公文中不准使用“老爷”“大人”一类词语。三是北洋军阀政府连续三次公布《公文程式条例》，从第一次公布的“令、布告、状、咨、公函、呈、批”七种，到第二次袁世凯为称帝需要而颁发的“大总统公文程式”“大总统政事堂公文程式”“官署公文程式”共17个文种，到黎元洪继任总统公布的第三个《公文程式条例》共13个文种：“大总统令、国务院令、各部院令、任命状、委任令、训令、指令、布告、咨、咨呈、呈、公函、批。”四是国民党执政后，先后三次颁发《公文程式条例》，规定了9种常用公文：令、训令、指令、布告、任命状、呈、咨、公函、批。除上述9种公文外，这一时期还沿袭使用了“手谕”“告书”“通告”“宣言”“笺函”等杂体公文。但是，这些改革都是不完全、不彻底的，只有在中国共产党诞生、新中国成立以后，应用文的发展才趋于统一和完善。

八、新中国成立后是应用文发展不断完善、应用文理论研究不断深入时期

新中国成立以后，随着时代发展和社会进步，特别是在改革开放和中国特色社会主义建设大潮中，面对瞬息万变的社会和激烈竞争的商品市场，应用文也以其极高的频率性、极大的普遍性和极强的实效性充分发挥了固有的功能，实现了自身的应有价值。同时，应用文在内容、形式、语言等各个方面也都发生了巨大变化和进步。一是内容上破旧立新，体现出鲜明的时代特色，反映出社会主义物质文明、政治文明和精神文明建设的新内容；二是在形式上删繁就简，易呆板为灵活，化虚伪为求实，摒弃反映旧社会统治下的形式主义的僵化模式，消除散发旧社会腐臭的避讳、抬头、移行、套语等陈规陋习，代之以简便、灵活、晓畅、实用的文书体式；三是在语言上推陈出新，随着时代的发展变化而出现了大量的具有鲜明时代特色的一些新的提法和语句，大力提倡“短”“实”“新”的优良文风，倡导语言的规范、严谨、简明、得体。尤其是在公文方面，我们党和国家权力机关还先后颁布了一系列法规文件，从而使我们党和国家的公文体系不断得到丰富和发展。特别是2012年4月16日，中共中央办公厅和国务院办公厅联合印发了《党政机关公文处理工作条例》，将党政两大系统的公文处理法规合二为一，是我国当代公文法规建设进程中一次具有划时代意义的重大变革，是党政机关公文处理工作发展的客观需要，对于进一步推动各级党政机关公文处理工作的

统一化、制度化和科学化，规范公文运转程序，提高公文处理的质量和效率，具有极其重要的现实意义和深远的历史意义。迄今为止，这一公文法规业已实施了13年之久，仍然体现出了其旺盛的生命力。

需要指出的是，进入新时期以来，我国的应用写作理论研究十分活跃，不仅出版了大量的研究应用写作特别是公文写作的著作，还成立了专门的从事公文写作研究的交流群体；不仅应用文写作被列入各类高校必修、选修课程，而且还出版发行专门的《应用写作》（长春理工大学主办）刊物，尤其是各行业每年不定期举办应用文写作培训班，使得应用文写作知识的普及获得了空前发展。

纵观我国的应用文发展历史，历经数千年而经久不衰，不断得以发展和完善，究其实质，一个最关键的原因就在于它适应了社会发展的客观需要，具有恒久和巨大的生命力。在治国安邦、办理各种公私事务过程中发挥着不可替代的重要作用。

第三章　应用文写作的特点和基本要求

要想写好各类应用文，在准确把握其内在含义、爬梳其发展演进脉络的基础上，还要弄清其基本的写作特点和相关要求，特别是要注意把握共性，分清个性，重点是要切实领会应用文与一般文章及文学写作相比所体现出来的特殊性，使所写出来的应用文合乎规范，发挥其应有的功用。

应用文作为文章的重要种类，在长期的历史发展和写作实践中，已经逐步形成了区别于其他文体的独特性，突出表现为如下几个方面：

一、范围广泛，注重实效

与其他文体相比，应用文具有极其广泛的适用范围，这是应用文的最显著特征之一。它广泛运用于机关、团体、企事业单位的公务活动以及个人和宗族自身的内部事务之中。就公文而言，作为党和国家机关传递策令、沟通情况、交流经验、推动公务活动开展的重要工具，广泛应用于党和国家管理工作的方方面面，是沟通、联络整个社会公务活动的桥梁和纽带。特别是在当今已经进入信息社会和网络时代的新形势下，党和国家各项管理活动的开展就更加离不开公文。试想，不制发各种指令性、指导性和规范性的公文，庞大而复杂的国家机关靠什么来启动；数以千百万计的各种机构，不请示报告工作，上级靠什么进行决策指挥；从天南到地北，从政治到经济，从内政到外交，都被信息网络联结在一起；信息的收集、整理、加工、传递、使用以及循环反馈，无不需要人们去写作，形成相应的各种各样的公文，以有效地推动公务活动的正常开展。可以说，公文是各种社会组织机构特别是党政机关公务活动协调运转不可须臾离开的书面文字工具。个人和宗族之间在日常学习、生活和工作过程中需要商洽事情、互相交往、彼此沟通、增进合作，都离不开应用文。离开应用文，党和国家的方针政策、法律法规等就不能得以宣传贯彻，情况就无法沟通，经验就无法交流，意见也不能统一，步调就不能一致，这样各种公务活动也就无法正常开展。与此同时，应用文还具有特别重要的实用价值，非常注重现实的效用性。我们党和国家要经常通过公文这一物质载体来发布和传达有关的政策、规定、法律、法令等，来推动整个社会组织机构正常有序地运行，有关单位和人员必须认真遵循、执行和办理，不能漠视不管甚或违反，否则就要承担相应的责任，受到应有的处罚。各级机关、单位内部，为了维护工作的正常开展以及生产的正常运行，也需要制定和发布相应的规章制度等法规性公文；不相隶属的机关单位之间也要通过公文来商洽工作，加强沟通与交流。就连守则、公约、合同、意向书之类的应用文对工作和行动也具有严格的制约作用，其实效性特征也非常明显。

二、内容真实，最忌虚妄

真实性是应用文写作的最基本要求之一，也是应用文写作的一条根本原则。具体是指应用文所反映的内容必须实事求是，绝不能肆意歪曲事实或者文过饰非。要如实反映客观存在的实际情况，有一说一，有二说二，既不夸大也不缩小。特别是公文，作为党政机关办理公务的实实在在的工具，担负着传递策令、沟通信息、指导、布置和商洽工作、报告情况、交流经验的重要职能，因此其所表达和反映的内容和情况决不允许有假大空、有浮华失实，而必须是绝对真实的在现实生活中具体存在的事实，它保证了公文的权威性和有效性。

可见，应用文中所讲的真实，是以客观事物存在为基础的绝对真实，这与文学作品的写作有所区别。文学作品为了反映生活本质，可以对所写的人和事进行艺术改造和加工，甚至可以虚构。而应用文反映的则是社会实践活动中的客观事实，所涉及的时间、地点、人物、事件等必须绝对准确，任何一个细节都不允许失真，尤其是一些向上级机关所写的汇报材料，如果弄虚作假，隐瞒真实情况，其结果必然会影响上级对某事项的决策，影响党和政府的形象和公信力，甚至会导致严重后果。因此，应用文的写作必须严肃认真，深入实际进行调查研究，使所写内容符合客观情况，做到准确无误、完全真实。

需要注意的是真实和准确之间的关系。真实和准确本是一脉相承、一本所系，在真实的前提下还要做到能够准确地加以反映。例如，有一篇反映某位县委书记廉洁奉公事迹的报告，其中谈到这位县委书记“无论何时何地，从来未接受过任何人的任何礼物”。这种表述就不尽妥当，因为如果说这位县委书记拒绝任何贿赂是真实可信的，但所涉及的拒绝任何礼尚往来的程度就显得不够准确，因为我们总不能不近人情。1987 年，浙江省青田县鬃村干部为解决拉电线经费问题，在乡干部的指点和默许下，把原本牢固的小学校舍卖掉，让学生到濒临倒塌的危房上课。而在同年11月，省、地两级教育“双验收”的汇报材料中却写道：“乡党委发动群众干部自力更生、集资建校舍，在上级没有拨款的情况下，一个穷乡三个村建校。鬃村建教室两间，建筑面积166平方米……”但出乎意料的是仅仅7个月之后，这个被汇报为“新建教室”的破旧危房在一场大雨中轰然倒塌，造成6名小学生死亡、16人受伤的惨剧。由此可见，上报材料弄虚作假造成的后果有多严重。

三、态度鲜明，时代感强

应用文的性质和特点决定了它的写作必须做到旗帜鲜明、与时俱进。或赞成或反对，或颂扬或暴露，或讴歌或鞭挞，必须直截了当，毫不隐晦。要把行文的目的、依据、内容等明白无疑地传输给受文对象，不使之产生理解和执行上的偏差。要以马克思列宁主义、毛泽东思想、邓小平理论、“三个代表”重要思想、科学发展观以及习近平总书记系列重要讲话精神为指导，以党和国家的方针政策为依据，使所提的观点、见解、意见、办法、措施和所做的结论科学合理，能够充分体现最广大人民群众的根本利益。而要做到这一点，看似简单，实则不易。

作为各级党政机关和企事业单位以及个人、宗族处理各种公私事务的文书，应用文对社会生活的发展变化反映最为直接和迅速，具有鲜明的时代特性。在漫长的封建社会所盛行的那些祈祷鬼神的祭文具有浓厚的迷信色彩，而那些令人生厌的、废话连篇的烦琐公文程式和辞令，充满着浮夸失实、虚伪欺诈、媚上压下、拼凑堆砌的腐朽之风；孙中山先生领导的辛亥革命及其所形成的公文，荡涤了延续几千年皇家公文的污泥浊水，体现出了鲜明的时代特色。在“文化大革命”期间，许多脱离实际的极“左”口号和提法以及宣传个人崇拜的言辞，在当时的应用文和各种公文中被大量使用，反映了这一特定历史时期“左”的思想恶性膨胀的特点。直到进入新时期以后，随着中国特色社会主义建设的飞速发展以及对外政治经济交往的客观需要，应用文越来越受到社会的重视，使用频率越来越高，在社会生活的各个领域发挥了越来越重要的作用，充分反映出我国社会政治经济繁荣发展的良好局面。应当说，这种渐进性的变化，既体现在行文的目的和内容上，也体现在行文程式及诸多的行文方法上，其中都镌刻着时代发展的烙印。由此可见，应用文的写作一定要与时代同步，要符合时代要求，反映时代特点，体现当今时代的精神风貌，只有如此，才能真正发挥应用文的应有功用。

四、准确简练，朴实通俗

应用写作以实用为目的，这就决定了其在语言材料、表现方法的选择上有自己特有的要求，并形成独特的语言风格。其中很重要的一条就是要做到准确简练、朴实无华、通俗易懂，这是由应用文本身的性质和特点所决定的，也是应用文写作的一条基本要求。俗话说："一字入公文，九牛拔不出。"极其形象地说明了应用写作特别是公文写作准确性的特点。这种准确应当包括策见的准确、事实的准确、文法的准确和逻辑的准确，特别是在遣词造句方面，一定要字斟句酌，做到准确恰当，"意少一字则义阙，句长一言则辞妨"，力避令人费解甚至误解。凡属反映事物的性质、特征，表示事物的程度、范围、优劣等，用语一定要恰如其分，给读者以肯定、明晰、确切的认识，不能使用诸如"大概""估计""可能""也许"等模糊度较高的词语。要用极省简的文字表达尽可能丰富的内容，做到言简意赅。注意培养一种"精雕细琢"的写作风格，在写作过程中认真推敲、反复修改，竭力删掉那些可有可无的字词句段，毫不可惜，以期达到"句中无余字，篇内无赘语"的境界。还要讲求"扬质朴，弃靡丽"，像马克思那样"用无产阶级的平凡的、质朴的、实在的、日常的问题提法"，像鲁迅先生所说的那样，"有真意，去粉饰，少做作，勿卖弄"，语义要鲜明，用语要得体，不能装腔作势、哗众取宠、浮华藻饰、刻意雕琢，而应当是追求在朴实之中见神奇，看似平常却奇崛，这是应用文直接应用性的要求。因为应用文不是文艺作品，不必也不允许追求想象的瑰丽、情节的奇特、辞藻的华美，它是实实在在的办事工具，不需要粉饰做作、废话连篇和故作高深，而要实事求是地反映情况，准确无误地传递信息，让受文者感觉浅显易懂，一目了然地理解其内容。因此，就要求在用词上规范地使用书面语言，不用口语和方言土语；使用含义明确、范围限定的词语，避免产生歧义；不能随意使用外来词和时髦新词语；采用消极修辞手法，不能滥用文学语言。不需要文学性的细腻刻画、着意烘托，也不要求学术性的探幽索微、艰深爬抉。为了便于理解和应用，需要以朴实无华的语言直述不曲，使读者获得准确无误、简洁明快的阅读效果。据史书记载，清朝政府曾经向德国借款修筑胶济铁路，条约中有一款的表述为："沿铁路线左右 30 里内煤铁等矿，德国有权开采。"原意是指沿线左右加起来总共为 30 里，因为文字表达不确切，又可解释为左右各 30 里，行文产生歧义，致使腐败的清政府竟然让德国获得了比原来多出一倍的土地开采权。

由于客观事物往往是纷繁复杂的，能以直白平实的语言将事情表述清楚并不容易。但也只有朴实无华的语言才能为广大读者所接受和认可，便于应用文内容的理解和执行。试想，如果文字艰深晦涩、生僻难认，再加上“官腔十足”，怎么能达到行文的目的呢？由此可见，应用文语言的威力不在于华丽辞藻的堆砌，而在于朴实无华。著名教育家叶圣陶先生在《公文写得含糊草率的现象应当改变》一文中曾经说过：“公文不一定要好文章，可是必须写得一清二楚，十分明确，句稳词妥，通体通顺，让人家不折不扣地了解你说的是什么。”这就非常明确地告诉我们，应用文重在实用，工具性是它的本质属性，在写作过程中着眼于把问题讲清楚、把事情说明白、把道理讲透彻，是应用文写作的根基所在，也是其能否发挥应有效用的关键。离开实用性而奢谈应用文，进而把应用文写得极富文学色彩，就等于舍本逐末，误入歧途。诚然，有些应用文，特别是演说类、讲话类、悼词类应用文等，还是要讲究一些积极修辞表达手法的，但这并不能从总体上排斥甚至否定应用文的准确简练、朴实通畅的总体特征和基本要求，否则就是以偏概全，有失应用文的本质特性。

五、体式严整，讲求规范

在长期的使用和写作实践中，应用文特别是公文已经形成了一整套较为稳定的惯用格式，包括每一文种的基本结构模式和写作要领，甚至某些习惯用语都是固定的。这是应用文与一般文章特别是文学文相比在形式上最明显的区别。一般文章和文学作品的写作，讲究“大体须有，定体则无”“文无定体”，而应用文写作讲求的是“文有定体”。特别是法定公文，党和国家的公文法规中设有专章就格式问题做出明确具体的规定，并专门制定发布公文格式国家标准；其他的事务文书也都有各自的惯用格式，任何单位和个人在撰写时都必须遵从，而不能标新立异，各搞一套。讲求体式的严整和规范，不是人们任意强加给应用文的，而是应用文本身的一种客观需要，是其写作结构的一种规律性表现。按照规定的惯用格式所写的应用文，其主要目的和作用在于能够确保各类应用文撰写和处理得准确、迅速、规范、及时和有效，不但结构完整、层次分明、布局得当，而且能够为人们所熟悉和认可，便于理解和接受，从而提高应用文写作的质量和效率，实现顺利行文的目的。

值得注意的是，体式严整、讲求规范并不是要将应用文引向僵死的套路，回归“八股”式的文章中去。“八股”式的应用文，向来被人们反对，也是不良文风的具体表现。实际上，在遵循特定的体式规范前提下，完全可以体现作者“自由发挥”的空间，承载和传递各种各样的公私活动信息，体现不同的文章风格。对此，我们可以通过认真研读大量的古今中外的应用文经典之作，就可以从更加深广的层面来体会和领悟。

在2005年中央电视台春节联欢晚会上，由许晓明、魏真柏、朱丹萍表演的小品《汇报咏叹调》：某公司办公室叶主任没有按领导的要求去参加饲料质量会议，而是私自去观赏音乐会。第二天经理要当面听取汇报，并将会议内容向董事长汇报。同时还要参加一个重要的电话会议。由于根本不知会议情况，情急之下这位办公室主任佯装找出笔记本，随口编出了“高度概括”的五条“会议精神”：提高认识，强化意识；主要领导要亲自挂帅，是第一责任人；发动群众，做好宣传；持之以恒，环环紧扣；各项工作要落到实处。出人意料的是，经理当场向参加会议的另外一个单位的经理核实，其所告知的内容竟然是出奇的一致。更令人啼笑皆非的是，此时电话会议的时间到了，经理与办公室主任当场听会，是一场关于彻底打赢消灭蟑螂的歼灭战专项会议，结果所传达的内容竟然也是同样的“五条”。实属惊人的相似！

第四章　怎样培养和提高应用文写作的能力

应用文写作作为一门科学，其所涉猎的内容非常广泛，既有对应用文的静态研究，也有对应用写作的动态把握；既有从宏观上探讨应用文写作的原理，又有从微观上研究应用写作的技法；既有对中国古代应用文写作的历史借鉴，又有对当代应用文写作的跟踪研究。有鉴于此，要想全面、深入、系统地了解和把握这门学科的相关知识，以期求得学以致用之目的，必须注意讲究正确的学习方法。从大体上讲，主要有如下几个方面。

一、要坚持理论与实际相结合的原则

应用文写作是一门实践性很强的学科，要学好应用文写作，真正掌握它的写作技巧与规律，除了要有必要的理论储备作为基础以外，最关键的是要深入实际，到丰富多彩的应用文工作实践中去锻炼、去体会、去提高。如果仅仅停留在了解应用文写作的一般知识，甚至死背条文上，那将是于事无补的。因此，正确而有效的方法是将所学到的理论与应用文写作实践有机地结合起来，以增强其针对性和实用性。对于尚处于学习阶段的高职高专类院校学生来讲，应当通过社会调查、实习等多种形式，尽可能多地接触当前的应用文工作实践，了解和把握应用文写作方面的实际情况和问题，并以之来印证、消化在课堂上所学到的理论知识；对于在机关单位工作多年的人员来讲，应用文理论的储备自然是必要的，同时也必须深入实际中去，不但要了解本地区、本部门的工作实际，而且要了解全省乃至全国范围内的有关情况；不但要了解事物的现状，还要了解事物的历史和未来；不但要知其然，而且还要知其所以然。只有将理论与实际结合起来加以学习，才能够收到实效。

二、要尽可能地接触各类应用文实例，从阅读中提升

实践证明，广泛阅读应用文实例（包括范例和病例），从中汲取经验或引以

为戒，是提高应用文写作能力的有效方法。应用文写作应当先从模仿开始，模仿是应用文写作的必由之路，而模仿的参照物就是古今中外各类经典的应用文。我国晋代著名学者陈寿在《三国志》中说得好："读书百遍，其义自见。"我国唐代大诗人杜甫也说："读书破万卷，下笔如有神。"清代著名学者孙洙在《唐诗三百首序》中也说："熟读唐诗三百首，不会作诗也会吟。"我国现代大文豪鲁迅先生更加明确地指出："文章应该怎样做，我说不出来，因为自己做的文章，是由于多看和练习，此外并无心得和方法的。"还有，英国著名科学家牛顿把书比喻成"巨人的肩膀"，并且说自己的许多成就就是"站在巨人的肩膀上"得到的。这些论述都十分深刻地告诉我们，阅读对于写作是何等的重要。大量的应用文实例，总能给人们提供有益的借鉴，通过阅读，我们不但会了解到应用文这一特殊文体在思想内容表达方面的规律与要求，而且能从中品味、揣摩出应用文写作的有关特性、技法和要领，从而有效地提高写作水平。这里，要注意对各种例文的选择，应当尽量摄取那些在时间上比较切近而又比较有代表性的范例或病例，以确保学习的针对性和适用性；同时，要注意在阅读的过程中对例文中进行一番"评析"，不能单纯地为阅读而阅读。要在明确行文目的与意图的前提下，依据应用文的基本构成，特别是从内容、体式、表达等几个方面对例文加以深入考察，弄清其规范或病误的道理。这样，才会充分发挥阅读的作用，收到应有的效果。

三、要认真练好"内功"，自觉地做到多写、多练、多积累

应用文写作是作者综合能力的反映，它需要作者既具有较为深厚的语言文字功底，还要具有比较高超的运局谋篇艺术。因此，要想提高应用文写作能力，使所写出的应用文符合规范化的要求，就必须以持之以恒的精神和坚韧不拔的毅力，努力练好"内功"，尽可能地从多方面去充实自己。这里的"内功"包括诸多要素，其中最主要的无外乎政治素质的提升以及思想政策水平和理论水平的锤炼，本系统、本单位业务知识的积累，语法、逻辑和修辞方面知识的掌握和运用，等等。而要做到这一点，绝非易事，要求我们在日常的学习和工作中，一定要努力学习和掌握马列主义、毛泽东思想、邓小平理论、"三个代表"重要思想、科学发展观以及习近平总书记系列重要讲话精神，认真学习领会党和国家的有关方针、政策，使自己懂得运用正确的立场、观点和方法来观察、分析实际工作中遇到的问题；同时还要努力钻研业务，做学习和工作中的有心人。要通过写日记、记笔记、做摘录、建卡片等多种形式，广泛地积累与应用文写作相关的各

种材料，凡属党和国家某一历史时期的某项方针政策以及相关情况等，都要加以留心并及时摄取存贮起来，以备不时之需。在此基础上，最重要也是最有效的是要做到“多动笔”，应用文写作标准高、要求严，要达到这一目的，没有捷径可走，只有靠自己亲身实践，多写多练。开始写得不好没有关系，但只要坚持不懈，以锲而不舍的精神和顽强的毅力去反复实践，不断耕耘，久而久之，驾驭应用文的能力就会逐步提升，真正成为应用文写作领域的行家里手。应用文写作的反复性很强，我们既不能奢望一蹴而就，也不能期盼一次成功就能够次次成功。我国清代著名学者唐彪说得好：“多读乃籍人之功夫，多做乃切实求己之功夫，其益相去远也。”意思是说多读当然也很好，但只是借鉴别人的经验，只有多写多练，才能够日有所进，不断提高。由此可见，没有认真的培养和训练，没有刻苦的学习和实践，没有丰富的知识和经验，是不会写出好的应用文的。而在此过程中，要想获得理想的效果，还要求我们把功夫下在平时，多积累，多实践，“长期积累，偶然得之”，事实终将会告诉你，事事留心，日积月累，多写多练，就会给你写作技能的提高插上腾飞的翅膀。

【进阶内容】 在当今社会，你不具备一定的应用文写作能力，就不能胜任本职工作。所以，要求我们每一位文秘工作者一定要真正从思想上重视应用文，了解应用文，写好应用文。在当今的职场环境，能够写得一手合格的材料，你一定会受到领导的重视，一定会在激烈的岗位竞争中立于不败之地。要想成就自己所从事的事业，必须重视并加强几个基本功的训练，具体包括阅读能力的训练、听辨能力的训练和复述能力的训练。要抓在日常，严在经常，不断训练，持之以恒，久而久之，你就会惊奇地发现，你的文字功夫已经练成了，已经在不知不觉中跻身于文秘人员的“成手”之列。那么，一个文秘人员如何实现从写作入门向写好公文的转化呢？事实证明，没有别的捷径可循，只有进行一些艰苦的基本功的训练。这是学会应用文写作，从知到行的一个不可逾越的步骤。综合起来，主要包括3个基本功的训练：（1）讲读能力训练。（2）听辨能力训练。（3）复述能力训练。从古至今，凡是那些有作为的当权者及志士仁人，都非常重视文章写作特别是应用文写作。

下编 应用文种写作技法与范例

第五章　报请体文书的写作

第一节　报　　告

【功能特性】

根据《党政机关公文处理工作条例》的规定，报告“适用于向上级机关汇报工作，反映情况，回复上级机关的询问”。它是下情上达、沟通和反馈信息的主要方式，是维护上下级之间工作关系的重要手段。报告属于常用的公文文种，功能较广，既可以就某一阶段的工作打算、工作进程或工作中的主要问题主动地向上级机关报告，也可以就某专项工作说明情况，或进行解释性、说明性汇报，还可以向上级机关或主管部门提出本单位工作的一些新想法，旨在得到上级机关的认可和支持。报告本身不一定很长，但有时在文字难以表述清楚的情况下，可以采取数字、表格、图表等形式作为报告的附件列示出来。

根据报告的功能，可以将其分为例行的工作报告、临时的突发事件报告、专题的表达意见的报告、专门回复上级机关询问的报告以及为了报送其他文件而写的报告，等等。

【结构模式】

报告的写作模式通常由标题、主送机关、正文和生效标志等几个部分构成。

一、标题

要完整载明发文机关名称、事由和文种 3 个要素，例如，《××县人民政府关于撤除消雹降雨地点的报告》。即使文件的版头部分已经标注有发文机关名称，此处也不可省略。其他文种也均应如此，后文不再赘述。

二、主送机关

即报告的致送对象，应是报告机关的直接上级机关或单位，无极特殊情况，不可越级行文。

三、正文

此部分应当载明 3 项内容。

（一）引据。应简明扼要地交代行文的背景、缘由或者依据，它是全文的提要，即“立片言而居要，乃一篇之警策”，便于读者率先有一个总的概念，了解报告的核心内容。然后通常使用“现将有关情况报告如下”“为此，特提出如下意见”之类的结尾语，提领下文。

（二）主体。即报告的事项部分，是全文的主体和核心，它要叙述报告的具体内容，在撰写时应当根据不同情况有所侧重。如果内容较多，篇幅较长，则可采用分题式、分条式或者两者结合式进行叙述。就工作报告而言，应当写明做了哪些工作，取得了哪些成果，然后概括基本情况，再写明存在的主要问题以及下一步的工作打算。对于反映情况的报告，则应侧重写明问题状况及其来龙去脉，同时分析问题产生的原因，说明其后果，并在此基础上提出解决问题的办法和措施。对于回复上级机关询问的报告，则应强调针对性，要紧紧围绕上级机关的询问和要求进行叙写，厘清问题，辨明态度，提出倾向性的意见。

（三）结语。正文部分写完后，一般用“以上报告，请审阅”“特此报告”“专此报告”等，应视具体情况灵活选用，不可千篇一律。有时为了简练起见，也可省略结语。主体部分结束后，行文即告终止，给人以言简意赅、干净利落之感。

四、生效标志

报告的生效标志由 3 个要素构成（以下凡属于公文法规中所规定的 15 种公文，除特定格式的公文以及个别公布性公文外，其生效标志均如此操作，不再一一赘述），即成文日期、发文机关署名和印章。在具体操作过程中，应当注意分 3 步进行：首先是确定成文日期的位置。成文日期位于正文之下若干行（至于具体是几行，是由机关和单位印章大小决定的，由于机关和单位的印章大小不会改变，我们在实际操作时只要反复试几次就会掌握究竟空出几行位置）右空 4 字标识，使用阿拉伯数字，要用公元全称；其次在成文日期上一行居中位置标识发文机关署名，使用 3 号仿宋体字，要用发文机关全称或者规范化简称。如果使用规范化简称仍然较长，则可考虑排成两行；最后就是加盖印章，用印一律采用下套的方式，做到上不压正文，印章的下弧要与成文日期的下边缘相切。

【典范文例】

中共云南省委云南省人民政府
关于 2023 年度法治政府建设情况的报告

国务院：

2023 年，云南省委、省政府坚持以习近平新时代中国特色社会主义思想为指导，全面贯彻落实党的二十大和二十届二中全会精神，深入学习贯彻习近平法治思想和习近平总书记考察云南重要讲话精神，认真落实中共中央、国务院关于法治政府建设总体部署，扎实推进依法行政，持续提升法治政府建设质效，为云南高质量发展提供有力法治保障。

一、主要举措和成效

（一）加强党的领导，健全完善法治政府建设推进机制

一是切实履行推进法治建设第一责任人职责。省委书记王宁多次主持召开省委常委会会议、省委全面依法治省委员会会议等，专题听取工作推进情况汇报，研究部署法治政府建设工作，审议新时代全面依法治省的实施意见、普法强基补短板专项行动方案等。省长王予波主持召开省人民政府常务会议、全省法治政府建设工作电视电话会议等，统筹谋划法治政府建设工作任务。二是以开展学习贯彻习近平新时代中国特色社会主义思想主题教育为契机，深入推进习近平法治思想大学习、大宣讲、大培训，组织完成3.76万名县处级以上领导干部全覆盖集中轮训，并对280万名基层党员进行培训。三是扎实抓好法治政府建设重点任务落地落实。纵深推进法治政府建设示范创建工作，向中央依法治国办推荐第三批全国法治政府建设综合候选地区4个、单项候选项目5个，统筹做好第一批全省法治政府建设示范创建活动，命名20个示范地区、10个示范项目、3个先行地区。组织开展中央依法治国办市县法治建设督察反馈意见整改工作，对中央法治督察整改落实、法治建设“一规划两纲要”中期推进情况等整合开展法治督察。

（二）深化行政管理体制改革，推动政府机构职能优化协同高效

一是推进全省机构改革。按照《云南省机构改革方案》，调整优化重点领域机构设置和职能配置，深化行政执法体制改革，调整完善乡镇（街道）机构设置和管理体制，精减人员编制和规范部门领导职数。二是深化简政放权改革。深入推进权责清单管理，动态调整省级33个部门权责清单共547项。印发《云南省行政许可事项清单（2023年版）》，州（市）、县（市、区）同步完成动态调整。印发《云南省州市级和县级政务服务中心进驻事项负面清单（2023年版）》，在全国范围内率先发布州（市）级负面清单72项、县级负面清单75项，推动负面清单外的事项应进必进、集中办理。聚焦赋权扩能，出台《云南省乡镇（街道）行政职权基本目录（2023年版）》，明确86项法定职权；《云南省赋予乡镇（街道）部分县级行政职权指导目录（2023年版）》，明确142项行政职权；《云南省开发区和滇中新区赋权事项指导目录（2023年版）》，明确74项省级行政职权，上下协同、条块结合推进省、州（市）、县（市、区）一体赋权。三是完善协同监管机制。制定印发《云南省深入推进跨部门综合监管工作方案》，编制实施跨部门综合监管重点事项清单，切实提升监管的精准性和有效

性。加强“互联网+监管”系统建设，推动监管部门认领监管事项1264项，编制检查实施清单13.52万张，汇聚监管对象126.49万个、监管行为数据1334.11万条、执法人员信息10.40万条。四是深入推进行政审批规范化便利化。全省一体化政务服务平台打通高频业务办理系统143个，实现全国范围204个、西南地区190个、泛珠三角区域165个事项“跨省通办”，政务服务事项网上可办率98.02%、全程网办率81.97%。

（三）提升法律服务质效，着力优化法治化营商环境

一是突出统筹联动做实护航机制。出台《中共云南省委　云南省人民政府关于加快民营经济高质量发展的意见》《云南省法治化营商环境全面提质23条措施》等文件，举办首届云南省民营经济法治建设大会，发布民营经济法治建设“十大护航行动”和“万所联万会”机制典型事例，加强各级各有关部门的联动配合，推动政策落地落实。二是紧盯关键环节做强制度供给。创新打造中小企业融资综合信用服务平台，累计向企业授信787.47亿元，惠及企业4.6万家。全省共评查涉企行政执法案卷6万余卷，全覆盖评查了2021年以来近2000件涉企行政复议案件，全省各级人民法院梳理排查2021年以来审（执）结涉企案件1367件。三是聚合资源做优法律服务。组建律师服务团，为1.2万余家民营企业开展“法治体检”。升级“云南中小微企业公共法律服务平台”，2144家企业、672名律师入驻平台。依托云南省律师事务所在境外设立的15个分支机构，初步形成共建“一带一路”国家海外法律服务站点布局。

（四）健全依法行政制度体系，进一步提升政府治理效能

一是加强重点领域政府立法。编制《云南省人民政府2023年度立法工作计划》，围绕资源经济、园区经济、口岸经济发展和生态文明建设、社会保障体系等重点领域，推进滇中新区条例、口岸服务条例、医疗保障条例、铁路安全管理条例、生态环境保护条例等立法工作。2023年提请省人大常委会审议地方性法规4件，制定、修改、废止政府规章3件。二是加强行政规范性文件制定监督管理。对422件省委和省人民政府联发文件、省人民政府及省政府办公厅文件进行合法性审核。对报送省人民政府备案的220件行政规范性文件进行审查，备案审查率达100%。对6447件行政规范性文件进行清理，废止和宣布失效1570件、修改448件。全省现行行政规范性文件全部录入《云南省法规规章规范性文件数据库》，并实现动态管理。三是坚持科学民主依法决策。严格落实合法性审查制度，对省人民政府常务会议74个议题送审稿进行合法性审查。依法依规履行公众参与、合法性审查、集体讨论决定等程序，法律顾问对省人民政府的重大行政决策等出具法律意见386件。

（五）抓实执法规范化建设，推进严格规范公正文明执法

一是深化综合行政执法改革。全面完成省级以下综合行政执法队伍规范设置工作，州（市）、县（市、区）级相关执法队伍全部进行规范设置，全省所有乡镇（街道）全部组建执法队伍，初步构建州（市）、县（市、区）、乡镇（街道）三级完备的执法体系。在昆明市安宁市、玉溪市红塔区等6个地区开展深化行政执法体制改革试点。二是健全行政执法工作体制机制。出台《云南省提升行政执法质量三年行动实施方案（2023—2025年）》，着力整治行政执法突出问题，提高行政执法队伍能力素质，提升行政执法数字化、信息化水平。出台《云南省人民政府办公厅关于进一步规范行政裁量权基准制定和管理工作的实施意见》，建立健全行政裁量权基准制度。三是加大重点领域执法力度。开展打击非法行医、非法医疗美容等专项整治活动，共查办各类卫生健康违法案件9815件。推进农村乱占耕地建房专项整治和矿产资源"打非治违"，收到明显成效。严厉打击涉危险废物等违法行为，共查处环境违法处罚案件2290件。开展"不合理低价游"整治专项行动等，检查文旅企业14.65万家次。按照中央依法治国办的统一部署，在全省开展道路交通安全和运输执法领域突出问题专项整治，建立完善10项工作机制，加强宣传发动、清理核查、督察督办等，共梳理问题线索11366件并全部核查处理完毕。

（六）强化监督制约，保障行政权力规范透明运行。

一是自觉主动接受各方监督。接受人大、政协等监督，高质量办理人大代表建议746件、政协提案617件，满意度持续保持100%。积极发挥审计、财会等监督作用，全年共审计（调查）项目3222个，开展重点民生资金专项整治行动，全面规范7个民生领域资金管理。积极支持检察机关对行政违法行为的监督，2706件检察建议及时得到整改落实。二是充分发挥行政执法监督规范保障作用。加强行政执法检查和案卷评查，全省各级行政执法主体共评查行政执法案卷46万余卷。加强省、州（市）、县（市、区）、乡镇（街道）四级行政执法协调监督体系建设，在楚雄州牟定县、玉溪市新平县戛洒镇开展试点工作并取得明显成效。加快推进云南省"区块链+行政执法和监督"平台建设，已累计汇聚1000万余条数据。三是全面落实政务公开。省人民政府门户网站发布信息16583篇、政策解读材料365件、政策文件166件。印发《云南省行政机关政策解读工作办法》，全流程规范政策解读工作。

（七）统筹发展和安全，切实提升社会治理现代化水平

一是健全突发事件应对体系。出台《云南省生产安全事故应急办法》，开展重大事故隐患专项排查整治2023行动，生产安全事故起数和死亡人数同比分别

下降 15.2%、10.9%。完善边境立体化防控体系，坚决打击电信网络诈骗等跨境违法犯罪，维护边境地区安全稳定。二是开展普法强基补短板专项行动。组建省、州（市）、县（市、区）三级 161 支 77694 人专项普法工作队全覆盖下沉到乡镇（街道）、村（社区），针对摸排出的 34.4 万余名重点普法对象开展普法宣传，将普法融入矛盾纠纷化解、命案防控攻坚、特殊人群管理服务等，有效预防“民转刑”“刑转命”案件。三是加强矛盾纠纷排查化解。建成覆盖乡镇（街道）、村（社区）的调解委员会 1.77 万个，全省共调解矛盾纠纷 25 万余件，调解成功率 98.38%。常态化做好领导干部下访接访和信访包案化解工作，各级领导干部下访接访 2.02 万批次，信访总量和人次同比分别下降 18.7%、19.95%。四是强化行政复议与应诉工作。行政复议化解行政争议的主渠道作用进一步发挥，全省新收行政复议案件 7302 件，首次超过同期法院系统一审行政诉讼案件数量。持续提升行政复议办案质效，出台《云南省行政复议案件办理质量评查办法（试行）》，省、州（市）、县（市、区）三级实现行政复议咨询委员会全覆盖。建立行政机关应诉通报制度，行政机关负责人出庭应诉率逐年提高。

二、存在的问题和不足

2023 年，云南省法治政府建设工作取得了一定成效，但离党中央、国务院要求和人民群众期盼还有一定差距，仍存在一些薄弱环节和短板。主要表现为：行政立法精细化水平有待提升，立法聚焦解决实际问题还有短板，部分立法过程中公众参与度还不够高；部分地区行政规范性文件制定程序不够严谨规范，存在以法律顾问意见代替合法性审查等问题；有的地区和部门行政执法“三项制度”落实不到位，存在执法信息公示不及时或不全面等问题；行政机关负责人出庭应诉率还有差距，县级行政复议机构人员不足、能力还需提升等。

三、2024 年重点工作

2024 年，云南省将坚持以习近平新时代中国特色社会主义思想特别是习近平法治思想为指导，把法治政府建设作为重点任务和主体工程抓紧抓实，以更大力度、更高标准、更实举措，奋力推动法治政府建设再上新台阶。

（一）持续完善立法工作机制。充分发挥立法对改革的引领和推动作用，突出“小切口”“小快灵”，加快推进全省治理亟需、人民群众迫切期盼的法规规章制定修订工作。完善立法论证评估制度，扩充基层立法联系点，拓宽立法公众参与渠道，完善立法工作机制。

（二）持续推动政府职能转变。深化行政审批制度改革，稳步推进“双随机、一公开”监管和“互联网+监管”，提高监管精准化水平。提升政务服务效能，切实优化法治化营商环境。

（三）持续健全依法行政体系。强化依法决策意识，完善考核评估机制，增强领导干部依法办事的意识和能力。全面落实合法性审核制度，推行重大行政决策年度目录公开制度，健全规范性文件动态清理工作机制，不断提升行政决策公信力和执行力。

（四）持续深化综合行政执法体制改革。深化实施提升行政执法质量三年行动，完善基层综合执法体制机制，进一步规范和监督罚款设定与实施，稳步提高行政执法质量和效能。2024 年年底前基本建成省、州（市）、县（市、区）、乡镇（街道）四级全覆盖的行政执法协调监督工作体系。

（五）持续优化法治保障和法律服务。统筹优化公共法律服务体系建设，推动网络平台、实体平台、热线平台融合发展。加强行政复议工作，抓好新修订的行政复议法贯彻实施，认真执行行政机关负责人出庭应诉制度，推动诉源治理，加强府院联动，完善司法建议、检察建议反馈机制。

中共云南省委
云南省人民政府
2024 年 3 月 22 日

【进阶内容】

报告的写作需要厘清以下几点：

一、主旨要明确，思路要清晰。在一般情况下，撰写报告应当依循为什么要写报告、报告什么内容的思维路径，在充分占有材料的基础上，根据主旨表达的需要以及观点与材料相统一的原则，精心构思，合理布局，然后动笔，力求一气呵成。

二、重点要突出，文字要精练。报告全篇要做到重点突出、主次分明，每一部分都要围绕全篇突出重点。所谓重点就是向上级机关报告的主要内容，而各部分的重点则是围绕说明主要内容并需要引起上级机关注意的关键之处。在突出重点的同时也要兼顾一般，既要有点，也要有面，点面结合，相得益彰。在文字表达上要力求简练，不讲空话、套话以及正确的“废话”。

三、观点要鲜明，材料要真实。向上级机关汇报工作，反映情况，一定要做到实事求是，客观真实，要坚决克服报喜不报忧，只宣扬成绩掩饰问题的不良倾向，要在深入实际进行调查研究的基础上，提出鲜明有力的观点以及实事求是、有充分说服力的材料。

四、不要夹带请示事项。在公文处理实践中，受文单位对于报告没有答复的责任，如果把请示事项夹在报告里，往往容易误事。因此，如果有需要上级机关予以答复的事项，应以“请示”行文。

第二节 请　　示

【功能特性】

根据《党政机关公文处理工作条例》规定，请示“适用于向上级机关请求指示、批准”。从性质上讲，请示属于期复性的上行文，在实践中的使用频率非常高，范围也很广，诸如涉及有关财政支出、资产购置、人员定编、机构设置、出国出境等事项，以及下级机关在本机关、本单位的职权范围内不能决定或者解决不了的问题，或者在一些重大原则问题上出现分歧无法取得一致意见，需要上级机关做出裁决等，均需行文请示，获准后方可执行或者办理。

【结构模式】

一篇完整规范的请示，应当由以下几个部分组成：

一、标题

请示标题必须完整载明发文机关名称、事由、文种 3 个要素，不可或缺，例如，《民政部关于增加选举工作干部编制名额的请示》。要注意在使用介词“关于”时，不要在其后加入“申请”“请求”等词语，因为请示文种本身已经包含了“申请”之意，再在其前加上这些词语就属于用词重赘，叠床架屋。例如，《××关于请求批准购买××××的请示》就是如此。

二、主送机关名称

位于标题之下，靠左顶格标识。值得注意的是，请示的致送对象必须而且只能是一个，要坚决避免多头主送的现象。同时，主送机关必须是机关或单位名称，而不能是领导个人。

三、正文

请示的正文，一般由请示缘由、请示事项和请示要求（结语）3 个层次构成。

请示缘由是行文的导语，亦即“为什么要请示”。要根据请示的内容灵活安排表达方式，可以叙议结合，先叙后议、先议后叙或者夹叙夹议均可，要用简明扼要的语言将有关的历史或现实情况逐一交代清楚，切不可缺少实施情况的交代，也不可堆砌材料，写得烦琐冗长。总之，一定要做到事实清楚、理据充分，它直接关系到行文目的能否得以顺利实现。这就要求写作者必须对请示的事项具有全面的了解和深入的研究，明确问题的性质、起因和有关的政策、事实依据。还要注意做到“一文一事”，否则就会因为数事之中有一件事被卡住而使整个请示事项搁浅，事与愿违。

请示事项是全文的重点所在。任何一篇请示，在向上级机关说明缘由之后，都必须提出自己对解决问题的态度或意见。在具体写作时，要特别注意所提出的意见既要符合国家的法律、法规规定，符合党和政府的方针政策，又要合乎实际，切实可行。

请示要求是请示写作的结语，一般应另起一行使用一些惯用的结语诸如“妥否，请批示”“特此请示，请批复”“以上意见当否，请批复”等，要切记不能出现“以上报告当否”之类的字样，偏离请示文种的正确行文轨迹。

【典范文例】

××市警察协会
关于变更法定代表人及有关情况的请示

市局党委：

警察协会是由市公安局主管、市民政局登记备案的专门从事公安理论研究的正规社会组织，成立于1997年，社团登记号码为×民社证字第0110号，业务范围为理论研究和学术交流。自成立以来，在市公安局党委的正确领导和市民政局的大力指导下，积极开展公安理论研究和学术交流活动，创办了会刊《××公安》，定期举办警学理论研讨会，竭力为广大理事单位服务，在强化公安理论研究、有效指导公安工作实践方面发挥了重要作用。协会属于社会团体法人，现任法定代表人为原副市长兼公安局局长贾××同志，社团登记证书有效期限自2018年2月8日至2023年2月8日。根据中共中央办公厅和国务院办公厅2016年8月22日印发的《关于改革社会组织管理制度的意见》、中共××市委组织部印发的×组通字〔2017〕28号等文件精神，明确规定“县级以上领导干部不得担任社会团体法定代表人”，但因特殊情况，警察协会的法定代表人一直未办理变更手续。2017年5月，市局召开警察协会第六届第一次理事会，推选副局长许××同志为会长，贾××同志担任名誉会长。但此后由于市委组织部对县级领导干部特别是离退休的领导干部从严管理，对全市各类社会组织的县级以上主要负责人无论现职、退居二线还是离退休人员统一进行严格把关，一律不予批准。这样，警察协会法定代表人的变更一事一直拖延下来。同时协会的组织机构代码证书也已于2018年2月21日到期，所以协会在银行的账户在2018年的年检中受阻，经过协调银行同意推迟一年。现在两个证书均已到期需要履行和变更法定手续，市民政局于2017年年底发出通知，明确要求社团组织到期未及时年检的将按有关规定予以撤销。有鉴于此，参照市检察官协会和市法官协会的做法，建议协会的工作班子机构保持不动，仍由许××同志担任会长，将社团组织登记证书的负责人更换为副会长兼秘书长岳××，其审批权限为市民政局并报市政法委备案，这样能够使协会的法定变更手续得以顺利办理，保证协会工作的稳定性以及各项工作得以正常进行。

妥否，请批示。

××市警察协会

2023 年 3 月 3 日

【进阶内容】

要写好请示，必须遵循以下几点要求：

（一）要与报告分开。请示属于期复性公文，报告属于陈述性公文，二者无论在行文目的、性质要求、行文时限和内容含量等方面均有显著区别，因此，在实际使用过程中必须严加区别，分开使用，而不能用报告代替请示，或者合二为一，写成“请示报告”，等等。

（二）要一文一事。任何机关都有一定的职权范围，在请示写作中如果不是一文一事，就有可能出现有些事项属于职权范围、而有些事项超出职权范围的情况，致使上级机关难于批复，进而影响请示目的的顺利实现。

（三）要逐级请示。请示的致送对象应当是自己的直接上级机关，一般不得越级行文。如因特殊情况必须越级请示时，要同时抄送被越过的上级机关。

（四）要主送一个上级机关。即不得多头请示，以免因责任不清、互相推诿扯皮而延误工作，同时也可避免因上级机关答复意见不一致而使请示主体无所适从的现象。

（五）要以组织为行文对象，而不能针对个人。但领导人授权交办的特别事项除外。

（六）要注意特定格式项目的完整性。请示行文应当标注签发人或会签人姓名，以明确责任；同时还要在附注处注明联系人的姓名及联系方式。

第三节　意见（上行）

【功能特性】

根据《党政机关公文处理工作条例》的规定表述，“意见”适用于对重要问题提出见解和处理办法。从行文方向的角度看，它既可上行，又可下行，还可平行。用于上行的意见一般只有建议性质，这样的“意见”是一经上级批转或批准，即从建议性转化为指导性和约束性。“意见”所涉及的内容必须是“重要问题”。所谓“重要问题”，应当是当前工作中所遇到的涉及全局性、方针政策性的重大事项和主要问题，特别是新问题。“重大”是就“一般”而言，“主要”是就“次要”而言，“新”是就“常规”而言。

“意见”的写作形式，对“重要问题”不仅要有所“见解”，而且要有“处理的办法”。“见解”就是对问题要做出全面中肯的分析，提出自己的看法和观点。然后，在分析认识的基础上，拿出切实可行的解决办法和措施。只提出问题，而对问题的分析轻描淡写，对问题的解决含糊不清，一切全凭上级去拿主意、想办法，是“意见”的写作所忌讳的。

【结构模式】

上行的“意见”，一般要载明如下几项内容要素：

一、标题

由发文机关、事由和文种三个要素组成，例如，《四川省农业农村厅关于加强农村统一灭鼠的意见》。

二、正文

这部分是意见的主体。“意见”的执笔人必须全面深刻地领会和掌握党和国家的方针政策，必须全面了解和掌握有关情况，以作为提出意见的指导思想，这是写好意见的基础。因此，在动笔之前，要认真查阅有关文件资料，做到心中有数。在行文的内在逻辑结构上，意见的写作必须体现出“提出问题—分析问题—解决问题”的模式，首先提出问题之所在，紧接着对所提出的问题进行切中肯綮的分析，在分析问题的基础上最后给出解决问题的办法和措施，也就是说，意见正文部分的写作，必须是三个“问题”的珠联璧合，缺少任何一项，都不符合意见文种的写作规律与规范要求。在外在表现形态上，多采用“撮要分条”的结构写法，以四川省农业农村厅写给四川省人民政府的《关于加强农村统一灭鼠的意见》一文为例，例文开头先用两段文字，交代了加强农村统一灭鼠的缘由、背景与必要性：“近几年，我省农村害鼠正处于繁殖高峰期，农田害鼠密度回升较快，鼠害猖獗，部分地区危害程度超过历史水平。……加强农村灭鼠是发展农村经济的一项重要工作。……”这就是提出与分析问题，此谓“撮要”。然后通过一个过渡句“为了长期控制鼠害……保障农业生产安全，现就加强农村统一灭鼠提出以下意见”进入主体部分。主体部分采用“分条”的方法，并列讲了“加强领导，坚持农村统一灭鼠”“明确职责，落实任务”“加强督促检查，保证灭鼠效果”三点意见，这属于解决问题。最后以“以上意见，如无不妥，请批转各地贯彻执行”结束全文。这种结构是上行“意见”正文部分的基本形式，它的特点是主旨显露、要求清楚、一目了然。

【典范文例】

中国证监会 国家发展改革委 工业和信息化部 农业农村部 商务部 中国人民银行 金融监管总局 关于加强监管防范风险促进期货市场高质量发展的意见

期货市场是我国金融体系的重要组成部分，具有发现价格、管理风险、配置资源等功能，与企业和群众生产生活直接相关，对稳定企业经营、活跃商品流通、服务保供稳价发挥着积极作用。近年来，我国期货市场发展成效显著，有力支持了国民经济平稳健康发展，但与中国式现代化和金融强国建设需要相比，还存在服务实体经济质效和价格影响力不强、监管规则和风险防控体系适应性不足等问题。为加强监管、防范风险、促进期货市场高质量发展，现提出以下意见。

一、总体要求

以习近平新时代中国特色社会主义思想为指导，深入贯彻党的二十大和二十届二中、三中全会精神，落实中央经济工作会议、中央金融工作会议部署，完整准确全面贯彻新发展理念，切实加强期货市场监管，有效防范期货市场风险，有力促进期货市场平稳运行和高质量发展，助力维护产业链供应链安全、经济金融安全和社会预期稳定，更好服务实体经济高质量发展，服务构建新发展格局和中国式现代化。

做好期货市场工作，要坚持政治引领、服务大局，加强党的领导，突出期货市场功能属性，将监管的政治性、人民性与专业性有机结合起来，坚决服从服务于国家战略部署和大政方针；坚持目标导向、系统谋划，围绕提升大宗商品价格影响力、建设世界一流期货交易所，明确期货市场发展目标、路径和重点任务，逐项抓好落实；坚持问题导向、精准施策，聚焦重点领域和薄弱环节，有针对性地补短板、转方式、强弱项，切实解决期货市场存在的问题；坚持统筹兼顾、稳中求进，高度重视期货市场复杂性和跨市场关联性，确保各项监管政策协同、有效、形成合力，努力实现加强监管、防范风险、促进高质量发展有机统一。

到2029年，形成中国特色期货监管制度和业务模式总体框架，期货市场监管能力显著增强，品种布局与国民经济结构更加适配，市场深度和定价能力进一步提高，建成一支诚信守法、专业稳健、服务高效的中介机构队伍。到2035年，形成安全、规范、透明、开放、有活力、有韧性的期货市场体系，主要品种吸引全球交易者充分参与，大宗商品价格影响力和市场竞争力显著增强，中介机构综合实力和国际竞争力进一步提高。到本世纪中叶，建成产品齐全、功能完备、服务高效、运行稳健、价格辐射全球的世界一流期货交易所，大幅提升期货市场服务国民经济、配置全球资源能力，为中国式现代化和金融强国建设提供有力支撑。

二、严格监管期货交易行为

（一）加强对各类交易行为的穿透式监管。压实中介机构客户管理责任，严格落实账户实名制、交易者适当性等监管要求。按照“新老划断”原则，提高市场参与者准入门槛。加强对期货市场参与者尤其是中小企业和个人交易者的教育培训引导，增强市场参与者风险防控意识，维护中小交易者合法权益。优化实际控制关系账户管理方式，完善相关认定标准。强化持仓管理，完善持仓合并规则。改进大户报告规则，提升报告可用性。完善对异常交易行为的认定标准和处理流程。研究对交易行为趋同账户实施有效监管。密切关注新型交易技术和策略演进，做好前瞻性研究和监管政策储备。

（二）强化高频交易全过程监管。坚持从维护交易公平和市场稳定运行出发，加强高频交易监管。持续优化特定程序化交易报备制度。完善高频交易监管规则。根据市场发展变化，适时优化申报收费实施范围和收费标准。规范期货交易所和期货公司的手续费减收行为，取消对高频交易的手续费减收。加强期货公司席位和客户设备连接管理。规范期货公司使用期货交易所主机交易托管资源。

三、严厉打击期货市场违法违规行为

（三）坚决抑制过度投机炒作。督促银行机构进一步加强信贷管理，严防企业违规使用信贷资金从事大宗商品期货投机交易。不断完善监管规则，及时采取有效措施，坚决抑制过度投机，防止资金异常进出和价格异常波动。加强期现价格偏离监测评估，及时发现和处置苗头性、倾向性问题。

（四）从严查处违法违规行为。严厉打击操纵市场、内幕交易、编造传播虚假信息等违法违规行为，加强公开曝光，对严重违法违规者实施市场禁入。从严从快查办期货市场大要案件，着力实现精准执法、高效执法。加强央地、部门协同，提高非法期货活动查处能力。加大对以商品中远期交易名义开展“类期货”交易的地方交易场所的清理整顿力度。

四、加强期货公司全过程监管

（五）强化期货公司股权管理和法人治理。加强对期货公司股东和实际控制人的穿透式监管，严防不符合规定条件的机构和人员控制期货公司。督导期货公司建立清晰的治理结构和规范的治理体系。加强期货公司董事、监事、高级管理人员及从业人员监管，严厉惩处侵害客户利益的行为。密切监测期货公司关联交易，严禁关联方违规占用、挪用期货公司资产。

（六）规范期货公司及其子公司经营活动。完善期货公司功能定位，严格业务资质要求，实现对期货公司及其子公司经营活动的监管全覆盖。加强期货经纪业务监管，规范期货公司营销行为。加强期货交易咨询业务监管，规范研究报告发布行为。引导期货公司聚焦期货和衍生品领域开展资产管理业务，切实履行主动管理职责，推动实现客户资产实质性独立托管。加强期货公司做市交易、衍生品交易业务监管。督促期货公司健全内部控制制度，强化对子公司的合规管理和风险控制。加强期货公司信息技术监管，督促期货公司严格交易信息系统外部接入管理，保障信息技术安全。

（七）健全期货公司风险出清长效机制。对不符合持续性经营规则要求、严重影响正常经营的期货公司，依法撤销期货业务许可。鼓励通过兼并重组平稳化解期货公司风险。加强舆情管理、风险处置、维护稳定等工作协同，稳妥出清期货公司个案风险。支持具备条件的期货公司拓宽资本补充渠道，提升综合实力和抗风险能力。

五、强化期货市场风险防范

（八）巩固期货市场风险预防预警体系。建立健全跨交易所跨市场跨境风险监测指标体系。完善期货保证金封闭运行和安全存管规则，保障期货市场资金进出看得清、管得住。加强对大额资金的监测管理。常态化开展期货市场压力测试，优化测试方法，加强定量分析，强化对风险的源头管控和早期纠正。

（九）提高期货市场风险应对和处置能力。压实结算参与人的风险管理和损失吸收责任。优化担保品管理。严格对期货交割库的资质审查，加强交割库日常管理，推动期货交易所共享交割库风险预警信息。优化多层次违约风险处置规则。探索实现期货风险准备金常态化、便利化使用。提高期货市场基础设施的网络和信息安全水平。加强期货市场信息技术服务机构备案管理。

六、提升商品期货市场服务实体经济质效

（十）充分发挥商品期货期权品种功能。聚焦农业强国、制造强国、绿色低碳发展等，完善商品期货市场品种布局。立足于更好满足实体企业风险管理需求，丰富商品期货市场交易工具。推动商品期货市场持续贴合现货市场实际和产业发展需要，不断提升功能发挥水平，增强大宗商品价格的影响力和竞争力，推动加快建设贸易强国。

（十一）期现联动服务实体经济高质量发展。制定实施产业客户提升行动计划，持续改善企业套期保值交易的制度环境。稳步推广组合保证金，完善做市商管理规则，降低企业套期保值成本。发挥期货公司专业优势，为实体企业提供更为优质的衍生品综合服务。深入做好重点商品价量指标的趋势性监测和前瞻性研判，建立期现货、场内外、境内外综合分析体系，提升从期货看宏观、从宏观看期货的能力，更好服务宏观经济管理。加强期货价格分析解读，引导企业根据价格信号合理安排生产经营。推动批发行业和企业高质量发展，规范商品现货市场交易，促进商品现货市场优化升级，提高商品现货市场信用水平，为商品期货市场高质量发展创造更有利的基础条件。

七、稳慎发展金融期货和衍生品市场

（十二）提高金融期货和衍生品市场发展水平。发挥股指期货期权稳定市场、活跃市场的双重功能，丰富交易品种，扩大市场覆盖面，提高交易便利性，加强期现货市场协同联动，助力增强股票市场内在稳定性。在国债期货跨部委协调机制下，稳妥有序推动商业银行参与国债期货交易试点。支持各类中长期资金开展金融期货和衍生品套期保值交易。

（十三）深化资本市场领域衍生品监管改革。完善资本市场领域衍生品监管规则，统一对证券期货经营机构开展衍生品交易的监管尺度和强度。健全资本市场领域交易报告库，建立统一规范的机构、产品、交易识别体系，提高数据质量和可用性，推进报告库间数据互通，为强化系统性风险监测监控提供支撑。加强对证券期货经营机构柜台衍生品业务的审慎监管和行为监管。

八、稳步推进期货市场对外开放

（十四）持续扩大高水平制度型开放。有序推动符合条件的商品期货期权品种纳入对外开放品种范围，允许合格境外投资者参与更多商品期货期权品种交易。研究股指期货、国债期货纳入特定品种对外开放。支持境内外期货交易所深化产品和业务合作，允许境外期货交易所推出更多挂钩境内期货价格的金融产品。加大国际市场开发培育力度，吸引更多境外产业企业参与境内期货交易。

（十五）强化开放环境下监管能力建设。进一步发挥中国期货市场监控中心功能，夯实大数据基础，增强数据挖掘和分析能力，向数字化、智能化、实时响应转型，大力提升开放环境下期货市场运行监测水平。

九、深化期货市场监管协作

（十六）优化期货监管资源配置。强化中国证监会对期货市场的行政监管职能，完善期货交易所和期货业协会自律管理职能。充分运用科技手段赋能期货监管，提升非现场监测效能，优化现场检查资源配置。依托监管大数据仓库，加强期货监管与股票、债券、基金等监管的数据信息共享。

（十七）强化跨部门、跨地区监管协同。加强期货监管部门与现货市场管理部门、其他金融管理部门之间的信息共享、沟通会商和协同联动，妥善应对期现货市场风险，促进期现货市场平稳健康发展。加强对产业企业的培训，推动产业企业充分利用期货市场提高经营水平和抗风险能力。金融管理部门、地方政府、司法机关加强沟通协作，合力打击期货市场违法违规行为和非法期货活动。中国证监会进一步强化与境外监管机构的跨境监管执法协作。

十、保障措施

各有关方面要按照本意见要求，细化职责分工，加强资源保障，强化工作协同，做好政策解读和人员培训，确保各项政策措施落到实处。要加强基础制度研究设计，持续评估期货市场制度规则的针对性、有效性和执行效果，推动监管规则立、改、废工作。各地区各部门要为期货市场高质量发展营造良好的舆论环境，稳慎推进影响范围较大、市场较为关注的政策措施。要切实加强期货监管干部队伍政治建设、思想建设、组织建设、作风建设、纪律建设，提升期货监管干部的政治素质和业务能力，实现监管理念和工作作风大转变。要引导期货公司加强队伍建设，弘扬诚实守信、以义取利、稳健审慎、守正创新、依法合规的行业文化，树立良好社会形象。

【进阶内容】

（一）要注意意见行文方向的多角度性。如前所述，“意见”这一文种，既可以是下级写给上级，类似一种建议；又可以是上级发给下级，似同指示；还可以发给平级，所提意见供对方参考。显然它是上、平、下三种行文方向兼而有之，其行文方向具有明显的多角度特性。

（二）要注意把握意见的内在结构形式。在结构布局上，如前所述，“意见”与相近文种包括“请示”“情况报告”等有所不同，它们并不要求必须首先“提出问题”，随即“分析问题”，然后“解决问题”。有的“请示”基本上是“提出问题—解决问题”的单一内在结构形式；而一些“情况报告”，往往是“提出与分析问题”，而不存在“解决问题”的内容。但“意见”则不同，它不仅要“提出问题”，而且要对问题作出分析，并在分析的基础上，有针对性地提出解决问题的办法。

（三）要注意把握上行的意见在用语上的特性。由于“意见”的行文方向不同，其用语也截然不同。其中上行的“意见”，要使用下级对上级汇报见解、陈述办法的语气，诸如“我们考虑”“我们认为”“我们建议”“我们要求”“我们的意见”以及“请”“敬”“望”“应××”“可××”等期请和建议性词语，用语比较婉转，结尾常用“以上意见供参考”“以上意见如无不妥，请批转……贯彻执行”等，意在以体现对上级机关的尊重。

第六章　告知体文书的写作

第一节　通　　知

【功能特性】

根据《党政机关公文处理工作条例》的规定表述，通知“适用于发布、传达要求下级机关执行和需要有关单位周知或者执行的事项，批转、转发公文”。由此可见，通知文种的适用范围非常广泛，在机关单位所制发的公文中，通知可以说是发文数量最多、使用频率最高的一个文种。在实际使用过程中，通知主要是用于下行文，但在不相隶属机关之间也可以使用，诸如告知成立或者撤销某一机构、启用新的印章等，是一种比较灵活的文种，具有沟通上下、联系左右、传达知照的功用。

【结构模式】

实践中，通知的表现形式多种多样，诸如指示性通知、印发性通知、发布性通知、会议通知以及批转、转发性通知等，无论哪一种通知，都要注意把握其基本的结构形态，在内容表达上有所侧重，以彰显通知文种的特性。一般而言，应当分为如下几个部分：

一、标题

是通知的“眉目”，应当完整地载明发文机关、事由、文种3个要素，例如，《中共中央办公厅 国务院办公厅关于印发〈党政机关公文处理工作条例〉的通知》。有时一些内容简单的会议通知，其标题写为《会议通知》即可。

二、主送机关

即通知的致送对象，一般以采用泛称最为多见，例如“各省、自治区、直辖市人民政府，国务院各部委，各直属机构”。

三、正文

这部分是通知的核心，一般应载明3层内容：一是引据。首先陈述制发通知的起因缘由，写明通知的背景依据，抑或标明制发通知的目的等，然后使用承启用语，提领下文。二是主体。即通知事项，在内容的繁简上根据不同类别的通知而有所变化。一般性通知，只要交代清楚什么事项、有何要求即可；涉及有关人事任免事项，则交代清楚任免人员的姓名及具体职务即可。比较复杂的通知例如指示性通知和批转、转发性通知等，基本上可以概括为两种写法：一种是一气呵成的贯通式写法，直接交代通知的内容以及在贯彻执行过程中应当注意的问题；另一种是分条列项式的写法，分出层次，划清段落，便于领会、理解和执行。此种通知的写作，一定要注意各条项之间的逻辑顺序，做到详略得当、主次分明、重点突出，切忌语无伦次，令人难得要领。

四、结语

无论哪种类型的通知，其结尾部分往往要使用较为固定的习惯性用语，诸如"请遵照执行""请认真贯彻执行""请参照执行""请认真贯彻落实""请研究试行"，等等。撰写时要注意根据不同的行文目的和内容，选择使用恰当的结尾用语。一般而言，如果通知的内容涉及全局性的重大方针政策、规定或准则等，必须令行禁止、照章办事，结尾用语一般写为"请认真贯彻执行""请依照执行""请遵照办理""请立即贯彻执行"等；通知内容虽然提出了政策性的要求，但又允许下级机关结合本地区、本单位的实际情况办理的，结尾用语一般写为"请研究试行"；如果通知中的内容属于探索性的，或是一些政策性的问题，其法律手续尚不完备，需要下级机关边执行边修改的，结尾用语一般写为"请研究试行"；如果通知中的要求只是根据一定地区的特点，或是批转下级机关的报告，具有参考价值的意见、建议等，结尾用语一般写为"请参照执行"。

五、生效标志。

【典范文例】

例文 1

国务院办公厅关于开展
2025 年全国 1%人口抽样调查的通知

国办函〔2024〕71 号

各省、自治区、直辖市人民政府，国务院各部委、各直属机构：

根据《全国人口普查条例》规定，国务院决定于 2025 年开展全国 1%人口抽样调查。现将有关事项通知如下：

一、总体要求

以习近平新时代中国特色社会主义思想为指导，深入贯彻党的二十大和二十届二中、三中全会精神，认真落实党中央、国务院决策部署，以人口高质量发展支撑中国式现代化，依法科学调查，周密组织部署，确保调查数据真实准确，掌握2020年以来我国人口在数量、素质、结构、分布以及居住等方面的变化情况，客观反映我国人口发展状况，为科学制定国民经济和社会发展规划、完善新时代人口发展战略、推动人口高质量发展，提供准确的统计信息支持。

二、调查对象和范围

调查对象为我国境内抽中住户的全部人口，全国共抽取约500万住户、1400万人。

三、调查内容和时间

调查内容为人口和住户的基本情况，主要包括姓名、公民身份号码、性别、年龄、民族、受教育程度、行业、职业、迁移流动、婚姻、生育、死亡、住房情况等。

调查标准时点为2025年11月1日零时。

四、组织实施

2025年全国1%人口抽样调查是一项重大国情国力调查。各地区、各部门要按照全国统一领导、部门分工协作、地方分级负责、各方共同参与的原则，做好调查的组织实施工作。

为加强领导和协调，由国家统计局会同有关部门成立2025年全国1%人口抽样调查工作协调小组，统筹负责调查的组织实施。各成员单位要按照职责分工，各负其责、通力协作、密切配合、信息共享。县级以上地方各级人民政府要切实加强组织领导，建立相关工作机制，确保调查任务顺利完成。要充分发挥街道办事处和居民委员会、乡镇人民政府和村民委员会的作用，动员和组织社会力量积极参与、认真配合做好调查工作。2025年全国1%人口抽样调查工作协调小组及相关工作机制不作为议事协调机构，任务完成后自动撤销。

地方调查机构根据工作需要，可聘用或者从有关单位商调符合条件的工作人员，应及时支付聘用人员的劳动报酬，保证商调人员在原单位的工资、福利及其他待遇不变，确保调查工作顺利进行。

五、经费保障

2025年全国1%人口抽样调查所需经费，由中央和地方各级人民政府共同负担，列入相应年度财政预算，按时拨付、确保到位，保障调查工作顺利开展。

六、工作要求

（一）坚持依法调查。严格落实《中华人民共和国统计法》《中华人民共和国统计法实施条例》《全国人口普查条例》的有关规定，不得虚报、瞒报、拒报、迟报，不得伪造、篡改调查数据。全流程加强对调查对象个人信息的保护，各级调查机构及其工作人员必须严格履行保密义务，严禁向任何机构、单位、个人泄露或出售调查对象个人信息。

（二）确保数据质量。始终坚守数据质量第一原则，严格执行调查方案，规范调查工作流程，建立健全调查数据质量追溯和问责机制，充分应用部门行政记录和社会大数据强化事前事中事后数据质量检查核查，提升调查数据采集处理效能，确保调查数据真实准确、完整可信。

（三）做好宣传引导。深入宣传调查的重要意义和要求，引导广大调查对象依法配合调查，如实申报调查项目，为调查工作顺利实施营造良好的社会氛围。

国务院办公厅

2024 年 9 月 12 日

例文 2

国务院批转国家发展改革委关于 20××年深化经济体制改革重点工作意见的通知

国发〔20××〕21 号

各省、自治区、直辖市人民政府，国务院各部委、各直属机构：

国务院同意国家发展改革委《关于 20××年深化经济体制改革重点工作的意见》，现转发给你们，请认真贯彻执行。

国务院

20××年 3 月 25 日

例文 3

国务院办公厅关于转发教育部等部门《教育部直属师范大学本研衔接师范生公费教育实施办法》的通知

国办发〔2024〕27 号

各省、自治区、直辖市人民政府，国务院各部委、各直属机构：

教育部、国家发展改革委、财政部、人力资源社会保障部、中国人民银行《教育部直属师范大学本研衔接师范生公费教育实施办法》已经国务院同意，现转发给你们，请认真贯彻执行。2018 年 7 月 30 日经国务院批准、国务院办公厅转发的《教育部直属师范大学师范生公费教育实施办法》同时废止。

国务院办公厅
2024 年 5 月 28 日

【进阶内容】

一、要讲求实效，切忌滥发通知。由于发布通知是要求所属机关单位贯彻执行或周知的，其目的在于指导和推动工作的深入开展，因此，要特别注意发布的必要性，讲求实效，严禁随意滥发。要严格控制发文的数量，做到量度适中。实践中，有些机关不分巨细，逢事必发“通知”，以致过多过滥，有损通知的严肃性，必须加以纠正。

二、要把握内涵，切忌越俎代庖。由于通知具有多功能的特性，因而在实践中往往备受“偏爱”。有些公文，按其内容性质及发文的目的要求本来应当用“函”“意见”或“通告”，却往往被“通知”代替。甚至有些本来应用“启事”“声明”之类的日常应用文也随意用“通知”行文，既失严肃，又有悖法规规定，应当引起高度注意。

三、要明确无疑，切忌阻滞含混。发布通知是为了解决实际问题并且需要贯彻执行的，因此，在写作时必须做到主旨明确，结构严谨，用语通畅，令人一目了然。同时，在内容上必须符合党和国家的方针政策以及上级机关的文件指示精神，还要合乎本地区、本部门的实际情况。否则，就会从根本上损害通知的质量和效用。

四、文字表达要准确。首先对受文单位的名称必须写清写全，或采用规范化的简称；其次为了使受文单位便于操作，凡属应该说明的有关情况，应该执行的具体事项，以及有关的时间、地点、条件等，都要做到周密、确切，以免贻误工作，有损通知的应有效用。

第二节　通　　报

【功能特性】

根据《党政机关公文处理工作条例》的规定，通报“适用于表彰先进，批评错误，传达重要精神和告知重要情况”。可见，通报文种肩负着特殊的使命，具有其他文种不可替代的功用。首先是提倡和褒奖作用，即通过表彰先进，弘扬正气，树立典型，使有关单位和广大干部职工见贤思齐，从而尽心竭力地做好本职工作；其次是告诫和教育作用，即通过批评错误行为或告知典型事故，使有关单位和人员吸取教训，引以为戒，从而尽力避免类似问题的再次发生；最后是提醒和启示作用，即通过传达重要精神和告知重要情况，使有关单位和组织把握工作进程、工作重点以及必须予以关注的问题，从而树立整体观念和全局思想，增强大局意识、责任意识、靠前意识和看齐意识，妥善周密安排布置自己的工作。

【结构模式】

通报的结构形态一般由以下几个部分组成：

一、标题

应当载明发文机关、事由、文种3个要素，不能随意省略，例如，《人力资源和社会保障部办公厅关于首届“人事好新闻”评选表彰的通报》。

二、正文

一般应当载明3个层次：

（一）缘由或依据

这是全文的导语部分，要用高度概括的语言简明扼要地交代全文的核心内容，做到开门见山、落笔入题，勾勒出一个总体轮廓和基本事实概况，继而表明发文机关肯定或者否定的态度，然后用“现将有关情况通报如下”之类的过渡语引出下文。

（二）主体

应当载明部分内容，一是事实与评析。这是通报全文的重点和核心，在具体写法上，可以采取虚实结合，先实后虚，即行文首先概述有关事实包括先进事迹、错误事实、重要精神或情况等，交代清楚事情的来龙去脉，通常包括有关事实发生的时间、地点、人员、主要情节、结果及影响等要素，事实一定要真实可靠，用语一定要准确精当，能够使阅文者掌握全貌，并能从中分清是非曲直，以便认同发文机关所做的决定。需要注意的是，对于事实的叙述，虽然要将上述有关要素交代完整清楚，但一定要注意用语必须高度概括，竭力避免过于详细，不能像文学作品那样使用描写、铺陈、渲染、藻饰等艺术表达手法，这是通报写作的大忌。在叙述事实的基础上，从中提炼出经验和教训，具有示范性的还要做出恰切的评价，概括出典型的意义和主要经验；属于警戒性的，则要分析问题产生的主客观原因以及所带来的后果，以便从中吸取教训。二是结论。对于通报实践所做的处理决定，也是通报写作的又一个重心之所在，是前因之果，体现行文的直接目的。文字表达要力求简洁，对被通报的内容做出评价或提出处理意见，属于表彰奖励的要写明授予什么荣誉、给予什么奖励；属于批评错误的则要写明对责任者予以惩戒的意见。

三、结语

这是上述两部分的落脚点，是行文的归宿，具体表现为提出有关的希望或者要求，因为通报的目的就是号召大家学习先进典型或是告诫人们防止发生类似错误，或是要求大家重视某一情况、倡导某一精神。要在上述内容的基础上自然而然地引出，给人以水到渠成之感。

四、生效标志。

【典范文例】

例文 1

河南省人民政府办公厅
关于表扬 2023 年省重点民生实事工作
突出单位的通报

豫政办〔2024〕12 号

各省辖市人民政府，济源示范区、航空港区管委会，省人民政府各部门：

2023 年，各地、各部门坚持以习近平新时代中国特色社会主义思想为指引，深入学习领会习近平总书记关于保障和改善民生系列重要论述精神，认真贯彻落实省委、省政府安排部署，保质保量全面完成了省重点民生实事各项目标任务。为充分调动各地、各部门积极性，全力做好 2024 年省重点民生实事各项工作，省政府决定对 2023 年省重点民生实事工作突出的南阳市等 6 个省辖市政府和省人力资源社会保障厅等 14 个省直单位予以通报表扬。

希望受表扬的单位珍惜荣誉、再接再厉、再创佳绩。各地、各部门要以受表扬单位为榜样，认真学习典型经验做法，以有力举措、务实作风，把实事办好、好事办实，确保如期全面完成 2024 年省重点民生实事各项目标任务，向全省人民交出一份满意的答卷。

附件：2023 年省重点民生实事工作突出单位名单

河南省人民政府办公厅

2024 年 3 月 8 日

例文 2

国务院安委会办公室
关于近期三起典型事故有关情况的通报

安委办函〔2022〕14 号

各省、自治区、直辖市及新疆生产建设兵团安全生产委员会，国务院安委会各成员单位，有关中央企业：

北京冬奥会期间，钢铁、电力等行业企业接连发生多起生产安全事故，引起社会高度关注。2 月 6 日，马鞍山钢铁股份有限公司（以下简称“马钢”）炼铁总厂球团带式焙烧机脱硫脱硝系统一灰斗因脱硫灰料位过高、重量过重，导致灰斗内部横拉杆断开，灰斗底部突然开裂，脱硫灰大量涌出，造成 4 人死亡，1 人重伤，1 人轻伤。2 月 15 日，上海外高桥发电有限责任公司（以下简称“外高桥电厂”）一锅炉布袋除尘器钢结构支撑件因老化、强度降低，支撑件连接部位断裂，发生坍塌，造成 6 人死亡。2 月 18 日，广东省惠东县华业铸造厂（以下简称“华业铸造厂”）一电弧炉在炉内留存钢水的情况下更换侧壁氧枪，先将未通冷却水的氧枪插入炉内，再接冷却水软管，导致氧枪因高温且长时间失去冷却水保护而焊缝开裂，在通入冷却水后，大量冷却水进入钢水中发生爆炸，造成 3 人死亡，2 人重伤，13 人轻伤，且该事故存在瞒报行为。经初步调查，以上 3 起事故均为责任事故，暴露了以下突出问题：

一是追求高效率丧失安全底线。华业铸造厂擅自改变电弧炉原有工艺设计，在出厂时只有一个炉门氧枪的基础上，私自增设了两个侧壁氧枪，以增加供氧强度，缩短炼钢时间，提高冶炼效率。而增设的氧枪未配备联锁、报警装置，靠人工观察氧枪是否漏水，大大增加了安全风险，为事故发生埋下隐患，完全丧失了安全底线，这是典型的为了发展以牺牲安全为代价、逾越红线的行为。

二是野蛮作业带来高风险。高温熔融金属遇水爆炸，是钢铁企业的常识性重大风险。华业铸造厂从主要负责人、技术负责人到员工毫无风险防范意识，为了多生产，事故当天上午 7 时许发现了 2 号氧枪漏水，仍然继续冶炼，第二炉出钢后，发现漏水变大，才决定更换氧枪，因新氧枪没拿到现场，又继续炼了一炉钢，直到 10 时 23 分才停下更换。为了更换氧枪后，继续冶炼时不重新冷炉冶炼，节省时间，更快出钢，更换氧枪时没有清空炉内钢水，且先将未通冷却水的氧枪插入电弧炉焊接，再接冷却水软管，发现软管接头与氧枪水管接口不匹配后又拿新的软管，导致氧枪因高温且长时间失去冷却水保护焊缝开裂，通水后，冷却水直接进入高温钢水中发生爆炸，是典型的“要钱不要命”。

三是专业岗位人员不专业。华业铸造厂安全主管“一问三不知”，炉长、炉前工、调度长等关键岗位员工无专业背景，操作员工流动性大，企业上下都是为了加快炼钢、加快出钢，安全职责和培训教育完全没有落实；临时聘用的技术负责人同时负责多家钢铁企业的技术管理，没有发现或不愿提出改变电弧炉工艺设计、增设侧壁氧枪带来的安全风险，形同虚设。马钢和外高桥电厂均将涉事项目承包给专业公司，但实际现场操作人员同为劳务派遣工，部分劳务派遣工未从事过相关工作，安全技能与岗位要求不相匹配。

四是管理能力低不适应安全生产需要。华业铸造厂采用康斯迪炉，连续加料连续炼钢，冶炼效率高，但企业管理缺失，把多生产、高效益当作头等大事，员工没有经过安全教育培训；企业没有人文关怀，每天两班倒，每班作业 12 小时，长年累月连续干，把员工当机器、把安全当口号、把法律当摆设。部分企业因环保要求提高，增设或改造环保设施，但对环保设施建设、运行的管理缺失，安全风险未能得到有效管控。马钢脱硫脱硝系统为技改项目，运营托管给中冶宝钢技术有限公司（以下简称“中冶宝钢”），事发当天系统中控操作人员发现脱硫塔床层压差下降后，未研究分析原因，错误采取持续增大各灰斗脱硫灰返料量和加入消石灰等常规措施，导致返料口堵塞的灰斗中脱硫灰总量持续增加，重量过大。

五是检查不认真查不出关键问题。应急管理部组织开展的钢铁企业专项整治三年行动“钢八条”中的第五条对炼钢设备水冷件要求必须有进出水流量、温差报警联锁装置，要求企业自查自改，监管部门逐企逐项逐设备进行执法检查，惠州市和惠东县应急管理局去年对该企业均进行了执法检查，企业属蓄意行为，应急部门没有查出问题。今年 2 月 12 日，惠州市惠东县应急管理局在对华业铸造厂进行复产复工安全检查，仍未查出企业擅自改装等问题，安全检查的不精准、不严格、不规范助长了企业违法违规行为甚至蓄意瞒报。外高桥电厂虽开展了布袋除尘器的安全检查，但仅限于除尘器设备本体，未对连续使用 26 年的钢结构支撑件的强度、承载能力进行检测和鉴定。

六是委托方和承包方安全履责不到位。马钢在履行委托方安全责任中，存在未发现中冶宝钢现场作业方案、安全技术措施和安全操作规程与实际安全风险不符等问题，且对承包单位的现场安全检查针对性不强；外高桥电厂作为委托方，对除尘器检修作业“以包代管、一包了之”，既未审查作业方案，也未安排专人进行现场安全管理。

七是中央企业安全管理机制不健全。涉事的企业中马钢隶属于的中国宝武钢铁集团有限公司、中冶宝钢隶属于的中国五矿集团有限公司、外高桥电厂隶属于的国家电力投资集团有限公司，均为中央企业。暴露了部分中央企业总部对下属企业安全管理机制不健全，造成安全管理层层衰减和安全管理水平“洼地”。

为深刻吸取事故教训，举一反三，坚决扭转当前事故多发势头，现提出以下工作要求。

一、吸取教训，举一反三，切实防范化解重大安全风险。各有关单位要以通报的三起事故暴露出的问题对照检查，吸取教训。举一反三，认真分析查找本单位存在的问题，把防范化解重大安全风险摆在更加突出位置。要正确认识和处理好发展与安全的关系，处理好才能带来增长和发展，处理不好就是“吃人的老虎”。要始终坚持人民至上、生命至上的理念，企业要落实安全生产主体责任，做好自律；监管部门要理直气壮，敢于动真碰硬，做好他律，把自律与他律相结合，有效防范化解重大安全风险，遏制重特大事故发生。

二、切实落实专项整治三年行动攻坚任务。各级负有安全监管职责的部门要围绕全国安全生产专项整治三年行动攻坚年目标任务，有效运用关闭整顿、失信联合惩戒、约谈曝光等手段，紧紧抓住企业主要负责人这个“关键少数”履行安全生产法定职责情况，扎实推进各项工作取得实效。要落实逐企逐项逐设备对钢铁企业“钢八条”情况的执法检查，全面完成整治“清零”任务。要摸底排查短流程钢铁企业，严厉打击违规改装、擅自取消报警联锁装置等违法行为。要将工贸企业脱硫脱硝系统、污水处理池等环保设施的安全性能纳入执法检查范围，防止因提高环保要求增大安全风险而导致事故发生。对下达重大隐患拒不整改和关闭、破坏安全监控报警等设备设施的企业有关负责人，要按照《刑法修正案（十一）》，进行行刑衔接，提请司法机关追究刑事责任。

三、切实落实各项安全管控措施。各企业要按规定设置安全联锁、报警装置，并设置有效的报警值，不得人为取消联锁报警装置、调整报警值。要加强企业安全文化建设，重视员工队伍建设，制定关键岗位人员用工准入制度，经安全教育培训考核合格后方可上岗，严格执行《中华人民共和国劳动法》，严禁安排员工疲劳作业。严格执行《中华人民共和国劳动合同法》，严禁安排劳务派遣工在非“临时性、辅助性、替代性”工作岗位上岗。要加强对企业聘请的技术负责人法律教育和职业道德教育，严禁成为违法企业的“技术帮凶”。加大对除尘器、脱硫脱硝等环保设施的隐患排查治理，强化检维修作业现场和外委外包作业安全管理，全面辨识各环节主要安全风险，科学、合理地制定检维修作业安全操作规程。按照《中华人民共和国安全生产法》第四十九条规定履行法定职责，明确与承包方或者承租方各自的安全生产管理职责，严禁以包代管、违法分包转包。加强对高风险作业的现场安全监护，严格作业审批制度，安排专人实时监测作业现场安全状况，对资质条件不符合或安全技能水平不足的单位和个人，要坚决清退出场。

四、切实树立中央企业形象。中央企业抓安全生产要按照“理直气壮、标本兼治、从严从实、责任到人、守住底线”的要求，把安全生产工作作为重大政治任务纳入党委会“第一议题”，以高水平安全服务高质量发展。健全安全管理机制，充分发挥特有的制度优势，建立从央企总部到子（分）公司安全生产责任全链条；落实各级企业“关键少数”安全职责，树牢安全发展理念，提升履职能力，支持分管安全负责人全力做好本企业安全生产工作；分管安全负责人和安全部门负责人切实做好主要负责人的参谋助手，严把安全关口，全力防范各类安全风险。

国务院安委会办公室

2022 年 3 月 4 日

例文 3

浙江省人民政府办公厅
关于 2022 年第二季度浙江省政府系统
政务新媒体检查情况的通报

各市、县（市、区）人民政府办公室（厅），省级有关单位：

为做好全省政务新媒体常态化监管工作，省政府办公厅组织开展了 2022 年第二季度全省政府系统政务新媒体检查工作。现将有关情况通报如下：

一、总体情况

2022 年 3 月底，省政府办公厅统一部署基层政务新媒体规范化建设工作。全省各级政府办公室（厅）齐抓共管，形成了量降质升的良好态势。从第二季度运营数据看，政务新媒体数量由第一季度的 5189 个降至 3942 个，减少了 24%，发现问题账号 6 个，合格率达 99.85%。

（一）规范化建设成果初显

根据《浙江省人民政府办公厅关于全面推进基层政务新媒体规范化建设工作的实施意见》（浙政办发〔2022〕15 号）部署，各市对一大批粉丝数量少、影响范围小、运营力量无保障的弱运营账号进行关停清理，仅保留部分传播力强、受众面广的精品账号，初步形成了以政府主账号为龙头，部门精品账号为支撑的“1+N”传播矩阵。其中，湖州市、衢州市、台州市账号数量第二季度分别减少了45%、39%、27%，在浙江省政务新媒体管理平台考核评价中连续4周位列前三名。

（二）传播能力得以加强

各级政府办公室（厅）积极运用政务新媒体传播党和政府声音，通过浙江省政务新媒体管理平台内部协同功能，第二季度主要围绕党中央、国务院重大决策、重要会议精神和浙江稳住经济一揽子政策解读、省第十五次党代会等内容，转发权威信息100余条，转发量10万+，协同率达75%。省政府办公厅组织开展的“政务公开在浙里”稳进提质系列政策直播互动栏目，在全省政务新媒体联动下，实时在线3万余人次，回放及二次分发作品点击观看量超240万人次。

（三）工作机制不断完善

各地结合本地区实际，完善一系列切实有效的工作机制。杭州市紧密联动宣传、网信部门，健全政务舆情回应机制，依托系统联动的“1+N”政务新媒体矩阵，提高舆情回应精准率及舆情处置有效性；温州市针对账号脱管漏管问题组织多次专项摸排清理工作，集中对568个已停止使用的账号在政府官网集中发布停更公告，争取工作主动权；台州市创新“一信三单”（表扬信和提醒单、警示单、关停单）制度，表扬激励先进单位，平稳关停弱势账号，有序提升台州市整体运营质量。

二、存在问题

（一）功能建设还需完善

部分账号尚未引入统一政策知识库，没有为群众提供咨询渠道；只有553个政务新媒体具备办事服务功能或聚合“浙里办”办事入口，仅占总量的14%。

（二）协同意识还需加强

在各级政务新媒体主管单位多次通知明确矩阵协同传播任务后，仍有包括宁波市财政局、湖州莫干山高新技术产业开发区管委会、桐乡市交通运输局、绍兴市国资委、台州湾新区管委会、金华市市场监管局开发区分局、舟山市城市管理局、丽水市经济和信息化局等主办单位未按要求在规定时间内完成协同任务。

（三）队伍建设还需夯实

乡镇（街道）账号运营力量弱、人员流动大，存在工作衔接不到位、制度落实有漏洞等问题。“古镇澥浦”微信公众号，未按规定落实管理制度和内容审核制度，出现严重表述错误。

三、下一步工作要求

（一）进一步强化责任意识

各地、各部门务必提高站位，以前期部署的政务新媒体内容信息专项整治工作为契机，严格落实网络意识形态工作责任制，积极做好本辖区本部门政务新媒体常态化建设管理和网络安全防护工作，压实主管主办责任，积极营造良好的网络环境。

（二）进一步推进规范化建设

宁波市、湖州市、衢州市、舟山市、丽水市需坚决落实规范化建设要求，在完成账号清理整合的基础上，加强市、县联动，全面提升矩阵建设质量；其他地区应早谋划、早部署，确保年底前完成目标任务，全面提升全省政务新媒体的传播力、引导力、影响力和公信力。

（三）进一步夯实工作基础

各级主管单位要结合本地实际和新形势、新要求不断完善各项工作机制，整合区域运营力量，加强业务指导、培训，提升政务新媒体的运营基础；各主办单位要严格落实各项运营制度，加强人员力量配备和对委托运营单位的监督管理；同时，做好全国政务新媒体信息报送系统和全省政务新媒体管理平台内信息动态维护更新，确保信息准确、完整，进一步夯实政务新媒体工作基础。

附件：1. 政务新媒体检查总体情况表（2022 年第二季度）
2. 检查发现存在突出问题的政务新媒体（2022 年第二季度）

浙江省人民政府办公厅
2022 年 7 月 4 日

【进阶内容】

（一）要注意通报的客观性。必须做到从实际出发，实事求是。无论对被表彰者先进事迹的叙写，还是对被批评者错误事实的记述，或是对有关精神和情况的传达，都要这样做。要如实反映客观事物发生的本来面目和基本过程，有一说一，有二说二，既不能夸大缩小，也不能揣度猜测，更不准无中生有、凭空编造。即使是细节问题，也不要轻易放过，否则就会有损通报内容的真实性，失去其应有的价值和效用。

（二）要注意通报的公正性。即对于所通报表彰或被批评事件及其行为性质的认定，对于先进事迹行为不搞“笔下生花”；对于错误事实，也不故意掩饰或者夸大其词，否则都将直接影响通报的质量和效用。

（三）要注意通报的典型性。写入通报中的内容，必须具有典型性和普遍意义，要有价值，以确保其对工作的指导作用和对干部群众的教育引导作用。

（四）要注意通报的及时性。无论哪种类型的通报，其时限性都比较强，一定要抓住时机，及时拟制并发出。否则，时过境迁，就会失去通报的应有效用。

第三节　函

【功能特性】

根据《党政机关公文处理工作条例》的规定，函“适用于不相隶属机关之间商洽工作、询问和答复问题。请求批准和答复审批事项”。由此可见，函这一文种的使用范围非常明显，即它只适用于“不相隶属”机关之间。在公文处理实践中，函这一文种的使用频率应当是很高的，是仅次于通知的一个文种，但令人遗憾的是，事实上我们并没有赋予函文种相应的法律地位，本来应当使用函的，仍然被大量的“请示”“意见”等文种所取代，这是一种极不正常和极不规范的现象，亟待加以扭转。要正式恢复函的应有地位，充分发挥它的职能作用，是公务活动发展的客观需要，也是公文法规建设趋于规范化的前提，必须引起我们的高度重视。

【结构模式】

实践中，由于函的功能的复杂性，决定了它具有多种多样的表现形态，有告知函、商洽函、申请函、答复函和询问函等。无论是属于哪种函，其在结构模式上都应当由以下几个部分组成：

一、标题

应当载明发文机关名称、事由、文种3个要素，例如，《人力资源和社会保障部关于最高人民法院“全国法院模范”享受省部级劳动模范和先进工作者待遇的函》。

二、正文

（一）引据。这部分是函写作的“前言”，是行文的“先锋”。要简明扼要地交代发函的缘由、背景和依据。说明为什么要发函，围绕所要商洽、询问、答复或者请求批准的事项，实事求是地提出最有说服力的理由和论据，或者说明根据上级机关的有关指示精神，或者简要叙述本地区、本单位的实际需要和困难，或者引用对方来文事由及字号等，将行文的因由讲清楚。用语要精练，切忌失之烦冗。

（二）主体。这部分是致函的事项，是行文的核心部分。要直陈其事，明确无疑地将文体、要求或者答复意见告知对方，要一语中的，令人一目了然。行文要直述，言简意赅，直白显露，切忌委婉含蓄；要突出务实办事，以解决问题为中心目的，不用过多的文字阐述，充分体现函这一文种的简洁、灵活的特色。

（三）结语。与前述通知文种相同，函的结语也较为多样化。属于去函告知对方的，多用“特此函告”“特此函达”；属于去函要求对方回复的，则多使用“请研究函复”“以上意见，请予函复”“即请函复”“盼复”“希见复为盼”“特此函达，请复”“此复”，等等。

（四）生效标志。

【典范文例】

例文 1

中央人民政府致香港特别行政区行政长官的函

国函〔2022〕132 号

香港特别行政区行政长官：

2020 年 6 月 30 日，第十三届全国人民代表大会常务委员会第二十次会议通过《中华人民共和国香港特别行政区维护国家安全法》，决定列入《中华人民共和国香港特别行政区基本法》附件三《在香港特别行政区实施的全国性法律》。香港特别行政区依法履行维护国家安全的宪制责任，维护国家安全工作取得明显成效。

香港特别行政区行政长官依法就特别行政区维护国家安全事务向中央人民政府负责。请行政长官就《中华人民共和国香港特别行政区维护国家安全法》实施以来，特别行政区履行维护国家安全职责，包括特别行政区维护国家安全委员会工作等有关情况，向中央人民政府提交报告。

国务院

2022 年 11 月 26 日

例文 2

国务院办公厅关于广州花都经济开发区等 4 个省级开发区升级为国家级经济技术开发区的复函

国办函〔2024〕83 号

广东省、江西省、重庆市、辽宁省人民政府，商务部：

你们关于有关省级开发区升级为国家级经济技术开发区的请示收悉。经国务院批准，现函复如下：

一、国务院同意广州花都经济开发区、江西贵溪经济开发区、重庆涪陵工业园区、沈阳金融商贸开发区等4个省级开发区升级为国家级经济技术开发区，分别定名为广州花都经济技术开发区、贵溪经济技术开发区、涪陵经济技术开发区、沈阳金融商贸经济技术开发区。

二、上述4个国家级经济技术开发区核准规划面积及四至范围见附件。具体以界址点坐标控制，界址点坐标由商务部、自然资源部负责发布。

三、有关省、直辖市人民政府要以习近平新时代中国特色社会主义思想为指导，深入贯彻落实党的二十大和二十届二中、三中全会精神，坚持党的全面领导，贯彻新发展理念，紧紧围绕推进中国式现代化，不断激发创新活力和内生动力，积极参与构建新发展格局，以高水平对外开放促进深层次改革、高质量发展，着力发挥国家级经济技术开发区在完善高水平对外开放体制机制、参与高质量共建“一带一路”和因地制宜发展新质生产力等方面示范引领作用，为扎实推进中国式现代化建设作出更大贡献。

四、上述国家级经济技术开发区要严格遵循国土空间规划，按规定程序履行具体用地报批手续。坚持以工业用地为主，严格执行工业项目建设用地控制指标和招标拍卖挂牌出让制度，严禁商业房地产开发，在节约集约利用土地资源的前提下进行建设。

五、商务部要会同有关部门加强指导和服务，强化考核评价，实行动态管理，促进国家级经济技术开发区高质量发展。

附件：广州花都经济技术开发区等4个国家级经济技术开发区核准规划面积及四至范围

国务院办公厅

2024年10月27日

例文3

教育部关于同意设置唐山工业职业技术大学的函

教发函〔2024〕124号

河北省人民政府：

《河北省人民政府关于申请以唐山工业职业技术学院为基础设立唐山工业职业技术大学的函》（冀政函〔2023〕105号）收悉。根据《中华人民共和国高等教育法》《中华人民共和国职业教育法》《普通高等学校设置暂行条例》有关规定以及第八届全国高等学校设置评议委员会评议结果，经教育部党组会议研究决定，同意以唐山工业职业技术学院为基础设立唐山工业职业技术大学，学校标识码为4113012787；同时撤销唐山工业职业技术学院的建制。现将有关事项函告如下。

一、唐山工业职业技术大学为公办本科层次职业学校，由你省领导和管理。

二、学校要切实加强党的建设，全面贯彻党的教育方针，坚持社会主义办学方向，落实立德树人根本任务，培养德智体美劳全面发展的社会主义建设者和接班人。

三、学校专业设置按我部有关规定办理，同意首批设置高速铁路动车组技术、机械电子工程技术、机械设计制造及自动化、应用化工技术、工艺美术、物联网工程技术等6个职业本科专业。

四、学校全日制在校生规模暂定为14000人。

望你省进一步加大投入和政策支持，引导学校注重内涵发展，坚持职业教育办学定位，加强对本科层次职业教育的研究和模式探索，科学规划专业布局，加强师资队伍建设，推动职业教育教学实践与产业发展、技术变革和社会人才需求紧密对接，促进学校进一步办出特色、办出水平，培养高素质技术技能人才，为河北经济社会高质量发展作出更大贡献。

教育部

2024年5月31日

【进阶内容】

一、要注意区分函与信函格式。实践中，经常出现有人将函与信函格式混为一谈的现象。实际上两者是有严格区别的，其中函是党和国家公文法规中所明确规定的15个文种之一，按规定可以单独行文，而且应当采用国家标准的公文格式；而信函格式则是相对于公文标准格式而言的一种特定格式，与命令（令）格式和纪要格式共同构成公文的特定格式。采用信函格式制发的公文，其文种不一定就是“函”，还可以是意见、通知、批复等文种。因此，必须准确区分，做到规范使用。

二、要区辨清楚“不相隶属”的确切含义。具体包括两种情况：一是同一系统内部的平级机关；二是不同系统之间不具有统属关系的任何机关。前者诸如县公安局和县财政局、县水务局和县农业农村局、县林业局和县国土资源局、县财政局和乡镇人民政府等；后者如中央驻地单位向当地建委申报用地、向当地税务局申请减免税金、向当地工商局申请办理营业执照、向当地教育局申请办学、向当地卫生局申请开设医疗门诊等，因为中央驻地单位与地方这些业务主管部门之间不存在任何隶属关系，根据公文法规的规定，显然要用函。还有，如河北省广播电视局与山东省卫生厅、安徽省滁州市畜牧水产局与新疆克拉玛依石油管理局等，它们之间也不存在任何隶属关系，无论对方级别比自己高还是低，均应使用函来行文。这也是区别“函”与“请示”文种的重要特征，亦即请示适用于具有直接隶属关系的上下级机关之间，而函则适用于没有隶属关系的机关单位之间。

三、文字表达要简练。函文种的篇幅一般不长，所以在用语方面一定要做到言必有中、简短明快，直截了当地将自己的要求、意见等告知对方，避免重复烦琐、旁征博引，抑或谦恭有余、表态不足。

四、遣词用句要恰如其分。从行文方向的角度来讲，函多数属于平级机关单位之间的往来行文，也有级别不同的机关之间的往来行文，无论如何，在用语上都要注意使用征询、商讨、谦恭、尊重、诚恳、友好的语气，使对方乐于接受，绝不能盛气凌人、颐指气使，当然也不必逢迎恭维、卑躬屈膝。致函一方要将自己的意见要求等告知对方，不能强加于人，不能过于苛求；复函一方也要秉持和气共事的态度，即使对方的要求不尽合理，也不能拒绝回复抑或使用诋毁贬损的语言。

第七章　计划体文书的写作

第一节　方　　案

【功能特性】

方案属于计划体公文的一种。它是按有关管理目标，对未来要做的某一重要的专门事项，从总体筹划上所做的最佳选择与安排。

方案是计划的一种具体表现形式，侧重于对某一专项工作从目的、要求到方式、方法再到具体进度做出详尽的安排，内容单一，专业性强，在实践中具有较高的使用频率。

【结构模式】

方案的内容结构一般由标题、正文和落款三部分构成。

一、标题

方案的标题一般由制定方案的机关或单位名称、事由、文种三个要素组成。例如，《国务院机构改革方案》；也可只写出事由和文种，发文机关或单位名称写在落款之处，例如，《关于深入开展党纪学习教育的方案》。

二、正文

正文部分一般由前言、主体构成。

（1）前言

这部分应该写明制定方案的缘由、背景情况以及行文的根据、总体目标、意义和要求等，要写得准确、简练、概括。例如，《××省加快农村电子商务发展工作方案》的前言："为贯彻落实《国务院办公厅关于促进农村电子商务加快发展的指导意见》（国办发〔20××〕78 号），发挥农村电子商务在推进农村市场现代化、释放农村消费潜力、推动农村经济转型升级等方面的积极作用，推动农村电子商务健康快速发展，特制定本工作方案。"用扼要语言概括了制定方案的目的及意义，给人以洗练明快之感。

（2）主体

这部分应针对某项工作或某项活动的总体要求、指导思想或基本原则，具体阐述方案的基本内容。要重点载明具体的工作任务、目标、步骤安排、实施办法，以及各个方面应达到的标准或效果。在写法上，可以采取分条列项的形式，将有关内容明确具体地表述出来。要注意讲求内容表达的逻辑性，按照主次、性质及相应关系分项写出，以使条理清楚、主次分明、重点突出，便于理解和执行。

三、落款

包括制定方案的单位名称和成文日期两个要素。

【典范文例】

例文 1

中共中央关于在全体党员中开展“学党章党规、学系列讲话，做合格党员”学习教育方案

为深入学习贯彻习近平总书记系列重要讲话精神，推动全面从严治党向基层延伸，巩固拓展党的群众路线教育实践活动和“三严三实”专题教育成果，进一步解决党员队伍在思想、组织、作风、纪律等方面存在的问题，保持发展党的先进性和纯洁性，党中央决定，2016 年在全体党员中开展“学党章党规、学系列讲话，做合格党员”学习教育（以下简称“两学一做”学习教育）。现提出如下方案。

一、总体要求

开展“两学一做”学习教育，是落实党章关于加强党员教育管理要求、面向全体党员深化党内教育的重要实践，是推动党内教育从“关键少数”向广大党员拓展、从集中性教育向经常性教育延伸的重要举措，是加强党的思想政治建设的重要部署。“两学一做”学习教育不是一次活动，要突出正常教育，区分层次，有针对性地解决问题，用心用力，抓细抓实，真正把党的思想政治建设抓在日常、严在经常。

开展“两学一做”学习教育，基础在学，关键在做。要把党的思想建设放在首位，以尊崇党章、遵守党规为基本要求，以用习近平总书记系列重要讲话精神武装全党为根本任务，教育引导党员自觉按照党员标准规范言行，进一步坚定理想信念，提高党性觉悟；进一步增强政治意识、大局意识、核心意识、看齐意识，坚定正确政治方向；进一步树立清风正气，严守政治纪律政治规矩；进一步强化宗旨观念，勇于担当作为，在生产、工作、学习和社会生活中起先锋模范作

用，为党在思想上政治上行动上的团结统一夯实基础，为协调推进“四个全面”战略布局、贯彻落实五大发展理念提供坚强组织保证。

开展“两学一做”学习教育，要增强针对性，“学”要带着问题学，“做”要针对问题改。着力解决一些党员理想信念模糊动摇的问题，主要是对共产主义缺乏信仰，对中国特色社会主义缺乏信心，精神空虚，推崇西方价值观念，热衷于组织、参加封建迷信活动等；着力解决一些党员党的意识淡化的问题，主要是看齐意识不强，不守政治纪律政治规矩，在党不言党、不爱党、不护党、不为党，组织纪律散漫，不按规定参加党的组织生活，不按时交纳党费，不完成党组织分配的任务，不按党的组织原则办事等；着力解决一些党员宗旨观念淡薄的问题，主要是利己主义严重，漠视群众疾苦、与民争利、执法不公、吃拿卡要、假公济私、损害群众利益，在人民群众生命财产安全受到威胁时临危退缩等；着力解决一些党员精神不振的问题，主要是工作消极懈怠，不作为、不会为、不善为，逃避责任，不起先锋模范作用等；着力解决一些党员道德行为不端的问题，主要是违反社会公德、职业道德、家庭美德，不注意个人品德，贪图享受、奢侈浪费等。要持之以恒纠正“四风”，抓好不严不实突出问题整改，推动党的作风不断好转。

开展“两学一做”学习教育，要坚持正面教育为主，用科学理论武装头脑；坚持学用结合，知行合一；坚持问题导向，注重实效；坚持领导带头，以上率下；坚持从实际出发，分类指导。要以党支部为基本单位，以“三会一课”等党的组织生活为基本形式，以落实党员教育管理制度为基本依托，针对领导机关、领导班子和党员干部、普通党员的不同情况作出安排。要给基层党组织结合实际开展学习教育留出空间，发挥党支部自我净化、自我提高的主动性，防止大而化之，力戒形式主义。

二、学习教育内容

1. 学党章党规。着眼明确基本标准、树立行为规范，逐条逐句通读党章，全面理解党的纲领，牢记入党誓词，牢记党的宗旨，牢记党员义务和权利，引导党员尊崇党章、遵守党章、维护党章，坚定理想信念，对党绝对忠诚。认真学习《中国共产党廉洁自律准则》《中国共产党纪律处分条例》等党内法规，学习党的历史，学习革命先辈和先进典型，从各类违纪违法案件中汲取教训，肃清恶劣影响，发挥正面典型的激励作用和反面典型的警示作用，引导党员牢记党规党纪，牢记党的优良传统和作风，树立崇高道德追求，养成纪律自觉，守住为人、做事的基准和底线。

2. 学系列讲话。着眼加强理论武装、统一思想行动，认真学习习近平总书记关于改革发展稳定、内政外交国防、治党治国治军的重要思想，认真学习以习近平同志为核心的党中央治国理政新理念新思想新战略，引导党员深入领会系列重要讲话的丰富内涵和核心要义，深入领会贯穿其中的马克思主义立场观点方法。学习习近平总书记系列重要讲话精神要同学习马克思列宁主义、毛泽东思想、邓小平理论、“三个代表”重要思想、科学发展观结合起来，深刻理解党的科学理论既一脉相承又与时俱进的内在联系，坚定中国特色社会主义道路自信、理论自信、制度自信、文化自信。要区别普通党员和党员领导干部，确定学习的重点内容。

3. 做合格党员。着眼党和国家事业的新发展对党员的新要求，坚持以知促行，做讲政治、有信念，讲规矩、有纪律，讲道德、有品行，讲奉献、有作为的合格党员。引导党员强化政治意识，保持政治本色，把理想信念时时处处体现为行动的力量；坚定自觉地在思想上政治上行动上同以习近平同志为核心的党中央保持高度一致，经常主动向党中央看齐，向党的理论和路线方针政策看齐，做政治上的明白人；践行党的宗旨，保持公仆情怀，牢记共产党员永远是劳动人民的普通一员，密切联系群众，全心全意为人民服务；加强党性锻炼和道德修养，心存敬畏、手握戒尺，廉洁从政、从严治家，筑牢拒腐防变的防线；始终保持干事创业、开拓进取的精气神，平常时候看得出来，关键时刻冲得上去，在“十三五”规划开局起步、决胜全面建成小康社会、实现第一个百年奋斗目标中奋发有为、建功立业。

三、主要措施

1. 围绕专题学习讨论。把个人自学与集中学习结合起来，明确自学要求，引导党员搞好自学。按照“三会一课”制度，党小组要定期组织党员集中学习；不设党小组的，以党支部为单位集中学习。党支部每季度召开一次全体党员会议，每次围绕一个专题组织讨论。学习讨论要紧密结合现实，联系个人思想工作生活实际，看自己在新任务新考验面前，能否坚守共产党人信仰信念宗旨，能否正确处理公与私、义与利、个人与组织、个人与群众的关系，能否努力追求高尚道德、带头践行社会主义核心价值观、保持积极健康生活方式，能否自觉做到在党规党纪面前知敬畏守规矩，能否保持良好精神状态、积极为党的事业担当作为。通过学习讨论，真正提高认识，找到差距，明确努力方向。

2. 创新方式讲党课。讲党课一般在党支部范围内进行。党支部要结合专题学习讨论，对党课内容、时间和方式等作出安排。党员领导干部要在所在党支部讲党课，到农村、社区、企业、学校等基层单位党支部讲党课。组织党校教师、讲师团成员、先进模范到基层一线党支部讲党课。要鼓励和指导基层党组织书记、党员联系实际讲党课。注重运用身边事例、现身说法，强化互动交流、答疑释惑，增强党课的吸引力和感染力。“七一”前后，党支部要结合开展庆祝建党95周年活动，集中安排一次党课。

3. 召开党支部专题组织生活会。年底前，党支部召开专题组织生活会。支部班子及其成员对照职能职责，进行党性分析，查摆在思想、组织、作风、纪律等方面存在的问题。要面向党员和群众广泛征求意见，严肃认真开展批评和自我批评，针对突出问题和薄弱环节提出整改措施。组织全体党员对支部班子的工作、作风等进行评议。党小组可参照党支部要求，召开专题组织生活会。

4. 开展民主评议党员。以党支部为单位召开全体党员会议，组织党员开展民主评议。对照党员标准，按照个人自评、党员互评、民主测评、组织评定的程序，对党员进行评议。党员人数较多的党支部，个人自评和党员互评可分党小组进行。结合民主评议，支部班子成员要与每名党员谈心谈话。党支部综合民主评议情况和党员日常表现，确定评议等次，对优秀党员予以表扬；对有不合格表现的党员，按照党章和党内有关规定，区别不同情况，稳妥慎重给予组织处置。

5. 立足岗位作贡献。针对不同群体党员实际情况，提出党员发挥作用的具体要求，教育引导党员在任何岗位、任何地方、任何时候、任何情况下都铭记党员身份，积极为党工作。结合不同领域不同行业实际，组织引导党员立足岗位、履职尽责。在农村、社区，重点落实党员设岗定责和承诺践诺制度；在国有企业和非公有制企业、社会组织，重点落实党员示范岗和党员责任区制度；在窗口单位和服务行业，重点落实党员挂牌上岗、亮明身份制度；在机关事业单位，促进党员模范履行岗位职责，落实党员到社区报到、直接联系服务群众制度；在学校，重点要求党员增强党的意识，自觉爱党护党为党，敬业修德，奉献社会。在庆祝建党95周年活动中，评选表彰优秀共产党员、优秀党务工作者、先进基层党组织。

6. 领导机关领导干部作表率。党员领导干部要在“两学一做”学习教育中走在前面、深学一层，严格执行双重组织生活制度，以普通党员身份参加所在支部的组织生活，与党员一起学习讨论、一起查摆解决问题、一起接受教育、一起参加党员民主评议。要召开党委（党组）会，专题学习党章党规和习近平总书记系列重要讲话精神；要以党委（党组）中心组等形式组织集中研讨，深化学习效果。年度民主生活会要以“两学一做”为主题，领导班子和领导干部把自己摆进去，查找存在的问题。

四、组织领导

“两学一做”学习教育在中央政治局常委会领导下进行，由中央组织部牵头组织实施，中央纪委机关、中央宣传部、中央党校配合做好相关工作。

1. 层层落实责任。各级党委（党组）要把开展“两学一做”学习教育作为一项重大政治任务，尽好责、抓到位、见实效。省（自治区、直辖市）和部门（系统）党委（党组）要结合实际作出部署安排，加强具体指导。县级党委要发挥关键作用，制定具体实施方案，保障工作力量，加强督促指导把关。基层党委要对所辖党支部进行全覆盖、全过程的现场指导，帮助党支部制定学习教育计划，派员参加党支部各项活动。各级党组织书记要承担起主体责任，不仅要管好干部、带好班子，还要管好党员、带好队伍，层层传导压力，从严从实抓好学习教育。

2. 强化组织保障。加大整顿软弱涣散基层党组织工作力度，配齐配强班子特别是带头人，健全工作制度，确保“两学一做”学习教育有人抓、有人管。开展党员组织关系集中排查，摸清“口袋”党员、长期与党组织失去联系党员情况，理顺党员组织关系，努力使每名党员都纳入党组织有效管理，参加学习教育。要对基层党组织书记、组织委员、组织员等党务骨干普遍进行培训，帮助他们掌握工作方法，明确工作要求。

3. 注重分类指导。县（市、区）党委和企业、学校等基层党委要根据不同领域、不同行业、不同单位特点，对学习教育的内容安排、组织方式等提出具体要求。对非公有制企业和社会组织，可因企制宜、因岗制宜，灵活安排；对党员人数少、党员流动性强的党组织，可依托区域化党员服务中心，利用开放式组织生活等方式，组织党员参加学习教育。对流动党员，流入地、流出地党组织要加强协调配合，按照流入地为主的原则，把流动党员编入一个支部，就近就便参加学习教育。对离退休干部职工党员及年老体弱党员，既要体现从严要求，又要考虑实际情况，以适当方式组织他们参加学习教育。

4. 发挥媒体作用。针对党员多样化学习需求，充分利用共产党员网、手机报、电视栏目、微信易信和远程教育平台等，开发制作形象直观、丰富多样的学习资源，及时推送学习内容。引导党员利用网络自主学习、互动交流，扩大学习教育覆盖面。注重运用各类媒体，宣传“两学一做”学习教育的做法和成效，加强舆论引导，营造良好氛围。

例文 2

黑龙江省加快农村电子商务发展工作方案

为贯彻落实《国务院办公厅关于促进农村电子商务加快发展的指导意见》（国办发〔2015〕78 号），发挥农村电子商务在推进农村市场现代化、释放农村消费潜力、推动农村经济转型升级等方面的积极作用，推动农村电子商务健康快速发展，特制订本工作方案。

一、总体要求

贯彻落实国务院和省政府有关部署，深化农村流通体制改革，创新农村商业模式，培育壮大农村电子商务市场主体，完善农村电子商务政策环境，构建线上线下融合、覆盖全程、综合配套、安全高效、便捷实惠的现代农村商品流通和服务网络，扩大农产品、农业生产资料和农村日用消费品线上线下交易，实现农产品由种得好向卖得好转变，再靠卖得好带动倒逼种得更好，形成农产品生产销售良性循环。

二、发展目标

到2020年，初步建成统一开放、竞争有序、诚信守法、安全可靠、绿色环保的农村电子商务市场体系。农村电子商务与农村一、二、三产业深度融合，电子商务服务网络覆盖全省农村范围，农村电子商务应用广泛开展，农村流通现代化水平显著提高，农村电子商务在降低农村流通成本、提高农产品商品化率和农民收入、解决农产品难卖问题、带动农民创业就业、促进精准扶贫和精准脱贫等方面取得明显成效。力争创建20个国家“电子商务进农村”综合示范县（市），国家“电子商务进农村”综合示范县（市）电子商务交易额年均增长率达到30%以上。

三、主要任务

（一）大力培育农村电子商务市场主体

1. 培育、引入涉农电子商务交易平台。推动省内第三方电子商务平台开展特色农产品和农业生产资料、农村日用消费品销售服务，引导各类涉农信息发布平台转型开展在线交易服务，支持有条件的农业企业、农产品批发市场建设网上商城和网上市场，逐步构建多层次、宽领域的涉农电子商务交易平台体系，搞活农产品、农业生产资料和农村日用消费品流通。引入国内知名电子商务平台入驻我省并开展农村电子商务业务。引导物流快递企业参与涉农电子商务平台建设，构建农产品快递网络，服务产地直销、订单生产等农业生产新模式。[省商务厅牵头，省发改委、工信委、农委和各市（地）政府（行署）配合]

2. 发展壮大农村电子商务服务企业。培育一批扎根农村的本省电子商务服务企业，引导电子商务服务企业进军农村电子商务市场，开展农村电子商务业务，提供网店建设、市场推广、代理运营、仓储物流、品牌培育、品质控制、人员培训、技术支持等专业化服务，完善、拓展、创新农村电子商务发展模式。[省商务厅牵头，省发改委、农委和各市（地）政府（行署）配合]

3. 构建多元化农村电子商务应用群体。加快推进农村电子商务应用群体多元化，支持种养大户、家庭农场、农民专业合作社、农业产业化龙头企业等新型农业经营主体和供销合作社、农业经纪人、返乡大学毕业生、大学生村官、农村青年致富带头人、个体经营户运用电子商务创业，营造“大众创业、万众创新”的农村电子商务发展氛围，全面带动农村电子商务应用。支持电子商务、物流、商贸、金融、邮政、快递等各类社会资本加强合作，实现优势资源的对接与整合，参与农村电子商务发展。[省农委牵头，省发改委、商务厅和各市（地）政府（行署）配合]

（二）推动农业农村电子商务应用

1. 构建多层次农产品网络批发零售渠道。加强对互联网和大数据的应用，建立多层次农产品网络批发渠道，培育农产品品牌，提高商品化率。推动在淘宝“特色中国”、1号店“特产中国”等国内知名电子商务平台地方特产版块开设地方馆、特色馆。引导农业龙头企业、品牌农产品经营企业、新型农业经营主体在第三方电子商务平台开设旗舰店、专卖店并开展网络直销、网上订货等批发零售业务，实现线上线下交易融合发展。在省内主要电子商务平台设立市、县专区和品种专区，组织具有地方特色的“三品一标”农产品集中入驻，重点培育我省农产品网络销售品牌，带动农产品网上销售。引导农产品经营者在国内知名的涉农商品信息平台发布农产品供求信息，开展农产品产销对接。引导农业企业、农产品批发市场、新型农业经营主体等运用微营销、移动电子商务等方式拓展销售渠道。[省商务厅牵头，省发改委、农委和各市（地）政府（行署）配合]

2. 发展农产品定制和网上直销模式。鼓励农业企业、农产品批发市场、新型农业经营主体等开展有机农产品私人定制和集团定制，发展“网上农产品直销”“时令农产品预订”等销售模式。引导新型农业经营主体建立与社区便利店、连锁超市等的合作，通过社区便利店和连锁超市自建的电子商务平台及线下实体店，面向城市社区居民开展生鲜农产品“基地+直供”和“网订店取”业务，提高生鲜农产品网上销售的客户体验度和服务水平。各市（地）要建立与第三方网络团购促销平台的密切合作，创新“网络购物节”等促销机制，开展季节性特色农产品团购促销活动，缓解季节性、区域性农产品滞销问题。[省商务厅牵头，省发改委、农委、供销社和各市（地）政府（行署）配合]

3. 建设新型农村日用消费品流通网络。整合大型商贸流通企业、“万村千乡”市场工程、供销合作社、邮政网点等渠道资源，建立完善覆盖县、乡、村的新型农村日用消费品流通网络。加强县级电子商务运营中心、乡镇商贸中心和配送中心建设，鼓励将具备条件的供销合作社基层网点、信息进村入户村级信息站、农村邮政局所、村邮站、快递网点、农家店等改造为农村电子商务服务点。下沉电子商务企业渠道，鼓励企业向农村电子商务服务点提供B2B网上商品批发和配送服务，发挥农村电子商务服务点临近农村的距离优势，开展“网上订购、网点取货”，缩小城乡居民网购服务差距。[省商务厅牵头，省发改委、农委、供销社、邮政管理局、省邮政公司和各市（地）政府（行署）配合]

4. 加快发展农业生产资料电子商务。各市（地）要组织相关企业、合作社依托电子商务平台和“万村千乡”农资店、供销合作社农资连锁店、农村邮政局所、信息进村入户村级信息站、村邮站、快递网点等，开展化肥、种子、农药等生产资料电子商务和测土配方施肥服务，推动放心农资进农家，为农民提供优质、实惠、可追溯的农业生产资料。发挥农资企业和研究机构的技术优势，将农资研发、生产、销售与指导农业生产相结合，通过网络、手机等提供及时、专业、贴心的农业专家服务，加强实用技术指导服务，宣传、应用和推广农业最新科研成果。[省供销社牵头，省发改委、农委、商务厅、邮政管理局、省邮政公司和各市（地）政府（行署）配合]

5. 提高电子商务扶贫开发水平。创新扶贫开发机制，积极开展电子商务扶贫工作，提升贫困地区交通物流、网络通信等发展水平，鼓励免费面向贫困地区贫困户开展网店应用培训，提高贫困地区利用电子商务创业、就业能力。鼓励电子商务服务企业面向贫困地区开展电子商务服务，支持电子商务平台带动贫困地区特色农产品、旅游产品销售，引导省内电子商务平台开辟贫困地区特色农产品版块，建立与贫困地区合作社、农业经营主体的直采直供关系，增加贫困户收入。在有条件的建档立卡贫困村实现电子商务扶贫全覆盖。[省扶贫办牵头，省发改委、农委、商务厅和各市（地）政府（行署）配合]

（三）营造农村电子商务发展环境

1. 完善宽带、公路设施和农村信息、统计服务。完善电信普遍服务补偿机制，加快农村信息基础设施建设和宽带普及，促进宽带网络提速降费。结合农村电子商务发展，持续提高农村宽带普及率，推动4G和移动互联网技术应用。[省通信管理局牵头，各市（地）政府（行署）配合] 以建制村通硬化路为重点加快农村公路建设，推进城乡客运一体化，推动有条件的地区实施农村客运线路公交化改造。[省交通运输厅牵头，各市（地）政府（行署）配合] 推动信息进村入户，提升信息进村入户村级信息站数量和信息服务能力，扩大农村信息服务覆盖面，应用移动终端普及信息服务。整合各类农业信息资源，逐步建立农村电子商务统计体系，规范统计口径，建立统计数据库，加强农村电子商务市场监测、统计和分析，为企业经营和政府决策提供依据。[省农委牵头，省商务厅、统计局和各市（地）政府（行署）配合]

2. 提高农村物流配送能力。推进农村电子商务物流网络建设，合理规划布局农村物流基础设施，构建适应农村电子商务发展需要的物流配送体系。加强交通运输、商贸物流、农业、供销、邮政等部门同电子商务、快递等企业的衔接，在发挥邮政点多面广和普遍服务优势的同时，全力推进“快递下乡”工程，支持快递企业末端网点向农村延伸，加强与“电子商务进农村”综合示范县（市）的联动衔接，提供快捷、准确、安全、便利的快递支撑服务，畅通工业品下乡和农产品进城双向流通渠道，打通农村电子商务“最后一公里”。[省发改委牵头，省交通运输厅、农委、商务厅、供销社、邮政管理局、省邮政公司和各市（地）政府（行署）配合]

3. 开展农业电子商务产业园区建设。针对农村地域广阔、位置分散的实际情况，引导各市（地）、县（市、区）利用现有产业园区、政府办公楼和空置厂房、仓储用房等存量房产，建设一批中小型农业电子商务产业园区，设立农业电子商务孵化器，制定具体扶持措施，减免宽带、物业、取暖、场地等费用，提供低成本的办公用房、网络通信、网店建设、业务培训、摄影美工、仓储配送等公共服务，降低入驻门槛，吸引农业企业、新型农业经营主体和农村电子商务创业人员入驻，带动农村生产流通。[省商务厅牵头，省发改委、农委和各市（地）政府（行署）配合]

4. 推广绿色农产品溯源服务。推动建设黑龙江绿色农产品溯源系统和绿色农产品生产企业信用查询系统，嵌入省内各类电子商务平台，免费向包括种养大户、家庭农场、农民专业合作社等在内的新型农业经营主体和广大农业企业提供绿色农产品溯源和绿色农产品生产企业信用查询服务，实现绿色农产品从生产、加工到销售环节的全面溯源，提高消费者对黑龙江绿色农产品的信赖度，为绿色农产品实现从种得好向卖得好转变提供溯源服务支撑。（省农委牵头，省工商局、质监局配合）

5. 发展农村电子商务金融服务。鼓励有条件的市（地）拓宽社会融资渠道，设立农村电子商务发展基金。鼓励村级电子商务服务点、助农取款服务点相互依托建设，实现优势互补、资源整合，提高利用效率。加大对电子商务创业农民尤其是青年农民的授信和贷款支持力度，简化农村网商小额短期贷款手续。（省金融办牵头，省发改委、农委、邮政管理局、人民银行哈尔滨中心支行配合）

四、保障措施

（一）加强组织领导。各地、各部门要进一步提高对农村电子商务重要性的认识，将发展农村电子商务摆在突出位置，把农村电子商务作为推动我省农村经济新一轮发展和农业转型的战略举措，强化组织领导，切实抓好落实，合力推进农村电子商务健康快速发展。各地政府特别是县级政府要结合本地实际，因地制

宜制定实施方案，出台具体措施。［省直有关部门和各市（地）、县（市）政府（行署）负责］

（二）强化政策支持。要积极争取国家关于扶持农村电子商务的政策和资金支持。鼓励各市（地）出台政策，在资金扶持、行政审批用地、金融服务、公共服务等方面加大对农村电子商务的支持力度。［省财政厅牵头，省发改委、农委、商务厅和各市（地）政府（行署）配合］

（三）深入开展“电子商务进农村”综合示范县（市）建设。支持“电子商务进农村”综合示范县（市）政府出台资金、土地、人才等方面政策，优化农村电子商务发展环境，按照国办发〔2015〕78号文件要求，“电子商务进农村”综合示范有关财政支持资金不得用于网络交易平台的建设。重点抓好尚志市、庆安县、明水县、富裕县、肇源县、拜泉县、集贤县7个第一批国家“电子商务进农村”综合示范县（市）建设，推动泰来县、勃利县、延寿县、嫩江县、桦南县、海林市、方正县、克东县8个第二批国家“电子商务进农村”综合示范县（市）加快发展。总结“电子商务进农村”综合示范县（市）建设经验，推动全省电子商务进农村工作开展。［省商务厅牵头，省财政厅和各市（地）政府（行署）配合］

（四）大力培育农村电子商务人才。积极做好农村电子商务培训工作，各市（地）、县（市、区）要依托农业电子商务产业园区、电子商务孵化器等建设一批农村电子商务培训基地，建立与电子商务专业培训机构和省内大专院校的密切合作，面向农业企业、新型农业经营主体和供销合作社、农业经纪人、返乡大学毕业生、大学生村官、农村青年致富带头人和农民等开展电子商务实训，重点培育一批具备电子商务、市场营销、网络推广等方面技能，懂理论通业务、会经营网店、能带头致富的复合型农村电子商务人才。［省人社厅、农委、商务厅按责任分工负责，各市（地）政府（行署）做好属地内的培训工作］

（五）规范农村电子商务市场秩序。推进农村电子商务诚信建设，加强网络市场监管，强化安全和质量要求，打击制售假冒伪劣商品、虚假宣传、不正当竞争和侵犯知识产权等违法行为，维护消费者合法权益。督促第三方平台加强内部管理，规范主体准入，遏制“刷信用”等欺诈行为。加强农产品标准化、检验检疫、安全监控、分级包装、冷链仓储、追溯体系等技术、设施的研究、应用和建设，提高对农产品生产、加工和流通等环节的质量管控水平。推广组织机构代码和商品条码在农村电子商务的应用，从源头防止假冒伪劣商品进入交易环节。［省工商局牵头，省发改委、质监局、通信管理局和各市（地）政府（行署）配合］

（六）加大宣传推广力度。梳理我省农村青年电子商务创业、农业企业和新型农业经营主体应用电子商务转型发展、农业电子商务产业园区建设等方面农村电子商务典型案例，充分利用网络、电视、广播、报纸等媒体进行大力宣传，通过组织召开农村电子商务经验交流会等活动，推动社会各界关注和支持农村电子商务发展。[省政府新闻办牵头，省商务厅、新闻出版广电局和各市（地）政府（行署）配合]

【进阶内容】

（一）要着力写好“工作原则”板块。与其他计划体公文一样，一份完整的方案通常都要由指导思想、工作原则、任务目标、步骤措施等几大板块构成。撰写工作原则时应当明确具体地阐述指导工作开展的核心价值、理念和行为准则。对于工作原则的表述思路，应当分别从工作的标准、效率、质量、范围、步骤以及方式等几个方面加以谋划，而且共同指向全文的主旨。既考虑总体站位，又要体现基本方式方法，而且特别注重采用排比的修辞手法，以高度提炼概括出来的段旨句形式，使每条原则的提领语句做到准确规整、协调匀称，体现行文外在表现形式上的整体美。几乎所有工作方案中的工作原则都要从这几个方面入手，要紧紧围绕全文主旨，厘清思路，科学合理地加以设定。

（二）要将“工作原则”与“任务目标”区辨开来。任务目标又是指什么，又如何加以表述呢？有一篇工作方案的任务目标包括“四类专业人才队伍”建设得到加强，人才结构优化成效显著，人才工作实现四个转变等3项内容。特别是最后一项人才工作实现四个转变，其下列述出“思路活，实现由封闭向开放转变；机制活，实现由传统向市场的转变；管理活，实现由粗放向精细的转变；执行活，实现由被动向主动的转变”。不难看出，目标任务与工作原则还是有较大区别的，它指的是朝着哪个方向努力，是一个硬性指标，必须达到并完成。借用一种形象的比喻，以百米跑步竞赛为例，方案中的指导思想好比沿着赛道跑完全程，目标任务是超越其他竞争对手赢得冠军，而工作原则则是指遵守各项比赛规定。

（三）要体现创意。在实践中，机关单位所开展的各种专项活动往往很多，进而需要形成相应的实施方案。由于这一计划文种使用频率较高，故而时常出现因循陈规，“旧瓶装新酒”，将新的工作、新的活动内容套用老的方案，既不符合这一文种的写作要求，也不利于工作的顺利开展。因此，撰写方案应讲求开创性，要在具体的步骤安排、实施办法等方面不断提出新的思路，体现出新的创意，最大限度地推动工作的深入开展。

第二节　要　　点

【功能特性】

要点也是一种重要的计划体公文。它以简要的文字反映一个单位在一定时间内工作计划的主要方面和要点，内容十分扼要。

要点的最突出特性即在于一个“要”字。这种“要”突出体现为它所涉及的内容必须是工作的主要方面，原则性很强；同时在表达手法上更强调简明扼要、篇幅短小精悍。人们通常也称它为“准计划”。

【结构模式】

要点的内容结构一般由标题、正文和结尾三部分组成。

一、标题

要点的标题一般由制定单位名称、适用时间和文种三个要素组成，如《××大学 2017 年行政工作要点》。

二、正文

这部分是要点的重点，一般应由前言和主体两层内容组成。其中前言部分要用简要的文字交代制定要点的目的、依据、指导思想和总的任务要求，用语要富有概括性，篇幅不宜过长；主体部分将前言内容具体化，要将有关的措施和办法逐一列出。可以采取条项贯通的形式，将所要做的工作明确、清晰、概括地表述出来。从内在结构形式上讲，应当体现一种“做什么”（前言）—“怎样做”的结构模式。如《××大学 2025 年行政工作要点》，是从 9 个方面 27 个小点来具体写要点的，没有采用单独的方式分为几个大的方面来写，而是由每一个方面包括几项具体工作来一以贯之。开头部分说明了过去一年工作的指导思想和所做工作的总括，并写明制订计划的根据。主体部分是按照工作的主次和轻重顺序来排列的。第一方面不是直接写教学工作，而是突出了学科建设这一事关学校发展的关键性问题，又分别从非均衡发展战略、学位点建设和实验室建设这样三个小的方面来进一步加以揭示；第二个方面是从“人才强校战略”的角度来写做好人才引进和培养以及营造人才成长环境的重要性；第三个方面是对教学方面工作的安排，包括专业结构的调整和优化，推进素质教育、提高教育教学质量，探索学分制模式、提高人才培养质量的有效途径，加快发展研究生教育和成人教育四个方面，这样就避免了对整个教学工作的面面俱到；第四个方面是对科学研究和技术开发工作的部署，包括思想大讨论、争取重大科研项目和为地方经济科技发展服务三个问题；第五个方面是对对外交流和合作工作的部署；第六个方面是对基础设施建设和环境改造提出的具体任务，包含一些具体的基础设施建设的落实和要求；第七个方面是对深化学校管理体制改革做出的安排；第八个方面是对学生教育与管理，提高学生综合素质内容的安排；第九个方面是对思想品德教育和党建问题的安排。

三、结尾

在正文的右下侧注明制定要点的机关或单位名称及制作日期。

【典范文例】

例文 1

2024 年纠正医药购销领域和医疗服务中不正之风工作要点

2024 年纠正医药购销领域和医疗服务中不正之风工作的总体要求是：以习近平新时代中国特色社会主义思想为指导，全面贯彻落实党的二十大精神，深入贯彻二十届中央纪委三次全会和国务院第二次廉政工作会议精神，统筹开展、一并推进全国医药领域腐败问题集中整治、群众身边不正之风和腐败问题集中整治工作，深入协同推进医药购销领域制度建设，促进医药领域中各类机构和人员依法经营、守法运营、公益运行、服务群众，为卫生健康事业高质量发展提供保障。

一、持续规范医药生产流通秩序

（一）落实主体责任，诚信守法经营。推动落实医药工业高质量发展行动计划，落实财税优惠、成果转化等方面的激励政策。完善以市场为主导的医药价格形成机制，加强医药价格行为监督检查执法，开展公立医院和药品医疗器械生产经销使用情况专项审计调查，开展成本价格专项调查，重点关注推高药品价格、扰乱药品流通秩序的不法行为，以及医药领域商业贿赂违规违法行为，督促生产供应企业落实合规经营的主体责任。

（二）加快带量采购，净化流通秩序。推动建设现代药品流通体系，降低流通成本。常态化制度化开展药品和高值医用耗材集中带量采购，逐步扩大品种覆盖面。提高医疗机构使用中选药品和医用耗材的管理水平，对医务人员处方行为加强监测分析，引导优先使用中选产品。推动落实药品耗材集中采购医保结余资金留用。进一步完善各级医疗机构的医疗设备采购政策。依法依规组织开展疫苗、中药配方颗粒招标采购。打击医疗器械过票加价洗钱、借助混改操控国企推高价格并侵蚀国有权益等规避行业监管的违法违规行为。

（三）聚焦关键环节，加大处置力度。加大医药购销领域商业贿赂治理力度，紧盯项目招采、目录编制、价格确定、项目申请、新药申报、回款结算等权力集中、资金密集、资源富集的医药领域风险，聚焦虚开发票、虚假交易、虚设活动等形式违规套取资金用于实施不法行为，保持打击高压态势。严查假借各类会议、捐赠资助、科研合作、试验推广等形式捆绑销售、“带金销售”中的违法违规行为。

（四）巩固整治成效，健全长效机制。压实牵头部门职责，巩固集中整治成效。加强医药生产经营企业防范医药领域商业贿赂行为的合规指引，督促落实合规经营的主体责任。指导社会组织切实履行推动行业发展责任，加强自身管理，防止成为非法利益输送平台。强化准入标准及行为指引，不断完善医药代表管理，构建医疗器械购销领域防范商业贿赂的系统监管体系。进一步完善公立医疗机构药品采购“两票制”政策，规范药品流通秩序，加大监管和打击力度。

二、集中整治群众身边不正之风和腐败问题

（五）优化内部管理，规范业务服务行为。落实公立医院党委领导下的院长负责制，压实医疗机构内部管理的主体责任，细化健全院内行风管理组织体系、理顺“三重一大”事项集体决策机制、强化决策分析监督体系，建立健全内部控制体系，有效防范管控内部运行风险。完善落实医疗核心制度，保障患者就诊过程中的合理检查、合理用药、合理治疗、规范收费。重点关注假借学术讲课取酬、外送检验、外配处方、网上开药等方式收受回扣的问题，利用职务之便索要、非法收受财物的问题。

（六）聚焦“两个关键”，落实管理要求。聚焦“名院”“名医”等医疗机构的“关键少数”和关键岗位人员管理，重点惩治本人或指使亲友，利用经商办企业“靠医吃医”、收受供应商回扣等问题；以“站台式讲课”“餐桌式会议”等为切入点，坚持“风腐一体”治理，深入整治接受医药企业变相利益输送的行为，依据《中华人民共和国医师法》等法律法规严肃处理。督促医疗机构落实院内管理主体责任，围绕管理要求，补齐行政权力、招采财务、院外合作、规范行为、风险防范等关键领域的制度措施短板，加大问题线索核查追责力度。

（七）完善政策体系，创新监管模式。完善医疗监督管理办法，提升信息化大数据精准监督能力，发展“机构监管、行为监管、功能监管、穿透式监管、持续监管”在医疗监督领域的实现路径和举措。开展基于病案首页信息的智能化和嵌入式监管试点，加大对高额费用病例的抽检评价，推进医疗行业信用体系建设。落实办医主体责任，开展大型医院巡查工作。构建医疗机构行业作风评价体系，制定出台公立医疗机构行风管理核心制度要点。

三、坚决纠治行业乱象

（八）加强监督执法，打击不法行为。强化医疗监督跨部门联合执法，针对突出问题进行重点治理。持续保持对无资质机构、人员非法行医的打击力度。严厉打击非法回收药品、“医托”、“号贩子”等违法违规行为。重点关注辅助生殖、医学检验、健康体检、医疗美容、互联网医疗等领域的违法违规问题，树牢惩治高压线。

（九）规范直播带货，净化网络环境。加大对涉医网络直播带货、信息内容、传播秩序等的监管力度。重点打击违规变相发布医疗、药品、医疗器械等广告，以及散播涉医谣言等违法违规行为。持续压实网站平台主体责任，严肃追究散布不实信息责任人，不断完善健全治理涉医网络直播联合处置工作机制。

四、切实维护医保基金安全

（十）强化医保基金监管，保持打击欺诈骗保高压态势。实化细化医保基金使用监督管理的具体细则，完善医保法规体系。健全完善日常监督检查工作机制，压实各级监管职责。联合开展飞行检查，实现所有省份全面覆盖，加强后续整改的跟踪督办。加强定点医药机构相关人员医保支付资格管理，探索“监管到人”的机制。深入开展医保基金违法违规问题专项整治，依托医保大数据筛查分析优势，开展数据共享、联合执法、条线处置、督查督导等综合监管，切实维护医保基金安全。

（十一）完善价格治理，持续推动医保支付方式改革。稳步推进挂网药品价格治理，着力纠治不公平高价、歧视性高价，持续推动挂网价格均衡透明。加强对首涨、极值、价差大等价格异常波动药品耗材核查处置，推动将药品质量、疗效评价等指标作为药品采购评审因素，落实价格招采信用评价制度。推动由第三方部门处理药品招采过程中的投诉，加大对药品招采的监督力度。持续完善医保支付的核心要素管理与调整、意见收集反馈、分组调整、协商谈判等机制，常态化实施医疗服务价格动态调整，指导各地按规定开展本年度调价评估并按评估结果在总量控制范围内有升有降开展调价。

五、深化巩固集中整治工作成效

（十二）分类处置，注重联合惩戒。用好巡视巡察、审计监督、统计调查、投诉举报、大数据分析、自查自纠等工作手段，注重问题线索的“穿透式”监管、“案例式”监督。把稳政策基调，分级分类处置线索，注重“风腐一体”治理。坚持行贿受贿一起查，重点查处医药企业和个人多次行贿、巨额行贿、向多人行贿等违法行为。探索实施行贿人“黑名单”制度，建立对行贿人的联合惩戒机制。

（十三）以案为鉴，强化行业教育。坚持用身边事教育身边人，梳理剖析查处的典型案例，扎实开展行业警示教育，深化以案为鉴、以案示警、以案促改。深入开展党性党风党纪教育，筑牢廉洁思想防线。加大对行业领导干部、医务人员、后勤采购人员等的廉洁从业教育，加强对医药代表等的管理，尤其是重点法律法规制度、医保政策的宣贯讲解，确保行业一体理解、遵循、执行。大力宣传优秀医药工作者的先进典型事迹，树立行业正面形象。

（十四）纠建并举，加强建章立制。持续做好集中整治问题整改和线索处置的“后半篇”文章。深化体制机制改革，加强医药卫生领域廉政建设。压实各部门行业主管责任，加强医药企业经营推广人员规范引导，落实办医主体对所属医疗机构的常态化监管责任。指导有关学协会等社会组织完善内部管理章程，依法依规开展学术活动，加强行业自律。

（十五）密切协作，形成工作合力。坚持“谁主管谁负责”“管行业必须管行风”，坚决扛起医药卫生领域党风廉政建设和反腐败斗争的政治责任。提升信息互联互通水平，打通联动壁垒、做好政策衔接。完善医药政策发布机制，做好事前沟通和信息通报工作，避免政策制定与监管执法脱节。密切横向协作、加强纵向调度，建立完善工作调度和情况通报制度，协同推进工作要点的落实。加强与纪检监察机关的联动沟通，推进纪法衔接。

例文 2

2024 年体育标准化工作要点

2024 年体育标准化工作要以习近平新时代中国特色社会主义思想为指导，全面贯彻党的二十大和二十届三中全会精神，认真落实体育强国建设和党中央、国务院决策部署，紧紧围绕广泛开展全民健身活动，加强青少年体育工作，促进群众体育和竞技体育全面发展，加快建设体育强国为目标。扎实推进调查研究，优化标准供给，强化标准实施。加快构建推动体育事业高质量发展的标准体系，努力提升体育标准化治理效能，为全面建设社会主义现代化国家迈出坚实步伐贡献体育力量，发挥体育标准支撑。

一、全面强化体育标准化顶层设计

（一）大力实施标准化战略，加强体育标准化研究，推动制度体系更加完善、标准质量更加科学、标准应用更有效率，着力推进《体育标准体系建设纲要》制定和发布，为体育标准化下一阶段指明工作方向和具体路径。

（二）完善体育标准化政策体系，发布实施《体育标准制修订工作实施细则》，做好宣贯解读工作。建立体育标准制修订工作季度报告制度，督促在研体育标准尽快发布实施。

（三）提高标准制修订审批效率，行业标准立项周期由6个月压缩至3个月；行业标准批准发布周期由3个月压缩至2个月，加强与标准组织起草部门沟通，优化各阶段流程。

（四）加强体育标准信息化渠道建设，完善升级体育标准化信息平台，提高标准制定工作的公开性和透明度，提高标准制修订流程管理实施效率。

（五）深挖做实全国体育标准化技术委员会，夯实体育标准化工作技术保障，完成全国体育标准化技术委员会及其分会换届工作，推动冰雪运动分技术委员会筹建工作。

二、聚焦重点领域体育标准制修订

（六）围绕全民健身加大关键标准研制，研制发布体育赛事活动、体育公园、登山健身步道和室外健身器材等一系列重点领域国家标准，为破解群众健身去哪儿难题，构建更高水平全民健身公共服务体系提供技术基础。

（七）组织开展青少年体育领域标准建设，落实《深化体教融合促进青少年健康发展的意见》要求，开展青少年体育活动组织管理、青少年运动方法、青少年体育俱乐部等标准研制工作。

（八）组织推进体育场地设施、器材装备等相关标准制定，健全适老化标准建设，推动构建服务保障体育竞技、训练专业器材装备的标准体系。

（九）鼓励推进高危险性体育项目相关领域标准研究，做好高危险性体育项目标准修订工作，筑牢安全底线。发布体育赛事活动办赛指南、参赛指引等一批行业标准，重点推进户外运动领域标准制修订。

三、着力夯实体育标准化发展基础、扩大体育标准影响力

（十）推动体育标准宣贯实施，通过开展专家解读、标准云课录制、“一图读懂体育标准”等工作，加强标准解释，推动社会各方学标贯标达标。

（十一）推进实施全民健身社会管理和公共服务综合标准化试点项目建设，以试促制，综合运用试点验证、认证评估等手段促进标准落地实施。

（十二）深入推进体育标准化人才建设，组织举办体育标准化工作培训，强化政策解读和优秀典型案例学习，提高标准化工作人员能力水平。

（十三）综合运用各类媒体，广泛宣传体育标准化工作成效，开展世界标准日活动，营造体育标准化工作良好氛围。

（十四）加强在体育服务方面拓展赛事活动、体育培训、数字体育等领域的国际交流，促进国际国内标准化工作的协同与互通。

【进阶内容】

要写好要点，应注意把握如下几点：

（一）要体现科学性和可行性。即方案中所提出的有关任务目标、步骤安排、落实办法、措施和要求等，一定要符合客观的实际情况，要着眼于工作的发展趋势，本着务实的态度及科学合理的原则加以制定，以利于取得预期的效果。

（二）要注意协调性。即注意所提出的方案一定要与上级的指示精神相协调，防止出现抵触的现象，同时还要注意方案本身的综合平衡，防止出现计划与执行的矛盾。

（三）要吃透“两头”。一方面要认真学习上级的文件和指示精神，另一方面必须系统了解本单位和本系统的有关情况，把握其有利条件和不利因素，弄清发展工作的潜力。

（四）用语要简练。由于是工作计划的“首要之点”，故在文字表达上一定要简练，要直陈其事，无须修饰，所提出的措施和办法不必展开，以求内容与形式的和谐一致。

第三节　计　　划

【功能特性】

一、预见性。计划是在工作实施之前制订的，是对某项工作的目标、措施、方法、完成步骤以及可能出现的情况做出的正确预想。在制订计划时，必须站得高、看得远，对全局形势和本单位的具体情况有正确的把握，才能预想得周密、切实。没有预见性就没有计划，预见性是计划的本质特征。

二、可行性。计划中所提出的工作任务和奋斗目标，不是凭空预想出来的，而是根据有关政策，结合本单位实际情况进行充分的分析、推理和估计，制定出来的有效的措施和步骤。制订计划的目标、任务要实事求是，措施、步骤要切实可行。如果目标过高，任务难以完成，措施难以落实，就失去了制订计划的意义；反之，如果目标过低，就不能充分调动群众的工作积极性。

三、约束性。计划一旦被群众讨论通过或上级批准，它就对实践产生了一定的行政约束力。制订计划后与之相关的实践活动，都必须按计划的内容严格执行。在执行过程中如果发现原定计划有不可行之处，应及时、认真地加以研究，慎重修改。

【结构模式】

计划的内容结构通常由标题、正文和落款三部分组成。

一、标题

计划的标题一般由制订计划的单位名称、适用时间、计划内容和文种四项要素组成，例如，《××市广播电视局2025年培训工作计划》。也可以省略时间或省略制订计划单位名称，或者采用公文标题的三要素形式拟写。

二、正文

计划的正文包括前言、计划事项、措施和步骤、结尾四个部分。

①前言

一般是写明制订计划的指导思想，提出任务的依据和目的，以及总任务、总要求等内容，即说明“为什么”要制订这一计划。主要应当写明两点：一是计划的制订根据党和国家哪些方针政策或上级指示；二是对面临的形势做简要的分析，对前段时间工作的基本情况做简要的概括（也可以不写）。

②计划事项

要写清计划的目标，说明“做什么”。目标是对计划总任务的分解。任何工作计划都是在提出总任务的前提下，确定完成任务的各项基本目标，包括应该达到的指标在数量和质量上的要求。这部分内容要做到重点突出，简洁明确，数量、质量指标清楚、准确。如《中共××市委2025年工作计划》，全文由并列的七大部分组成，其中第一部分“总体要求和主要指标”与第二部分“推动国民经济发展再上新水平”，就是“做什么”。

③措施和步骤

即针对所提出的工作指标和任务，写清楚“怎么做”。措施，是指围绕计划目标而设计的一系列的实施办法，如要动员和依靠什么力量、利用哪些有利条件、采取哪些措施、克服哪些困难、负责人、配合合作的单位及个人等。措施是实现目标的保证，一定要周到严密、切实可行；步骤，是指目标实现的程序设计和时间安排。计划的实现是一个过程，包含了不同的阶段，每一阶段又包含了若干环节。因此，工作计划的实施步骤要对计划目标的各个阶段和各个环节从时间、空间做出全局性的分析和评估，做好统筹安排，明确计划在实施中应先做什么、后做什么以及重点解决的问题等。

④结尾

主要是对计划实施的重点和主要环节的强调，还可以说明注意事项，分析计划实施过程中可能出现的问题，提出实施前景的展望或要求。多数计划特别是综合性的工作计划，一般都有一个“号召性”的结尾。

三、落款

计划的落款主要包括以下两项内容：一是如有指标和数字材料，可以“附件”列于正文之后、计划制订机关名称之前；二是在正文下方署上制订计划的机关名称和时间；如果标题中已注明，此处可不再标示。

【典范文例】

国务院2024年度立法工作计划

2024年是中华人民共和国成立75周年，是实现“十四五”规划目标任务的关键一年。国务院2024年度立法工作的总体要求是：在以习近平同志为核心的党中央坚强领导下，坚持以习近平新时代中国特色社会主义思想为指导，全面贯彻落实党的二十大和二十届二中全会精神，深入学习贯彻习近平法治思想，深刻领悟“两个确立”的决定性意义，增强“四个意识”、坚定“四个自信”、做到“两个维护”，坚持党的领导、人民当家作主、依法治国有机统一，统筹推进国内法治和涉外法治，坚持立改废释并举，进一步丰富立法形式，注重“小快灵”“小切口”立法，加快填补立法薄弱点和空白区，发挥好法治固根本、稳预期、利长远的保障作用，为以中国式现代化全面推进强国建设、民族复兴伟业提供坚实法治保障。

一、坚决贯彻落实党中央决策部署，以高质量立法服务保障党和国家工作大局

紧扣中国式现代化的立法需求，准确把握“国之大者”，坚持突出重点、急用先行、统筹兼顾，科学合理安排立法项目。

围绕推动高质量发展，提请全国人大常委会审议民营经济促进法草案、招标投标法修正草案、国家发展规划法草案、能源法草案、原子能法草案、会计法修正草案、银行业监督管理法修订草案、反不正当竞争法修正草案、耕地保护和质量提升法草案、渔业法修订草案、民用航空法修订草案。制定公平竞争审查条例、国有企业管理人员处分条例、稀土管理条例、国务院关于实施《中华人民共和国公司法》注册资本登记管理制度的规定，修订保障中小企业款项支付条例、中国人民银行货币政策委员会条例、企业信息公示暂行条例、国务院关于经营者集中申报标准的规定、收费公路管理条例。预备提请全国人大常委会审议消费税法草案、税收征收管理法修订草案、中国人民银行法修订草案、商业银行法修订草案、保险法修订草案、电信法草案、律师法修订草案、注册会计师法修订草案、计量法修订草案、产品质量法修订草案、交通运输法草案、铁路法修订草案。预备制定国有金融资本管理条例、地方金融监督管理条例、上市公司监督管理条例、机动车生产准入管理条例、农村公路条例，预备修订外汇管理条例、直销管理条例、禁止传销条例、道路运输条例。

围绕加强政府自身建设，提请全国人大常委会审议统计法修正草案。制定档案法实施条例，修订法规规章备案条例。预备提请全国人大常委会审议人民警察法修订草案、机关事务管理法草案。预备制定行政执法监督条例、政策发布条例、行政规范性文件制定程序条例，预备修订行政复议法实施条例、规章制定程序条例。

围绕实施科教兴国、文化强国战略，提请全国人大常委会审议科学技术普及法修订草案。制定全民阅读促进条例、红色资源保护传承条例，修订国家自然科学基金条例、植物新品种保护条例。预备提请全国人大常委会审议人工智能法草案、商标法修订草案、教师法修订草案、广播电视法草案、历史文化遗产保护法草案。预备制定历史街区与古老建筑保护条例、传统村落保护条例，预备修订互联网信息服务管理办法、历史文化名城名镇名村保护条例。

围绕增进民生福祉，提请全国人大常委会审议突发公共卫生事件应对法草案。制定消费者权益保护法实施条例、城市公共交通条例、住房租赁条例、退役军人安置条例，修订军人抚恤优待条例、烈士褒扬条例。预备提请全国人大常委会审议道路交通安全法修订草案、医疗保障法草案、药师法草案、社会救助法草案。预备制定生物医学新技术临床研究和转化应用管理条例、社会保险基金监督条例、城镇住房保障条例，预备修订药品管理法实施条例、全民健身条例、婚姻登记条例、城市供水条例、基金会管理条例。

围绕推动绿色发展，提请全国人大常委会审议国家公园法草案。制定生态保护补偿条例、碳排放权交易管理暂行条例、节约用水条例、古树名木保护条例，修订快递暂行条例。预备制定生态环境监测条例、化学物质环境风险管理条例、密云水库保护条例。

围绕健全国家安全法治体系，提请全国人大常委会审议危险化学品安全法草案、监狱法修订草案。制定网络数据安全管理条例、煤矿安全生产条例。预备提请全国人大常委会审议国家消防救援人员法草案、防震减灾法修订草案。预备制定卫星导航条例、粮食储备安全管理条例，预备修订保守国家秘密法实施条例、反间谍法实施细则、特种设备安全监察条例。

围绕加强涉外法治建设，提请全国人大常委会审议仲裁法修订草案、反洗钱法修订草案、对外贸易法修订草案、海商法修订草案。制定两用物项出口管制条例、国际邮轮在中华人民共和国港口靠港补给的规定。预备提请全国人大常委会审议海关法修订草案。预备制定商事调解条例，预备修订对外劳务合作管理条例、对外使用国徽图案的办法。为促进世界和平与发展，积极参与全球治理体系改革和建设，开展有关国际条约审核工作。

同时，对于全面深化改革、政府职能转变、国家安全急需的立法项目，加快国防和军队现代化建设有关立法项目，党中央、国务院交办的其他立法项目，国务院各有关部门要抓紧办理，尽快完成起草和审查任务。对于其他正在研究但未列入立法工作计划的立法项目，由有关部门继续研究论证。

二、加强和改进新时代立法工作，进一步提升立法质效

坚持党对立法工作的全面领导。坚持用习近平新时代中国特色社会主义思想特别是习近平法治思想统领立法工作，充分发挥党总揽全局、协调各方的领导核心作用，把党的领导落实到立法工作全过程各环节，确保正确政治方向。

坚持立法为民、求真务实。坚持以人民为中心的发展思想，深入践行全过程人民民主，加强立法联系点建设，充分听取专家学者等各方面意见，积极回应人民群众对立法工作的新需求新期待。立足中国式现代化建设伟大实践，扎实开展立法调查研究，增强法律法规制度的针对性和适用性。改进立法模式，对于人民群众反映强烈、经济社会发展急需的立法事项，探索建立立法快速响应机制，推进“小快灵”“小切口”立法。

坚决维护国家法制统一、尊严、权威。坚持立改废释并举，加强同一领域、相关领域立法联动，按要求及时出台法律配套规定；坚持全面清理和专项清理相结合，有力有序推进法律法规清理工作。加强国家重大改革法治保障，充分发挥立法的引导、推动、规范、保障作用。加强法规规章备案审查，坚持“有件必备、有备必审、有错必纠”，加大审查纠错力度，提升备案审查工作质效。

加强立法全过程宣传解读。坚持立法和普法有机结合，根据立法各环节的特点和需要，引导社会各方面广泛参与立法，增强立法宣传实效，及时回应社会关切，为法律法规出台实施营造良好氛围。积极阐释中国特色社会主义法治理论、法治文化、法治实践，讲好新时代中国法治故事。

持续提升地方政府立法工作水平。地方政府立法要坚持问题导向、需求导向、效果导向，严格遵守立法权限和程序。鼓励地方政府积极开展区域协同立法探索实践。大力加强地方政府立法工作队伍建设，配齐配强工作力量，有计划组织开展专题培训。

三、强化责任担当，切实抓好立法工作计划的执行

国务院各部门要高度重视立法工作，加强组织领导、完善工作机制、压紧压实责任、强化进度管理，在确保立法质量的前提下提高立法工作效率。

起草部门要严格按照要求做好起草工作，为审查、审议等工作预留合理时间。法律法规草案送审稿相关内容涉及部门职责分工、行政许可、财政支持、税收优惠政策等的，应当征得机构编制、审改、财政、税务等有关部门同意；部门之间存在重大分歧的，起草部门要积极协调，力求达成一致意见；法律法规草案送审稿报送前，起草部门应当及时与司法部沟通，说明征求意见及协调重大分歧等情况。

司法部要加强统筹协调、督促指导，主动了解相关情况，把好立法审查关，切实维护国家利益和人民根本利益，防止部门利益影响。对于时间紧、难度大的重大立法项目，必要时提前介入，组织专班积极推进。对于立法项目中矛盾焦点问题突出的，要加大统筹协调力度，防止久拖不决。

附件：《国务院2024年度立法工作计划》明确的立法项目及负责起草的单位

【进阶内容】

要写好计划，应注意把握如下几点：

（一）服从大局。任何机关、单位的工作计划都要体现党和国家的路线、方针和政策，符合国家总体战略要求，服从和服务于新时期党和国家的总任务、总目标；既要服从大局，又要体现出本机关（单位）的特点。

（二）目的明确。计划应当立足当前和今后一段时期需要解决的主要问题和要做的主要工作，突出工作重点，切忌面面俱到。

（三）切实可行。制订计划要实事求是，从实际出发，深入进行调查研究，坚持走群众路线，广泛征求和听取有关人员和专家的意见，集思广益，进行科学的分析和综合平衡。既要体现改革精神，又要充分考虑计划的可行性；既要积极稳妥，又要留有适当余地。

（四）责任分明。计划往往要牵涉各个方面，需要各个方面紧密配合，协同作战。因此，一定要明确工作计划实施过程中的任务分工，明确责任，有利于落实和检查计划所确定的各项目标的完成情况，同时也作为考核有关部门工作的重要依据。

第八章　总结体文书的写作

第一节　总　　结

【功能特性】

总结是最重要的机关常用文之一，任何一个机关单位都要使用。它是对以往的工作进行回顾，找出经验和教训，上升为规律性的东西，以利今后发扬成绩、克服不足，进一步推动工作的向前开展。“总结就是改进”“总结就是提高”“向后看是为了向前干”，这些话都道出了总结写作的真谛。

总结的功能在于全面系统地把握以往的情况，弄清经验和教训，从中找出事物发展的客观规律，以便下一步的工作遵循规律前进，因此总结的特性首先就是反映性。它既要对原计划的执行情况进行回顾，又要为新计划的制订提供可靠的依据，因此，其本身必然要对客观现实具有相应的反映性，主要表现在要全面系统深刻地总结所依据的客观情况必须真实、确凿，每件事都要有根有据，毫不含糊虚假。总结对现实实践认识的这种准确性和科学性就是它的反映性。其次就是鉴定性，总结要在对过去情况的回顾中肯定成绩，找出缺点，积累经验，吸取教训，因此，需要对整个情况进行分析研究和集中概括，鉴别其成败虚实，提高其理性认识，明确其程度性质，这就是总结的鉴定性。最后就是结论性，计划的按时完成，任务目标的及时实现，总要使客观事物的进程呈现一定的阶段性，这种阶段性的标志通常表现为定量数额或定性估价，这就是总结的结论性。

【结构模式】

总结的结构模式一般由以下几个部分组成：

一、标题

总结的标题拟制较为灵活，既可以采取公文式的标题，也可以采用文章式的标题，一条总的原则是必须能够准确简要地概括全文的主要内容，给人以一目了然之感。

二、正文

应当分开头、主体、结尾3个层次进行叙写。

（一）开头。是基本的情况概述，要简要介绍有关形势和工作背景、环境，说明担负的任务与要求，以及完成任务的基本情况等，目的是使人们对情况有一个全面的了解。

（二）主体。即经验和体会，这是总结写作的精华所在，也是重中之重。从结构形式上看，包括以下五种：

（1）“三大块”式。这是综合性工作总结极其普遍而又常见的一种基本形态。它通常由三大部分即“三大块”内容组成，包括“基本情况概述”—“主要做法”（或称“主要经验”，或称“主要经验和做法”，或称“经验与体会”，或称“经验与教训”等）—“问题及今后打算”（或称“今后打算”）。在文字详略上表现为“两头小、中间大”，即“凤头—猪肚—豹尾”。

（2）“因果倒置”式。这是专题性工作总结极其普遍的一种形态。它将经验、体会置于重心部位。通常开头先讲这一专门工作所取得的成绩，这就是“果”，随后分条列项地表述这一成果取得的原因，也就是经验、体会，这是“因”，先“果”后“因”，形成“因果倒置”。对待这一工作中存在的问题，通常是置于结尾，三言两语，一带而过，属表态性的。

（3）“条款并列”式。把情况、效果、做法、经验、体会、问题、今后意见等融合在一起，归纳成若干条条，逐一加以叙述、议说，不采取大问题套小问题的方法，而每个问题都具有相对的独立性。

（4）“正反对比”式。把情况特别是经验与教训糅在一起，归纳成几个大问题，逐一从事实与道理、正面与反面、经验与教训的对比结合上进行叙述和议说。

（5）“层层递进”式。这也是专题总结经常采用的一种布局形态。通常是先写一个非常简明的开头，说明开展某一工作或活动的原委、背景，然后在主体部分，按照这一工作进行的过程，从初期到后期、从远处到近处、从低级到高级，分作几个层次逐一加以说明，步步深入、顺理成章。

【典范文例】

例文1　单位总结

××单位团委2023年工作总结和2024年工作打算

20××年，在××单位党委、行政和上级团组织的正确领导下，××单位团委紧紧围绕企业的改革、发展与稳定的工作大局，以及广大团员青年的根本需求，以团的先进性教育为基础，以促进青年成长成才为主线，以工作创新为出发点，以竭诚服务青年为落脚点，团的工作在继承中创新，于探索中前进，青春的热血在前进的征途中树立了一面风帆，在风帆中勇往直前，为推动我××单位文明建设及企业跨越式大发展注入了生机勃勃的活力。

一、一年来的回顾

一年来，我们依靠××单位党委、××单位行政的大力支持及广大团干、团员青年的共同努力，共青团工作的外部环境得到进一步优化，各项团的工作实现新突破，为我××单位的改革发展和文明建设做出了积极贡献，取得了一系列的丰硕成果：我××单位团委继续被省公司授予“五四红旗团委”，继续保持了二个省级青年文明号，并于20××年6月被省公司新命名一个“省公司级青年文明号”和“青年安全示范岗”，荣获了一个“省公司五四红旗团支部”的荣誉称号。我们的做法主要如下。

（一）以工作创新为出发点，坚持“五抓”加强组织建设，不断提高共青团的凝聚力和战斗力。

1. 抓组织健全。至今年8月，我××单位第八届团委任期已满六年，因人员变动、企业机构调整等因素造成团委组织结构不完善，健全团委班子是共青团组织建设迫在眉睫的头等大事。在经上级团组织批准，在××单位党委的大力支持下、全体团干的精心筹备下，于20××年8月12日至13日胜利召开了第九次团代会，团市委、省公司团委及××单位领导参加了本次会议，会议选举产生了第九届团委委员会，讨论通过了第八届团委工作报告，共收集了近40份建议表。在团代会上，团代表们共商大计，明确了团委今后几年的工作目标及努力方向，并表彰了一批先进集体及个人。还专为团代会精心编写了自建××单位以来35年间的《团建大事记》，向来宾、各级领导及全××单位青年展示了清晰、如歌如铁的团建史脉，印证了共青团组织承前启后、继往开来、不断创新、不断奋斗的精神。

2. 抓支部建设。随着企业规模不断扩大，为了更科学合理地加强组织管理，××单位团委根据企业机构的调整而不断充实团支部班子建设。一年来，根据人员的变动及时调整团支部班子达10余次，确保了支部组织、班子健全完善。并逐步完善了团支部负责制，健全团支部职能，加强了对团员青年的管理效能，提高了工作的针对性和有序性。此外，在年初出台了《黄龙滩电××单位团支部工作手册》，不断规范了团支部的各项基础工作，从而确保了团组织的凝聚力和战斗力。

3. 抓团干队伍建设。加强团干部队伍建设，积极选拔培养优秀团干，为企业培养、储备、选拔人才是团组织工作的一项重要任务。××单位团委通过支部工作手册规范了团干部选拔制度，并坚持通过政治学习例会、网络团校、送外培训、团干例会，对团干部进行时事政治、思想品德、业务能力培养。一年来，共有5名团干被外送培训。××单位团委还在11月底举办了一期以“素质拓展”为主题的培训班，通过持续不断的学习提升过程，有效地提高了团干的综合素质，增强了团组织的凝聚力，打造了团队精神，团干们工作的热情和士气大增；并定期深入基层了解支部班子成员工作状况，根据实际情况适时地调整团干部，注重团干管理，从而保证了团委良好的工作作风。

4. 抓“育苗推优”建设。向党组织输送新鲜的血液是团组织义不容辞的责任。我们把推优工作列为重中之重，坚持标准，严格程序，确保党组织发展党员“六不批”的原则落到实处，坚持做到措施上与党组织配合、教育培养上与党组织配合、推荐上与党组织配合的“三配合”工作，使团员队伍建设和党的建设良好地衔接起来。一年来，经过团组织考察推荐，共有5团员光荣地加入了中国共产党，其中有三名团支部书记、一名团干。

5. 抓标杆建设。树好标杆，在团员青年中发挥正面的舆论导向作用是扩大团组织影响力和凝聚力的重要途径和手段。一年来，我们不仅做好团内各项表彰，还将评选扩大到青年中去，举办了首届“十佳青年”评比，通过公开推选、公示、投票、统计确定、报××单位党委同意一系列的公开化评先程序，评选出了大家心目中满意的青年先进人物。本次活动受到了各级领导及广大职工的肯定，进一步扩大了团组织在青年中的积极影响。此外，还评出了24名优秀团干、团员，2个五四红旗团支部的团内先进集体和个人。

（二）以团的先进性教育为基础，以培养“四个意识”为目标，切实加强青年职工的思想政治工作。

1. 着力培养青年树立正确的理想信念意识，构筑青年精神支柱。一年来，我们坚持以理想信念教育为核心，在广大团员青年中开展了以“三个代表”重要思想、党的××大、团的××大精神为主要内容的学习教育，坚持了每月一期的理论政治学习，并注重开展将思想教育与调研结合起来，及时掌握分析青年的思想动态。今年4月份，我们在青年中开展了思想状况调查，精心设计了一份调研问卷，内容上涉及职工的人生观、道德观、价值观、学习成才观以及企业改革发展和文化建设等诸多问题，并附以个别访谈、座谈等方式进行调查，本次调研，我们及时了解到广大团员青年的政治态度、思想倾向和关注热点，找到了团的工作与青年需求的结合点，增强了工作的针对性和有效性。有两名团干所撰写的论文分别荣获省公司青年思想调研论文的一等奖和优秀奖。

2. 提高青年的服务奉献意识，树立黄电青年新形象。我们一直坚持有计划、有方案地开展青年志愿者活动，并将青年志愿者活动落实到支部，以加大青年志愿者活动的覆盖面。××单位团委在3月份发出“爱心助心一帮一”的帮困助学活动，成功地资助了15名贫困学生，此举在全××单位引起了极大反响；××单位团委组织青年志愿者于6月节能宣传周在市区进行了义务宣传活动，积极倡导节水、节电、节能，获得了市民的一致好评；除此之外，还组织青年志愿者为企业进行义务服务工作，通过义务清扫电脑灰尘及病菌、绿化植树等活动在全××单位职工及青年中展现了良好的黄电青年的高尚道德情操。

3. 结合电力体制改革与我××单位改革发展的新形势，提高青年的自主教育意识。我们通过青年沙龙这个固定栏目，在网络上开展了绩效考核等企业改革发展的热点话题讨论，利用先进的科技媒体向全××单位青年提供了互相交流沟通的天地，并增强了自我分析、自我管理、自主教育的意识，并采用现场讨论会、座谈会、征文等灵活多样的活动激发青年的自主意识，并组织和发动广大团干们深入到广大青年职工中去，热情地帮助他们主动地、正确地应对思想、工作和生活中的问题，带领广大青年成了我××单位改革、发展和稳定的重要力量。

4. 牢牢抓住企业改革发展脉搏，培养青年敢于参加竞争的意识。为引导青年以正确心态面对改革中的各项改革和措施，我们举办了管理知识竞赛、青年沙龙、改革征文等活动，广大团员青年竞争意识、危机意识和成才意识不断增强，理解、支持和参与改革能力进一步提高。近一年多来，在6次全××单位范围及公司岗位竞聘中，共有68名青年踊跃参与，16名青年通过竞聘走向自己满意的岗位，“岗位靠竞争，收入凭贡献”的观点为青年们所认同，所接受，并努力付诸实践。

（三）以促进青年成长成才为主线，大力建设四大阵地，深入开展各项主题实践活动。

1. 大力推进团内品牌阵地建设。青年文明号是团内品牌活动的主线，也是龙头品牌。我们一直继续深化“青年文明号”创建活动，加大对已创建成功的“青年文明号”集体的对内宣传力度，并不断规范创建集体的各项规章制度，各创建集体不仅认真开展帮困助学活动，还定期举行青年技术比武，不断创新青年文明号创建内容，在广大青年集体中树立了良好的形象。一年来，我们继续保持了两个省级青年文明号，并新增一个省公司级青年文明号，品牌阵地又添新色彩。

2. 继续深化青年安全阵地建设。今年，我们着力加强“青年安全生产示范岗”的创建深入工作，并根据工作实际特点做好创建工作的规划、活动方案及相关的管理制度，各创建集体不仅定期开展安全活动，并认真开展团内身边无事故活动，向班组每位成员延伸，向周边团员延伸，不断推进“青年安全示范岗”的创建工作。

3. 着力推动青年成长成才阵地建设。青年职工是企业技术和管理创新的核心力量。一年来，本着“抓深化，抓规范，抓培训，抓普及”的原则，营造青年成长成才的良好氛围，培养青年的成长、危机意识，我们在今年2月份推出了一名青年技术尖子参加湖北省青年岗位能手的评选，并成功当选了湖北省青年岗位能手及省公司青年岗位能手。还在原有良好的基础上不断深化青年读书活动，坚持开展“四个一”活动促进读书活动向纵深发展，并于12月中旬召开了青年读书交流会，建立了团委图书馆和网络电子书库，为丰富广大青年日益增长的学习成长需求提供了一个新的空间，为青年营造了一个良好的学习氛围和成长环境。

4. 大力建设青年网络宣传阵地，青年成了企业宣传阵地上的一面旗帜。目前，我××单位中心报道组及班组宣传员95%为青年人，宣传阵地上到处活跃着青年人朝气蓬勃的身影。并不断完善了团建信息网络体系。一年来，我们更新了团委主页，建立了网络团校及青年社区论坛，并在网络上设立大型活动专栏。如：“第九次团代会”“十佳青年评比”“迎五四活力杯羽毛球大赛”等专栏。一年来，团员青年向各种媒体发送稿件百余篇，向社会及广大职工展示了我××单位良好的企业形象和职工素质。

（四）我们坚持以“服务青年”为宗旨，结合青年特点开展了一系列的特色活动，青年展示舞台进一步拓展，树立了黄电青年新形象。

1. 拓展了青年展示才华舞台。各级团组织根据青年爱好、兴趣特点，适应青年需求，组织开展了青年足球赛、羽毛球赛、青春的足迹征文等丰富多彩的活动。还配合××单位党委、××单位行政举办了大型的文艺晚会，如：年初承办了“新春联欢会”，年底承办了“扩建工程首台机组投产发电文艺晚会”，获得了各级领导及职工的好评。团支部也相应开展了一系列的活动：如开展的“四人制足球赛”、“送夏之漂”活动、娱乐晚会、户外运动会、野外爬山比赛等，这些活动，为广大团员青年一展青春风采搭起了特色舞台，丰富了团员青年的文化生活，提高了他们的文明修养和综合素质。

2. 搭建了新时代青年形象舞台。今年3月，我们在广大团员青年提倡树新风、倡节俭、除陋习、婚事简办的风气，在青年中发出倡议，通过网络开辟专栏“我谈集体婚礼”，针对目前的婚礼形式及方式进行了大讨论。一年来，有四对青年结婚均采用了婚事简办，这种做法，得到了广大青年的认可，向全××单位展示了新时代青年的良好形象。

3. 大力开展支部特色活动。通过这一系列的特色活动，充分体现了团员青年们在企业改革发展中“力出一份力，力献一份情”的高尚思想，在团组织的文体活动中形成了百花齐放的局面。

（五）学习型团组织创建之路在探索中不断前进。我们首先组织团委及支部书记认真学习了省公司团委及我××单位关于“创建学习型企业实施意见”的精神实质，在思想认识上达到了统一，都认识到了创建学习型企业的目的、意义，更加认真到创建“学习型”团组织，是服务青年成长成才，服务企业跨越式发展的需要。

二、存在的问题

在这一年中，我们取得了一些可喜的成绩，但在成绩的背后，同时也应看到，我们工作中还有许多不足：

1. 青年思想教育的感召力和渗透力不强，新的方法和手段不多；

2. 相对于青年需求的多样化趋势，团组织的服务手段和服务方式显得单一；

3. 团干部的作风建设有待加强，知识水平、创新能力有待提高；团员的模范带头作用未充分发挥，团员先进性意识还须进一步增强；

4. 标杆发掘及宣传力度不足，未能充分发挥在各专业中标杆的榜样带头作用。

5. 团支部工作的主动性不够，支部凝聚力、战斗力不强。

这些问题都需要我们在今后工作中正确对待，认真分析，积极探索，逐步加以解决。

三、一年来的工作体会

1. 必须坚持党对共青团的领导。团组织只有始终不渝地坚持党的领导，才能正确地贯彻执行党的路线、方针、政策，才能牢牢把握正确的政治方向，有所作为，这是共青团组织发挥作用的前提和基础。

2. 必须坚持围绕全××单位的中心工作开展活动。只有围绕全××单位的工作重点，找准切入点，主动争取党政对共青团工作的领导，找准团工作的立足点和着力点，才能在服务大局中求发展，这是共青团工作取得成效的根本保证。

3. 必须坚持把竭诚服务青年作为共青团工作的出发点和落脚点。切实为青年服务，维护好青年的切身利益，为青年的成长成才创造条件，才能吸引青年、赢得青年，这是增强团组织吸引力、凝聚力，充分发挥桥梁纽带作用的前提条件。

4. 必须建设一支高素质的团干队伍。团的干部决定着共青团事业的兴衰，只有培养和造就一支思想素质高，工作能力强，能为共青团事业无私奉献的团干部队伍，才能形成强大的内在动力，推动我××单位共青团事业的蓬勃发展。

5. 必须主动适应新形势，坚持“以特色求生存，以创新求发展”的工作思路。团组织的工作必须做到与时俱进，在继承中创新，才能把工作开展得朝气蓬勃、扎实有效。这是共青团工作富有生机活力的源泉。

例文 2　个人总结

个人年度工作总结

20××年 1 月 10 日我调入××农村合作银行××支行，作为一名新的客户经理担任信贷内勤的工作。在这一年里我学到了不少的信贷知识，开阔了视野，增强了与客户沟通交流的能力，并认真学习业务知识和业务技能，积极主动地履行工作职责，较好地完成了半年度的工作任务，在思想觉悟、业务素质、操作技能、优质服务等方面都有了一定的提高。

现将本年度工作总结如下。

1. 加强学习，努力提高政治与业务素质

一年来，我能够认真学习总行下发的各项文件资料，自觉贯彻和执行党和国家制定的路线、方针、政策，以急客户之所急、想客户之所想的服务精神投入工作中。能遵纪守法、忠于职守、实事求是、廉洁奉公、遵守职业道德和社会公德。

在标杆网点创建过程中，我担任了创建工作的内训师，并树立了更为科学的服务理念，在工作中摒弃了懈怠和拖拉的思想，以主人翁的精神，投入我们芙蓉合行的标杆银行的建设工作中，并在建党 90 周年之际递交了入党申请书。

在创建的过程中我在思想觉悟方面有了很大的进步，认识到不能做“等下班，等薪水，等退休”的三等人，必须积极主动地努力改变自己，让自己成为有计划性、有长远性、有良好执行力的客户经理。同时，利用工余时间认真学习金融业务知识，不断充实自己的工作经验，对于总行下发的各种学习资料能够融会贯通，学以致用，业务工作能力、综合分析能力、协调办事能力、文字语言表达能力等方面，都有了很大的提高。

2. 履行职责，踏踏实实地做好本职工作

我热爱自己的本职工作，能够认真审慎地对待每一项工作任务，把国家的金融政策及总行的文件要求体现在工作中，在工作中能够采取积极主动，认真遵守规章制度，能够及时完成领导交代的各项工作任务。在内勤工作之外我还要管好办公室的各项工作。

这一年中我的工作可以从三个方面描述：

一是严格规章制度，把好信贷资产质量的第一道关口。

作为一名信贷经理，我深感自己肩上的担子的分量，稍有疏忽就有可能出现信贷风险。因此，我不断地提醒自己，不断增强责任心，学习各项贷款的业务知识，做好后勤工作，努力为其他客户经理分忧。

针对信贷档案，我接手后重新做了调整和清理，把所有的贷款档案按姓氏编排并造表登记以便平时工作查询和借阅。建立了信贷档案借阅登记簿，规范了信贷档案的借阅规章。

针对火星支行抵押品账实不符的情况，在行长的带领下，我和柜面经理把支行的信贷抵押品进行了全面的清理。在全行同事们和总行领导的帮助下，我行的抵押品管理有了彻底的改变。

针对抵押品数量过多，管理困难的情况，我建立了抵押品的电脑台账，通过E—CEL表格管理抵押品，提高了工作效率，降低了工作难度。从抵押品管理上把好了信贷资产质量的第一道关口。

二是坚持信贷原则，做好贷款的审查。

我深知：信贷资产的质量事关芙蓉合行经营发展大计，责任重于泰山，丝毫马虎不得。半年来，我坚持贷款的“三查”制度和联社制定的信贷管理制度，对每一笔贷款都一丝不苟地认真审查，从借款人的主体资格、信用情况、生产经营项目的现状与前景、还款能力，到保证人的资格、保证能力，抵、质押物的合法有效性，每一个环节我都是仔细审查，没有一丝一毫的懈怠。

在贷前审查时，我做到了“三个必须”，即贷款条件必须符合政策、贷款证件必须是合法原件、贷款人与保证人必须到场核实签字，并且做到生人熟人一样对待，保证了贷款发放的合规、合法。

三是提高工作质量，及时准确地做好信贷基础资料的管理。

搞好信贷基础资料的记载、收集、管理，是信贷内勤重要的工作之一，这项工作既烦琐又重要，需要经常加班加点来完成。我坚持做到了当天账务当天处理完毕，从台账、分户账，应收利息台账，抵押品台账到银行承兑汇票账核对从不过夜。仅20××年，我行就累放贷款30843万元，以上200余笔业务没有出现过一笔差错。

3. 精诚团结，为提高经营效益尽心尽力

一年来，我与同事们能搞好团结，服从领导的安排，积极主动地做好其他工作，为全行经营目标的顺利完成而同心同德，尽心尽力。

一是千方百计拉存款，我经常利用业余时间走亲访友动员储蓄存款，为壮大我行实力不遗余力。

二是积极主动地营销贷款，我不断强化贷款营销意识。为了完成我行中间业务收入的任务，在每笔贷款立据时我都与相应客户经理积极沟通，努力营销保险，截至20××年12月底我行共营销保险32496元。

三是勤勤恳恳地完成领导交办的其他任务，除做好本职工作外，我还在人员相对不足的情况下帮助营业间进行同城清缴打码，办理电汇录入等工作，只要是力所能及、时间允许的情况下，我都能积极主动为其他同事分担工作压力。

回顾这一年的工作，自己感到仍有不少不足之处：

一是业务素质提高不快，对新的业务知识学的还不够透彻；

二是本职工作与其他同行相比还有差距，创新意识不强；

三是在工作中还有沟通不到位，工作不细致的地方，沟通的语言上还要进一步加强。

在下年里，我将一方面努力克服自身的不足，在总行和支行的领导下，认真学习，努力提高自身素质，积极开拓，履行工作职责，争取早日成为××支行的顶尖信贷经理。

另一方面当好参谋助手，与全体员工一起，团结一致，为我行经营效益的提高，为完成20××年的各项目标任务做出不懈的努力。

【进阶内容】

1. 找出规律，突出重点

总结的目的，在于立足当前、面向未来，以便对今后工作的认识更加明确、行动更加自觉、步伐更加稳健有力。为此，就必须通过总结找出工作中带有规律性的东西，即能够揭示事物本质、内在联系和指导价值的东西。所以，写“总结”切忌“流水账”。所谓“流水账”，即不分主次、不讲轻重，事无巨细、面面俱到，眉毛胡子一把抓、西瓜芝麻一起端。克服这种现象的唯一办法就是突出重点。所谓重点，是指事物的主要矛盾和矛盾的主要方面。具体来说，就是把本单位工作中的基本经验、主要做法，比如，贯彻党和国家方针政策上的成功之处、指导工作开展的得力之法、推动事业顺利进行的关键所在等，把它们总结提炼出来。只有这样的“总结”，才是积累智慧的“宝库”，达到认识彼岸的“桥梁”。那种“千年总结一个样”的“通用总结”（每到年底，把上一年的“总结”找出来，改改日子，换换数字，开头增加点新的提法，以此应付上级机关）理应加以杜绝。

2. “功夫下在平时”

写“总结”最根本的一条是要占有丰富的材料，俗话说“巧妇难为无米之炊”，就是这个道理。要想解决这个问题，只靠写“总结”时才去现翻材料、现给下级打电话要数字、要例子是不行的，当然从网上拼凑的做法就更在所当禁，而是要把材料积累的功夫真正下到平时。比如对党和国家在方针、政策上出现的一些重大的、最新的提法；上级机关和单位对本部门、本系统工作的一些新要求；本机关每一位领导同志在有关工作上的一些新的意图、见解、评论、想法，特别是他们走着遛着、随时随地随口而出的一些零零碎碎的想法、看法，一定要记在心中。以上这些指的是要吃透“上头”，同时还要注意掌握“下头”，包括机关单位内部及下面基层单位出现的工作新动向、新苗头，以及典型人、典型事，特别是职工或群众中出现的对工作的新见解、评价以及含义深刻的“火花”式的语言。积累的方法是处处留心，看到就摘、听到就记，越记越丰富，越记越熟悉。既有上情，又有下情，这个“情”就是写总结的养料，有了丰富的养料就会“如虎添翼”，写起“总结”就会随手拈来，轻车熟路，否则，临起草“总结”时现抱“佛脚”，“先搭架子后填肉”，这样临时拼凑、填充起来的“总结”势必言之无物，空话连篇。

3. “磨刀不误砍柴工”

当我们正式接受撰写“总结”的任务之后，切不可急于求成，立刻铺纸操笔，匆忙动手。而应在占有大量材料的基础上，认真分析研究，进行思维加工，将零散的、感性的材料，通过归纳、分析，使之上升到系统、理性的高度，明确结论、确立观点。然后列个提纲，做个书面“设计”。待上述准备完结后，再下笔写作。从时间上看，好像这样占用了不少时间，不太划算，不如接到任务后马上动笔来得快，其实不然。前者由于经过较为充分的思考，观点确立准、材料选得精、结构思路清，这样写出的“总结”一般不会出现较大的返工；而后者由于匆忙上阵，缺乏充分思考，不但写起来“缺胳膊少腿”，而且由于“怀胎”月份不够是个“早产儿”，所以常常会出现较大的返工，甚至被领导推倒重来，事倍功半，反倒耽误了时间。所以说“七分想，三分写”是快速成文的一条重要经验。俗话说得好：“磨刀不误砍柴工”，正是这个道理。

4. 不要“十步九回头”

当按照提纲正式动笔写作时，一开始不要过多考虑文字的技巧。俗语讲“抛砖引玉”，难能可贵的第一稿，要以“小卒子过河直攻向前”的精神，跑步向前把初稿铺就出来。也就如同盖大楼一样，先把四框垒起来，而后再精雕细琢。俗话讲“有了骨头不愁肉”，框架出来后再修修补补、抹灰压缝，“齐不齐，一把泥”。写“总结”也是如此，应当在“冲”出初稿之后，再进行修改、推敲、润色，最后使之成文。总之，千万不要写写停停、停停改改。“十步九回头”，改乱了撕掉，撕掉了再改，如此边写边改，边停边改，既浪费了时光，又容易引起情绪上的烦躁，扰乱了预想的安排。总之，起草初稿犹如行军打仗中的“冲锋”，要尽量一气呵成，宜粗不宜细；而修改稿子时则要精雕细琢，恰似“绣花”，宜细不宜粗。

5. 行文方式要规范

“总结”不是一个主要、正式文种，加之它的行文属性是“中性”，因此，在上报和下发时，都要采用复体行文的方式，从主要、正式文种中选择“报告”和“通知”做“文件头”，载运着“总结”分别向上和向下行文，切不可“天马行空，独来独往”。还要明确的是，“总结”虽然采用复体行文的方式随“文件头”运行，但它不属于公文的附件，而且其落款处也要加盖机关或单位印章，以示负责。

第二节　述职报告

【功能特性】

述职报告是介于讲话稿和工作总结之间的一种应用写作文体，是各级机关、团体、企事业单位和个人向上级机关和群众汇报自己履行岗位职责的总结性的文字材料。其具有以下特性：

一、自我述评性。述职报告是用第一人称的写法，以自述的方式，从德、勤、能、绩、廉几个方面陈述并评价自己履行职责的情况。

二、内容的客观性。述职报告中所涉及的有关思想、工作、能力、成效等几个方面的情况，是抱着对自己负责、对组织负责、对群众负责的态度，实事求是地进行汇报，客观地评价自己的成绩，恰切地分析工作中的教训和失误。

【结构模式】

述职报告的内容结构一般由标题、称谓、正文、结尾、落款五部分组成。

一、标题

标题有三种形式。第一种是由任职起止时间、所任职务和文种三个要素组成，例如《20××年至20××年任××职务的述职报告》；第二种是在述职报告前加一限制词“我的”组成，即《我的述职报告》；第三种是直接写出文种《述职报告》。

二、称谓

在标题之下，空一行顶格写“组织部”“人事处”“党委”或“××同志”“××（单位名称）的同志们”。因为述职报告是送给主管部门或主管领导审查并读给所属单位群众听的。

三、正文

这是述职报告的主要内容所在。一般由引言和主体两层内容组成。

①引言部分

这一部分要概述基本情况，写明何时任职、任何职务以及分工主管的工作。从任职至今这段时间职责是否相称，能绩是否一致。这是述职报告的基础，一般比较概括，无须展开。引言到主体部分，往往需要用过渡性的语句："现在我就履行职责的情况……报告如下。"

②主体部分

这是述职报告最重要的内容。一般要对引言概述的内容进行展开叙述，它包括以下几方面：一是岗位职责。首先要介绍自己的岗位职责和工作目标，让领导和群众了解自己主抓什么工作、工作计划及指标实现情况。二是决策能力在担负的工作中发挥的作用和效果。要进行定量定性分析，尽可能用事实、数据说明。要以概述本人履行职责为主，以估价个人在整体工作中作用的大小为主，突出本职工作的特点。三是在自己的职权范围内，做了哪些开拓性的工作。包括调查研究的情况，自己有哪些创见，为实现自己的主张做了哪些努力，遇到什么困难以及克服困难的情况。四是存在的主要问题及教训。

主体部分的内容安排，既可采用纵式结构形式，以时间为序，把自己任职以来的全部工作按时间划为几个阶段，分别写出各阶段的工作情况；也可采用横式的结构形式，把工作项目用小标题的形式列出，或用数码，平行列出，展开叙述。述职者可根据工作实际，选用适合于自己的结构方式，不必强求一律。

四、结尾

述职者要向考核者和群众表明自己的愿望和态度。如愿意不愿意继续任职或对今后工作的设想，并请求与会同志严格审查评议、批评、帮助。态度要真诚，语言要中肯，以真情求得考核者与群众的了解、理解和帮助。

五、落款

在落款处写明述职者的单位、姓名和时间。姓名也可写于标题之下。

【典范文例】

2024 年度述职报告

××市警察协会副会长兼秘书长岳××

按照市局考核组的要求，现将自己 2024 年度的主要工作情况做一简要述职。2024 年，自己能够认真贯彻落实市局党委和有关主管部门的指示精神，本着求真务实、开拓创新的原则，扎实推进协会的各项工作，在公安理论研究、会刊创办以及协会自身建设等方面取得了跨越式进展，得到了上级主管部门和市局主管领导的充分肯定，受到了各理事单位和广大会员的好评。归结起来，自己主要做了以下几项工作：

一、认真开展公安理论调研工作，不断推出新的成果

组织开展公安理论研究是警察协会的一项重要任务。公安理论研究是公安工作、队伍建设和科技强警战略的重要组成部分，是公安工作的基础和公安事业长远发展的先导。搞好公安理论研究和警学交流是警察协会的重要职责所在，是服务于公安工作大局的具体体现。一年来，按照市局党委赋予的组织协调公安理论研究工作的职责和《××市警察协会章程》的规定，协会严格遵循"通过对公安重大理论与实践课题的研究，为全市公安工作服务，为维护社会稳定和发展服务"的宗旨，积极推进公安理论研究活动，进一步开创公安理论研究的新局面。7月10日，在曹妃向区公安局的大力支持与协助下，协会在曹妃向组织召开了全市公安机关第三届警学理论研讨会，来自全市公安系统的6位警学特约研究员、7位特邀嘉宾代表以及各理事单位110余名代表出席了会议。为了推广我市警学理论研究工作的先进经验，省警察协会三届六次理事会与我市警学理论研究会同时召开，这在警察协会的历史上还是第一次，它说明了我市警学理论研究工作已经走在了全省各市警察协会的前面，具有引领效应。会议总结交流了一年来全市公安理论研究成果，回顾总结市警察协会的主要工作，并就下一步如何围绕中心工作发挥职能作用做出部署。会上，曹妃向区公安局、西山道分局、滦县县局、丰南区局、交警支队、迁安市局、玉田县局等理事单位的优秀代表紧密围绕公安信息化建设、公安辅警队伍的管理与使用、涉众型经济犯罪的防范与打击、公路交通安全防控体系建设、如何打击食品药品违法犯罪、制约综合情报部门实战化突出问题等课题发表真知灼见、共商公安工作大计。与会领导及同志发言踊跃，对优秀调研成果及时给予了点评和充分肯定，特别是省警察协会副会长袁新民代表省警察协会对这次研讨会的成功举办给予了高度评价。

二、全力办好会刊《××公安》，为广大会员提供发表学术研究成果的阵地

市警察协会会刊《××公安》，是展示我市公安理论研究成果的重要阵地，是推介研究成果转化的有效平台。为办好会刊，真正把《××公安》办成各理事单位搭建的一个工作指导、信息共享和经验交流的理论、学术、业务平台，市警察协会认真研究了《××市警察协会章程》，总结借鉴了各省、市警察协会好的经验和做法，把办好《××公安》杂志作为协会的一项重要工作来抓，不断调整和改进栏目设置，严把质量关，力求融指导性、知识性和可读性于一体。在市局领导的支持下，在有关部门密切配合和办刊人员辛勤努力下，会刊质量和编发时效不断提高，刊载了大量的公安理论研究成果，并在全国范围内产生了一定程度的影响。全年共编发会刊 4 期，刊发了 46 篇公安理论调研文章，为广大公安理论研究人员提供了发表交流学术研究成果的阵地。同时进一步扩大发行范围，除原来发至全市各县（区）公安（分）局、局直各单位、企业理事单位以及省市委政法委、省厅、市委政法委、市民政局等部门外，还报送中国警察协会、省警察协会和部分地级市警察协会进行交换和交流，目前已与国内700 余家协会之间建立了会刊交换关系。通过办好《××公安》，充分展示我市公安理论研究成果，围绕全市公安中心工作，多方式、多渠道、多角度进行约稿、专访，积极组织开展论文征集评选，择优刊登理论性强、观点新颖、富有前瞻性和指导性的文章，有效提高了公安理论研究水平，受到了各级领导和广大民警的欢迎，也为警察协会的生存与发展奠定了基础。由于《××公安》编辑和印刷质量较高，得到了省警察协会、市局领导和广大公安民警的高度评价。《××公安》中许多栏目深受各级领导和广大民警的喜爱。

三、注重加强协会自身建设，不断提高工作质量和水平

根据警察协会的特点，协会积极探索发展的规律和运行机制，注重理顺各种关系，完善各项规章制度，不断总结工作经验，加强协会自身建设，自觉接受市局党委的领导和社团登记管理机关的管理和监督，严格按照《章程》办事。始终坚持协会的重大问题必须向市局党委请示报告的制度，主动争取主管局领导的支持。在实际工作中，摆正协会作为社团组织的位置，拾遗补阙，找准角度开展工作。

一是注重政治理论学习，不断提高政治敏感性和政治鉴别力；二是积极参加市局组织的相关活动；三是建立了协会工作制度包括财务管理制度、车辆管理使用制度等。特别是在财会工作中，认真遵守各项规章制度和《警察协会章程》的规定，坚持按规章制度办事，确保不发生问题。

2025 年，对于我们公安机关而言，面临的各项风险和挑战前所未有，作为警察协会也面临着新机遇、新挑战、新考验，我们不仅要继承和发扬加强警学理论研究的优良传统、努力探讨如何加强世园会安保的理论问题，更要躬身实践、积极投身于协会各项工作中，带着市局党委和领导的重托，深入基层理事单位、热情关爱广大民警、真心搞好慰问鼓劲工作，真正发挥协会的警察之家作用。我决心在市局党委的正确领导下，坚持科学发展的理念，充分发挥协会的职能作用，进一步解放思想，加大工作力度，努力把市警察协会的工作提升到一个新水平。

【进阶内容】

一、要坚持实事求是的原则

这是述职报告写作应当遵循的一条基本原则，如实写明在任职期限内都做了哪些工作，包括工作所采取的措施及效果等，一定要与客观实际相符合，绝不能浮夸虚妄。因为每一位述职者所做的工作，受众心里都有数，因此没有必要巧言令色，夸大其词，那样反倒令人感到厌烦。实事求是地讲述自己所做的工作，正确估价成绩，承认和改正工作中的缺点，会得到大家的认可和理解。

二、要全面地评价工作

撰写述职报告，要注意将自己任职期间的工作成绩以及缺点和不足都做出交代，写出自己在岗位职责上的全面工作情况，包括履行职责的范围、岗位责任的履行、完成指标的情况，可以量化的要尽量量化。要着重写出自己的工作实绩，诸如做了哪些实际工作、工作的成效如何等，以便给受众一个清晰的认识和了解。

三、要注意文字表达的简洁得当

在语言表达上，述职报告的写作须做到简而扼要，该详则详，该略则略，重点突出，主次分明。不要单纯叙述工作过程，做过多解释，要用最简洁的语言讲清事实，做到言简意赅、干净利落。

第九章　会议体文书的写作

第一节　开幕词

【功能特性】

开幕词是在大型会议活动开幕时所做的开宗明义性的讲话，一般以简洁明快、热情洋溢的语言阐明会议活动的宗旨、目的、意义、任务、议程和要求等，对会议活动起着重要的指导作用。

开幕词确定会议活动的基调，向与会者传达召开会议活动的目的、意义、任务，指导与会者遵循会议活动相关制度和要求，围绕中心议题开展活动，具有宣告、提示和引导意义。

【结构模式】

开幕词的结构由标题、称谓、正文、结语四部分构成。

一、标题

有三种写法：一是由会议名称加文种组成，例如，邓小平所做的《中国共产党第十二次全国代表大会开幕词》；二是由讲话人姓名、职务、会议名称以及文种组成，如《习近平主席在 G20 杭州峰会上的开幕词》；三是用开幕词的主旨或主要内容做标题。例如，毛泽东在 1945 年 4 月 27 日中国共产党第七次全国代表大会上所做的《两个中国之命运》的开幕词。

二、称谓

称谓是对与会者的统称，要根据会议的性质和与会者的身份来称呼。在国内，党的会议一般用“同志们”来称呼；人大、政协会议常用“各位代表”来称呼；国际会议一般按国际惯例用“各位嘉宾、女士们、先生们、朋友们”来称呼。

三、正文

正文有开头、主体、结尾三部分。

（一）开头。开头常见的写法有：

1. 以宣布大会开幕为开头。如毛泽东在1945年4月27日中国共产党第七次全国代表大会上所做的《两个中国之命运》的开幕词，只用了一句“中国共产党第七次全国代表大会今天开幕了”作为开头，既简洁又庄重。

2. 以介绍与会者的有关情况为开头。例如，毛泽东在1954年9月15日第一届全国人民代表大会第一次会议上的开幕词的开头：

> “中华人民共和国第一届全国人民代表大会第一次会议，今天在我国首都北京举行。代表总数1226人，报到的代表1211人，因病因事请假没有报到的代表15人，报到了因病因事今天临时缺席的代表70人。今天会议实到的代表1141人，合乎法定人数。”

3. 以向与会者表示祝贺与欢迎为开头。如例文的开头即是如此。

（二）主体。主体是开幕词的核心部分，主要写明召开大会的意义、会议的议程、大会的目的和任务等几方面内容。

（三）结尾。结尾或提出希望与要求，或发出号召，或展望前景，坚定信念。

（四）结语。

常用“预祝大会圆满成功”之类的祝颂语来结束全文。

【典范文例】

例文1

中共××县第××次代表大会
开　幕　词

各位代表、同志们：

中国共产党××县第××次代表大会今天正式开幕了！

这次代表大会是在扎实推进中国式现代化的新形势下召开的一次重要会议，是全县人民政治生活中的一件大事。这次会议的召开，对于进一步加强党的先进性建设和执政能力建设，动员、组织全县共产党员和广大人民群众，认真践行习近平新时代中国特色社会主义思想，实施强县富民战略，加快推进乡村振兴，具有十分重大的现实意义和深远的历史意义。

这次大会的主要任务是：高举中国特色社会主义伟大旗帜，认真实践习近平新时代中国特色社会主义思想，深入贯彻落实党的二十大和二十届二中、三中全会精神，认真总结我县第××次党代会以来的五年所取得的成就和基本经验，正确分析今后五年我们所面临的形势，进一步明确我县加快发展的总体思路和奋斗目标，对强县富民、全力推进乡村振兴做出全面部署。同时，肩负着选举新一届县委、县纪委领导班子，为今后发展提供坚强领导和组织保证的重任。

回首过去，我们倍感欣慰。××届党代会以来的五年，县委总揽全局，协调各方，团结和带领全县各级干部和广大人民群众，遵循既定的发展思路，在困境中奋进，在挑战中发展，在开拓中提升，开创了经济发展、事业进步、政治安定、社会稳定、人民群众安居乐业的良好局面，全县经济社会进入了崭新的发展阶段。过去五年，是厘清思路、绘就蓝图、凝聚人心、政通人和的五年；是不断解放思想、开拓创新、积极探索、努力实践的五年；是历经挑战、经受考验、沉着应对、排难前进的五年；是抓住机遇、乘势而上、夯实基础、增强后劲的五年；更是我县历史上发展形势最好、综合实力提升最快、城乡面貌变化最大、人民群众受惠最多、经济社会发展最好的五年。

展望未来，我们豪情满怀。未来五年，任务光荣而艰巨，前景灿烂而辉煌。未来五年，是承前启后、继往开来的五年，是加快调整、科学发展的五年，更是深化改革、与时俱进的五年。这次大会的成功与否，将直接关系到××未来的前途与发展，关系到广大人民群众的切身利益。全县共产党员和人民群众对这次大会十分关注并寄予厚望，各位代表是在严格按照法定程序，完全尊重民意的基础上，从全县×××名共产党员中遴选出的社会各阶层的优秀人才，责任重大，使命如山，代表全县广大人民群众庄严履行党代表光荣而神圣的权利。全体与会代表，要以高度的政治责任感和历史使命感，聚精会神，畅所欲言，集思广益，齐心协力，努力把这次大会开成一个气氛热烈、朝气蓬勃的大会，振奋精神、激励斗志的大会，凝心聚力、共谋发展的大会！

各位代表、同志们，这次大会之后，在新一届县委的领导下，全县共产党员和人民群众一定会以更加高昂的斗志，更加饱满的热情，更加务实的作风，投身于全县经济、政治、文化、社会和生态文明建设，为实现强县富民做出新的更大的贡献！

预祝大会圆满成功！

例文 2

医院工会委员会开幕词

×××医院院长　×××

（2024 年 2 月 10 日）

各位代表、同志们：

市中心医院第×届工会委员会在上级工会和党委的关心下，今天隆重开幕了！这是我院广大职工和工会会员政治生活中的一件大事，出席这次职代会的正式代表共有×名，代表了我院各科室各专业的职工和工会会员，×名列席代表是我院各职能科室、业务科室和工会小组的负责人，×名特邀代表是为我院业务技术建设做出贡献的老专家和热心工会工作的离退休干部。在此，我谨代表大会主席团，向莅临大会的领导和特邀代表、列席代表表示热烈的欢迎！向各位职工代表，并通过你们向全院职工特别是在临床第一线的职工致以崇高的敬意和亲切的问候！

医院的职工，是推动医院建设和发展的基本力量，工会是党联系群众的桥梁和纽带。几年来，我院业务技术水平和社会效益、经济效益取得令人瞩目的快速发展和进步，职工的生活福利也有明显的改善和提高，这些成绩，离不开全院职工的努力，也离不开各个工会小组同志的艰苦创业和无私奉献。实践证明，工会是党团结职工、教育职工的重要阵地。

过去的五年，在党委和上级工会的领导下，第×届工会委员会坚持贯彻党的基本路线和基本纲领，落实党依靠工人阶级的根本指导方针，认真实践了“三个代表”重要思想，全面履行工会的社会职能，依法独立自主地开展工会的工作，推动了医院的建设和发展，促进了医院的深化改革。经过不懈的努力，在上几届工会委员会打下的良好基础上，建成了全市医院第一家模范职工之家，获得上级工会的好评。

这里，我代表第×届工会委员会，向上级领导和关心支持工会工作的职工群众表示衷心的感谢！本次大会，我们将在回顾总结过去五年工作的基础上，认真探讨医院建设和发展的经验与教训，积极参与医院的民主管理和民主监督，研究确定未来五年我院工作的指导思想、奋斗目标和工作任务。

为实现医院效益再上新台阶，并在未来五年内保持医院强劲的发展势头，实现医院跨越式发展出谋献策。这次职代会还有一项重要的议程，就是进行工会的换届选举，全体职工代表将投票产生新一届的工会领导班子。这里，我作为院长，向将由选举产生的工会新一届领导班子提出几点希望：这次会议后，你们将作为工会委员和经审委员，走上为职工服务的工会工作岗位，党组织和职工代表信任你们，给你们创造了一个能够施展才华和为职工服务的舞台，希望你们能珍惜这个机会，这不仅仅是荣誉和权利，更重要的是责任和义务。

工会的工作是一项政策性很强的服务工作，如何规范地依法履行工会的职能，代表党组织团结职工、关心职工，维护广大职工的合法权益；如何充分发挥和调动广大职工的积极性和创造力，对你们来说，是新课题，是挑战也是机遇。相信，在党委和上级工会的关心支持下，你们一定能不负重托，以创新的精神和求实的态度，推动工会工作的开展和进步，创造新的业绩，再谱新的篇章。

各位代表、各位领导，第×届工会委员会在全院职工的关注和期待中胜利召开。我们相信，在党委和上级工会的关心和领导下，在医院各部门的热情支持下，各位代表一定不会辜负全院职工的重托，认真完成预定的各项任务，把职代会开成一个民主团结、求真务实、开拓奋进的大会。

预祝大会圆满成功！

【进阶内容】

1. **篇幅不宜太长。**开幕词要奠定会议的基调，在会议上一般用十几分钟即可讲完，因此要求层次清楚，语言简洁明了。虽然对会议的主要内容、意义、开法等都要有一个明确交代，但也仅仅是画龙点睛般的提示，而不宜说得过细。切忌长篇大论，尤其要防止成为大会报告的缩写。

2. **气氛庄重热烈。**开幕词既要庄重有力，又要富有感情色彩；既要具有严肃性，又要具有生动性，使讲话热情激昂，富于感染力和鼓动性，尽量避免“官话”“套话”。结尾或动员与会者开好会议，或号召完成今后任务，或预祝大会成功，都需要热情昂扬，使与会者受到鼓舞，产生开好会议的信心，沉浸在待战的兴奋情绪之中。

3. **主题要鲜明。**要紧紧围绕会议议题，传达会议的主导精神，使主题做到鲜明深刻，充分发挥会议开幕词的“序曲”和“定调”功用，切不可事无巨细，不加选择地将会议内容全部写入，更不可偏离会议主题去唱“信天游”。

4. **语言要活泼。**转变文风、会风，要从开幕词等一篇篇会议文件的作风转变开始。开幕词是讲给数量众多的与会者听的，也是推动会议活动进程、传递会议活动信息的权威渠道，因而语言风格的把握十分重要，着重要体现“活”的特点：要讲究语言内容的“活”，讲务实的话，讲接地气、群众喜欢听的话，力求庄重而不失热情活泼，切忌空洞单调地说教；又要讲究表达方式的“活”，善用排比、比喻等修辞手法，增强语言的生动形象感；还要讲究现场气氛的“活”，字句要铿锵上口，多用短句少用长句，注重声调的和谐配合，提高现场表达效果和感染力。商业活动的开幕词还可适当加入网络流行语汇元素，以此活跃现场氛围。

第二节　闭幕词

【功能特性】

闭幕词是会议活动成功结束的标志，与开幕词前后呼应、首尾衔接，是由有关领导人或德高望重者向会议活动所做的概括性评价和总结讲话，一般要评估会议活动取得的主要成效、产生的重要影响，肯定与会者的积极努力和达成的基本共识，提出贯彻落实会议精神的原则要求和期望。

【结构模式】

一、首部

包括标题、时间、称谓三项。

（一）标题。通常有以下几种写法：一是“致辞人+事由+文种”，如《×××同志在××集团公司2025年度工作会上的闭幕词》；二是“事由+文种”，如《在全国书画展上的闭幕词》《××市中小学生秋季运动会闭幕词》；三是只写文种，直接用“闭幕词”做标题；四是主副标题式，主标题揭示内容中心或主旨，副标题交代致辞人、会议事由、文种，如《肩负使命　履行职责　相约浙江　激情再起——第五届“中国长三角校长高峰论坛”闭幕词》。若在标题中未注明致辞人姓名，有时也可在标题之下一行署上致辞人姓名或“致辞人职务+姓名”，如“××集团公司总经理　×××”。

（二）时间：置于标题之下一行，用括号注明会议活动闭幕的具体时间，一般为“（×年×月×日）”。

（三）称谓：对与会人员做概括性、礼节性的称呼，根据会议活动的性质及与会者的身份确定。称呼通常用“同志们”“朋友们”“各位代表”等，有时也可突出主要领导或重要人物的姓名和职务，以示尊重，如“尊敬的×××书记，各位来宾，女士们、先生们”。

二、正文

包括开头、主体和结尾三部分。

（一）开头部分：一般单独列为一个自然段，开门见山地说明会议活动已经完成预定任务即将闭幕，对各级领导的关心支持、与会人员的共同努力以及有关方面的积极配合表示感谢，较大规模的会议活动也可专门向筹备单位和工作人员表示慰问和致谢。

（二）主体部分：要阐明会议活动通过的主要事项和取得的共识，总结会议活动的收获、影响，简要评述其对今后一段时期工作的重要意义，进一步强调贯彻会议活动精神的基本要求等。

（三）结尾部分：一般以坚定语气发出号召，提出希望，再一次表达祝愿或感谢等。

三、结语

以铿锵有力的语言郑重宣布会议活动闭幕作结，一般用“现在我宣布，××大会胜利闭幕！”一句话单独成段。

总体而言，闭幕词要注意与开幕词前呼后应、一脉相承。要力求篇幅简短，语言流畅，富有激励性和号召力，传递激发斗志、坚定信念的正能量。

【典范文例】

例文 1

全国第十五届公文学术研讨会闭幕词

同志们：

盛夏的铜川，风光秀丽，人文荟萃。来自全国各地的公文学界的领导、专家、学者济济一堂，献策建言，共商公文发展的大计。经过大家的共同努力，现在，已圆满完成了各项既定议程，达到了预期目的。

这次研讨会是一次重要的公文学术活动，既全面总结回顾了全国第十四届公文学术研讨会召开以来公文研究取得的最新成果，又深入研究和交流了新时期公文写作领域和学科建设的新情况，新问题，充分体现了公文研究的责任担当和指导作用。本次会议围绕“互联网+背景下的公文写作与教学研究，推动公文学科建设与发展”这一主题，共取得了三项成果：一是围绕“互联网+”的不断发展，大家各抒己见、畅所欲言，对公文写作与教学研究的理念观念、目标任务、思路方法、意义影响等进行了深入交流，贡献了新的智慧，作出了新的解读，提出了新的见解，必将对公文写作与教学产生广泛而深刻的影响。二是举行了中国公文专著“天地瑞杯”评选和颁奖活动，推出了一批具有较高学术研究价值和实践指导意义的论文论著，集中展示了当前中国公文写作与教学的最新成果。三是选举产生了新一届理事会和常务理事会，为今后五年中国写作学会公文写作专业委员会的自身发展和公文研究事业的深入发展奠定了组织基础。回顾两天来的会议，议程紧凑，任务艰巨，虽然时值盛夏，但代表们满腔热情、讨论热烈，会务组辛勤工作、组织有序，专家组紧锣密鼓、加班加点。所有领导、专家、代表和同志们的辛勤付出，确保了会议各项任务的圆满完成，在此，我谨代表中国写作学会公文写作专业委员会，向关心和支持本次会议的各位领导，向为本次会议提供赞助支持的企业单位，以及为本次会议提供服务的会务组同志，表示衷心的感谢！

同志们，中国写作学会公文写作专业委员会自成立以来，一直秉持“紧盯政策走向，把握时代脉搏，贴近实际工作”的研究宗旨，逐步开拓了一片立足实际、直面问题、揭示规律、提供指导的崭新天地。当前，我国正处于经济转型、体制转轨、观念转换的关键时期，“互联网+”、经济新常态、供给侧结构性改革等发展新战略、新思维、新决策、新方法不仅深刻改变着我国经济社会的发展格局，也深度地影响公文写作与研究事业。尤其是“互联网+”正通过无所不在的创新，深刻改变着我们的生产、工作、生活方式，也引领了创新驱动发展的“新常态”。身处这样大调整大变革大发展的时代，我们尤其要加强对“互联网+”的发展趋势和特点研究，牢固确立“互联网+”的思维，切实用“互联网+”的方式方法指导实际工作，推动工作模式的创新转型。就公文写作与研究工作来说，一方面，我们要继续发挥自身优势，秉承优良传统，致力于对公文写作实践的关注和公文写作规律的研究；另一方面，要进一步拓宽视野，充分汲取其他学科智慧，树立联系、实践、融合、创新、发展的思维，努力推动新时期的公文学科建设和发展。借此机会，我讲四点意见。

一、深化“互联网+”背景下的公文写作与教学研究，加强公文学科建设，要充分认识互联网+公文写作的巨大价值。当今世界，已是一个高度网络化的世界。互联网，犹如动力无限的滚滚车轮，正推动着当今世界以前所未有的速度和能量向前发展。互联网+经济、互联网+科技、互联网+交通、互联网+医疗、互联网+民生……有“网”密织的领域，就有快速的发展；有“网”联通的地方，就有缤纷的世界。可以说，有着与“网”融合的思维，就能产生创造未来的灵感火花；置身网络时代，谁都无法忽视“互联网+”创造的巨大机遇和美好前景。毋庸置疑，“互联网+”也深刻改变着公文写作研究与教学模式，互联网这一神奇无比的工具，使新时期的公文研究如虎添翼，它使公文研究的资源充分汇聚，公文研究的手段多样呈现，公文研究的领域极大拓展；在我们的努力下，互联网+公文正揭开它迷人的面纱，阔步向我们走来。“互联网+”是一片广阔的海洋，有着公文写作与教学研究取之不尽、用之不竭的宝藏。作为一名实践者、研究者，我们每天就像在浩瀚的互联网海洋里遨游，只要我们有着良好的“水性”，有着劈波斩浪的激情，眼中有着无限美好的远方，互联网+公文就一定会成为我们眼中的美景、奇景。直观地说，互联网中蕴藏的丰富公文史料、经验材料和案例资料，为公文写作与研究者的公文研究开启了便捷之门，开辟了广阔路径，开创了崭新天地。面对公文学科研究的新课题，一旦打开互联网，我们所需要的各种研究资料，顷刻间便如潮水般向我们涌来，我们因资料欠缺而产生的困惑也在瞬间化为乌有。而这正是“互联网+”的巨大价值，即超越时空、跨越领域、飞越界限的巨大文献价值。在传统公文研究模式下，我们还深深记得为获取相关研究资料而东奔西走的“苦”，我们也时常想起为心中疑问无处求解而茶饭不思的“痛”，我们也不会忘记曾经为相关资料久寻未果而双眉紧锁的“愁”。但在“互联网+”的时代，如此低效的奔忙和无谓的烦恼都将烟消云散，不复存在。“互联网+”几乎能带给我们从事公文研究所需要的一切资料，公文研究所需要的理论解读、知识积累、方法指导等，现在，我们都可以做到一“网”打尽，有“网”无忧。“‘网海’泛舟，犹鱼之有水也。”每一个有着远大志向的公文研究者，都应确立互联网+公文的意识，注重从丰富多样的互联网资源宝库中汲取有益营养。具体说来，要重点做好三个方面：一是知识获取。从事公文写作与研究，无疑需要占有大量的资料，有些可从亲身实践中直接得来，有些需要通过间接渠道搜集；有些需要立等可取，有些需要长期积累。显然，仅靠个人的积累往往是杯水车薪，捉襟见肘。同时，我们也不能整天“泡”在图书馆里。在此困境下，无所不包的互联网，为我们即时获取相关资料、破解研究困境提供了契机。无论是文字工作者，还是专门的公文研究者，都应注重公文知识的网上获取，一方面是为了给具体的公文写作提供借鉴，而很多的公文初学者正是通过网络学习公文、走上公文写作之路的；另一方面，“他山之石，可以攻玉”。网络公文知识的学习与获取、他人研究的得失成败，也为我们的公文研究开拓了角度、提升了高度、加深了厚度，是我们深化公文研究的灵感火种和资料源泉。二是分析研究。毫无疑问，互联网上可供检索的公文理论知识和实践经验是泥沙俱下、鱼龙混杂的。要借助互联网工具推进公文研究，我们必须独具慧眼，通过我们去粗取精、去伪存真、由此及彼、由表及里的“思维加工”，去除杂质，留下精华，真正为我所用。三是吸收运用。互联网上凡是能为我们获取的公文知识成果，说到底都是他人智慧的结晶。全盘照搬，无异于剽窃；束之高阁，就失去了互联网学习的意义；而不加分析地运用，也不能真正发挥它的指导价值和推进意义。因此，正确的方法是“消化吸收再创新”，要能在他人的智慧之树上结出自己创新的果实，从而给其他的公文学习、实践和研究者以多样化的启迪和借鉴。

二、深化互联网+背景下的公文写作与教学研究，加强公文学科建设，要牢固确立互联网+公文的崭新思维。互联网+公文作为一门新兴学科，蕴含着无限可能，代表着公文写作与教学研究的未来。互联网+背景下的公文研究，要收获更多的研究成果，必须牢固确立崭新的思维。思路决定出路，办法总比困难多。我想，互联网+公文的研究出路正在于牢固确立四大思维：主线思维、问题思维、融合思维、创新思维。这是决定当下公文写作研究能否摆脱理论与实践脱节、工具价值与目的价值脱节、研究与时代脱节等两难困境的关键所在。一是主线思维。就互联网+公文而言，互联网只是研究的手段，而公文研究才是研究的目的。换句话说，互联网只是促进公文研究和学科建设的工具，它永远不能取代公文研究本身。因此，充分运用互联网工具，加强公文写作的理论和实践研究、行政功能研究、写作方法研究、处理规范研究、人才队伍建设研究等，才是公文写作与教学研究的主题。二是问题思维。直面问题，是解决问题的关键；树立问题思维，是推动事物发展的核心所在。当前，无论是丰富的公文写作实践，还是专门的公文理论研究，都还存在着不少问题；我们只有正视这些问题，认真研究解决问题的方法，突破制约公文写作事业发展的瓶颈，才能提高公文研究的针对性，真正发挥公文研究对于实践的重要指导作用。比如："短、实、新"不够的文风问题还有广泛存在，我们如何真正落到实处？公文写作重文轻质的倾向该如何矫正？公文写作与研究"两张皮"的现象该如何克服？公文教学如何避免"走过场""一阵风"现象？公文研究队伍的"断层"现象如何弥补？等等。针对上述理论和实践问题的研究，才是有效、有用、有市场、有前途的研究。三是融合思维。互联网+的根本方法即在于"+"，也就是融合。那么，互联网+公文该如何加？比如，我们要坚持"时间+"的观念。现在，对公文史的有真知灼见的研究似乎越来越少了，即使有，也往往停留在相关知识的研究上，而很少用来指导实践。我们说写作的公文要简洁、朴素，很多古代公文都是这方面的典范之作，像汉高祖刘邦入关后颁布的《入关告谕》，只有99字，却发挥了整肃纲纪、令行禁止、稳定社会的巨大功能。这种公文写作的鲜明特点，值得在具体的公文写作中大力提倡。比如，我们要坚持"空间+"的观念，也就是要打破地区、行业等的限制，崇尚相互学习、广泛学习、深度学习的理念。换句话说，公文专职教师可以向一线文字工作者学习，省级机关笔杆子可以向市县级笔杆子"取经"，机关文字工作者可以向企业文秘人员讨教等，我们要取消一切有碍公文写作事业发展的门户之见、行业之墙、空间之限，正如唐代文学家韩愈所说："是故弟子不必不如师，师不必贤于弟子。"再如，我们要确立"体裁+"的观念，也就是说，公文写作可以向文学写作学习、向新闻写作学习、向学术写作学习等。所有这些，都是融合的思维。因为，互联网+为实现这样的多学科、多视角融合提供了可能。此外，还有文种+、学科+等。四是创新思维。创新是公文写作的魅力所在，也是公文研究的生命所在。互联网+之所以蕴含着无限的可能性，其根本原因就在于"创新"二字。公文写作与教学研究离不开创新，而互联网+让公文写作与教学研究创新插上了一对神奇的翅膀。比如，我们的日常公文写作常因受到知识、眼界等的限制而难以免于老生常谈的困境，此时，互联网上的一篇类似文章，哪怕是一个新奇的观点也常常能激起我们灵感的火花，为我们照亮一片崭新的天地。有人说，偷一个人的主意是剽窃，偷很多人的主意就是研究。正是博采众长的研究，让我们赢得了公文写作与教学研究的创新果实。

三、深化互联网+背景下的公文写作与教学研究，加强公文学科建设，要不断丰富互联网+公文的研究方法。社会在发展，工作在推进，公文写作与教学研究同样要与时俱进，不断吸收互联网+发展所产生的新理念、新方法。当前，要切实提高公文写作与教学研究水平，建议大家要重点加强以下六个方面的应用研究。一是始终注重实践研究。任何有价值的研究，都不能脱离活生生的实践，否则，就成为无源之水，无本之木。公文写作与教学研究的实践指向，主要包括公文写作的个体实践，公文写作某时段的总体实践两个方法。同时，公文写作者不能满足于做一个“实干家”，也要善于总结经验；公文研究者不能满足于做一个“空谈家”，也要积极参与公文写作实践，只有理论与实践有机结合的研究，才能实现最佳的效果。二是要始终注重资料搜集。网络资讯的日益发达，累积了无限丰富的公文研究资料，为我们持续而深入的研究提供了宝贵资源。我们要注重对相关公文资料的搜集，并做好分类归档工作，比如公文理论类文章搜集、公文技法类文章搜集、公文精彩句段搜集等，以为下一步的深入研究积累文献，奠定基础。三是要始终注重数据分析。身处大数据时代，我们必须确立数据思维。比如，作为公文写作者，我们要注重对相关实践数据的研究与分析，包括文种使用率、领导批示率、词语出现率、修辞运用率等，通过潜心研究为写作实践提供指导，将公文写作建立在精细化研究的基础之上；作为公文研究者，为了看准研究的方向，我们就要重视对投稿录用率、文章关注率、研究聚焦率等相关数据的分析研究，以突出研究的针对性和实用性。四要始终注重案例研究。这是一种广受欢迎的研究方法。无论是一线文字工作者还是公文研究人员，我们都要重视对典型公文案例的研究。比如，对某篇公认的公文佳作，或是广为传播的典范之作，如领导人讲话、行政指导性公文等，我们可以从文章的立意、结构、语言、选材等方面做细致而深入的研究。多做这样的研究，用来指导写作，我们就能取人之长，补己之短，从而写出越来越精彩的公文；用于作经验总结，就能给广大的公文写作者提供范例指导，达到以少总多、举一反三的作用。五要始终注重专门研究。最主要的是结合自身实际，做好重点突破。相对而言，这是一种更专、更精、更深的研究方法。公文研究的领域十分广泛，我们的研究不能事无巨细、面面俱到，既要形成体系，又要突出研究重点。尤其是对具体问题的研究，更要坚持从对象出发，集中精力加强专项研究。比如，面向公文初学者，我们要重点突出对公文写作基本知识和技法的研究，包括公文文种知识、语言特点等。面向常用文种，我们要进一步突出对相关文种语言表达技法的研究、结构安排的研究，以及突出问题和常见错误的研究，从而给具体写作提供更精确的指导。六要始终关注最新动态。加强公文学科建设，要坚持与时俱进，推陈出新。随着互联网+的深入发展，当下的公文写作和研究领域，正出现一些新现象，值得我们关注和研究。比如：最典型的就是一些有关公文的微信公众号，已经成了当前公文写作与研究的一股强劲势力，其参与者有高校老师、机关企事业单位“笔杆子”和在校学生，有些公众号的公文活动十分活跃，其势头甚至已经超过了我们的“正规军”。对于这样的公文研究模式、经验等，我们要加强研究。还有，“短、实、新”总体要求下的公文写作、信息化背景下的公文写作、各种选拔考试的公文写作等，都值得我们研究，要纳入我们的学科研究体系。立足实际、面向需求、捕捉热点的公文研究，才能赢得更加美好的未来，公文学科建设才会充满生机和活力。

四、深化互联网+背景下的公文写作与教学研究，加强公文学科建设，要切实加强互联网+公文的队伍建设。公文学科建设的基础在“人”，希望也在“人”。当前，公文写作与研究的一个突出问题是：从事公文写作的很少研究，从事公文研究的远离写作。这是公文写作和研究相互脱节，不能优势互补的一个重要原因。我认为，将公文写作与研究有机结合起来，无论对写作还是研究而言，都有着根本性的促进作用。因此，我觉得下一步要致力于打造3支队伍：首先是会员队伍。公文研究会成立25年来，在大家的共同努力下，目前已注册会员1000余人，成为公文研究的骨干力量。其次是青年队伍。青年是事业发展的生力军，代表着公文研究和教学的未来。一方面，我们要慧眼识才，不断把公文写作与教学研究工作中的佼佼者吸收进我们的会员队伍；另一方面，要注重对青年公文写作与研究人才的培养，努力为他们创造展示才华的平台。最后是专家队伍。一支素质好、经验足的专家队伍，是公文事业发展的领军人才。这几年中国公文写作研究会取得的丰硕成果，离不开专家队伍的辛勤努力。推进互联网+背景下的公文写作与教学研究事业发展，我们要着力建设的专家队伍，不仅要公文理论功底扎实、业务素质出众，还要脑子灵、信息广，能够顺应互联网+的趋势特点开展研究工作，要能结合当前公文写作的问题做出针对性、建设性、引领性、创新性研究。在队伍建设上，研究会要下真功夫，拿出实招来。一要在组织建设中壮大队伍。研究会的事业发展，不能没有一支数量可观、质量过硬、结构合理的研究队伍。研究会的基础，我认为，首先得有“会”，也就是学会，将会员聚集、凝聚在一起的组织；其次，要办好“会”，比如我们两年一次的学术交流会；然后，才有在学会章程指导下的研究，才能出研究成果。接下来，我们要一如既往地注重队伍建设，尤其是人才梯队建设，将不同年龄、不同地区、不同领域的有志于公文研究的同志吸收进来。总之，要不断壮大公文研究队伍，在全国范围内把中国写作学会公文写作专业委员会打造为最有影响力的公文研究品牌。二要在载体建设中提高队伍活力。一个研究组织，缺少了载体建设，缺少了活动机制，就很难说有什么活力。而公文研究队伍的成长、素质提高往往要在相关活动中进行。现在，两年一次的学术交流是我们的主要活动平台，我们要不遗余力地办好。此外，我们可以开展相关课题研究，每年初选出一些当前公文领域最突出的问题作为重点专题（比如，像我们这次会议以“互联网+”为专题），以一定方式委托给相关机构或人员进行研究，并出相关研究要报；我们还可以定期出研究会刊物，连续展示研究会的学术动态、研究成果等，至于出刊方式我们可以另行研究。当然，还有很多的选项，我们一定要让研究活动起来，运动起来，联动起来。同时，我也希望咱们学会的同志要及时向组织汇报研究成果，并注重搜集全国范围内的公文研究成果，你们的成果就是研究会的成果，你们的发现就是研究会的发现，你们的惊喜，就是研究会的最大惊喜。三要在委以重任中锻炼队伍。研究会是全国广大会员的研究会，是全国广大公文参与者和爱好者的研究会。因此，对于学会的一些工作，包括组织工作、会务工作、研究工作等，我们不能某个人包打天下，也包打不了。对于研究会的工作，我们要善于委托给有意愿、有热情、有能力的机构或同志去完成，比如相关专题的研究，比如公文基本技能的培训等。只有在任务落实中，人才队伍尤其是青年同志才能快速成长起来，也希望大家积极主动参与研究会的有关工作。本次会议的专题是“互联网+”，怎么加？我想应该是线上+线下，地区+行业，机关+高校，时间+空间，人工+智能等，加的层次、频次多了，范围广了，层次深了，互联网+背景下的公文写作与教学研究就会“轻舟已过万重山”，展现出前所未有的生机和活力来。四要在事业发展中升华队伍。当前，我国正阔步走在经济社会发展转型的伟大征程上，华夏大地正在合力描绘中华民族伟大复兴中国梦的壮丽图景。在此背景下，公文写作和研究当是“江河奔涌皆入画，椽笔一支待挥毫”。今年下半年，中共十九大将在万众瞩目中召开。这将为公文写作和研究事业勾画出一片新的图景。公文写作和研究者，应当要有强烈的担当意识，努力用我们手中的笔，主动宣传大政方针，尽情捕捉奋斗场景，立体展示发展成果，切实汇聚智慧结晶，全面展现领导意志，以饱满的热情、务实的举措、积极的姿态，做一名党政政策的宣传者、改革发展的推动者和事业发展的参谋者；同时，作为中国写作学会公文写作专业委员会同志，我们还要面向新时期的工作实际，以研究为使命，以研究为职责，以研究为武器，努力探究公文写作和教学的基本规律，破译提高公文写作与研究水平的基因密码，形成适应时代需求的公文写作与研究学科体系，努力让我们的研究融入活水，发出光芒，结出果实，为中国公文写作与教学事业做出自己的贡献。

同志们，公文写作与教学研究是一项只有逗号、没有句号的事业；互联网+背景下的公文写作与研究，面临着新的课题，承担着新的使命。我们新一届理事会一定要知网、懂网、用网，善于借网络之神奇，收研究之硕果。我们要在中国写作学会的领导下，坚持正确的办会方针，承前启后，继往开来，团结一致，奋发进取，与时俱进，开拓创新，不断把中国公文写作研究事业提高到新水平。我坚信，有上级主管部门的正确指导，有各位领导的关心和支持，有各位专家学者和全体会员的共同努力，中国写作学会公文写作专业委员会一定越办越好！

我就讲这些。谢谢大家！

例文 2

中共××公司第一次代表大会闭幕词

公司党委副书记　×××

（2025 年 1 月 10 日）

各位代表、同志们：

中共××公司第一次代表大会，在集团公司党委和有关部门的关心指导下，在大会主席团的直接领导下，经过与会代表的共同努力，在民主、团结、开拓、进取的气氛中，圆满完成了大会预定的各项议程，即将闭幕。

这次党代会是在公司上下认真学习贯彻党的二十大和二十届二中、三中全会精神的重要时期召开的一次会议，也是公司在集团公司实施“管理改进，业务聚焦”的战略背景下，平稳快速推进改革发展步伐的关键时期召开的一次继往开来的会议。大会全面总结回顾了过去四年公司党的建设主要成就和基本经验，认真分析了面临的形势，提出了未来四年公司的发展目标及工作思路，部署了当前和今后一个时期党的建设主要任务。

大会认真听取和审议了×××同志代表公司党委所做的党委工作报告，×××同志代表公司纪委所做的纪委工作报告，并分别做出了相应的决议。大会按照《中国共产党章程》和《中国共产党基层组织选举工作条例》的规定，经过代表们的充分酝酿和民主选举，产生了中共××公司第一届委员会和纪律检查委员会，形成了一支年龄搭配合理、知识结构互补的领导队伍。这两支队伍既是领导班子也是工作班子，必将为公司的健康稳定发展，实现大会确定的奋斗目标，提供重要的政治和组织保证。

大会期间，各位代表情绪饱满、精神振奋、以高度的政治责任感和使命感，认真履行党代表应尽的职责，行使代表权利，积极参与讨论，在加强党的建设、思想政治工作和精神文明建设等各方面都提出了很多宝贵的意见和建议，保证了这次会议的成功召开，使大会开成了一个团结的大会、民主的大会、振奋精神的大会、再展宏图的大会！

同志们，从这次大会到下次大会的几年间，是国家“十四五”“十五五”规划承上启下的重要发展期，是公司乘风破浪、顺势而为，抢抓新机遇、谋求新发展、实现新跨越的关键时期，是公司立足湖南、布局中西部的关键时期，是公司规模上档次、管理上台阶、效益上水平的关键时期。新的形势要求我们加强学习，更新观念；新的任务要求我们坚持不懈，勇往直前。我们每一位新当选的委员会成员，都要树立光荣的使命感和崇高的责任感，不辜负党组织的重托和全体党员干部、员工群众的期望，一定要坚决按照集团公司党委和纪委的要求，坚持把加强思想政治建设摆在首位，不断增强班子政治上的坚定性；坚持贯彻民主集中制原则，不断增强班子的团结，自觉接受全体党员、干部和群众的监督，带领广大员工，努力实现党代会提出的发展目标，全面落实加强公司党建工作的各项任务。

同志们，中共××公司第一次代表大会已经明确了公司今后几年工作的指导思想、奋斗目标和主要任务，现在关键是真抓实干，抓好落实。公司各党（总）支部要广泛深入地传达贯彻这次党代会精神，按照大会的部署，统一思想，激励斗志，团结和凝聚全体党员、干部和员工群众的力量，坚决完成各项工作任务，不断开创公司改革发展的新局面，迎接公司更加美好灿烂的明天！

现在宣布，中共××公司第一次代表大会胜利闭幕！

【进阶内容】

（一）概括要简洁准确

撰写闭幕词必须了解会议的全过程，掌握大会的基本精神和讨论情况，紧紧围绕大会宗旨，体现大会成果，不能偏离大会精神另搞一套。文字要少而精，千万不可长篇大论、空话连篇、不着边际。

（二）用语要坚定有力

闭幕词是在总结大会精神的基础上，进一步唤起与会者领会、贯彻、落实大会任务的高昂情绪，因而宜用满怀激情而又坚定有力的语言，能给人鼓舞，催人振奋。切忌“无病呻吟式”的抒情，句式要简短急促，避免拖沓疲软。

（三）要准确把握会议精神

撰写闭幕词应对会议的宗旨、议程、出席人员等情况做全面的了解，把握会议精神，并注意收集会议的各种文字材料，这样才能写出切合会议的好的闭幕词来。

（四）要与开幕词相呼应

闭幕词在会议闭幕式上使用，要注意与开幕词相照应，首尾圆合，以表示会议取得圆满成功。

第三节　演讲词

【功能特性】

演讲词是演讲人在各种机会或者会议进行演说时所发表的讲话文稿。它是演讲的书面依据，是传递信息、交流思想的重要方式和手段。随着社会形势的不断发展变化，人们的社会交往活动越来越频繁，因此，演讲稿的写作也越来越受到人们的重视。从文体的角度以及表现形式来看，演讲稿具有政策性、业务性、有声性、宣传性和鼓动性等多方面的特性，同时根据演讲的实际情况来看，具有多种类别，例如政治性演讲、学术性演讲、宗教性演讲，等等。演讲稿不同于一般文章，它要求撰写者和演讲者具有政治家的远见、诡辩家的口才、文学家的才华、艺术家的演技以及诗人的气质等，是演讲者多种能力的综合反映。

【结构模式】

演讲稿的结构模式通常由开头、主体和结尾 3 个部分组成。

一、开头

也称开场白，是演讲的“序曲”，在撰写时应当根据不同的演讲语境，针对不同的受众使用不同的称呼，要注意称呼的准确性、包容性和次第性，紧接着便开始演讲。要营造一种气氛，引起听众注意，控制会场情绪，在演讲者与受众之间架起一座桥梁，从而为整个演讲成功奠定基础。在具体写作过程中，既可以开门见山交代背景。提示主旨，也可从生活事例和切身体会入题，还可用设问激发受众思考，抑或引用名言警句点出演讲内容等，不一而足。总之，演讲稿的开头部分有两项任务：一是在演讲者与受众之间建立起认同感，引起共鸣；二是打开场面，引出正题。要做到开门见山，直接入题，切不可绕弯子、兜圈子，或者使用一些过于寒暄客套的语句，令听众感到厌倦。

二、主体

这部分是演讲稿写作的核心，是演讲是否成功的关键所在。要注意突出中心，展开主题，做到条理清楚，层次分明，结构顺畅，用语得当，从而给受众留下深刻印象。具体行文时要注意做到 3 点：一是在层次安排上，要注意根据演讲的时空特点对演讲内容加以选取、剪辑和整合，形成一个顺理成章的结构层次。要以有声语言为标志，诉诸受众视觉，显示结构层次，从而获得层次清晰、条理分明的艺术效果。二是在节奏的把握上，要注意根据受众的心理特点，来恰当地确定节奏频率，既要鲜明，又要适度，达到张弛起伏，一波三折，始终能够将受众的注意力聚拢过来。三是在内容的衔接上，由于演讲节奏要求适时变换演讲内容，容易造成结构松散，而衔接技巧正是对结构松紧疏密的一种补充，使内容层次变换更为巧妙、自然，从而使演讲稿具有浑然一体的整体感。在外在的表现形式上，可以采取并列式、递进式、因果式、总分式、对比式等多种形式，应当根据演讲内容的不同而适当运用。

三、结尾

如果说演讲稿的开头部分是演讲者送给受众的一束鲜花，主体部分是送给受众的一幅精美织锦，结尾则是送给受众的一杯醇香的美酒、一首令人回味的哲理诗。要做到言简意深，令人回味无穷。

【典范文例】

例文 1

汇聚“全球南方”磅礴力量 共同推动构建人类命运共同体
——在“金砖+”领导人对话会上的演讲词

（2024 年 10 月 24 日，喀山）

中华人民共和国主席习近平

尊敬的普京总统，
各位同事：

感谢普京总统和俄罗斯政府组织这次“金砖+”领导人对话会，我对出席今天会议的各国领导人表示热烈欢迎，很高兴同新老朋友相聚喀山。

“全球南方”群体性崛起，是世界大变局的鲜明标志。“全球南方”国家共同迈向现代化是世界历史上一件大事，也是人类文明进程中史无前例的壮举。同时，世界和平和发展仍面临严峻挑战，“全球南方”振兴之路注定不会平坦。作为“全球南方”的第一方阵，我们要展现集体智慧和力量，为构建人类命运共同体挺膺担当。

——坚守和平，实现共同安全。我们要做维护和平的稳定力量，加强全球安全治理，探索标本兼治的热点问题解决之道。我提出全球安全倡议，得到各方积极响应，已经在维护地区稳定等多个领域取得重要收获。中国和巴西联合发表了“六点共识”，会同有关“全球南方”国家发起了乌克兰危机“和平之友”小组。我们要推动局势尽快缓和，为实现政治解决铺平道路。今年 7 月，巴勒斯坦各派别在北京实现内部和解，迈出了实现中东和平的重要一步。我们要继续推动加沙地带全面停火，重启“两国方案”，并阻止战火在黎巴嫩蔓延，不能再让巴勒斯坦、黎巴嫩生灵涂炭。

——重振发展，实现普遍繁荣。“全球南方”为发展而起，因发展而兴。我们要做共同发展的中坚力量，积极参与和引领全球经济治理体系改革，推动把发展置于国际经贸议程中心地位。全球发展倡议提出3年来，已经动员近200亿美元发展资金，开展了1100多个项目。全球工业人工智能联盟卓越中心近期落户上海，中方还将建立全球“智慧海关”在线合作平台和金砖国家海关示范中心，欢迎各国积极参与。

——共兴文明，实现多元和谐。多样文明是世界的本色。我们要做文明互鉴的促进力量，增进沟通对话，支持彼此走符合本国国情的现代化道路。我提出全球文明倡议，就是要推动建设美美与共的世界文明百花园。中方将牵头成立“全球南方”智库合作联盟，促进各国人文交流和治国理政互学互鉴。

各位同事！

中国共产党二十届三中全会就进一步全面深化改革、推进中国式现代化作出系统部署，必将为世界提供更多机遇。上个月，中非合作论坛北京峰会成功举办，宣布了中非携手推进现代化十大伙伴行动，将为“全球南方”实现现代化注入新动能。

无论国际形势如何变化，中国始终心系“全球南方”、扎根“全球南方”，支持更多“全球南方”国家以正式成员、伙伴国、“金砖+”等形式加入金砖事业，汇聚“全球南方”磅礴力量，共同推动构建人类命运共同体。

谢谢大家！

例文2

讲故事的人
——莫言获诺贝尔奖演讲词

尊敬的瑞典学院各位院士，

女士们、先生们：

通过电视或者网络，我想在座的各位，对遥远的高密东北乡，已经有了或多或少的了解，你们也许看到了我90岁的老父亲，看到了我的哥哥、姐姐，我的妻子、女儿和我的一岁零四个月的外孙女。但有一个我此刻最想念的人，我的母亲，你们永远无法看到了。我获奖后，很多人分享了我的光荣，但我的母亲却无法分享了。

我母亲生于1922年，卒于1994年，她的骨灰，埋葬在村庄东边的桃园里。去年，一条铁路要从那儿穿过，我们不得不将她的坟墓迁移到距离村子更远的地方。掘开坟墓后，我们看到，棺木已经腐朽，母亲的骨殖，已经与泥土混为一体。我们只好象征性地挖起一些泥土，移到新的墓穴里，也就是从那一刻起，我感到，我的母亲是大地的一部分，我站在大地上的诉说，就是对母亲的诉说。

我是我母亲最小的孩子。

我记忆中最早的一件事，是提着家里唯一的一个热水瓶去公共食堂打开水。因为饥饿无力，失手将热水瓶打碎，我吓得要命，钻进草垛，一天没敢出来。傍晚的时候，我听到母亲呼唤我的乳名。我从草垛里钻出来，以为会受到打骂，但母亲没有打我，也没有骂我，只是抚摸着我的头，口中发出长长的叹息。

我记忆中最痛苦的一件事，就是跟随着母亲去集体的地里捡麦穗，看守麦田的人来了，捡麦穗的人纷纷逃跑，我母亲是小脚，跑不快，被捉住，那个身材高大的看守人扇了她一个耳光。她摇晃着身体跌倒在地。看守人没收了我们捡到的麦穗，吹着口哨扬长而去。我母亲嘴角流血，坐在地上，脸上那种绝望的神情让我终生难忘，多年之后，当那个看守麦田的人成为一个白发苍苍的老人，在集市上与我相逢，我冲上去想找他报仇，母亲拉住了我，平静地对我说："儿子，那个打我的人，与这个老人，并不是一个人。"

我记得最深刻的一件事是一个中秋节的中午，我们家难得地包了一顿饺子，每人只有一碗。正当我们吃饺子时，一个乞讨的老人，来到了我们家门口，我端起半碗红薯干打发他，他却愤愤不平地说："我是一个老人，你们吃饺子，却让我吃红薯干，你们的心是怎么长的？"我气急败坏地说："我们一年也吃不了几次饺子，一人一小碗，连半饱都吃不了！给你红薯干就不错了，你要就要，不要就滚！"母亲训斥了我，然后端起她那半碗饺子，倒进老人碗里。

我最后悔的一件事，就是跟着母亲去卖白菜，有意无意地多算了一位买白菜的老人一毛钱。算完钱我就去了学校。当我放学回家时，看到很少流泪的母亲泪流满面。母亲并没有骂我，只是轻轻地说："儿子，你让娘丢了脸。"

我十几岁时，母亲患了严重的肺病，饥饿、病痛、劳累，使我们这个家庭陷入困境，看不到光明和希望。我产生了一种强烈的不祥之感，以为母亲随时都会自寻短见。每当我劳动归来，一进大门，就高喊母亲，听到她的回应，心中才感到一块石头落了地。如果一时听不到她的回应，我就心惊胆战，跑到厨房和磨坊里寻找。有一次，找遍了所有的房间也没有见到母亲的身影，我便坐在院子里大哭，这时，母亲背着一捆柴草从外边走进来。她对我的哭很不满，但我又不能对她说出我的担忧。母亲看透我的心思，她说："孩子，你放心，尽管我活着没有一点乐趣，但只要阎王爷不叫我，我是不会去的。”

我生来相貌丑陋，村子里很多人当面嘲笑我，学校里有几个性格霸蛮的同学甚至为此打我。我回家痛哭，母亲对我说：“儿子，你不丑。你不缺鼻子不缺眼，四肢健全，丑在哪里？而且，只要你心存善良，多做好事，即便是丑，也能变美。”后来我进入城市，有一些很有文化的人依然在背后甚至当面嘲弄我的相貌，我想起了母亲的话，便心平气和地向他们道歉。

我母亲不识字，但对识字的人十分敬重。我们家生活困难，经常吃了上顿没下顿，但只要我对她提出买书、买文具的要求，她总是会满足我。她是个勤劳的人，讨厌懒惰的孩子，但只要是我因为看书耽误了干活，她从来没批评过我。

有一段时间，集市上来了一个说书人。我偷偷地跑去听书，忘记了她分配给我的活儿。为此，母亲批评了我。晚上，当她就着一盏小油灯为家人赶制棉衣时，我忍不住地将白天从说书人那里听来的故事复述给她听，起初她有些不耐烦，因为在她心目中，说书人都是油嘴滑舌、不务正业的人，从他们嘴里，冒不出什么好话来。但我复述的故事，渐渐地吸引了她。以后每逢集日，她便不再给我派活儿，默许我去集上听书。为了报答母亲的恩情，也为了向她炫耀我的记忆力，我会把白天听到的故事，绘声绘色地讲给她听。

很快的，我就不满足于复述说书人讲的故事了，我在复述的过程中，不断地添油加醋。我会投我母亲所好，编造一些情节，有时候甚至改变故事的结局。我的听众，也不仅仅是我的母亲，连我的姐姐、我的婶婶、我的奶奶，都成为我的听众。我母亲在听完我的故事后，有时会忧心忡忡地，像是对我说，又像是自言自语：“儿啊，你长大后会成为一个什么人呢？难道要靠耍贫嘴吃饭吗？”

我理解母亲的担忧，因为在村子里，一个贫嘴的孩子，是招人厌烦的，有时候还会给自己和家庭带来麻烦，我在小说《牛》里所写的那个因为话多被村里人厌恶的孩子，就有我童年时的影子。我母亲经常提醒我少说话，她希望我能做一个沉默寡言、安稳大方的孩子。但在我身上，却显露出极强的说话能力和极大的说话欲望，这无疑是极大的危险，但我说故事的能力，又带给了她愉悦，这使她陷入深深的矛盾之中。

俗话说“江山易改，本性难移”，尽管有我父母亲的谆谆教导，但我并没改掉我喜欢说话的天性，这使得我的名字“莫言”，很像对自己的讽刺。

我小学未毕业即辍学，因为年幼体弱，干不了重活，只好到荒草滩上去放牧牛羊。当我牵着牛羊从学校门前路过，看到昔日的同学在校园里打打闹闹，我心中充满悲凉，深深地体会到一个人——哪怕是一个孩子——离开群体后的痛苦。

到了荒滩上，我把牛羊放开，让它们自己吃草。蓝天如海，草地一望无际，周围看不到一个人影，没有人的声音，只有鸟儿在天上鸣叫。

【注释】

高密东北乡是莫言笔下的一个地名。莫言作品中，多以该地为故事发生地，如《四十一炮》《生死疲劳》《蛙》等。莫言的出生地山东高密县河崖镇大栏乡，被认为是“高密东北乡”的原型。

莫言的母亲名高淑娟，一直登记为管高氏，于1994年去世，莫言曾在《母亲》中回忆她：“记忆的画面中更让我难以忘却的是，愁容满面的母亲，在辛苦地劳作时，嘴里竟然哼唱着一支小曲！当时，在我们这个人口众多的大家庭中，劳作最辛苦的是母亲，饥饿最严重的也是母亲……

“我母亲没读过书，不认识文字，她一生中遭受的苦难，真是难以尽述。战争、饥饿、疾病，在那样的苦难中，是什么样的力量支撑她活下来，是什么样的力量使她在饥肠辘辘、疾病缠身时还能歌唱?”

这一情节也曾出现在莫言小说《卖白菜》中。

《牛》是莫言发表于1998年的中篇小说，故事梗概为：“文革”时期，调皮少年罗汉辍学在家，与生产队饲养员杜大爷一起放牛。因贫困养不起更多的牛，生产队长麻叔请来了公社兽医站的老董同志为双脊、大小鲁西三头小公牛施行阉割手术。术后，罗汉、杜大爷与三头牛朝夕相处，历经煎熬，大小鲁西终于康复了。但桀骜不驯的双脊却因术中大出血、术后感染不幸死去……

莫言曾在2005年接受香港大学荣誉博士学位时发表演讲，提及笔名“莫言”来历：“我从小就是一个非常爱说话的孩子。在我们农村叫作‘炮孩子’。后来我写了小说叫《四十一炮》，其中也有我个人的经历。说话……给我们的家里带来了很多的麻烦。所以过了几十年以后，当我要写小说准备发表时，使用的笔名叫‘莫言’。”

例文3

屠呦呦获诺贝尔奖演讲词

尊敬的主席先生，

亲爱的使用过青蒿素的人们：

今天我极为荣幸能在卡罗林斯卡学院讲演，我报告的题目是：感谢青蒿，感谢四个人。

我不是中国本土第一个获得诺贝尔奖的人，我只是中国科学家群体中第一个获奖的女性科学家。我相信未来中国将有许多的项呦呦、齐呦呦、柴呦呦、尚呦呦、魏呦呦能够获得这一殊荣。

在此，我首先要感谢诺贝尔奖评委会、诺贝尔奖基金会授予我2015年生理学或医学奖。这不仅是我个人的荣誉，也是生长在中国大地上成片成片的青蒿的荣誉，更是中国中医的荣誉。

可以这么说：我是一个为青蒿素或者说是为诺贝尔奖而生的人。

1930年12月30日黎明时分，我出生于中国浙江宁波市开明街508号的一间小屋，听到我人生第一次“呦呦”的哭声后，父亲屠濂规激动地吟诵着《诗经》的著名诗句“呦呦鹿鸣，食野之苹……”，并给我取名呦呦。

不知是天意，还是某种期许，父亲在吟完“呦呦鹿鸣，食野之苹”，又对章了一句“蒿草青青，报之春晖”。

也就是从出生那天开始，我的命运便与青蒿结下了不解之缘。

只是当时，我还不认识什么是青蒿，也不知道什么是青蒿素，也不知什么是中医，更不知道什么是诺贝尔奖。

感谢完父亲，我想感谢中国的一位伟人——毛泽东，这位伟大的政治家、思想家、军事家、诗人十分重视民族文化遗产，他把中医摆在中国对世界的“三大贡献”之首，并强调“中国医药学是一个伟大的宝库，应当努力发掘、加以提高”。

1954年，毛泽东指示：“即时成立中医研究院。”它就是我的工作单位——中国中医研究院的前身，也是成就我一番事业的平台。

我时常在想：假如没有成立中医研究院；假如把我分配到一个乡村医院，我顶多是一个平庸的中医，更别谈什么青蒿素、什么诺贝尔奖了。

我还要感谢一个中国科学家——东晋时期有名的医生葛洪先生，他是世界预防医学的介导者。

葛洪精晓医学和药物学，一生著作宏富，自谓有《内篇》20卷，《外篇》50卷，《碑颂诗赋》百卷，《军书檄移章表笺记》30卷，《神仙传》10卷，《隐逸传》10卷；又抄五经七史百家之言、兵事方技短杂奇要310卷，另有《金匮药方》百卷，《肘后备急方》4卷。

当年，每每遇到研究困境时，我就一遍又一遍温习中医古籍，正是葛洪《肘后备急方》有关“青蒿一握，以水二升渍，绞取汁，尽服之”的截疟记载，给了我灵感和启发，使我联想到提取过程可能需要避免高温，由此改用低沸点溶剂的提取方法，并最终突破了科研瓶颈。

只叹生不逢时，如果东晋时期就有诺贝尔奖的话，我想，葛洪应该是中国第一个获此殊荣的医者。

我还想感谢一个人，准确地讲，应该是一群人，一群数以百万计的非洲人。正是他们对中国中医、对青蒿素的信任，才换来生命的重生，见证了青蒿素的神奇。

在感谢四个人的同时，我还要感谢当年从事523抗疟研究的中医科学院团队全体成员，感谢全国523项目单位的通力协作。

我唯一不感谢的，就是我自己。因为痴迷青蒿素，我把大量的时间、精力和情感投入科研当中，没有尽到为人妻、为人母的义务和责任。

最后，我要万分感谢的，是一种生长在中国大地上的草本植物——青蒿。它分散生长于低海拔、湿润的河岸边砂地、山谷、林缘、路旁等，也见于滨海地区。在中国近20个省、区都能见到它的身影。

一岁一枯荣的青蒿，生，就生出希望；死，就死出价值。

其茎，其叶，其花，浓香、淡苦，蕴含丰富的艾蒿碱、苦味素，是大自然送给人类的一种廉价的抗疟疾药。

在我的科研生涯中，一代又一代、一茬又一茬的青蒿“前赴后继”，奉献了自己的身躯，成就了中国的中医事业。

正是因为它们的牺牲，才铺就了我通往诺贝尔的坦途。

青蒿呦呦。

情感呦呦。

生命呦呦。

临来瑞典前，我曾经有一个想法，想带85株青蒿来到卡罗林斯卡学院，让它们和我一起分享成功的喜悦，但我怕在机场、海关遇上安检、植检的麻烦，便打消了这个念头；我还想邀请85名参与过523项目的科学家来到瑞典，共同发布青蒿素的科研报告，但我怕诺贝尔奖基金会无法承担这笔庞大的开支，最终，我决定还是一个人来，代表中国、代表中国中医和中国科学家，领取诺贝尔奖。

尊敬的主席先生，再过几天，我就要返回中国，临走前，我有一个小小的请求，希望您能告诉世界：屠呦呦获得诺贝尔奖的理由。

作为一名中医工作者，我有幸参与了青蒿素的研发工作，但我不是以获得诺贝尔奖为终极目的。

我唯一的追求是：抗疟、治病。

因此，我不想对于自己已经没有多大价值的诺贝尔奖，给我的晚年生活带来巨大的困扰、烦恼和质疑。

我喜欢宁静——蒿叶一样的宁静。

我追求淡泊——蒿花一样的淡泊。

我向往正直——蒿茎一样的正直。

所以，我请求您能满足一个医者小小的心愿。

终有一天，我将告别青蒿，告别亲人，如果那一天真的来到，我希望后人把我的骨灰撒在一片青蒿之间，让我以另外一种方式，守望终生热爱的土地，守望青蒿的浓绿，守望蓬勃发展的中国中医事业。

衷心感谢在青蒿素发现、研究和应用中做出贡献的所有国内外同事们、同行们和朋友们！

深深感谢家人一直以来的理解和支持！

衷心感谢各位前来参会！

谢谢大家！

屠呦呦相关介绍

屠呦呦，女，1930 年 12 月 30 日生，药学家，中国中医研究院终身研究员兼首席研究员，青蒿素研究开发中心主任。屠呦呦是第一位获得诺贝尔科学奖项的中国本土科学家、第一位获得诺贝尔生理医学奖的华人科学家。

1971 年首先从黄花蒿中发现抗疟有效提取物，1972 年分离出新型结构的抗疟有效成分青蒿素，1979 年获国家发明奖二等奖。1980 年聘为硕士生导师，1981 年加入中国共产党，2001 年聘为博士生导师。多年从事中药和中西药结合研究，突出贡献是创制新型抗疟药——青蒿素和双氢青蒿素。2011 年 9 月，获得被誉为诺贝尔奖“风向标”的拉斯克奖。2015 年 10 月，因发现青蒿素治疗疟疾的新疗法获诺贝尔生理学或医学奖。

2016 年 2 月 14 日，荣膺 2015 年度感动中国人物。2016 年 4 月 21 日，入选《时代》周刊公布的 2016 年度“全球最具影响力人物”。

2015 年 10 月 5 日，瑞典卡罗琳医学院在斯德哥尔摩宣布，中国女药学家、中国中医科学院中药研究所首席研究员屠呦呦与威廉·坎贝尔和大村智获 2015 年诺贝尔生理学或医学奖。这是中国科学家首次因为在中国本土进行的科学研究而获诺贝尔科学奖，是中国医学界迄今为止获得的最高奖项。理由为她发现了青蒿素，这种药品可以有效降低疟疾患者的死亡率。

2015 年 12 月 7 日下午，2015 年诺贝尔生理学或医学奖得主、中国科学家屠呦呦在瑞典卡罗林斯卡医学院用中文发表《青蒿素的发现：传统中医献给世界的礼物》的主题演讲。

【进阶内容】

一、要有针对性。由于任何演讲都是面对一定的受众进行的，因此在撰写演讲稿时必须首先弄清楚受众的基本情况，包括年龄、性别、职业、思想状况、文化程度、风俗习惯、兴趣愿望等，要注意了解他们普遍关心、经常议论和迫切需要解决的问题，这样才能够确定讲什么、怎样讲，从而使得演讲具有针对性。也就是说，无论任何演讲，都要首先考虑受众的情况，做到有的放矢、针对性强，这是确保演讲成功的先决条件。

二、主题要鲜明突出。任何演讲都必须确立明确的主题，突出一个中心，观点要正确、鲜明、深刻，赞成什么、反对什么，讲什么道理、传达什么信息或者介绍什么知识，均要清楚明白，要从受众所普遍关心、感兴趣的问题着眼，能够反映新思想、新情况，提出新问题、新见解，只有这样，才能从根本上打动受众，达到预期的效果。

三、用语要通俗生动。在语言运用上，演讲稿独具特色和要求，因为它要靠有声语言传播，而且要求让受众能够跟得上有声语言传播速度，要求既“上口”又“入耳”，能够令受众乐于接受，因此要求其用语必须通俗易懂、深入浅出，把抽象的道理具体化，把深奥的道理浅显化，把概念化的东西形象化；要与演讲者的身份，以及演讲的目的、对象、场景等达到和谐一致，从而达到激动人心的表达效果，增强演讲的启发性、引导性和鼓动性。

四、要注重无声语言的运用。尽管演讲主要是靠有声语言的传递，但要想达到最佳效果，还要借助于无声语言或称肢体语言诸如演讲者的表情、姿态、手势等，与有声语言配合使用，就会收到相得益彰的表达效果，从某种程度上说，这也是一次成功的演讲不可或缺的组成部分。

第四节　纪　　要

【功能特性】

根据《党政机关公文处理工作条例》的规定，纪要“适用于创大会议议定事项和主要精神”。纪要是将会议的主要情况和研究、解决的主要问题进行归纳、概括而形成的一种公文。它是会议的产物，是对会议成果的如实记录和集中整理，主要作用是用来传达会议的议定事项和主要精神，要求与会单位共同遵守和执行。

在表述方式上，通常使用第三人称，并在每一层次之首冠以“会议认为”“会议强调”“会议指出”“会议希望”“会议号召”之类的标志性用语。

【结构模式】

根据纪要的实际使用情况，可将其分为日常工作纪要、专题性纪要、协议型纪要和研讨性纪要等不同类别。不同的纪要具有不同的结构和写法。

一、日常工作纪要

一般采用特定的“纪要格式”，其结构由三部分组成：

（一）固定版头。日常工作纪要通常都有固定版头。版头的构成要素依次是：标题（会议名称+“纪要”二字）、届次数、横隔线。版头多为套红印刷。

（二）议定事项。从“会议概况”到“议定事项”的过渡主要有两种方法：一是在上层的“会议概况”介绍之后，用“现纪要如下”引出议定事项；二是居中标注“会议纪要”或“议定事项”字样，然后采用分项概述法写作议定事项。无论用何种过渡方法，接着都必须按照会议研究的顺序逐项准确凝练地概括记述会议的议决事项。

（三）会议概况。在主体部分结束后，逐项标明会议的出席人员、列席人员、记录人等。

二、其他三种会议纪要

（一）标题

纪要是以会议的名义制发的，所以其标题的最基本写法是“会议名称+文种”。在写作中，如会议名称是“会议”，为避免重复，文种只标“纪要”两字即可，如《全国档案工作会议纪要》《×××省林业工作会议纪要》；如会议名称是“××会”，如座谈会、研讨会、现场会、交流会等，文种一般应标写齐全，如《第二届中国精算师年会会议纪要》。

某些用于发表或交流情况的座谈会、研讨会等会议的纪要，其标题还可写成正副标题的形式。其正标题概况会议的基本精神，副标题由会议名称与“纪要”两字组成。

（二）正文

正文包括导语、主体和尾语三个部分。

1. 导语部分。要介绍会议的概况，包括会议召开的依据和目的，会议的批准机关与主办机关，会议的完整名称及起止时间、召开地点，与会人员的范围及领导到会情况，会议的主要议题、议程，会议的收效及对会议总的评价等。

2. 主体部分。是会议纪要的核心，通常应采用归纳分类法来写作，即把会议内容按照其内在联系和逻辑顺序归纳概括成前后有序的几个方面，逐一进行阐述。如是大型专题性纪要，可以在评价以往工作的基础上，重点阐述今后工作的任务和要求；如是座谈会纪要，可以集中介绍会议达成的共识；如是学术研讨性纪要，可以在介绍一致观点的基础上再说明会议上的不同观点。这种纪要在写作上，经常用到“会议认为”“会议指出”“会议要求”“会议强调”“会议商定”“会议号召”等惯用语句。

3. 尾语部分。有两种情况：一是在最后的自然段用“会议要求……”“会议希望……”“会议号召……”等语句提出贯彻会议精神、搞好专项工作的说明、要求、希望或号召，大型专题性会议纪要基本上如此结尾。二是内容简要、篇幅不长的会议纪要可以不写专门的尾语。

【典范文例】

例文 1

××学院院长办公会议纪要

2024 年 1 月 17 日下午，院长刘××主持召开院长办公会议，研究了有关工作。纪要如下。

一、听取了关于开办“军转干部进高校专项培训班”的汇报

会议听取了警官培训部关于开办“军转干部进高校专项培训班”的汇报。

会议指出，开展军转干部进高校专项培训，是党和国家对军转干部关心关爱的重要举措，有利于全面提升军转干部专业素质和岗位能力，是一项重要的政治任务。学院作为省军转办指定的承训单位，要主动抓住机遇，认真落实培训工作任务。

会议要求，要积极争取省军转办、省公安厅等单位的支持，切实解决军转干部培训经费保障问题。要强化培训学员日常管理，做好后勤服务保障。要制定培养方案，合理设计课程。切实提高培训质量和效果。

二、审议了《××警官学院院级学科带头人和中青年学术骨干评选及管理办法》

会议听取了组织人事处关于《××警官学院院级学科带头人和中青年学术骨干评选及管理办法》拟制情况的汇报。

会议原则同意《××警官学院院级学科带头人和中青年学术骨干评选及管理办法》，按程序提请院党委会审议通过，印发试行。

三、听取了关于聘任罗勇等 9 名同志专业技术职务工作建议的汇报

会议听取了组织人事处关于聘任罗勇等 9 名同志专业技术职务工作建议的汇报。

会议同意，聘任罗勇同志为讲师（专业技术十级岗位）；聘任孔德山、白羽、李朋、李婷婷、肖宇喆、周启明、倪中义、程博等 8 名同志为助教（专业技术十二级岗位）。

四、听取了关于对王创、胡肇辉 2 名同学作退学处理情况的汇报

会议听取了教务处关于对王创、胡肇辉 2 名同学作退学处理情况的汇报。

会议要求，根据学生学籍管理有关规定，由教务处负责，按照工作程序，起草王创、胡肇辉 2 名同学拟退学处理决定，在校园网公示，以特快专递送达家属。

五、听取了××三真司法鉴定中心关于补缴学院相关费用的汇报

会议听取了××三真司法鉴定中心关于补缴学院相关费用的汇报。

会议指出，××三真司法鉴定中心自2023年成立以来，在学院的大力扶持下，积极服务教学、科研和公安实战，产生了良好的社会效益。

会议同意，××三真司法鉴定中心按规定补缴学院房租、水电费、设备使用费和管理费。

六、听取了关于给司勤人员发放绩效奖的汇报

会议听取了后勤管理处关于给司勤人员发放绩效奖的汇报。

会议指出，2023年，11名司勤人员安全行车28.5万公里，全年未发生一起交通事故，较好地完成了学院公务、教学及大型活动的车辆保障任务。

会议同意，依照学院相关规定，按每人1500元的标准，为11名司勤人员发放安全绩效奖16500元。

七、听取了关于警官培训部物业纳入学院物业管理的汇报

会议听取了后勤管理处关于警官培训部物业纳入学院物业管理建议的汇报。

会议同意，为降低培训成本、提高服务质量，结合学院实际，将警官培训部物业纳入学院物业统一管理。

会议要求，警官培训部根据工作需求，提出具体服务标准和服务要求；后勤管理处要严格落实招投标有关要求，与物业公司进行商务谈判，拟订物业管理合同，做好现有服务员安置工作。

八、听取了关于××南湖驾驶教学培训中心改制第一阶段工作情况的汇报

会议听取了南湖驾校改制工作专班关于××南湖驾驶教学培训中心改制第一阶段工作情况的汇报。

出席：李予光、汪家广、刘生元、熊桢、陈志伟、江轶、段冶

列席：张宁、杨启才、王芳、王汉麦、孙自立、方格、李檎、李林军、姚忠保、刘万顺、万勤民、叶清明、李享林、吴启

例文2

党委会议纪要

（2024年第1期）

1月18日中午，镇党委书记苏俊颖主持召开书记会，专题讨论拟提交党委会研究事项及待部署工作，胡炜、洪涛、焦默萍参加，张厚来、刘霞光、孙斌因公缺席。

1月18日下午，苏俊颖主持召开2024年第1次党委扩大会议。胡炜、洪涛、刘霞光、焦默萍、宣鸿飞、杨鹏翔、王忠出席，杨月娟、郑平、张学军列席。相关办局分别列席相关议题。张厚来、孙斌、程超山因公缺席。现纪要如下。

一、会议研究

（一）原则同意汤口居委会提交的综合用房竣工验收事项。由汤口居负责，尽快完善手续；焦默萍负责，安排审计单位对前后两次审计差价进行说明；郑平负责，委托有资质的单位对房屋质量安全进行鉴定，所需费用由汤口居承担。

（二）基于集镇建成区建设需要，比较各通信运营商方案，同意由移动公司承建集镇无线网。程超山负责。

（三）同意镇图书室整改建设费用支出。程超山负责。

（四）同意省级党报宣传事项。程超山负责。

（五）原则同意镇政府住宿楼生活设施添置及分配方案。程超山负责，按程序办理采购事项；郑平负责，邀请资质单位对装修工程进行验收及决算审计。

（六）同意实施浮溪至寨西污水主管网建设工程，按规定开展设计、招标等一应事项。孙斌负责。

（七）同意本镇居民考取大学生连续奖励发放事宜。程超山负责。

（八）原则同意九龙瀑及九龙新村打捆招商投标保证金退还事宜。孙斌负责。

（九）同意春节前重点工作安排。相关领导各自负责。

（十）同意支付市规划设计院关于本镇违建调查及芳村美丽乡村整治方案技术服务费。郑平负责。

（十一）同意优布劳啤酒入园框架协议。王忠负责。

（十二）同意芳村美丽乡村专题会议纪要研定事项。

（十三）同意印发汤口镇违法建设专项治理实施方案。

（十四）原则同意汤口镇道路清扫保洁作业市场化工作实施方案。杨鹏翔负责。

（十五）根据汤发〔2023〕67号《关于开展“心系群众体验民生”活动的通知》，同意以奖代补2万元用于金竹坑生产道路修复，不足部分由村委会自行解决。刘霞光负责。

（十六）根据黄工〔2023〕23号文件要求，同意办理意外伤害互助保障险和重大疾病互助保障险。刘霞光负责。

（十七）同意镇物业中心招聘人员应聘事项。刘霞光负责。

（十八）同意宁宵、范毅超辞职。刘霞光负责。

（十九）同意斯前、程承奇、程先洪、王丽英等四名同志转为中共预备党员。刘霞光负责。

（二十）同意印发《镇领导到村居开展政治学习和工作点评工作制度》《村居两委扩大会议工作制度》《“党员纪念日”主题活动实施方案》，3 月 1 日起施行，刘霞光负责。由各联村领导负责，分别到联系村居组织两委成员学习该三个文件。

（二十一）同意本年度报纸杂志征订事宜。程超山负责。

（二十二）同意汪倩文、方俊、李智试用期满转正，同意正式聘用袁自新、程凯为物业中心工作人员。刘霞光负责。

（二十三）同意胡昇同志工作分工意见。

二、会议部署

（一）项目服务。孙斌及郑平负责，梳理今年续建及新建项目，补充调整镇联系领导及联系人员，修正《汤口镇项目建设推进工作实施方案》，2 月 15 日前印发执行。

（二）农房管理。一是成立自治机构，引导各村居成立村民建房理事会；二是修正村规民约，引导各村居将村民建房理事会开展农房管理自治事项纳入村规民约中；三是修订配套政策，确保修正后的规定与村民建房理事会管理相匹配；四是开设银行专户，落实专户封闭运行、印鉴分开保管，确保资金安全。郑平负责，4 月 30 日前完成。

（三）镇人代会。认真筹备镇十届二次人代会，广泛征集三个报告意见。杨月娟负责，1 月 25 日前完成意见征求。

（四）拆违控违。明确追责主体，建立第一时间发现即第一时间流转并第一时间拆除三者间顺畅流转机制，杨鹏翔及郑平负责，1 月 31 日前完成机制文件印发；落实假日控违安排，郑平负责，2 月 10 日前完成。

（五）安全生产。各领导立即开展各自领域安全生产大检查，商王忠由镇安全办统一下达整改或停业整顿意见。

（六）镇务虚会。原则定于正月初八至初九召开，形式为参观及发言，参观地点为本市亮点乡镇，发言人员为镇领导班子成员、村居书记或主任，发言内容为今年怎么干、完成哪些亮点。程超山负责安排。

（七）中介招标。郑平负责，2 月 15 日前完成乡镇自主实施招标事项的镇定点机构的招标。

（八）春节关门。一是各领导立即将年内需报账支出报至王忠，二是各领导立即争取将分管领域内的收入拨付到位，三是王忠根据收入情况统筹好支出计划、积极争取调度资金。

会议还研究通过了纪检信访案件、省信访积案化解、黄山风景区公安局业务用房征迁等事宜。

【进阶内容】

1. 纪要是对所有会议材料的概括、综合和提炼，因此，要写好纪要，必须认真做好材料的搜集、整理和加工工作。要注意搜集、掌握会议情况，并按照会议精神和领导意图对材料进行恰当的筛选，对选用的材料进行分析，然后围绕纪要的主旨进行精心安排。

2. 纪要的篇幅不宜过长，语言表达要简明扼要。叙述中可兼记与会者的发言，以增强会议纪要的真实性和生动性。在表述方式上，通常使用第三人称，并在每一层次之首冠以“会议认为”“会议强调”“会议指出”“会议希望”“会议号召”之类的标志性用语。

3. 要注意把握纪要的不同结构形式。除通知型的日常办公纪要大都有较为固定的写作格式外，对于指示型纪要，不论是综合性的还是专题性的，都要针对不同内容采用不同的结构形式。综合性的纪要，由于内容涉及前前后后、方方面面，情况比较复杂，故在结构布局上，除自然情况外，内容多采用“三大块”的写作形式，包括对过去工作的回顾、对当前工作形势的分析、对今后工作的打算等，这是就整个篇章布局而言。至于具体到每一部分，特别是“今后工作的打算”部分，可以采用“梳辫子”的方法，归纳成几个问题并列说明，这是“横式”结构；也可以采用“一环套一环”的层层递进方法，这是“纵式”布局。专题性或专业性的纪要，由于内容单一，故多采用“撮要分条”或“分条列项”的结构形式。所谓“撮要分条”，即在开头讲完自然情况后，或相接或独用一段文字，交代会议的中心议题、主要活动情况及总的评价，然后在内容上可并列写几个条段，每条之前标明序号、提出段旨，做到一目了然。“分条列项”的结构，是把全篇纪要归纳成几个条条，既无独立的开头亦无独立的结尾，若干条条之间是并列关系。总之，不管采用什么结构，都必须体现出一种严密的逻辑关系，中间不可出现“空白”，也不能产生“跳跃”，更不能按照会议的顺序来写“纪要”，这样出来的不是“纪要”，而是“流水线”“会议日志”。

4. 要注意讲究条理性和理论性，语言表达要简明扼要。纪要的一个主要特点就是条理性、理论性比较突出。这也是纪要与记录的一个主要区别。记录一般要把每个人的发言内容尽量客观、详细地记录下来，而纪要则需要有一个对会议讨论意见进行综合、分析和整理加工的过程，这个过程也就是条理化、理论化的过程。所谓条理化，就是要对会议讨论的意见加以分类归纳，使之层次清晰，富有逻辑性：所谓理论化，就是要对会议讨论的意见，尽力给予理论上的概括，使之提纲挈领，画龙点睛。当然条理化、理论化，并不是脱离会议实际，搞虚假的“粉饰”和“拔高”。

5. 要注意会议纪要与会议决议、会议记录、会议简报、会议公报等文种的区别。这些文种均属会议文件，都是会议的直接产品。但由于它们产生的方式和各自的作用不同，所以又有着一定的区别。大会决议是按照法定多数表决通过的，而纪要主要是由会议主持机关审定制发的；决议的内容要较纪要原则，而纪要要求详尽具体。会议记录是完成纪要写作的客观原始材料之一，经过筛选、整理的会议记录才能写入纪要。会议简报主要用于反映会议动态、沟通情况，所载内容只具有参考性，不像纪要在兼有反映情况、沟通信息功能的同时，还具有指挥的权威性。会议公报的内容与纪要有类似之处，但公报是报道会议核心内容的，十分简要，是纪要的要点，另外会议公报仅用于党和国家的高层次会议。

第十章　法规体文书的写作

第一节　条　　例

【功能特性】

条例是党政机关对某一方面的工作作出比较全面、系统的规定时使用的文种。原来，条例是党政机关使用的法定公文种类，《党政机关公文处理工作条例》中将其去除，但实践中的使用频率仍然很高。条例实际上是对某一法律、法令和政策的补充性说明和辅助性规定，是调整国家生活某一方面准则的重要立法手段。条例作为法规体公文，其最主要的特性表现为四点：一是制发机关的特定性。条例的制定和发布具有特殊的规定，《中华人民共和国宪法》第八十九条、第九十条、第一百条、第一百二十六条分别规定了法规的制定权限、批准权限和发布方式。作为法规文体的条例，同样要执行《中华人民共和国宪法》的有关规定。

【结构模式】

条例的内容结构通常由标题、签署和正文三部分组成。

一、标题

条例的标题一般由适用范围（条例内容）和文种组成，例如，《不动产登记暂行条例》《党政机关公文处理工作条例》等。

二、题注

条例的题注一律在标题之下，用圆括号标明该条例何时经何会议通过，或者是制发机关和公布日期，以说明其法定程序及法律效力。

三、正文

条例的正文，可以采用章断条连式和条款贯通式两种写法。

（一）章断条连式

这种条例一般涉及面广，内容丰富，由总则、分则和附则三部分构成，其中第一章为总则，最后一章为附则，中间各章为分则。在具体表现形态上，往往是章中设条，条数是从总则的第一章第一条算起，依次排列，直到附则的最后一条为止。这种结构形态因分章设条，条条相连，所以称之为章断条连式。同时，又因为各章都设有小标题，故又称分列小标题式。

1．总则。分条说明制定条例的缘由、目的、依据、适用范围或适用对象、基本原则等。总则条文的多少，通常根据其适用范围或适用对象情况确定，其第一条多用“为了……根据……特制定本条例”，或“为了……特制定本条例”，或“根据……特制定本条例”的标准格式，说明制文和立法的目的与法定的约束力。

2．分则。分则是条例的主体和核心部分，条例法规性的强弱，约束力的大小，主要就取决于这一部分。因此。必须着力写明3层意思：一是条例所规范的具体行为；二是应规定管理部门和管理人员的职责；三是应规定奖励和处罚的事项，以确保条例付诸落实。整篇法规应做到结构严谨、条理清楚、用词准确、文字简明。要求按照条例所涉及的方面，分为若干章和若干条写明相关内容。

3．附则。附则也是条例必不可少的部分，是条例的结尾，包括条例的实施要求、生效日期、解释权与修订权归何机关、实施细则（办法）由谁负责制定、本条例与有关文件的关系以及其他未尽事宜的处置办法等，以显示条例的严肃性和行政约束力。其条款的多少，根据条例内容确定，力求做到多而不繁、少而不漏。

（二）条款贯通式

这种条例的格式比较简单，且内容单一。其正文写作只分条，不分章，从第一条起到最后一条，均以条款形式一气贯通写成。在内容的安排上，一般是第一条或第一、第二两条写明制定条例的缘由、目的、根据、适用范围或适用对象，相当于“总则”；中间以若干条写条例的具体内容，相当于“分则”；最后用一至两条说明生效日期、解释权，相当于“附则”。在具体写法上，有条有例是条例与其他文种的不同之处，其中“条”是从正面规定的条文，写明应该怎么做或不应该怎么做；“例”是“例设”，从反面说明如果违反了条例的规定应该怎样处置。具体写法应当本着条前例后，以条为主，正反相辅的原则。

【典范文例】

例文1

国家自然科学基金条例

（2007年2月24日中华人民共和国国务院令第487号公布
2024年11月8日中华人民共和国国务院令第796号修订）

第一章　总　　则

第一条　为了规范国家自然科学基金的使用与管理，提高国家自然科学基金使用效能，加强基础研究，培养科学技术人才，增强自主创新能力，实施创新驱动发展战略，推动实现高水平科技自立自强，根据《中华人民共和国科学技术进步法》，制定本条例。

第二条　国家自然科学基金工作坚持党中央集中统一领导。

国家自然科学基金工作应当面向世界科技前沿、面向经济主战场、面向国家重大需求、面向人民生命健康。

第三条　国家设立国家自然科学基金，用于资助基础研究，支持人才培养和团队建设。

国家自然科学基金资助工作实行尊重科学、发扬民主、提倡竞争、促进合作、激励创新、引领未来的方针，培育和践行社会主义核心价值观，遵循公开、公平、公正的原则。

第四条　国家自然科学基金主要来源于中央预算拨款。

国家鼓励地方人民政府、企业和其他组织投入资金开展联合资助，建立科技创新合作机制。国家鼓励社会力量向国家自然科学基金捐赠。

国家自然科学基金的资金应当全额纳入预算管理。

第五条　国家自然科学基金资助项目（以下简称基金资助项目），应当推动基础研究自由探索和目标导向有机结合，根据基金发展规划和年度基金项目指南予以确定。

确定基金资助项目应当充分发挥专家的作用，采取宏观引导、自主申请、平等竞争、同行评审、择优支持的机制。

第六条　国家自然科学基金管理机构（以下简称基金管理机构）依法管理国家自然科学基金，制定国家自然科学基金资助与管理制度，负责资助计划、项目设置，以及评审、立项、监督等组织实施工作，提升国家自然科学基金资助效能。

国务院科学技术主管部门依法对国家自然科学基金工作进行宏观管理、统筹协调和监督检查。国务院财政部门依法对国家自然科学基金的预算、财务、会计进行管理和监督，对基金的运行情况开展绩效评价，根据评价结果调整完善政策、改进管理、优化预算安排。审计机关依法对国家自然科学基金的使用与管理进行审计监督。

第七条　基金管理机构应当加强国家自然科学基金工作信息化建设，推动完善科研诚信管理信息共享、基金资助项目成果共享等机制，加强基金资助项目与其他科学技术计划项目的衔接与协调。

第二章　组织与规划

第八条　基金管理机构应当根据国民经济和社会发展规划、科学技术发展规划以及科学技术发展状况，制定基金发展规划和年度基金项目指南。基金发展规划应当明确优先发展的领域，年度基金项目指南应当规定优先支持的项目范围。

国家自然科学基金应当设立专项资金，用于培养青年科学技术人才，支持在科学技术领域取得突出成绩且具有明显创新潜力的青年人才。

基金管理机构制定基金发展规划和年度基金项目指南，应当广泛听取高等学校、科学研究机构、学术团体和有关国家机关、企业的意见，组织有关专家进行科学论证。年度基金项目指南应当在受理基金资助项目申请起始之日30日前公布。

第九条 基金管理机构应当确定依托单位作为基金资助项目及其资金管理的责任主体。

中华人民共和国境内具有独立法人资格、具备基础研究能力的高等学校、科学研究机构和其他公益性机构，以及其他符合国家规定的单位，可以在基金管理机构注册为依托单位。基金管理机构应当定期公布已注册的依托单位名单。

依托单位应当建立和完善基金资助项目管理、科研诚信、科技伦理管理等制度，遵守科学技术活动管理规范。

第十条 依托单位在基金资助管理工作中履行下列职责：

（一）组织申请人申请国家自然科学基金资助；

（二）审核申请人或者项目负责人所提交材料的真实性、完整性和合法性；

（三）提供基金资助项目实施的条件，保障项目负责人和参与者实施基金资助项目的时间；

（四）跟踪基金资助项目的实施，管理和监督基金资助资金的使用；

（五）配合基金管理机构、科学技术主管部门和相关行业主管部门对基金资助项目的实施和资金的使用进行监督、检查和绩效评价；

（六）加强基金资助项目研究成果的知识产权管理，支持研究成果开放获取，促进研究成果转化；

（七）对违背科研诚信和科技伦理的行为进行调查处理；

（八）完成基金管理机构委托的其他工作。

基金管理机构、科学技术主管部门和相关行业主管部门对依托单位的基金资助管理工作进行指导、监督。

第三章 申请与评审

第十一条 依托单位的科学技术人员具备下列条件的，可以申请国家自然科学基金资助：

（一）具有承担基础研究课题或者其他从事基础研究的经历；

（二）具有高级专业技术职务（职称）或者具有博士学位，或者有2名与其研究领域相同、具有高级专业技术职务（职称）的科学技术人员推荐。

符合条件的从事基础研究的科学技术人员无工作单位或者所在单位不是依托单位的，取得依托单位的同意，可以依照本条例规定申请国家自然科学基金资助。

申请人应当是申请基金资助项目的负责人。

第十二条　申请人申请国家自然科学基金资助，应当以年度基金项目指南为基础确定研究项目，在规定期限内通过依托单位向基金管理机构提出书面申请。

申请人申请国家自然科学基金资助，应当提交证明申请人符合本条例第十一条规定条件的材料。

申请人申请基金资助的项目研究内容已获得其他资助的，应当在申请材料中说明资助情况。申请人应当对所提交申请材料的真实性、完整性和合法性负责。

申请人、参与者及其依托单位应当遵守科研诚信和科技伦理要求，签署科研诚信和科技伦理承诺书，承诺不从事危害国家安全、损害社会公共利益、危害人体健康、违背科研诚信和科技伦理的科学技术研究开发和应用活动，没有虚构、伪造、剽窃、篡改等行为。

第十三条　基金管理机构应当自基金资助项目申请截止之日起45日内，完成对申请材料的初步审查。有下列情形之一的，不予受理，通过依托单位书面通知申请人，并说明理由：

（一）申请人不符合本条例规定条件的；

（二）申请材料不符合年度基金项目指南要求的；

（三）申请人、参与者因有违背科研诚信和科技伦理等行为被禁止承担或者参与财政性资金支持的科学技术活动的；

（四）申请人、参与者申请基金资助项目超过基金管理机构规定的数量的。

第十四条　基金管理机构应当聘请具有较高的学术水平、良好的职业道德的同行专家，对已受理的基金资助项目申请进行评审。评审专家聘请、评审活动管理和相关监督保障机制的具体办法由基金管理机构制定。

第十五条　基金管理机构对已受理的基金资助项目申请，应当先从同行专家库中随机选择3名以上专家进行通讯评审。基金管理机构应当根据通讯评审评分等情况确定进入会议评审的项目申请，组织专家进行会议评审。对因国家经济、社会发展特殊需要或者其他特殊情况临时提出的基金资助项目申请，可以只进行通讯评审或者会议评审。

评审专家对基金管理机构安排其评审的基金资助项目申请认为难以作出学术判断或者没有精力评审的，应当及时告知基金管理机构；基金管理机构应当依照本条例规定，选择其他评审专家进行评审。

第十六条 评审专家按照国家自然科学基金资助导向，对基金资助项目申请从科学价值、创新性、社会影响以及研究方案的可行性等方面进行独立判断和评价，提出评审意见。

评审专家对基金资助项目申请提出评审意见，还应当考虑申请人和参与者的研究经历、基金资助资金使用计划的合理性、研究内容获得其他资助的情况、申请人实施基金资助项目的情况以及继续予以资助的必要性。

会议评审提出的评审意见应当通过投票表决。

第十七条 为了鼓励原创性基础研究工作，对重大原创性、交叉学科创新等基金资助项目，基金管理机构可以制定专门的申请与评审规定。

第十八条 基金管理机构根据本条例的规定和专家提出的评审意见，决定予以资助的研究项目。基金管理机构不得以与评审专家有不同的学术观点为由否定专家的评审意见。

基金管理机构在作出资助决定前，应当按照国家有关规定，通过科研诚信管理信息系统，及时开展严重失信行为数据比对、核查等工作。

基金管理机构决定予以资助的，应当及时书面通知申请人和依托单位；决定不予资助的，应当及时书面通知申请人和依托单位，并说明理由。

基金管理机构应当整理专家评审意见，并向申请人提供。

第十九条 申请人对基金管理机构作出的不予受理或者不予资助的决定不服的，可以自收到通知之日起15日内，向基金管理机构提出书面复审请求。对评审专家的学术判断有不同意见，不得作为提出复审请求的理由。

基金管理机构对申请人提出的复审请求，应当自收到之日起60日内完成审查。基金管理机构认为原决定符合本条例规定的，予以维持，并书面通知申请人；认为原决定不符合本条例规定的，撤销原决定，重新对申请人的基金资助项目申请组织评审专家进行评审、作出决定，并书面通知申请人和依托单位。

第二十条 在基金资助项目评审工作中，基金管理机构工作人员、评审专家有下列情形之一的，应当申请回避：

（一）基金管理机构工作人员、评审专家是申请人、参与者近亲属，或者与其有其他关系可能影响公正评审的；

（二）评审专家自己申请的基金资助项目与申请人申请的基金资助项目相同或者相近的；

（三）评审专家与申请人、参与者属于同一法人单位的。

基金管理机构根据申请，经审查作出是否回避的决定。基金管理机构作出是否回避的决定，应当说明理由。

基金管理机构发现其工作人员、评审专家有本条第一款规定的需要回避情形的，可以不经申请直接作出回避决定。

基金资助项目申请人可以向基金管理机构提供3名以内不适宜评审其申请的评审专家名单，基金管理机构在选择评审专家时应当根据实际情况予以考虑。

第二十一条　基金管理机构工作人员、评审专家均应当签署科研诚信承诺书。基金管理机构工作人员不得申请或者参与申请国家自然科学基金资助，不得干预评审专家的评审工作。评审专家应当遵守科研诚信要求和评审行为规范，独立、客观、公正开展评审工作，不得由他人代为评审，不得有接受请托、说情干预等不公正评审行为，不得利用工作便利谋取不正当利益。

基金管理机构工作人员、评审专家均应当依法承担保密义务，不得以任何方式披露未公开的评审专家的基本情况、评审意见、评审结果等与评审有关的信息。

第四章　资助与实施

第二十二条　申请人收到基金管理机构的基金资助通知后，即作为基金资助项目的负责人组织开展研究工作。

依托单位和项目负责人自收到基金资助通知之日起20日内，按照评审专家的评审意见、基金管理机构确定的基金资助额度填写项目计划书，报基金管理机构核准。

依托单位和项目负责人填写项目计划书，除根据评审专家的评审意见和基金管理机构确定的基金资助额度对已提交的申请书内容进行调整外，不得对其他内容进行变更。

第二十三条　基金管理机构对本年度予以资助的研究项目，应当按照《中华人民共和国预算法》和国库集中支付制度等有关规定，办理基金资助项目拨款。

项目负责人应当依法依规使用基金资助资金，依托单位应当对项目负责人使用基金资助资金的情况进行管理和监督，在其职责范围内及时审批项目资金调整事项。项目负责人、参与者及其依托单位不得以任何方式虚报、冒领、贪污、侵占、挪用、截留基金资助资金。

基金资助资金使用与管理的具体办法由国务院财政部门会同基金管理机构制定。

第二十四条　项目负责人应当根据项目计划书组织开展研究工作，做好基金资助项目实施情况的原始记录，通过依托单位向基金管理机构提交项目年度进展报告。

依托单位应当审核项目年度进展报告，查看基金资助项目实施情况的原始记录，并向基金管理机构提交年度基金资助项目管理报告。

基金管理机构应当对项目年度进展报告和年度基金资助项目管理报告进行审查。

第二十五条 基金资助项目实施中，依托单位不得擅自变更项目负责人。

项目负责人有下列情形之一的，依托单位应当及时提出变更项目负责人或者终止基金资助项目实施的申请，报基金管理机构批准；基金管理机构也可以直接作出终止基金资助项目实施的决定：

（一）不再是依托单位科学技术人员的；

（二）不能继续开展研究工作的；

（三）其他客观原因导致项目无法继续实施的。

项目负责人调入另一依托单位工作的，经所在依托单位与原依托单位协商一致，由原依托单位提出变更依托单位的申请，报基金管理机构批准。协商不一致的，基金管理机构作出终止该项目负责人所负责的基金资助项目实施的决定。

第二十六条 基金资助项目实施中，研究内容或者研究计划需要作出重大调整的，项目负责人应当及时提出申请，经依托单位审核后报基金管理机构批准。

第二十七条 自基金资助项目资助期满之日起60日内，项目负责人应当通过依托单位向基金管理机构提交结题报告；基金资助项目取得研究成果的，应当同时提交研究成果报告。

依托单位应当对结题报告进行审核，建立基金资助项目档案。依托单位审核结题报告，应当查看基金资助项目实施情况的原始记录。

第二十八条 基金管理机构应当及时审查结题报告。对不符合结题要求的，应当提出处理意见，并书面通知依托单位和项目负责人。

基金管理机构应当按照国家科学技术报告制度的要求，将结题报告、研究成果报告和基金资助项目摘要予以公布，促进基金资助项目成果的传播与共享。

第二十九条 发表基金资助项目取得的研究成果，应当注明得到国家自然科学基金资助。

基金资助项目所形成的科学数据，应当由依托单位按照国家科学数据管理的有关规定汇交到相关科学数据中心。

第五章 监督与管理

第三十条 基金管理机构应当对基金资助项目实施情况、依托单位履行职责情况进行以抽查为主要方式的监督检查，确保监督检查全面覆盖。抽查时应当查看基金资助项目实施情况的原始记录和资金使用与管理情况。抽查结果应当予以记录并公布。

基金管理机构应当建立项目负责人和依托单位的基金资助项目信誉档案。

第三十一条　基金管理机构应当定期对评审专家履行评审职责情况进行评估，评估时应当参考申请人的意见；根据评估结果，建立评审专家信誉档案。

第三十二条　基金管理机构应当在每个会计年度结束时，公布本年度基金资助的项目、基金资助资金的拨付情况以及对违反本条例规定行为的处罚情况等。

基金管理机构应当配合国务院财政部门和科学技术主管部门开展基金绩效评价，并应当按照全面实施预算绩效管理的要求，建立健全绩效管理制度，定期对基金使用情况开展绩效评价，强化绩效评价结果应用，加大绩效信息公开力度。

第三十三条　任何单位或者个人发现基金管理机构及其工作人员、评审专家、依托单位及其相关工作人员、申请人或者项目负责人、参与者有违反本条例规定行为的，可以检举或者控告。

基金管理机构应当公布联系电话、通讯地址和电子邮件地址。

第三十四条　基金管理机构依照本条例规定对外公开有关信息，应当遵守国家有关保密规定。

基金管理机构应当健全科技安全制度和风险防范机制，加强科学技术研究、开发与应用活动的安全管理，支持国家安全领域科技创新，增强科技创新支撑国家安全的能力和水平。

第三十五条　对违反本条例规定，有科研诚信严重失信行为的个人、组织，按照国家有关规定记入科研诚信严重失信行为数据库，实施联合惩戒。

第六章　法律责任

第三十六条　申请人、参与者有下列行为之一的，由基金管理机构给予警告，正在申请基金资助的，取消其当年申请或者参与申请国家自然科学基金资助的资格；其申请项目已实施资助的，撤销原资助决定，追回已拨付的基金资助资金；情节较重的，1 至 3 年不得申请或者参与申请国家自然科学基金资助；情节严重的，3 至 5 年不得申请或者参与申请国家自然科学基金资助：

（一）虚构、伪造、剽窃、篡改申请材料的；

（二）以请托、贿赂等不正当方式干预评审工作的；

（三）有其他违背科研诚信和科技伦理行为的。

申请人、参与者有前款所列行为的，由依托单位按照人事管理有关规定取消其在一定期限内参加专业技术职称评审的资格。

第三十七条　项目负责人、参与者有下列行为之一的，由基金管理机构给予警告，暂缓拨付基金资助资金，并责令限期改正；逾期不改正的，撤销原资助决定，追回已拨付的基金资助资金；情节较重的，1 至 5 年不得申请或者参与申请国家自然科学基金资助；情节严重的，5至7年内不得申请或者参与申请国家自然科学基金资助：

（一）擅自变更研究方向或者降低申报指标的；

（二）不依照本条例规定提交项目年度进展报告、结题报告或者研究成果报告的；

（三）提交弄虚作假的报告、原始记录或者相关材料的；

（四）成果发表署名不实或者虚假标注资助信息的；

（五）不配合监督、检查或者绩效评价工作的；

（六）虚报、冒领、贪污、侵占、挪用、截留基金资助资金的；

（七）虚构、伪造、剽窃、篡改研究数据或者结果的；

（八）有其他违背科研诚信和科技伦理行为的。

项目负责人、参与者有前款所列行为的，由依托单位按照人事管理有关规定取消其在一定期限内参加专业技术职称评审的资格。

第三十八条 依托单位有下列情形之一的，由基金管理机构给予警告，责令限期改正；逾期不改正的，核减基金资助资金，并可以暂停拨付或者追回已拨付的基金资助资金；情节较重的，1至3年不得作为依托单位；情节严重的，向社会公布其违法行为，3至5年不得作为依托单位：

（一）不履行保障基金资助项目研究条件的职责的；

（二）不对申请人或者项目负责人提交的材料的真实性、完整性和合法性进行审核的；

（三）不依照本条例规定提交项目年度进展报告、年度基金资助项目管理报告、结题报告和研究成果报告的；

（四）组织、参与、纵容、包庇申请人或者项目负责人、参与者弄虚作假的；

（五）擅自变更项目负责人的；

（六）不配合基金管理机构监督、检查基金资助项目实施的；

（七）虚报、冒领、贪污、侵占、挪用、截留基金资助资金的；

（八）违反保密规定或者管理严重失职，造成不良影响或者损失的；

（九）以请托、贿赂等不正当方式干预评审工作的；

（十）不履行科研诚信和科技伦理相关管理职责的。

第三十九条 评审专家有下列行为之一的，由基金管理机构给予警告，责令限期改正；情节较重的，2至7年不得聘请其为评审专家；情节严重的，向社会公布其违法行为，不得再聘请其为评审专家：

（一）不履行基金管理机构规定的评审职责的；

（二）未依照本条例规定申请回避的；

（三）披露未公开的与评审有关的信息的；

（四）对基金资助项目申请有接受请托、说情干预等不公正评审行为的；

（五）利用工作便利谋取不正当利益的。

第四十条　基金管理机构工作人员有下列行为之一的，依法依规给予组织处理、处分：

（一）未依照本条例规定申请回避的；

（二）披露未公开的与评审有关的信息的；

（三）干预评审专家评审工作的；

（四）利用工作便利谋取不正当利益的；

（五）有其他滥用职权、玩忽职守、徇私舞弊行为的。

第四十一条　违反有关财政法律、行政法规规定的，依法依规予以处罚、处分。

第四十二条　申请人或者项目负责人、参与者违反本条例规定，情节特别严重的，或者从事危害国家安全、损害社会公共利益、危害人体健康、违背科研诚信和科技伦理的科学技术研究开发和应用活动的，终身不得申请或者参与申请国家自然科学基金资助。

违反本条例规定受到处理的科学技术人员，在处理期内不得聘请其为评审专家；情节特别严重的，终身不得聘请其为评审专家。

第四十三条　违反本条例规定，构成违反治安管理行为的，依法给予治安管理处罚；构成犯罪的，依法追究刑事责任。

第七章　附　　则

第四十四条　基金管理机构在基金资助工作中，涉及项目组织实施费和与基础研究有关的学术交流活动、基础研究环境建设活动的基金资助资金的使用与管理的，按照国务院财政部门的有关规定执行。

第四十五条　本条例自2025年1月1日起施行。

例文2

网络数据安全管理条例

第一章　总　　则

第一条　为了规范网络数据处理活动，保障网络数据安全，促进网络数据依法合理有效利用，保护个人、组织的合法权益，维护国家安全和公共利益，根据《中华人民共和国网络安全法》《中华人民共和国数据安全法》《中华人民共和国个人信息保护法》等法律，制定本条例。

第二条 在中华人民共和国境内开展网络数据处理活动及其安全监督管理，适用本条例。

在中华人民共和国境外处理中华人民共和国境内自然人个人信息的活动，符合《中华人民共和国个人信息保护法》第三条第二款规定情形的，也适用本条例。

在中华人民共和国境外开展网络数据处理活动，损害中华人民共和国国家安全、公共利益或者公民、组织合法权益的，依法追究法律责任。

第三条 网络数据安全管理工作坚持中国共产党的领导，贯彻总体国家安全观，统筹促进网络数据开发利用与保障网络数据安全。

第四条 国家鼓励网络数据在各行业、各领域的创新应用，加强网络数据安全防护能力建设，支持网络数据相关技术、产品、服务创新，开展网络数据安全宣传教育和人才培养，促进网络数据开发利用和产业发展。

第五条 国家根据网络数据在经济社会发展中的重要程度，以及一旦遭到篡改、破坏、泄露或者非法获取、非法利用，对国家安全、公共利益或者个人、组织合法权益造成的危害程度，对网络数据实行分类分级保护。

第六条 国家积极参与网络数据安全相关国际规则和标准的制定，促进国际交流与合作。

第七条 国家支持相关行业组织按照章程，制定网络数据安全行为规范，加强行业自律，指导会员加强网络数据安全保护，提高网络数据安全保护水平，促进行业健康发展。

第二章　一般规定

第八条 任何个人、组织不得利用网络数据从事非法活动，不得从事窃取或者以其他非法方式获取网络数据、非法出售或者非法向他人提供网络数据等非法网络数据处理活动。

任何个人、组织不得提供专门用于从事前款非法活动的程序、工具；明知他人从事前款非法活动的，不得为其提供互联网接入、服务器托管、网络存储、通讯传输等技术支持，或者提供广告推广、支付结算等帮助。

第九条 网络数据处理者应当依照法律、行政法规的规定和国家标准的强制性要求，在网络安全等级保护的基础上，加强网络数据安全防护，建立健全网络数据安全管理制度，采取加密、备份、访问控制、安全认证等技术措施和其他必要措施，保护网络数据免遭篡改、破坏、泄露或者非法获取、非法利用，处置网络数据安全事件，防范针对和利用网络数据实施的违法犯罪活动，并对所处理网络数据的安全承担主体责任。

第十条　网络数据处理者提供的网络产品、服务应当符合相关国家标准的强制性要求；发现网络产品、服务存在安全缺陷、漏洞等风险时，应当立即采取补救措施，按照规定及时告知用户并向有关主管部门报告；涉及危害国家安全、公共利益的，网络数据处理者还应当在24小时内向有关主管部门报告。

第十一条　网络数据处理者应当建立健全网络数据安全事件应急预案，发生网络数据安全事件时，应当立即启动预案，采取措施防止危害扩大，消除安全隐患，并按照规定向有关主管部门报告。

网络数据安全事件对个人、组织合法权益造成危害的，网络数据处理者应当及时将安全事件和风险情况、危害后果、已经采取的补救措施等，以电话、短信、即时通信工具、电子邮件或者公告等方式通知利害关系人；法律、行政法规规定可以不通知的，从其规定。网络数据处理者在处置网络数据安全事件过程中发现涉嫌违法犯罪线索的，应当按照规定向公安机关、国家安全机关报案，并配合开展侦查、调查和处置工作。

第十二条　网络数据处理者向其他网络数据处理者提供、委托处理个人信息和重要数据的，应当通过合同等与网络数据接收方约定处理目的、方式、范围以及安全保护义务等，并对网络数据接收方履行义务的情况进行监督。向其他网络数据处理者提供、委托处理个人信息和重要数据的处理情况记录，应当至少保存3年。

网络数据接收方应当履行网络数据安全保护义务，并按照约定的目的、方式、范围等处理个人信息和重要数据。

两个以上的网络数据处理者共同决定个人信息和重要数据的处理目的和处理方式的，应当约定各自的权利和义务。

第十三条　网络数据处理者开展网络数据处理活动，影响或者可能影响国家安全的，应当按照国家有关规定进行国家安全审查。

第十四条　网络数据处理者因合并、分立、解散、破产等原因需要转移网络数据的，网络数据接收方应当继续履行网络数据安全保护义务。

第十五条　国家机关委托他人建设、运行、维护电子政务系统，存储、加工政务数据，应当按照国家有关规定经过严格的批准程序，明确受托方的网络数据处理权限、保护责任等，监督受托方履行网络数据安全保护义务。

第十六条　网络数据处理者为国家机关、关键信息基础设施运营者提供服务，或者参与其他公共基础设施、公共服务系统建设、运行、维护的，应当依照法律、法规的规定和合同约定履行网络数据安全保护义务，提供安全、稳定、持续的服务。

前款规定的网络数据处理者未经委托方同意，不得访问、获取、留存、使用、泄露或者向他人提供网络数据，不得对网络数据进行关联分析。

第十七条 为国家机关提供服务的信息系统应当参照电子政务系统的管理要求加强网络数据安全管理，保障网络数据安全。

第十八条 网络数据处理者使用自动化工具访问、收集网络数据，应当评估对网络服务带来的影响，不得非法侵入他人网络，不得干扰网络服务正常运行。

第十九条 提供生成式人工智能服务的网络数据处理者应当加强对训练数据和训练数据处理活动的安全管理，采取有效措施防范和处置网络数据安全风险。

第二十条 面向社会提供产品、服务的网络数据处理者应当接受社会监督，建立便捷的网络数据安全投诉、举报渠道，公布投诉、举报方式等信息，及时受理并处理网络数据安全投诉、举报。

第三章 个人信息保护

第二十一条 网络数据处理者在处理个人信息前，通过制定个人信息处理规则的方式依法向个人告知的，个人信息处理规则应当集中公开展示、易于访问并置于醒目位置，内容明确具体、清晰易懂，包括但不限于下列内容：

（一）网络数据处理者的名称或者姓名和联系方式；

（二）处理个人信息的目的、方式、种类，处理敏感个人信息的必要性以及对个人权益的影响；

（三）个人信息保存期限和到期后的处理方式，保存期限难以确定的，应当明确保存期限的确定方法；

（四）个人查阅、复制、转移、更正、补充、删除、限制处理个人信息以及注销账号、撤回同意的方法和途径等。

网络数据处理者按照前款规定向个人告知收集和向其他网络数据处理者提供个人信息的目的、方式、种类以及网络数据接收方信息的，应当以清单等形式予以列明。网络数据处理者处理不满十四周岁未成年人个人信息的，还应当制定专门的个人信息处理规则。

第二十二条 网络数据处理者基于个人同意处理个人信息的，应当遵守下列规定：

（一）收集个人信息为提供产品或者服务所必需，不得超范围收集个人信息，不得通过误导、欺诈、胁迫等方式取得个人同意；

（二）处理生物识别、宗教信仰、特定身份、医疗健康、金融账户、行踪轨迹等敏感个人信息的，应当取得个人的单独同意；

（三）处理不满十四周岁未成年人个人信息的，应当取得未成年人的父母或者其他监护人的同意；

（四）不得超出个人同意的个人信息处理目的、方式、种类、保存期限处理个人信息；

（五）不得在个人明确表示不同意处理其个人信息后，频繁征求同意；

（六）个人信息的处理目的、方式、种类发生变更的，应当重新取得个人同意。

法律、行政法规规定处理敏感个人信息应当取得书面同意的，从其规定。

第二十三条　个人请求查阅、复制、更正、补充、删除、限制处理其个人信息，或者个人注销账号、撤回同意的，网络数据处理者应当及时受理，并提供便捷的支持个人行使权利的方法和途径，不得设置不合理条件限制个人的合理请求。

第二十四条　因使用自动化采集技术等无法避免采集到非必要个人信息或者未依法取得个人同意的个人信息，以及个人注销账号的，网络数据处理者应当删除个人信息或者进行匿名化处理。法律、行政法规规定的保存期限未届满，或者删除、匿名化处理个人信息从技术上难以实现的，网络数据处理者应当停止除存储和采取必要的安全保护措施之外的处理。

第二十五条　对符合下列条件的个人信息转移请求，网络数据处理者应当为个人指定的其他网络数据处理者访问、获取有关个人信息提供途径：

（一）能够验证请求人的真实身份；

（二）请求转移的是本人同意提供的或者基于合同收集的个人信息；

（三）转移个人信息具备技术可行性；

（四）转移个人信息不损害他人合法权益。

请求转移个人信息次数等明显超出合理范围的，网络数据处理者可以根据转移个人信息的成本收取必要费用。

第二十六条　中华人民共和国境外网络数据处理者处理境内自然人个人信息，依照《中华人民共和国个人信息保护法》第五十三条规定在境内设立专门机构或者指定代表的，应当将有关机构的名称或者代表的姓名、联系方式等报送所在地设区的市级网信部门；网信部门应当及时通报同级有关主管部门。

第二十七条　网络数据处理者应当定期自行或者委托专业机构对其处理个人信息遵守法律、行政法规的情况进行合规审计。

第二十八条　网络数据处理者处理1000万人以上个人信息的，还应当遵守本条例第三十条、第三十二条对处理重要数据的网络数据处理者（以下简称重要数据的处理者）作出的规定。

第四章　重要数据安全

第二十九条　国家数据安全工作协调机制统筹协调有关部门制定重要数据目

录，加强对重要数据的保护。各地区、各部门应当按照数据分类分级保护制度，确定本地区、本部门以及相关行业、领域的重要数据具体目录，对列入目录的网络数据进行重点保护。

网络数据处理者应当按照国家有关规定识别、申报重要数据。对确认为重要数据的，相关地区、部门应当及时向网络数据处理者告知或者公开发布。网络数据处理者应当履行网络数据安全保护责任。

国家鼓励网络数据处理者使用数据标签标识等技术和产品，提高重要数据安全管理水平。

第三十条 重要数据的处理者应当明确网络数据安全负责人和网络数据安全管理机构。网络数据安全管理机构应当履行下列网络数据安全保护责任：

（一）制定实施网络数据安全管理制度、操作规程和网络数据安全事件应急预案；

（二）定期组织开展网络数据安全风险监测、风险评估、应急演练、宣传教育培训等活动，及时处置网络数据安全风险和事件；

（三）受理并处理网络数据安全投诉、举报。

网络数据安全负责人应当具备网络数据安全专业知识和相关管理工作经历，由网络数据处理者管理层成员担任，有权直接向有关主管部门报告网络数据安全情况。

掌握有关主管部门规定的特定种类、规模的重要数据的网络数据处理者，应当对网络数据安全负责人和关键岗位的人员进行安全背景审查，加强相关人员培训。审查时，可以申请公安机关、国家安全机关协助。

第三十一条 重要数据的处理者提供、委托处理、共同处理重要数据前，应当进行风险评估，但是属于履行法定职责或者法定义务的除外。

风险评估应当重点评估下列内容：

（一）提供、委托处理、共同处理网络数据，以及网络数据接收方处理网络数据的目的、方式、范围等是否合法、正当、必要；

（二）提供、委托处理、共同处理的网络数据遭到篡改、破坏、泄露或者非法获取、非法利用的风险，以及对国家安全、公共利益或者个人、组织合法权益带来的风险；

（三）网络数据接收方的诚信、守法等情况；

（四）与网络数据接收方订立或者拟订立的相关合同中关于网络数据安全的要求能否有效约束网络数据接收方履行网络数据安全保护义务；

（五）采取或者拟采取的技术和管理措施等能否有效防范网络数据遭到篡

改、破坏、泄露或者非法获取、非法利用等风险；

（六）有关主管部门规定的其他评估内容。

第三十二条　重要数据的处理者因合并、分立、解散、破产等可能影响重要数据安全的，应当采取措施保障网络数据安全，并向省级以上有关主管部门报告重要数据处置方案、接收方的名称或者姓名和联系方式等；主管部门不明确的，应当向省级以上数据安全工作协调机制报告。

第三十三条　重要数据的处理者应当每年度对其网络数据处理活动开展风险评估，并向省级以上有关主管部门报送风险评估报告，有关主管部门应当及时通报同级网信部门、公安机关。

风险评估报告应当包括下列内容：

（一）网络数据处理者基本信息、网络数据安全管理机构信息、网络数据安全负责人姓名和联系方式等；

（二）处理重要数据的目的、种类、数量、方式、范围、存储期限、存储地点等，开展网络数据处理活动的情况，不包括网络数据内容本身；

（三）网络数据安全管理制度及实施情况，加密、备份、标签标识、访问控制、安全认证等技术措施和其他必要措施及其有效性；

（四）发现的网络数据安全风险，发生的网络数据安全事件及处置情况；

（五）提供、委托处理、共同处理重要数据的风险评估情况；

（六）网络数据出境情况；

（七）有关主管部门规定的其他报告内容。

处理重要数据的大型网络平台服务提供者报送的风险评估报告，除包括前款规定的内容外，还应当充分说明关键业务和供应链网络数据安全等情况。

重要数据的处理者存在可能危害国家安全的重要数据处理活动的，省级以上有关主管部门应当责令其采取整改或者停止处理重要数据等措施。重要数据的处理者应当按照有关要求立即采取措施。

第五章　网络数据跨境安全管理

第三十四条　国家网信部门统筹协调有关部门建立国家数据出境安全管理专项工作机制，研究制定国家网络数据出境安全管理相关政策，协调处理网络数据出境安全重大事项。

第三十五条　符合下列条件之一的，网络数据处理者可以向境外提供个人信息：

（一）通过国家网信部门组织的数据出境安全评估；

（二）按照国家网信部门的规定经专业机构进行个人信息保护认证；

（三）符合国家网信部门制定的关于个人信息出境标准合同的规定；

（四）为订立、履行个人作为一方当事人的合同，确需向境外提供个人信息；

（五）按照依法制定的劳动规章制度和依法签订的集体合同实施跨境人力资源管理，确需向境外提供员工个人信息；

（六）为履行法定职责或者法定义务，确需向境外提供个人信息；

（七）紧急情况下为保护自然人的生命健康和财产安全，确需向境外提供个人信息；

（八）法律、行政法规或者国家网信部门规定的其他条件。

第三十六条 中华人民共和国缔结或者参加的国际条约、协定对向中华人民共和国境外提供个人信息的条件等有规定的，可以按照其规定执行。

第三十七条 网络数据处理者在中华人民共和国境内运营中收集和产生的重要数据确需向境外提供的，应当通过国家网信部门组织的数据出境安全评估。网络数据处理者按照国家有关规定识别、申报重要数据，但未被相关地区、部门告知或者公开发布为重要数据的，不需要将其作为重要数据申报数据出境安全评估。

第三十八条 通过数据出境安全评估后，网络数据处理者向境外提供个人信息和重要数据的，不得超出评估时明确的数据出境目的、方式、范围和种类、规模等。

第三十九条 国家采取措施，防范、处置网络数据跨境安全风险和威胁。任何个人、组织不得提供专门用于破坏、避开技术措施的程序、工具等；明知他人从事破坏、避开技术措施等活动的，不得为其提供技术支持或者帮助。

第六章　网络平台服务提供者义务

第四十条 网络平台服务提供者应当通过平台规则或者合同等明确接入其平台的第三方产品和服务提供者的网络数据安全保护义务，督促第三方产品和服务提供者加强网络数据安全管理。

预装应用程序的智能终端等设备生产者，适用前款规定。

第三方产品和服务提供者违反法律、行政法规的规定或者平台规则、合同约定开展网络数据处理活动，对用户造成损害的，网络平台服务提供者、第三方产品和服务提供者、预装应用程序的智能终端等设备生产者应当依法承担相应责任。

国家鼓励保险公司开发网络数据损害赔偿责任险种，鼓励网络平台服务提供者、预装应用程序的智能终端等设备生产者投保。

第四十一条 提供应用程序分发服务的网络平台服务提供者，应当建立应用程序核验规则并开展网络数据安全相关核验。发现待分发或者已分发的应用程序不符合法律、行政法规的规定或者国家标准的强制性要求的，应当采取警示、不予分发、暂停分发或者终止分发等措施。

第四十二条　网络平台服务提供者通过自动化决策方式向个人进行信息推送的，应当设置易于理解、便于访问和操作的个性化推荐关闭选项，为用户提供拒绝接收推送信息、删除针对其个人特征的用户标签等功能。

第四十三条　国家推进网络身份认证公共服务建设，按照政府引导、用户自愿原则进行推广应用。

鼓励网络平台服务提供者支持用户使用国家网络身份认证公共服务登记、核验真实身份信息。

第四十四条　大型网络平台服务提供者应当每年度发布个人信息保护社会责任报告，报告内容包括但不限于个人信息保护措施和成效、个人行使权利的申请受理情况、主要由外部成员组成的个人信息保护监督机构履行职责情况等。

第四十五条　大型网络平台服务提供者跨境提供网络数据，应当遵守国家数据跨境安全管理要求，健全相关技术和管理措施，防范网络数据跨境安全风险。

第四十六条　大型网络平台服务提供者不得利用网络数据、算法以及平台规则等从事下列活动：

（一）通过误导、欺诈、胁迫等方式处理用户在平台上产生的网络数据；

（二）无正当理由限制用户访问、使用其在平台上产生的网络数据；

（三）对用户实施不合理的差别待遇，损害用户合法权益；

（四）法律、行政法规禁止的其他活动。

第七章　监督管理

第四十七条　国家网信部门负责统筹协调网络数据安全和相关监督管理工作。

公安机关、国家安全机关依照有关法律、行政法规和本条例的规定，在各自职责范围内承担网络数据安全监督管理职责，依法防范和打击危害网络数据安全的违法犯罪活动。

国家数据管理部门在具体承担数据管理工作中履行相应的网络数据安全职责。

各地区、各部门对本地区、本部门工作中收集和产生的网络数据及网络数据安全负责。

第四十八条　各有关主管部门承担本行业、本领域网络数据安全监督管理职责，应当明确本行业、本领域网络数据安全保护工作机构，统筹制定并组织实施本行业、本领域网络数据安全事件应急预案，定期组织开展本行业、本领域网络数据安全风险评估，对网络数据处理者履行网络数据安全保护义务情况进行监督检查，指导督促网络数据处理者及时对存在的风险隐患进行整改。

第四十九条 国家网信部门统筹协调有关主管部门及时汇总、研判、共享、发布网络数据安全风险相关信息，加强网络数据安全信息共享、网络数据安全风险和威胁监测预警以及网络数据安全事件应急处置工作。

第五十条 有关主管部门可以采取下列措施对网络数据安全进行监督检查：

（一）要求网络数据处理者及其相关人员就监督检查事项作出说明；

（二）查阅、复制与网络数据安全有关的文件、记录；

（三）检查网络数据安全措施运行情况；

（四）检查与网络数据处理活动有关的设备、物品；

（五）法律、行政法规规定的其他必要措施。

网络数据处理者应当对有关主管部门依法开展的网络数据安全监督检查予以配合。

第五十一条 有关主管部门开展网络数据安全监督检查，应当客观公正，不得向被检查单位收取费用。

有关主管部门在网络数据安全监督检查中不得访问、收集与网络数据安全无关的业务信息，获取的信息只能用于维护网络数据安全的需要，不得用于其他用途。

有关主管部门发现网络数据处理者的网络数据处理活动存在较大安全风险的，可以按照规定的权限和程序要求网络数据处理者暂停相关服务、修改平台规则、完善技术措施等，消除网络数据安全隐患。

第五十二条 有关主管部门在开展网络数据安全监督检查时，应当加强协同配合、信息沟通，合理确定检查频次和检查方式，避免不必要的检查和交叉重复检查。

个人信息保护合规审计、重要数据风险评估、重要数据出境安全评估等应当加强衔接，避免重复评估、审计。重要数据风险评估和网络安全等级测评的内容重合的，相关结果可以互相采信。

第五十三条 有关主管部门及其工作人员对在履行职责中知悉的个人隐私、个人信息、商业秘密、保密商务信息等网络数据应当依法予以保密，不得泄露或者非法向他人提供。

第五十四条 境外的组织、个人从事危害中华人民共和国国家安全、公共利益，或者侵害中华人民共和国公民的个人信息权益的网络数据处理活动的，国家网信部门会同有关主管部门可以依法采取相应的必要措施。

第八章　法律责任

第五十五条　违反本条例第十二条、第十六条至第二十条、第二十二条、第四十条第一款和第二款、第四十一条、第四十二条规定的，由网信、电信、公安等主管部门依据各自职责责令改正，给予警告，没收违法所得；拒不改正或者情节严重的，处100万元以下罚款，并可以责令暂停相关业务、停业整顿、吊销相关业务许可证或者吊销营业执照，对直接负责的主管人员和其他直接责任人员可以处1万元以上10万元以下罚款。

第五十六条　违反本条例第十三条规定的，由网信、电信、公安、国家安全等主管部门依据各自职责责令改正，给予警告，可以并处10万元以上100万元以下罚款，对直接负责的主管人员和其他直接责任人员可以处1万元以上10万元以下罚款；拒不改正或者情节严重的，处100万元以上1000万元以下罚款，并可以责令暂停相关业务、停业整顿、吊销相关业务许可证或者吊销营业执照，对直接负责的主管人员和其他直接责任人员处10万元以上100万元以下罚款。

第五十七条　违反本条例第二十九条第二款、第三十条第二款和第三款、第三十一条、第三十二条规定的，由网信、电信、公安等主管部门依据各自职责责令改正，给予警告，可以并处5万元以上50万元以下罚款，对直接负责的主管人员和其他直接责任人员可以处1万元以上10万元以下罚款；拒不改正或者造成大量数据泄露等严重后果的，处50万元以上200万元以下罚款，并可以责令暂停相关业务、停业整顿、吊销相关业务许可证或者吊销营业执照，对直接负责的主管人员和其他直接责任人员处5万元以上20万元以下罚款。

第五十八条　违反本条例其他有关规定的，由有关主管部门依照《中华人民共和国网络安全法》《中华人民共和国数据安全法》《中华人民共和国个人信息保护法》等法律的有关规定追究法律责任。

第五十九条　网络数据处理者存在主动消除或者减轻违法行为危害后果、违法行为轻微并及时改正且没有造成危害后果或者初次违法且危害后果轻微并及时改正等情形的，依照《中华人民共和国行政处罚法》的规定从轻、减轻或者不予行政处罚。

第六十条　国家机关不履行本条例规定的网络数据安全保护义务的，由其上级机关或者有关主管部门责令改正；对直接负责的主管人员和其他直接责任人员依法给予处分。

第六十一条　违反本条例规定，给他人造成损害的，依法承担民事责任；构成违反治安管理行为的，依法给予治安管理处罚；构成犯罪的，依法追究刑事责任。

第九章　附　　则

第六十二条　本条例下列用语的含义：

（一）网络数据，是指通过网络处理和产生的各种电子数据。

（二）网络数据处理活动，是指网络数据的收集、存储、使用、加工、传输、提供、公开、删除等活动。

（三）网络数据处理者，是指在网络数据处理活动中自主决定处理目的和处理方式的个人、组织。

（四）重要数据，是指特定领域、特定群体、特定区域或者达到一定精度和规模，一旦遭到篡改、破坏、泄露或者非法获取、非法利用，可能直接危害国家安全、经济运行、社会稳定、公共健康和安全的数据。

（五）委托处理，是指网络数据处理者委托个人、组织按照约定的目的和方式开展的网络数据处理活动。

（六）共同处理，是指两个以上的网络数据处理者共同决定网络数据的处理目的和处理方式的网络数据处理活动。

（七）单独同意，是指个人针对其个人信息进行特定处理而专门作出具体、明确的同意。

（八）大型网络平台，是指注册用户 5000 万以上或者月活跃用户 1000 万以上，业务类型复杂，网络数据处理活动对国家安全、经济运行、国计民生等具有重要影响的网络平台。

第六十三条　开展核心数据的网络数据处理活动，按照国家有关规定执行。

自然人因个人或者家庭事务处理个人信息的，不适用本条例。

开展涉及国家秘密、工作秘密的网络数据处理活动，适用《中华人民共和国保守国家秘密法》等法律、行政法规的规定。

第六十四条　本条例自 2025 年 1 月 1 日起施行。

例文 3

法规规章备案审查条例

第一条　为了规范法规、规章备案审查工作，提高备案审查能力和质量，加强对法规、规章的监督，维护社会主义法制的统一，根据《中华人民共和国立法法》的有关规定，制定本条例。

第二条　本条例所称法规，是指省、自治区、直辖市和设区的市、自治州的人民代表大会及其常务委员会依照法定权限和程序制定的地方性法规，经济特区所在地的省、市的人民代表大会及其常务委员会依照法定权限和程序制定的经济特区法规，上海市人民代表大会及其常务委员会依照法定权限和程序制定的浦东新区法规，海南省人民代表大会及其常务委员会依照法定权限和程序制定的海南自由贸易港法规，以及自治州、自治县的人民代表大会依照法定权限和程序制定的自治条例和单行条例。

本条例所称规章，包括部门规章和地方政府规章。部门规章，是指国务院各部、各委员会、中国人民银行、审计署和具有行政管理职能的直属机构以及法律规定的机构（以下统称国务院部门）根据法律和国务院的行政法规、决定、命令，在本部门的权限范围内依照《规章制定程序条例》制定的规章。地方政府规章，是指省、自治区、直辖市和设区的市、自治州的人民政府根据法律、行政法规和本省、自治区、直辖市的地方性法规，依照《规章制定程序条例》制定的规章。

第三条　法规、规章备案审查工作应当坚持中国共产党的领导，坚持以人民为中心，坚持有件必备、有备必审、有错必纠，依照法定权限和程序进行。

第四条　法规、规章公布后，应当自公布之日起30日内，依照下列规定报送备案：

（一）地方性法规、自治州和自治县的自治条例和单行条例由省、自治区、直辖市的人民代表大会常务委员会报国务院备案；

（二）部门规章由国务院部门报国务院备案，两个或者两个以上部门联合制定的规章，由主办的部门报国务院备案；

（三）省、自治区、直辖市人民政府规章由省、自治区、直辖市人民政府报国务院备案；

（四）设区的市、自治州的人民政府规章由设区的市、自治州的人民政府报国务院备案，同时报省、自治区人民政府备案；

（五）经济特区法规由经济特区所在地的省、市的人民代表大会常务委员会报国务院备案，浦东新区法规由上海市人民代表大会常务委员会报国务院备案，海南自由贸易港法规由海南省人民代表大会常务委员会报国务院备案。

第五条　国务院部门，省、自治区、直辖市和设区的市、自治州的人民政府应当依法履行规章备案职责，加强对规章备案工作的组织领导。

国务院部门法制机构，省、自治区、直辖市人民政府和设区的市、自治州的人民政府法制机构，具体负责本部门、本地方的规章备案工作。

第六条　国务院备案审查工作机构依照本条例的规定负责国务院的法规、规章备案工作，履行备案审查监督职责，健全备案审查工作制度，每年向国务院报告上一年法规、规章备案审查工作情况。

第七条 国务院备案审查工作机构应当通过备案审查衔接联动机制加强与其他机关备案审查工作机构的联系，在双重备案联动、移交处理、征求意见、会商协调、信息共享、能力提升等方面加强协作配合。

第八条 依照本条例报送国务院备案的法规、规章，径送国务院备案审查工作机构。

报送法规备案，按照全国人民代表大会常务委员会关于法规备案的有关规定执行。

报送规章备案，应当提交备案报告、规章文本和说明，并按照规定的格式装订成册，一式三份。

报送法规、规章备案，应当同时报送法规、规章的电子文本。

第九条 报送法规、规章备案，符合本条例第二条和第八条第二款、第三款、第四款规定的，国务院备案审查工作机构予以备案登记；不符合第二条规定的，不予备案登记；符合第二条规定但不符合第八条第二款、第三款、第四款规定的，暂缓办理备案登记。

暂缓办理备案登记的，由国务院备案审查工作机构通知制定机关补充报送备案或者重新报送备案；制定机关应当自收到通知之日起15日内按照要求补充或者重新报送备案；补充或者重新报送备案符合规定的，予以备案登记。

第十条 经备案登记的法规、规章，由国务院备案审查工作机构按月公布目录。

编辑出版法规、规章汇编的范围，应当以公布的法规、规章目录为准。

第十一条 国务院备案审查工作机构对报送备案的法规、规章进行主动审查，并可以根据需要进行专项审查。主动审查一般应当在审查程序启动后2个月内完成；情况疑难复杂的，为保证审查质量，可以适当延长审查期限。

国务院备案审查工作机构发现法规、规章存在涉及其他机关备案审查工作职责范围的共性问题的，可以与其他机关备案审查工作机构开展联合调研或者联合审查，共同研究提出审查意见和建议。

第十二条 国家机关、社会组织、企业事业单位、公民认为地方性法规同行政法规相抵触的，或者认为规章以及国务院各部门、省、自治区、直辖市和设区的市、自治州的人民政府发布的其他具有普遍约束力的行政决定、命令同法律、行政法规相抵触的，可以向国务院书面提出审查建议，由国务院备案审查工作机构研究并提出处理意见，按照规定程序处理。

第十三条 国务院备案审查工作机构对报送国务院备案的法规、规章，就下列事项进行审查：

（一）是否符合党中央、国务院的重大决策部署和国家重大改革方向；

（二）是否超越权限；

（三）下位法是否违反上位法的规定；

（四）地方性法规与部门规章之间或者不同规章之间对同一事项的规定不一致，是否应当改变或者撤销一方的或者双方的规定；

（五）规章的规定是否适当，规定的措施是否符合立法目的和实际情况；

（六）是否违背法定程序。

第十四条　国务院备案审查工作机构审查法规、规章时，认为需要有关的国务院部门或者地方人民政府提出意见的，有关的机关应当在规定期限内回复；认为需要法规、规章的制定机关说明有关情况的，有关的制定机关应当在规定期限内予以说明。

第十五条　国务院备案审查工作机构审查法规、规章时，可以通过座谈会、论证会、听证会、委托研究、实地调研等方式，听取国家机关、社会组织、企业事业单位、专家学者以及利益相关方的意见，并注重发挥备案审查专家委员会的作用。

第十六条　经审查，地方性法规同行政法规相抵触的，由国务院备案审查工作机构移送全国人民代表大会常务委员会工作机构研究处理；必要时由国务院提请全国人民代表大会常务委员会处理。

第十七条　地方性法规与部门规章之间对同一事项的规定不一致的，由国务院备案审查工作机构提出处理意见，报国务院依照《中华人民共和国立法法》的有关规定处理。

第十八条　经审查，认为规章应当予以纠正的，国务院备案审查工作机构可以通过与制定机关沟通、提出书面审查意见等方式，建议制定机关及时修改或者废止；或者由国务院备案审查工作机构提出处理意见报国务院决定，并通知制定机关。

第十九条　部门规章之间、部门规章与地方政府规章之间对同一事项的规定不一致的，由国务院备案审查工作机构进行协调；经协调不能取得一致意见的，由国务院备案审查工作机构提出处理意见报国务院决定，并通知制定机关。

第二十条　对《规章制定程序条例》规定的无效规章，国务院备案审查工作机构不予备案，并通知制定机关。

规章在制定技术上存在问题的，国务院备案审查工作机构可以向制定机关提出处理意见，由制定机关自行处理。

第二十一条　规章的制定机关应当自接到本条例第十八条、第十九条、第二十条规定的通知之日起 30 日内，将处理情况报国务院备案审查工作机构。

第二十二条 法规、规章的制定机关应当于每年1月31日前将上一年所制定的法规、规章目录报国务院备案审查工作机构。

第二十三条 对于不报送规章备案或者不按时报送规章备案的，由国务院备案审查工作机构通知制定机关，限期报送；逾期仍不报送的，给予通报，并责令限期改正。

第二十四条 国务院备案审查工作机构应当加强对省、自治区、直辖市人民政府法制机构规章备案审查工作的联系和指导，通过培训、案例指导等方式，推动省、自治区、直辖市人民政府提高规章备案审查工作能力和质量。

第二十五条 省、自治区、直辖市人民政府应当依法加强对下级行政机关发布的规章和其他具有普遍约束力的行政决定、命令的监督，依照本条例的有关规定，建立相关的备案审查制度，维护社会主义法制的统一，保证法律、法规的正确实施。

第二十六条 本条例自2024年11月1日起施行。2001年12月14日国务院发布的《法规规章备案条例》同时废止。

【进阶内容】

一、必须符合《中华人民共和国宪法》和法律。一般说来，条例应当是相关法律精神的贯彻实施。因此，制定的条例及其内容必须符合有关法律的规定以及党和国家的路线、方针、政策，这是制定条例应当遵守的一条基本原则。

二、层次要分明。撰写条例实施的层次安排一定要做到清晰分明，要做到先原则后具体，先主要后次要。绝不能主次不分、逻辑混乱，令人难得要领。

三、用语要简洁庄重恰当。根据规范内容的性质应当选用恰当的词语，例如，义务性的规范使用“应当”“应该”“应”等；禁止性规范使用“不应”“不准”“禁止”等；授权性规范则可使用“可”“可以”等规范性标志语词。

第二节 规　　定

【功能特性】

规定是党政机关对某一方面的工作做出部分的规定或者是为了贯彻执行条例而提出具体执行意见和管理措施时使用的文体，也是法规体公文的一种，例如，《国家测绘地理信息局法规制定程序规定》。规定作为我国法律体系的一个组成部分，除具有法规文体的共性之外，还具有自身的特点：一是制定机关的特定性。按规定，只有《中华人民共和国宪法》和组织赋予有法规制定权的机关，并按照一定的制定程序才能制定。党和国家机关、人民团体和企事业单位制定的有关某方面的规定，只能属于行文，而不属法规文体。二是内容的规定性。规定时对某一方面工作做出的部分规定，常用于制定国务院各部门的规章和人民政府的规章。三是具有法律的强制性和约束力。规定中所涉及的地区、单位、部门和人员，必须遵照执行，如有违反，将受到应有的处置。

【结构模式】

规定的内容结构比较固定，其内容结构一般如下。

一、标题

一般由事由和文种两个要素构成，用“关于××的规定”或“××的规定”的句式，有的在事由的前面加制定者的名称《中共中央 国务院关于党政机关厉行节约制止奢侈浪费行为的若干规定》。

二、正文

正文是规定的主体部分，包括制定规定的缘由、依据、目的和意义、具体规定事项、实施办法和要求等。有的规定在开头部分说明制定本规定的缘由、依据、目的和意义，在主体部分明确规定的事项，在结尾部分对本规定的适用范围和要求、实施时间等有关事项进行说明。也有的规定只有主体部分，开宗明义地规定有关事项，条项贯通，而没有单独的开头和结尾，这种结构模式通常适用于内容相对简单一些的规定。在具体的表现形式上，规定的正文部分一般采取条文的形式表达，内容比较简单地从第一条开始直至最后一条；也可以采取序言加数码式，即先写一个简短的序言，然后采用数码“一、二、三……”，列出规定事项；内容复杂的，则可以采用“三则式”，即总则、分则、附则的形式分别列出具体内容。

三、落款

在正文的右下角署上发文单位名称，注明发文日期。如果标题下已注有发文单位名称和发文日期，落款处则无须再注明。

【典范文例】

例文 1

中共中央政治局
关于改进工作作风、密切联系群众的八项规定

一、中央政治局全体同志要改进调查研究，到基层调研要深入了解真实情况，总结经验、研究问题、解决困难、指导工作，向群众学习、向实践学习，多同群众座谈，多同干部谈心，多商量讨论，多解剖典型。

二、要精简会议活动，切实改进会风，严格控制以中央名义召开的各类全国性会议和举行的重大活动，不开泛泛部署工作和提要求的会，未经中央批准一律不出席各类剪彩、奠基活动和庆祝会、纪念会、表彰会、博览会、研讨会及各类论坛；提高会议实效，开短会、讲短话，力戒空话、套话。

三、要精简文件简报，切实改进文风，没有实质内容、可发可不发的文件、简报一律不发。

四、要规范出访活动，从外交工作大局需要出发合理安排出访活动，严格控制出访随行人员，严格按照规定乘坐交通工具，一般不安排中资机构、华侨华人、留学生代表等到机场迎送。

五、要改进警卫工作，坚持有利于联系群众的原则，减少交通管制，一般情况下不得封路、不清场闭馆。

六、要改进新闻报道，中央政治局同志出席会议和活动应根据工作需要、新闻价值、社会效果决定是否报道，进一步压缩报道的数量、字数、时长。

七、要严格文稿发表，除中央统一安排外，个人不公开出版著作、讲话单行本，不发贺信、贺电，不题词、题字。

八、要厉行勤俭节约，严格遵守廉洁从政有关规定，严格执行住房、车辆配备等有关工作和生活待遇的规定。

例文 2

中国共产党处分违纪党员批准权限和程序规定

（2022 年 9 月 1 日中共中央政治局常委会会议审议批准
2022 年 9 月 22 日中共中央发布）

第一章　总　　则

第一条　为了规范处分违纪党员批准权限和程序，根据《中国共产党章程》和有关党内法规，制定本规定。

第二条　坚持以习近平新时代中国特色社会主义思想为指导，坚持和加强党的全面领导，坚持党要管党，在党中央集中统一领导下，深入贯彻全面从严治党战略方针，严格按照处分违纪党员批准权限和程序实施党纪处分。

第三条　对违纪党员实施党纪处分实行分级负责制。处分违纪党员批准权限主要依据党员组织隶属关系和干部人事管理权限确定，其中系党员干部的，除本规定和有关党内法规规定的特殊情形外，优先依据干部人事管理权限确定。

第四条　对违纪党员实施党纪处分应当坚持党纪面前一律平等、实事求是、民主集中制和惩前毖后、治病救人原则，做到事实清楚、证据确凿、定性准确、处理恰当、手续完备、程序合规。

对违纪党员实施党纪处分应当按照规定程序，经党组织（含纪律检查机关，下同）集体讨论决定，不允许任何个人或者少数人擅自决定和批准。上级党组织对违纪党员作出的处理决定，下级党组织必须执行。

第五条　党纪处分决定自有处分批准权的党组织集体讨论决定之日起生效。

第二章　处分批准权限和程序一般规定

第六条　除本规定和有关党内法规另有规定外，给予各级党委管理的党员警告、严重警告处分，可以由同级纪委审查批准；给予其撤销党内职务、留党察看或者开除党籍处分，须经同级纪委审查同意后报请这一级党委审议批准。

第七条　给予担任两个以上职务（不含党代会代表）的违纪党员党纪处分，按照其中属于最高一级党组织管理的职务履行处分审批程序。

违纪党员所担任的职务中属于最高一级党组织管理的职务有两个以上的，区别下列情形履行处分审批程序：

（一）有一个职务系党的中央或者地方委员会（以下简称地方党委）委员、候补委员的，应当按照该职务对应的处分批准权限履行处分审批程序；

（二）除前项所列情形外，有一个职务系党的中央或者地方纪律检查委员会（以下简称地方纪委）委员的，应当按照该职务对应的处分批准权限履行处分审批程序；

（三）除前两项所列情形外，应当按照违纪党员所担任的最高一级党组织管理的多个职务分别对应的处分批准权限就高履行处分审批程序。

地方党委委员、候补委员或者地方纪委委员在接受审查期间，其所在的地方党委不得免去其上述职务，也不得接受其辞去上述职务的请求。

第八条　违纪党员系地方党委委员、候补委员或者地方纪委委员，同时担任上级党组织管理的职务的，由该上级党组织的同级纪委依照本规定履行处分审批程序。其中，受到撤销党内职务、留党察看或者开除党籍处分的，地方党委、纪委无需履行本规定第十八条第三款规定的追认程序。

第九条　对党员所作处分，需要变更或者撤销的，由原批准处分决定的党组织或者有处分批准权的党组织审批。原批准处分决定的党组织已撤销的，可以由继续行使其职权的党组织办理。

第十条　上级纪委提级审查的，经审理形成处置意见后，可以交由下级纪委履行处分审批程序；也可以经上级纪委常委会审议同意后，直接作出党纪处分决定，其中上级纪委拟给予提级审查的下级地方党委委员、候补委员撤销党内职务、留党察看或者开除党籍处分的，应当报请同级党委常委会审议批准。

上级纪委指定下级纪委审查的，被指定的下级纪委常委会审议后，按照程序将案件材料和处理意见转有监督执纪权限的纪委经审理后履行处分审批程序。

第十一条 对违纪党员免予党纪处分的，按照给予其警告处分的批准权限履行处分审批程序。

第十二条 对于应当受到撤销党内职务处分，但是本人没有担任党内职务的违纪党员，应当给予其严重警告处分，并按照给予其撤销党内职务处分的批准权限履行处分审批程序。

第十三条 对于各级纪委立案审查的党员，需要给予党纪处分的，除特殊情况外，一般由负责审查的纪委经审理后形成关于违纪事实和处分意见的通报材料，经下一级党组织交由被审查人所在党支部党员大会讨论形成决议，并由该下一级党组织报负责审查的纪委履行处分审批程序。被审查人所在党支部系负责审查的纪委下一级党组织的，由负责审查的纪委将关于违纪事实和处分意见的通报材料交由该党支部党员大会讨论形成决议后履行处分审批程序。

对各级纪委监委派出的纪检监察工作委员会（含纪律检查工作委员会，下同）以及未设立纪委的党的基层委员会审查的党员给予党纪处分的，参照前款规定履行处分审批程序。

被审查人所在党支部党员大会讨论给予其党纪处分时，实际到会有表决权的党员人数必须超过全部应到会有表决权的党员的半数，且表决时必须经过全部应到会有表决权的党员过半数赞成，方可形成决议；被审查人有权参加和进行申辩。被审查人应当在党支部党员大会决议上签写意见；拒不签写意见或者因其他原因不能签写意见的，支部委员会（含未设支部委员会的支部书记）应当在决议上注明。

处分决定所依据的事实材料必须同被审查人本人见面，听取其陈述和申辩，并如实记录、及时核实，合理的予以采纳；不予采纳的，应当说明理由。该事实材料应当由被审查人签写意见，对签写不同意见或者拒不签写意见的，应当作出说明或者注明情况。

第十四条 有下列特殊情况之一，县级以上各级党委和纪委可以直接决定给予违纪党员党纪处分：

（一）案情涉密、敏感的；

（二）违纪案件跨地区跨部门跨单位的；

（三）违纪党员系县级以上各级党委管理的党员干部的；

（四）违纪党员所在的基层党组织无法正常履行职责、不正确履行职责或者其负责人同违纪问题有关联的；

（五）违纪党员所在党支部党员大会经讨论无法及时形成决议，或者因可到会有表决权的党员人数未超过全部应到会有表决权的党员半数，不能及时召开党支部党员大会讨论表决的；

（六）县级以上纪委提级审查下级党委（党组）管理的党员的；

（七）党章和有关党内法规规定的其他情况。

除本规定第二十九条、第三十一条、第三十八条第三款另有规定外，给予违纪党员开除党籍处分，须经县级以上纪委审查批准，或者经县级以上纪委审查同意后报请有处分批准权的党组织依照本规定履行处分审批程序。

第十五条　各级纪委拟在给予同级党委管理的党员干部党纪处分的同时，建议给予其组织处理的，应当依照本规定履行处分审批程序，并将组织处理建议通报同级党委组织部门依照规定办理；必要时也可以在书面征求同级党委组织部门意见后，一并报请同级党委审议批准。

第十六条　县级以上纪委依照本规定第十四条第一款规定直接决定给予其审查的党员党纪处分，须报请同级党委或者上级党组织审批的，应当在报批前以纪委办公厅（室）名义书面征求同级党委组织部门和被审查人所在党委（党组）意见。

被审查人所在党组织系接受归口领导、管理，或者接受归口指导、协调或者监督的单位党组织的，前款规定中的被审查人所在党委（党组）是指归口领导、管理单位，或者负有指导、协调或者监督职责的单位党组织。

党组（党委）、党的工作机关、中央和地方党委直属事业单位、由党的工作机关管理的机关以及所在机关党的基层委员会（以下简称机关党委）、机关党的基层纪律检查委员会（以下简称机关纪委）在作出党纪处分决定前，应当征求派驻纪检监察组意见。

第十七条　给予违纪党员党纪处分，依照本规定应当由党委审批的，须经本级纪委常委会（未设常委会的应当召开纪委全体会议，下同）审议通过后于15日内报请这一级党委审议；依照本规定应当由上级党组织审批的，还须经同级党委审议同意后，按照程序于15日内呈报上一级纪委审查批准；党委应当及时审议处分事项，对处分意见分歧较大且确有必要的，也可以先通过召开书记专题会议等形式进行酝酿。

党员严重违纪涉嫌犯罪的，原则上先作出党纪处分决定，再移送司法机关依法处理。案情疑难、复杂，对事实证据、行为性质的认定把握困难或者有重大争议，可能影响党纪处理结果的，或者因留置期限即将届满等原因急需移送司法机关依法处理的，负责审查的纪委监委经本级纪委常委会审议同意后，可以先行移送司法机关，并及时报上一级纪委监委备案；其中给予其党纪处分须报请同级党委或者上级党组织审批的，应当在移送司法机关之日起15日内报请同级党委审议，至迟不晚于司法机关决定提起公诉或者作出不起诉决定前。

给予地方党委委员、候补委员和地方纪委委员、监委委员党纪处分，依照本规定须呈报上级党组织审批的，在报请同级党委审议前，有监督执纪权限的纪委常委会审议通过后，应当于3日内形成书面情况报告与上级纪委沟通；上级纪委应当基于该书面情况报告载明的违纪事实和处分意见进行审核，并及时反馈处理意见。上级纪委受理该案件后，应当认真审核，不受此前已反馈处理意见的限制。

第十八条 经中央委员会全体会议应到会委员三分之二以上的多数赞成，可以对中央政治局在中央委员会全体会议闭会期间先行作出的给予中央委员会委员、候补委员撤销党内职务、留党察看或者开除党籍处分的处理决定予以追认。

经中央纪委全体会议应到会委员三分之二以上的多数赞成，可以对中央纪委常委会在中央纪委全体会议闭会期间先行作出的给予中央纪委委员撤销党内职务、留党察看或者开除党籍处分的处理决定予以追认。

地方各级党委、纪委全体会议对本级地方党委、纪委常委会在全体会议闭会期间先行作出的给予本级党委委员、候补委员和纪委委员撤销党内职务、留党察看或者开除党籍处分的处理决定予以追认，分别参照前两款规定的程序执行。

追认须待对前三款所涉人员作出党纪处分决定后，在下一次相应中央委员会、中央纪委全体会议或者地方党委、纪委全体会议上进行。

前三款所涉人员严重触犯刑律的，必须开除党籍。中央政治局、地方党委常委会分别依照本规定第二十四条第二项、第二十七条第一款第二项规定作出的给予严重触犯刑律的中央委员会委员、候补委员和地方党委委员、候补委员开除党籍处分的处理决定，无须履行本条第一款、第三款规定的追认程序。

第十九条 各级纪委依照本规定呈报同级党委或者上级党组织批准后作出党纪处分决定的，处分决定执行完毕后，应当按照程序于每季度首月15日前将上一季度的处分决定执行（含处分宣布）情况汇总呈报同级党委或者上级党组织。

第二十条 党组织批准的下列处分事项，应当在作出党纪处分决定后按照下列要求予以备案：

（一）中央纪委批准本规定第三十四条第一项至第三项所涉处分事项后，由中央纪委报党中央备案；

（二）省、自治区、直辖市党委（以下简称省级党委）批准本规定第二十七条第三款所涉处分事项后，由省、自治区、直辖市纪委（以下简称省级纪委）

报中央纪委备案；

（三）地方党委批准本规定第二十七条第一款第一项所涉处分事项后，被处分人系按照规定需要报上一级党委备案的在职正职领导干部的，由地方纪委报上一级纪委备案；

（四）地方纪委批准本规定第三十七条第一款第一项至第七项、第三款所涉处分事项后，由地方纪委报同级党委备案；其中本规定第三十七条第一款第三项所涉处分事项还须同时报上一级纪委备案；

（五）党的基层纪律检查委员会（以下简称基层纪委）、党的街道纪检监察工作委员会等审查批准本规定第三十八条第一款、第二款所涉处分事项后，相应报具有审批预备党员权限的同级党的基层委员会（以下简称基层党委）、党的街道工作委员会等备案；

（六）机关党委、机关纪委分别审议批准本规定第三十条第二款、第三十九条所涉处分事项后，相应报党组（党委）、党的工作机关备案；机关纪委审查批准本规定第三十九条所涉处分事项后，还须报机关党委备案。

前款规定中的备案工作，应当由负责报备的党组织于每季度首月 15 日前，将上一季度对在职党员干部已作出党纪处分决定的案件汇总报相应党组织。

第二十一条 受到留党察看处分的党员，确有悔改表现的，留党察看期满后，由其所在党支部党员大会讨论形成决议，经基层党委审议后层报原作出党纪处分决定的党组织的下一级党委（党组）审议批准。该党委（党组）同意按期恢复党员权利的，作出恢复党员权利决定并抄告原作出党纪处分决定的党组织。基层党委批准给予党员留党察看处分的，恢复党员权利由该基层党委批准，恢复党员权利决定由基层党委或者基层纪委下达。

受到留党察看处分一年的党员，留党察看期满后，原作出党纪处分决定的党组织的下一级党委（党组）审核认为其仍不符合恢复党员权利条件的，经报原作出党纪处分决定的党组织批准，作出延长一年留党察看期限的决定。

党员在留党察看期间，坚持不改或者又发现其他应当受到党纪处分的违纪行为的，应当开除党籍，并由有监督执纪权限的纪律检查机关履行处分审批程序。

受到留党察看处分的党员在留党察看期间转移党员组织关系的，由接收其党员组织关系的党组织分别参照本条第一款至第三款规定恢复其党员权利、延长一年留党察看期限或者给予其开除党籍处分，并抄告原作出党纪处分决定的党组织。

受到留党察看处分的党员所在党支部有本规定第十四条第一款第五项情形的，可以由基层党委直接审议后，依照本条第一款规定程序办理。

受到留党察看处分的党员组织关系隶属于党的工作委员会的，参照前五款规定执行。

第二十二条 党员经过留党察看，恢复党员权利后，又发现其在留党察看期间实施了新的应当受到党纪处分的违纪行为，或者发现其在受到留党察看处分前没有交代的其他应当受到党纪处分的违纪行为的，应当由作出恢复党员权利决定的党组织撤销原决定，由有监督执纪权限的纪律检查机关按照程序给予其开除党籍处分，并抄告原作出党纪处分决定的党组织。

第三章 党中央以及各级党委（党组）处分批准权限

第二十三条 在中央委员会全体会议期间，经中央委员会全体会议应到会委员三分之二以上的多数决定，可以给予中央委员会委员、候补委员撤销党内职务、留党察看或者开除党籍处分。

第二十四条 中央政治局批准下列处分事项：

（一）在中央委员会全体会议闭会期间，先行给予中央委员会委员、候补委员撤销党内职务、留党察看或者开除党籍处分；

（二）给予严重触犯刑律的中央委员会委员、候补委员开除党籍处分。

第二十五条 中央政治局常务委员会批准对有关党的领导干部的处分事项。

第二十六条 在地方党委全体会议期间，给予本级地方党委委员、候补委员撤销党内职务、留党察看或者开除党籍处分的，经地方党委全体会议应到会委员三分之二以上的多数决定，并按照程序呈报上一级纪委常委会审议同意后，由这一级纪委报同级党委常委会审议批准。

在地方党委全体会议闭会期间，地方党委常委会可以先行作出给予本级党委委员、候补委员撤销党内职务、留党察看或者开除党籍处分的处理决定，并依照前款规定履行处分审批程序。

第二十七条 地方党委常委会批准下列处分事项：

（一）给予本级党委讨论决定任免的党员干部撤销党内职务、留党察看或者开除党籍处分；

（二）给予严重触犯刑律的本级党委委员、候补委员开除党籍处分；

（三）给予严重触犯刑律的本级纪委委员开除党籍处分；

（四）给予下一级地方党委委员、候补委员撤销党内职务、留党察看或者开除党籍处分；

（五）给予下一级地方纪委书记、副书记撤销党内职务、留党察看或者开除党籍处分；

（六）党章和有关党内法规规定的其他处分事项。

党的地区委员会和相当于地区委员会的组织，以及设区的市级（不含直辖市的区，下同）以上地方党委在被赋予社会管理权限的开发区、国家级新区等特定地域派出的代表机关，参照前款规定行使处分违纪党员批准权限。

省级党委常委会批准给予省级纪委委员撤销党内职务、留党察看或者开除党籍处分。

新疆维吾尔自治区党委常委会批准给予新疆生产建设兵团党委委员、候补委员撤销党内职务、留党察看或者开除党籍处分。

第二十八条　经负责审查的基层纪委审议并报请，具有审批预备党员权限的基层党委可以批准给予被审查人留党察看以下处分，但被审查人涉及的问题比较重要或者复杂的除外。

党的街道工作委员会和县级地方党委在开发区等特定地域派出的代表机关，参照前款规定行使处分违纪党员批准权限。

第二十九条　基层党委具备下列条件之一，可以依照本规定第十四条规定直接决定给予违纪党员党纪处分，并可以批准给予违纪党员开除党籍处分：

（一）下级党组织具有审批预备党员权限的；

（二）所在党和国家机关机构规格为副厅局级以上的；

（三）上一级党委系设区的市级以上党委的。

第三十条　党组（党委）、党的工作机关根据干部人事管理权限对属于其管理的人员中的党员给予党纪处分，应当按照规定程序集体讨论决定。其中，党组（党委）会议、党的工作机关部（厅、室）务会或者委员会会议必须有三分之二以上成员到会，经超过应到会成员半数赞成为通过。

对未经党组（党委）会议、党的工作机关部（厅、室）务会或者委员会会议讨论决定任免，但属于党组（党委）、党的工作机关管理的人员中的党员给予党纪处分的，也可以由所在机关纪委报机关党委审议批准；给予开除党籍处分的，还须相应报党组（党委）会议、党的工作机关部（厅、室）务会或者委员会会议审议批准。

中央和地方党委直属事业单位、由党的工作机关管理的机关根据干部人事管理权限对属于其管理的人员中的党员给予党纪处分，参照前两款规定行使处分违纪党员批准权限。

中央和地方党委派出的代表机关中，不属于党的工作机关的，除本规定和有关党内法规另有规定外，可以参照党的工作机关行使处分违纪党员批准权限。

第三十一条　党组（党委）、党的工作机关、中央和地方党委直属事业单位、由党的工作机关管理的机关以及本规定第三十条第四款所涉中央和地方党委派出的代表机关，具备下列条件之一，可以依照本规定第十四条规定直接决定给予违纪党员党纪处分，并可以批准给予违纪党员开除党籍处分：

（一）所在单位基层党委具有审批预备党员权限的；

（二）所在党和国家机关机构规格为正县处级以上的；

（三）本级党委系设区的市级以上党委的。

第三十二条　实行党委领导下的行政领导人负责制的事业单位党委根据干部人事管理权限，可以批准给予其管理的人员中的党员党纪处分。

实行行政领导人负责制的事业单位党组织根据干部人事管理权限和党组织在选人用人中的职责作用，经党政主要领导充分沟通后，相应可以批准给予其管理的人员中的党员党纪处分。

事业单位未被赋予干部人事管理权限，由上级党组织统筹管理的，上级党组织可以批准给予该事业单位工作人员中的党员党纪处分。

本条第二款、第三款规定中的党组织，不含党总支和党支部。

第四章　纪律检查机关处分批准权限

第三十三条　在中央纪委全体会议期间，经中央纪委全体会议应到会委员三分之二以上的多数决定，可以作出给予中央纪委委员撤销党内职务、留党察看或者开除党籍处分的处理决定，并待报请中央政治局常务委员会批准后，由中央纪委作出党纪处分决定。

在中央纪委全体会议闭会期间，中央纪委常委会可以先行作出给予中央纪委委员撤销党内职务、留党察看或者开除党籍处分的处理决定，并待报请中央政治局常务委员会批准后，由中央纪委作出党纪处分决定。

第三十四条　中央纪委常委会批准下列处分事项：

（一）给予省部级以下（不含省部级）中管干部以及未明确行政级别的单位中的中管干部警告、严重警告处分；

（二）给予省级党委委员、候补委员警告、严重警告处分；

（三）给予省级纪委常委（不含书记、副书记，下同）、监委委员党纪处分；

（四）党章和有关党内法规规定的其他处分事项。

第三十五条　中央纪委办公会议批准下列处分事项：

（一）给予不是中管干部的中央纪委国家监委机关、直属单位的党员党纪处分；

（二）给予不是中管干部的中央纪委国家监委派驻、派出机构的党员党纪处分；

（三）给予不是中管干部且已离职的中央纪委国家监委机关、直属单位和派驻、派出机构的党员党纪处分。

前款第三项所涉人员违纪行为主要发生在其离职后，且与其离职前在前款所涉单位担任的职务没有关联的，依照本规定第三条规定履行处分审批程序。

第三十六条　在地方纪委全体会议期间，经地方纪委全体会议应到会委员三分之二以上的多数决定，可以作出给予本级纪委委员撤销党内职务、留党察看或者开除党籍处分的处理决定，并待报请本级地方党委常委会审议批准后，由地方纪委作出党纪处分决定，其中系设区的市级以下纪委委员的还须按照程序呈报上一级纪委常委会审查批准。

在地方纪委全体会议闭会期间，地方纪委常委会可以先行作出给予本级纪委委员撤销党内职务、留党察看或者开除党籍处分的处理决定，并依照前款规定履行处分审批程序后，由地方纪委作出党纪处分决定。

第三十七条　地方纪委常委会批准下列处分事项：

（一）给予本级地方党委讨论决定任免的党员干部警告、严重警告处分；

（二）给予未经本级地方党委讨论决定任免、但属于本级地方党委管理的党员干部党纪处分；

（三）给予本级纪委委员警告、严重警告处分；

（四）给予下一级地方党委委员、候补委员警告、严重警告处分；

（五）给予下一级地方纪委书记、副书记警告、严重警告处分；

（六）给予下一级地方纪委常委、监委委员党纪处分；

（七）给予下一级地方纪委委员撤销党内职务、留党察看或者开除党籍处分；

（八）给予本级纪委管理的纪委监委机关、直属单位和派驻、派出机构的党员党纪处分；

（九）党章和有关党内法规规定的其他处分事项。

地区纪委和相当于地区纪委的其他纪律检查机关，以及设区的市级以上地方纪委监委在被赋予社会管理权限的开发区、国家级新区等特定地域派出的纪检监察工作委员会，参照前款规定行使处分违纪党员批准权限。

新疆维吾尔自治区纪委常委会批准给予新疆生产建设兵团党委委员、候补委员警告、严重警告处分，新疆生产建设兵团纪委委员撤销党内职务、留党察看或者开除党籍处分，新疆生产建设兵团纪委常委、监委委员党纪处分。

第三十八条　基层纪委可以批准给予其审查的案件中的被审查人警告、严重警告处分；如果涉及的问题比较重要或者复杂的，应当经同级党委审议同意后，按照程序报有处分批准权的县级以上纪委审查批准。

党的街道纪检监察工作委员会和县级纪委监委在开发区等特定地域派出的纪检监察工作委员会，参照前款规定行使处分违纪党员批准权限。

符合本规定第二十九条规定的基层党委，其同级纪委可以依照本规定第十四条规定直接决定给予违纪党员党纪处分，并可以批准给予违纪党员开除党籍处分。

第三十九条 对未经党组（党委）会议、党的工作机关部（厅、室）务会或者委员会会议讨论决定任免，但属于党组（党委）、党的工作机关管理的人员中的党员给予警告、严重警告处分的，可以由机关纪委审查批准。

第五章 处分批准权限和程序特殊情形

第四十条 违纪党员系实行垂直管理或者实行双重领导并以上级单位领导为主的单位的干部，同时担任地方党委委员、候补委员或者地方纪委委员职务的，由地方纪委依照本规定履行处分审批程序，并将党纪处分决定抄告主管单位党组（党委）。其中，地方纪委立案审查的，应当通过有监督执纪权限的相应派驻纪检监察组或者主管单位内设纪检组织征求主管单位党组（党委）意见后履行处分审批程序。

第四十一条 给予党员组织关系转入援派或者挂职单位，但不改变与原单位人事关系的违纪党员干部党纪处分的，一般应当按照所任原单位职务、职级等对应的干部人事管理权限确定处分批准权限、履行处分审批程序。违纪问题与援派或者挂职期间挂任职务有密切关联的，必要时也可以按照该职务对应的干部人事管理权限确定处分批准权限、履行处分审批程序，但在作出处分决定前，应当按照所任原单位职务、职级等对应的干部人事管理权限征求原单位意见。

给予上级党委委托下级党委管理的党员干部党纪处分的，下级党委、纪委可以依照本规定履行处分审批程序。

第四十二条 给予组织关系转出但尚未被接收的党员党纪处分，由其原所在党组织依照本规定履行处分审批程序。该党组织已撤销的，由继续行使其职权的党组织或者其上一级党组织办理。

给予没有转移组织关系的流动党员和已停止党籍的党员党纪处分，由其组织关系所在党组织依照本规定履行处分审批程序。

第四十三条 给予辞去公职等原因离开公职岗位或者退休的党员干部党纪处分，一般按照其在职时的干部人事管理权限确定处分批准权限、履行处分审批程序。违纪问题发生在离开公职岗位后，且与所任原单位职务、职级等没有关联的，由其组织关系所在党组织依照本规定履行处分审批程序。离开公职岗位后又重新担任公职的，依照本规定第三条规定履行处分审批程序。党纪处分决定作出后，应当抄告违纪党员所在党组织予以执行。

第四十四条 给予党员组织关系转入相应党的街道工作委员会和所辖社区（村）党组织并实行社会化管理的国有企业退休人员党纪处分，按照党员组织隶属关系，由党的街道纪检监察工作委员会审查批准，其中给予撤销党内职务、留党察看或者开除党籍处分的还须报同级党的街道工作委员会审议批准，给予开除党籍处分的还须依照本规定呈报派出党的街道纪检监察工作委员会的地方纪委常委会审查批准。

前款规定的国有企业退休人员，其违纪行为主要发生在在职期间或者与在职期间的职务有密切关联的，有监督执纪权限的相应纪委监委、派驻纪检监察组或者国有企业内设纪检组织审查后认为应当给予党纪处分的，可以按照其退休前的干部人事管理权限确定处分批准权限、履行处分审批程序。党纪处分决定作出后，应当抄告相应党的街道工作委员会、党的街道纪检监察工作委员会予以执行。对于受到留党察看处分的，由党的街道纪检监察工作委员会依照本规定第二十一条第一款至第三款规定的条件，经其所在党支部党员大会讨论形成决议，报请党的街道工作委员会审议同意后，作出恢复其党员权利、延长一年留党察看期限或者给予其开除党籍处分的决定，并抄告原作出党纪处分决定的党组织；其中给予开除党籍处分的还须依照本规定呈报派出党的街道纪检监察工作委员会的地方纪委常委会审查批准。

给予党员组织关系转入相应乡镇（街道）党委和所辖村（社区）党组织并实行社会化管理的国有企业退休人员党纪处分，参照前两款规定执行。

第四十五条　给予以退休方式移交人民政府安置的退役军官中的党员党纪处分，一般可以根据其退役前的职级或者军衔等级（适用于实行军衔主导的军官等级制度改革后的退役军官，下同），由相应的地方纪委常委会审查批准，其中给予撤销党内职务、留党察看或者开除党籍处分的还须报同级地方党委常委会审议批准。

退役前系师职军官（大校军官以及相应职级文职干部）、团职军官（上校、中校军官以及相应职级文职干部）的，一般应当分别由省级纪委、设区的市级纪委负责履行处分审批程序；系营职以下军官（少校以下军官以及相应职级文职干部）的，由县级纪委负责履行处分审批程序。

第四十六条　给予以逐月领取退役金或者自主择业方式安置且未被停发退役金的退役军官中的党员党纪处分，由其组织关系所在地的县级纪委常委会审查批准，其中拟给予撤销党内职务、留党察看或者开除党籍处分的还须报同级地方党委常委会审议批准。

给予以复员方式退役的退役军官，以及采取以逐月领取退役金、自主就业、退休或者供养方式安置的退役军士中的党员党纪处分，由其组织关系所在党组织依照本规定履行处分审批程序。

第四十七条 本规定第四十五条、第四十六条规定中的退役军官、军士的违纪行为主要发生在服役期间或者与服役期间的职务有密切关联，由军队纪律检查机关审查的，军队纪律检查机关可以依照其退役前的职务对应的处分批准权限履行处分审批程序并作出党纪处分决定，抄告退役军官、军士组织关系所在地县级党委、纪委予以执行。

前款规定中的违纪行为由地方纪律检查机关立案审查的，地方纪律检查机关可以依照本规定第四十五条、第四十六条规定履行处分审批程序。

第四十八条 有监督执纪权限的纪律检查机关审查认为预备党员违犯党纪，情节较轻，可以保留预备党员资格的，可以直接给予其批评教育或者按照程序延长一次预备期；情节较重的，应当按照程序取消其预备党员资格。

延长预备期、取消预备党员资格，由有监督执纪权限的纪律检查机关向预备党员所在党组织提出书面建议，预备党员所在党组织无正当理由应当采纳并交由预备党员所在党支部党员大会讨论形成决议，呈报有审批预备党员权限的基层党委批准后作出处理决定。

预备党员组织关系隶属于党的工作委员会的，参照前款规定执行。

第六章 附 则

第四十九条 本规定所确定的权限，均系应当遵照的最低权限。

第五十条 本规定所称以上、以下，除有特别标明外均含本级、本数。

第五十一条 本规定所称严重触犯刑律，是指因犯罪被人民法院判处刑罚。

第五十二条 本规定所称履行处分审批程序，是指依照本规定确定的处分批准权限和程序，对处分事宜进行审议、报批并按照程序作出党纪处分决定。

第五十三条 本规定所称有监督执纪权限，是指按照监督执纪工作实行分级负责制的规定，对涉嫌违纪党员有权行使监督执纪职责，有权对其违纪问题予以立案审查，有权对其提出党纪处分建议或者按照程序作出党纪处分决定。

第五十四条 军队处分违纪党员批准权限和程序规定，由中央军委根据本规定制定。

第五十五条 本规定由中央纪委负责解释。

第五十六条 本规定自发布之日起施行。中央纪委1983年7月6日印发的《关于处分违犯党纪的党员批准权限的具体规定》和1987年3月28日印发的《关于修改〈关于处分违犯党纪的党员批准权限的具体规定〉的通知》同时废止。此前有关规定与本规定不一致的，以本规定为准。

例文 3

国务院关于实施《中华人民共和国公司法》注册资本登记管理制度的规定

（2024 年 7 月 1 日）

第一条　为了加强公司注册资本登记管理，规范股东依法履行出资义务，维护市场交易安全，优化营商环境，根据《中华人民共和国公司法》（以下简称《公司法》），制定本规定。

第二条　2024 年 6 月 30 日前登记设立的公司，有限责任公司剩余认缴出资期限自 2027 年 7 月 1 日起超过 5 年的，应当在 2027 年 6 月 30 日前将其剩余认缴出资期限调整至 5 年内并记载于公司章程，股东应当在调整后的认缴出资期限内足额缴纳认缴的出资额；股份有限公司的发起人应当在 2027 年 6 月 30 日前按照其认购的股份全额缴纳股款。

公司生产经营涉及国家利益或者重大公共利益，国务院有关主管部门或者省级人民政府提出意见的，国务院市场监督管理部门可以同意其按原出资期限出资。

第三条　公司出资期限、注册资本明显异常的，公司登记机关可以结合公司的经营范围、经营状况以及股东的出资能力、主营项目、资产规模等进行研判，认定违背真实性、合理性原则的，可以依法要求其及时调整。

第四条　公司调整股东认缴和实缴的出资额、出资方式、出资期限，或者调整发起人认购的股份数等，应当自相关信息产生之日起 20 个工作日内通过国家企业信用信息公示系统向社会公示。

公司应当确保前款公示信息真实、准确、完整。

第五条　公司登记机关采取随机抽取检查对象、随机选派执法检查人员的方式，对公司公示认缴和实缴情况进行监督检查。

公司登记机关应当加强与有关部门的信息互联共享，根据公司的信用风险状况实施分类监管，强化信用风险分类结果的综合应用。

第六条　公司未按照本规定调整出资期限、注册资本的，由公司登记机关责令改正；逾期未改正的，由公司登记机关在国家企业信用信息公示系统作出特别标注并向社会公示。

第七条　公司因被吊销营业执照、责令关闭或者被撤销，或者通过其住所、经营场所无法联系被列入经营异常名录，出资期限、注册资本不符合本规定且无法调整的，公司登记机关对其另册管理，在国家企业信用信息公示系统作出特别标注并向社会公示。

第八条 公司自被吊销营业执照、责令关闭或者被撤销之日起，满3年未向公司登记机关申请注销公司登记的，公司登记机关可以通过国家企业信用信息公示系统予以公告，公告期限不少于60日。

公告期内，相关部门、债权人以及其他利害关系人向公司登记机关提出异议的，注销程序终止。公告期限届满后无异议的，公司登记机关可以注销公司登记，并在国家企业信用信息公示系统作出特别标注。

第九条 公司的股东或者发起人未按照本规定缴纳认缴的出资额或者股款，或者公司未依法公示有关信息的，依照公司法、《企业信息公示暂行条例》的有关规定予以处罚。

第十条 公司登记机关应当对公司调整出资期限、注册资本加强指导，制定具体操作指南，优化办理流程，提高登记效率，提升登记便利化水平。

第十一条 国务院市场监督管理部门根据本规定，制定公司注册资本登记管理的具体实施办法。

第十二条 上市公司依照公司法和国务院规定，在公司章程中规定在董事会中设置审计委员会，并载明审计委员会的组成、职权等事项。

第十三条 本规定自公布之日起施行。

【进阶内容】

1. 要注意内容的合法性。即写进规定条款中的内容必须符合党和国家的方针、政策以及法律、法令的规定，不能与之相抵触。否则，就会失去规定的意义。

2. 要注意内容的针对性和可行性。是指规定的条款内容必须切合实际，能够切实对某项或某方面的工作起到规范和约束作用；所提出的措施和要求要切实可行。为此，就要求用语要简练，概念要准确，避免出现含混不清的词句。

3. 专用术语的使用要规范。在规定的写作中，有时需要涉及一些专用术语，要注意其表述的准确性和规范性。如有必要，应另立专门条款对术语加以界定，以利于规定事项的贯彻实施。

4. 要注意行文的语气。规定行文要用肯定的语气，常用“可”“应”“不得”“不应”等模态词语标明允许做什么，做到什么程度；不允许做什么，做了应当承担什么责任等，以彰显其强制性和约束力。

第三节　办　　法

【功能特性】

办法是对某一方面的具体工作确定其具体处理原则和实施方法，使有关单位和部门在工作中有所遵循的一种公文。与条例、规定相比，办法的使用对象范围要窄，内容更为具体，它往往是实施条例的具体性要求，与条例和规定一样均属法规性文体。

【结构模式】

办法的内容结构通常由标题、题注和正文三部分组成。

一、标题

办法的标题主要由适用范围、主要内容和文种（办法）三个要素组成，例如《国家赔偿费用管理办法》。此外，也可以根据具体情况，在标题中加上“试行”“暂行”字样。

二、题注

位于标题之下，写明该办法何时经何会议通过，或在什么时间修订发布，以说明其法定程序和执行效力，在正文之后不再署发文机关名称和日期。

三、正文

办法的正文写作与条例和规定基本相同。内容涉及面广的办法，也分为总则、分则和附则三部分。

“总则”一般是分条写明制定办法的缘由、目的、依据、适用范围或适用对象、基本原则等；

“分则”是办法的主体部分，通常以数章若干条的篇幅写明办法的内容；

“附则”包括办法的执行要求、生效日期、解释权或修改权归何机关（单位）、本办法与以往有关文件的关系及其他未尽事宜的处理办法等。

内容较为简单的办法，多数采用条款贯通式或序言加条款式的结构进行写作。

【典范文例】

例文 1

突发事件应急预案管理办法

（国务院办公厅 2024 年 1 月 31 日）

第一章　总　　则

第一条　为加强突发事件应急预案（以下简称应急预案）体系建设，规范应急预案管理，增强应急预案的针对性、实用性和可操作性，依据《中华人民共和国突发事件应对法》等法律、行政法规，制定本办法。

第二条　本办法所称应急预案，是指各级人民政府及其部门、基层组织、企事业单位和社会组织等为依法、迅速、科学、有序应对突发事件，最大程度减少突发事件及其造成的损害而预先制定的方案。

第三条 应急预案的规划、编制、审批、发布、备案、培训、宣传、演练、评估、修订等工作，适用本办法。

第四条 应急预案管理遵循统一规划、综合协调、分类指导、分级负责、动态管理的原则。

第五条 国务院统一领导全国应急预案体系建设和管理工作，县级以上地方人民政府负责领导本行政区域内应急预案体系建设和管理工作。

突发事件应对有关部门在各自职责范围内，负责本部门（行业、领域）应急预案管理工作；县级以上人民政府应急管理部门负责指导应急预案管理工作，综合协调应急预案衔接工作。

第六条 国务院应急管理部门统筹协调各地区各部门应急预案数据库管理，推动实现应急预案数据共享共用。各地区各部门负责本行政区域、本部门（行业、领域）应急预案数据管理。

县级以上人民政府及其有关部门要注重运用信息化数字化智能化技术，推进应急预案管理理念、模式、手段、方法等创新，充分发挥应急预案牵引应急准备、指导处置救援的作用。

第二章 分类与内容

第七条 按照制定主体划分，应急预案分为政府及其部门应急预案、单位和基层组织应急预案两大类。

政府及其部门应急预案包括总体应急预案、专项应急预案、部门应急预案等。

单位和基层组织应急预案包括企事业单位、村民委员会、居民委员会、社会组织等编制的应急预案。

第八条 总体应急预案是人民政府组织应对突发事件的总体制度安排。

总体应急预案围绕突发事件事前、事中、事后全过程，主要明确应对工作的总体要求、事件分类分级、预案体系构成、组织指挥体系与职责，以及风险防控、监测预警、处置救援、应急保障、恢复重建、预案管理等内容。

第九条 专项应急预案是人民政府为应对某一类型或某几种类型突发事件，或者针对重要目标保护、重大活动保障、应急保障等重要专项工作而预先制定的涉及多个部门职责的方案。

部门应急预案是人民政府有关部门根据总体应急预案、专项应急预案和部门职责，为应对本部门（行业、领域）突发事件，或者针对重要目标保护、重大活动保障、应急保障等涉及部门工作而预先制定的方案。

第十条　针对突发事件应对的专项和部门应急预案，主要规定县级以上人民政府或有关部门相关突发事件应对工作的组织指挥体系和专项工作安排，不同层级预案内容各有侧重，涉及相邻或相关地方人民政府、部门、单位任务的应当沟通一致后明确。

国家层面专项和部门应急预案侧重明确突发事件的应对原则、组织指挥机制、预警分级和事件分级标准、响应分级、信息报告要求、应急保障措施等，重点规范国家层面应对行动，同时体现政策性和指导性。

省级专项和部门应急预案侧重明确突发事件的组织指挥机制、监测预警、分级响应及响应行动、队伍物资保障及市县级人民政府职责等，重点规范省级层面应对行动，同时体现指导性和实用性。

市县级专项和部门应急预案侧重明确突发事件的组织指挥机制、风险管控、监测预警、信息报告、组织自救互救、应急处置措施、现场管控、队伍物资保障等内容，重点规范市（地）级和县级层面应对行动，落实相关任务，细化工作流程，体现应急处置的主体职责和针对性、可操作性。

第十一条　为突发事件应对工作提供通信、交通运输、医学救援、物资装备、能源、资金以及新闻宣传、秩序维护、慈善捐赠、灾害救助等保障功能的专项和部门应急预案侧重明确组织指挥机制、主要任务、资源布局、资源调用或应急响应程序、具体措施等内容。

针对重要基础设施、生命线工程等重要目标保护的专项和部门应急预案，侧重明确关键功能和部位、风险隐患及防范措施、监测预警、信息报告、应急处置和紧急恢复、应急联动等内容。

第十二条　重大活动主办或承办机构应当结合实际情况组织编制重大活动保障应急预案，侧重明确组织指挥体系、主要任务、安全风险及防范措施、应急联动、监测预警、信息报告、应急处置、人员疏散撤离组织和路线等内容。

第十三条　相邻或相关地方人民政府及其有关部门可以联合制定应对区域性、流域性突发事件的联合应急预案，侧重明确地方人民政府及其部门间信息通报、组织指挥体系对接、处置措施衔接、应急资源保障等内容。

第十四条　国家有关部门和超大特大城市人民政府可以结合行业（地区）风险评估实际，制定巨灾应急预案，统筹本部门（行业、领域）、本地区巨灾应对工作。

第十五条　乡镇（街道）应急预案重点规范乡镇（街道）层面应对行动，侧重明确突发事件的预警信息传播、任务分工、处置措施、信息收集报告、现场管理、人员疏散与安置等内容。

村（社区）应急预案侧重明确风险点位、应急响应责任人、预警信息传播与响应、人员转移避险、应急处置措施、应急资源调用等内容。

乡镇（街道）、村（社区）应急预案的形式、要素和内容等，可结合实际灵活确定，力求简明实用，突出人员转移避险，体现先期处置特点。

第十六条 单位应急预案侧重明确应急响应责任人、风险隐患监测、主要任务、信息报告、预警和应急响应、应急处置措施、人员疏散转移、应急资源调用等内容。

大型企业集团可根据相关标准规范和实际工作需要，建立本集团应急预案体系。

安全风险单一、危险性小的生产经营单位，可结合实际简化应急预案要素和内容。

第十七条 应急预案涉及的有关部门、单位等可以结合实际编制应急工作手册，内容一般包括应急响应措施、处置工作程序、应急救援队伍、物资装备、联络人员和电话等。

应急救援队伍、保障力量等应当结合实际情况，针对需要参与突发事件应对的具体任务编制行动方案，侧重明确应急响应、指挥协同、力量编成、行动设想、综合保障、其他有关措施等具体内容。

第三章 规划与编制

第十八条 国务院应急管理部门会同有关部门编制应急预案制修订工作计划，报国务院批准后实施。县级以上地方人民政府应急管理部门应当会同有关部门，针对本行政区域多发易发突发事件、主要风险等，编制本行政区域应急预案制修订工作计划，报本级人民政府批准后实施，并抄送上一级人民政府应急管理部门。

县级以上人民政府有关部门可以结合实际制定本部门（行业、领域）应急预案编制计划，并抄送同级应急管理部门。县级以上地方人民政府有关部门应急预案编制计划同时抄送上一级相应部门。

应急预案编制计划应当根据国民经济和社会发展规划、突发事件应对工作实际，适时予以调整。

第十九条 县级以上人民政府总体应急预案由本级人民政府应急管理部门组织编制，专项应急预案由本级人民政府相关类别突发事件应对牵头部门组织编制。县级以上人民政府部门应急预案，乡级人民政府、单位和基层组织等应急预案由有关制定单位组织编制。

第二十条 应急预案编制部门和单位根据需要组成应急预案编制工作小组，吸收有关部门和单位人员、有关专家及有应急处置工作经验的人员参加。编制工作小组组长由应急预案编制部门或单位有关负责人担任。

第二十一条　编制应急预案应当依据有关法律、法规、规章和标准，紧密结合实际，在开展风险评估、资源调查、案例分析的基础上进行。

风险评估主要是识别突发事件风险及其可能产生的后果和次生（衍生）灾害事件，评估可能造成的危害程度和影响范围等。

资源调查主要是全面调查本地区、本单位应对突发事件可用的应急救援队伍、物资装备、场所和通过改造可以利用的应急资源状况，合作区域内可以请求援助的应急资源状况，重要基础设施容灾保障及备用状况，以及可以通过潜力转换提供应急资源的状况，为制定应急响应措施提供依据。必要时，也可根据突发事件应对需要，对本地区相关单位和居民所掌握的应急资源情况进行调查。

案例分析主要是对典型突发事件的发生演化规律、造成的后果和处置救援等情况进行复盘研究，必要时构建突发事件情景，总结经验教训，明确应对流程、职责任务和应对措施，为制定应急预案提供参考借鉴。

第二十二条　政府及其有关部门在应急预案编制过程中，应当广泛听取意见，组织专家论证，做好与相关应急预案及国防动员实施预案的衔接。涉及其他单位职责的，应当书面征求意见。必要时，向社会公开征求意见。

单位和基层组织在应急预案编制过程中，应根据法律法规要求或实际需要，征求相关公民、法人或其他组织的意见。

第四章　审批、发布、备案

第二十三条　应急预案编制工作小组或牵头单位应当将应急预案送审稿、征求意见情况、编制说明等有关材料报送应急预案审批单位。因保密等原因需要发布应急预案简本的，应当将应急预案简本一并报送审批。

第二十四条　应急预案审核内容主要包括：

（一）预案是否符合有关法律、法规、规章和标准等规定；

（二）预案是否符合上位预案要求并与有关预案有效衔接；

（三）框架结构是否清晰合理，主体内容是否完备；

（四）组织指挥体系与责任分工是否合理明确，应急响应级别设计是否合理，应对措施是否具体简明、管用可行；

（五）各方面意见是否一致；

（六）其他需要审核的内容。

第二十五条　国家总体应急预案按程序报党中央、国务院审批，以党中央、国务院名义印发。专项应急预案由预案编制牵头部门送应急管理部衔接协调后，报国务院审批，以国务院办公厅或者有关应急指挥机构名义印发。部门应急预案由部门会议审议决定、以部门名义印发，涉及其他部门职责的可与有关部门联合印发；必要时，可以由国务院办公厅转发。

地方各级人民政府总体应急预案按程序报本级党委和政府审批，以本级党委和政府名义印发。专项应急预案按程序送本级应急管理部门衔接协调，报本级人民政府审批，以本级人民政府办公厅（室）或者有关应急指挥机构名义印发。部门应急预案审批印发程序按照本级人民政府和上级有关部门的应急预案管理规定执行。

重大活动保障应急预案、巨灾应急预案由本级人民政府或其部门审批，跨行政区域联合应急预案审批由相关人民政府或其授权的部门协商确定，并参照专项应急预案或部门应急预案管理。

单位和基层组织应急预案须经本单位或基层组织主要负责人签发，以本单位或基层组织名义印发，审批方式根据所在地人民政府及有关行业管理部门规定和实际情况确定。

第二十六条 应急预案审批单位应当在应急预案印发后的20个工作日内，将应急预案正式印发文本（含电子文本）及编制说明，依照下列规定向有关单位备案并抄送有关部门：

（一）县级以上地方人民政府总体应急预案报上一级人民政府备案，径送上一级人民政府应急管理部门，同时抄送上一级人民政府有关部门；

（二）县级以上地方人民政府专项应急预案报上一级人民政府相应牵头部门备案，同时抄送上一级人民政府应急管理部门和有关部门；

（三）部门应急预案报本级人民政府备案，径送本级应急管理部门，同时抄送本级有关部门；

（四）联合应急预案按所涉及区域，依据专项应急预案或部门应急预案有关规定备案，同时抄送本地区上一级或共同上一级人民政府应急管理部门和有关部门；

（五）涉及需要与所在地人民政府联合应急处置的中央单位应急预案，应当报所在地县级人民政府备案，同时抄送本级应急管理部门和突发事件应对牵头部门；

（六）乡镇（街道）应急预案报上一级人民政府备案，径送上一级人民政府应急管理部门，同时抄送上一级人民政府有关部门。村（社区）应急预案报乡镇（街道）备案；

（七）中央企业集团总体应急预案报应急管理部备案，抄送企业主管机构、行业主管部门、监管部门；有关专项应急预案向国家突发事件应对牵头部门备案，抄送应急管理部、企业主管机构、行业主管部门、监管部门等有关单位。中央企业集团所属单位、权属企业的总体应急预案按管理权限报所在地人民政府应急管理部门备案，抄送企业主管机构、行业主管部门、监管部门；专项应急预案按管理权限报所在地行业监管部门备案，抄送应急管理部门和有关企业主管机构、行业主管部门。

第二十七条　国务院履行应急预案备案管理职责的部门和省级人民政府应当建立应急预案备案管理制度。县级以上地方人民政府有关部门落实有关规定，指导、督促有关单位做好应急预案备案工作。

第二十八条　政府及其部门应急预案应当在正式印发后20个工作日内向社会公开。单位和基层组织应急预案应当在正式印发后20个工作日内向本单位以及可能受影响的其他单位和地区公开。

第五章　培训、宣传、演练

第二十九条　应急预案发布后，其编制单位应做好组织实施和解读工作，并跟踪应急预案落实情况，了解有关方面和社会公众的意见建议。

第三十条　应急预案编制单位应当通过编发培训材料、举办培训班、开展工作研讨等方式，对与应急预案实施密切相关的管理人员、专业救援人员等进行培训。

各级人民政府及其有关部门应将应急预案培训作为有关业务培训的重要内容，纳入领导干部、公务员等日常培训内容。

第三十一条　对需要公众广泛参与的非涉密的应急预案，编制单位应当充分利用互联网、广播、电视、报刊等多种媒体广泛宣传，制作通俗易懂、好记管用的宣传普及材料，向公众免费发放。

第三十二条　应急预案编制单位应当建立应急预案演练制度，通过采取形式多样的方式方法，对应急预案所涉及的单位、人员、装备、设施等组织演练。通过演练发现问题、解决问题，进一步修改完善应急预案。

专项应急预案、部门应急预案每3年至少进行一次演练。

地震、台风、风暴潮、洪涝、山洪、滑坡、泥石流、森林草原火灾等自然灾害易发区域所在地人民政府，重要基础设施和城市供水、供电、供气、供油、供热等生命线工程经营管理单位，矿山、金属冶炼、建筑施工单位和易燃易爆物品、化学品、放射性物品等危险物品生产、经营、使用、储存、运输、废弃处置单位，公共交通工具、公共场所和医院、学校等人员密集场所的经营单位或者管理单位等，应当有针对性地组织开展应急预案演练。

第三十三条　应急预案演练组织单位应当加强演练评估，主要内容包括：演练的执行情况，应急预案的实用性和可操作性，指挥协调和应急联动机制运行情况，应急人员的处置情况，演练所用设备装备的适用性，对完善应急预案、应急准备、应急机制、应急措施等方面的意见和建议等。

各地区各有关部门加强对本行政区域、本部门（行业、领域）应急预案演练的评估指导。根据需要，应急管理部门会同有关部门组织对下级人民政府及其有关部门组织的应急预案演练情况进行评估指导。

鼓励委托第三方专业机构进行应急预案演练评估。

第六章　评估与修订

第三十四条　应急预案编制单位应当建立应急预案定期评估制度，分析应急预案内容的针对性、实用性和可操作性等，实现应急预案的动态优化和科学规范管理。

县级以上地方人民政府及其有关部门应急预案原则上每3年评估一次。应急预案的评估工作，可以委托第三方专业机构组织实施。

第三十五条　有下列情形之一的，应当及时修订应急预案：

（一）有关法律、法规、规章、标准、上位预案中的有关规定发生重大变化的；

（二）应急指挥机构及其职责发生重大调整的；

（三）面临的风险发生重大变化的；

（四）重要应急资源发生重大变化的；

（五）在突发事件实际应对和应急演练中发现问题需要作出重大调整的；

（六）应急预案制定单位认为应当修订的其他情况。

第三十六条　应急预案修订涉及组织指挥体系与职责、应急处置程序、主要处置措施、突发事件分级标准等重要内容的，修订工作应参照本办法规定的应急预案编制、审批、备案、发布程序组织进行。仅涉及其他内容的，修订程序可根据情况适当简化。

第三十七条　各级人民政府及其部门、企事业单位、社会组织、公民等，可以向有关应急预案编制单位提出修订建议。

第七章　保障措施

第三十八条　各级人民政府及其有关部门、各有关单位要指定专门机构和人员负责相关具体工作，将应急预案规划、编制、审批、发布、备案、培训、宣传、演练、评估、修订等所需经费纳入预算统筹安排。

第三十九条　国务院有关部门应加强对本部门（行业、领域）应急预案管理工作的指导和监督，并根据需要编写应急预案编制指南。县级以上地方人民政府及其有关部门应对本行政区域、本部门（行业、领域）应急预案管理工作加强指导和监督。

第八章　附　　则

第四十条　国务院有关部门、地方各级人民政府及其有关部门、大型企业集团等可根据实际情况，制定相关应急预案管理实施办法。

第四十一条　法律、法规、规章另有规定的从其规定，确需保密的应急预案按有关规定执行。

第四十二条　本办法由国务院应急管理部门负责解释。

第四十三条　本办法自印发之日起施行。

例文 2

香港法律执业者和澳门执业律师在粤港澳大湾区内地九市取得内地执业资质和从事律师职业试点办法

根据《全国人民代表大会常务委员会关于授权国务院在粤港澳大湾区内地九市开展香港法律执业者和澳门执业律师取得内地执业资质和从事律师职业试点工作的决定》和《全国人民代表大会常务委员会关于延长授权国务院在粤港澳大湾区内地九市开展香港法律执业者和澳门执业律师取得内地执业资质和从事律师职业试点工作期限的决定》，继续在广东省广州市、深圳市、珠海市、佛山市、惠州市、东莞市、中山市、江门市、肇庆市开展试点工作，符合条件的香港法律执业者和澳门执业律师通过粤港澳大湾区律师执业考试，取得内地执业资质的，可以从事一定范围内的内地法律事务。现就做好试点工作制定本办法。

一、报名

符合以下条件的人员，可以报名参加粤港澳大湾区律师执业考试：

（一）香港特别行政区、澳门特别行政区永久性居民中的中国公民；

（二）拥护《中华人民共和国宪法》，拥护《中华人民共和国香港特别行政区基本法》《中华人民共和国澳门特别行政区基本法》；

（三）依据香港特别行政区有关法律，经香港特别行政区高等法院认许，在律师、大律师登记册上登记，且未被暂时吊销执业资格的律师、大律师，或者在澳门律师公会有效确定注册的执业律师；

（四）具有累计三年以上律师执业经历；

（五）职业道德良好，未有因不良名誉或者违反职业道德受惩处的记录；

（六）能用中文书写法律文书，能用普通话进行业务活动。

二、考试

报名参加粤港澳大湾区律师执业考试的人员应当参加由司法部组织的有关法律知识培训，经培训后方可参加考试。

具体考试时间、考查科目和相关安排由司法部在考试前公布。通过考试的人员，由司法部发出考试合格的通知。

三、申请执业

考试合格的人员，经广东省律师协会集中培训并考核合格后，可以向广东省司法厅申请粤港澳大湾区律师执业，由广东省司法厅颁发律师执业证书（粤港澳大湾区）。

四、业务范围

取得律师执业证书（粤港澳大湾区）的人员，可以在粤港澳大湾区内地九市（以下简称大湾区内地九市）内，办理适用内地法律的部分民商事法律事务（含诉讼业务和非诉讼业务）。其中，诉讼案件为位于大湾区内地九市的高级、中级、基层人民法院和有关专门人民法院受理的民商事案件，案件范围参照取得国家统一法律职业资格并获得内地律师执业证书的港澳居民可以在内地人民法院代理的民事案件范围执行；非诉讼业务应当满足以下条件之一：

（一）当事人为自然人的，户籍地或者经常居所地在大湾区内地九市内；

（二）当事人为法人或者其他组织的，住所地或者登记地在大湾区内地九市内；

（三）标的物在大湾区内地九市内；

（四）合同履行地在大湾区内地九市内；

（五）产生、变更或者消灭民商事关系的法律事实发生在大湾区内地九市内；

（六）大湾区内地九市内仲裁委员会受理的商事仲裁案件。

持有律师执业证书（粤港澳大湾区）人员办理上述法律事务，与内地律师享有相同的权利，履行相同的义务。

五、执业管理

取得律师执业证书（粤港澳大湾区）的人员，可以受聘于大湾区内地九市的内地律师事务所或者大湾区内地九市的香港、澳门与内地合伙联营律师事务所，不得受聘于外国律师事务所驻华代表机构或者香港、澳门律师事务所驻内地代表机构。取得律师执业证书（粤港澳大湾区）的人员，可以成为大湾区内地九市的内地律师事务所合伙人。

取得律师执业证书（粤港澳大湾区）的人员，依照《中华人民共和国律师法》接受广东省司法厅及所在地司法行政机关的监督管理，加入所在地的地方律师协会，参加年度考核，同时是中华全国律师协会会员，接受律师协会的行业管理。

取得律师执业证书（粤港澳大湾区）的人员，不能保持报名条件或者申请律师执业条件的，由广东省司法厅注销其律师执业证书（粤港澳大湾区）；有违法违纪行为的，由有关司法行政机关、律师协会依法依规给予行政处罚、行业处分。

六、组织实施

司法部负责组织实施粤港澳大湾区律师执业考试，做好命题、评卷等工作，加强对考试工作的监督，确保考试公平公正和组织严密；指导广东省司法厅认真做好组织实施报名、报名资格初审、培训、考务等具体工作。培训地点和考场设在广东省深圳市，视澳门报名人员规模，也可以同时在广东省珠海市设立考场。

考试经费来源为财政经费和考试收费。考试收费项目和标准，按照有关规定执行。

延长试点期限为 2023 年 10 月 5 日至 2026 年 10 月 4 日。

【进阶内容】

要写好办法，应注意把握如下几点：

一、要注意把握办法与条例、规定等相关文种的区别。办法是介于条例、规定和细则之间的一种公文，是法规体公文中的重要成员。其与条例、规定相比，条例和规定多用于某些重大问题和重大事项，而且原则性较强，要求有关部门照章执行；而办法则往往用于具体事务或某一事项，可以参照办理。从范围上看，办法也比条例和规定要窄，往往是实施条例、规定的具体性要求。至于细则，其所涉及的内容事项就更为具体和细化。

二、要注意体现整体政策思想的准确性。由于办法与条例、规定一样，同属法规性文件，它在特定的范围内具有法定的规范性，要求人们必须认真遵守和执行，因此在撰写时必须特别注意保持整体政策思想的准确性，不容出现疏误。在此基础上，还要注意各条款之间的逻辑严密性，既要保持各自的相对独立性，又要保持内在的相互联系性，做到既无“缺口”，又无“重叠”，更无矛盾，便于理解和执行。

三、要注意把握其基本的结构规律。办法的写作，虽然其外形结构不一，诸如章条款式、条项贯通式等，但内在结构规律比较稳定，即都是由“总则—分则—附则”三部分组成。其中“总则”用以交代行文的依据、目的、总体要求和指导思想等，“分则”用来明确陈述所要规定的具体事宜，“附则”则用以交代时效、明确解释权和修改权等。这也是包括条例、规定、章程、细则等在内的法规性文件的通用结构模式。

四、要注意用语的准确、精当、得体。因为办法是用以对有关部门和人员的行为做出具体规范的文件，因此在用语上必须注意准确性，不容出现纰漏，以致言不及义抑或语义两歧，否则就会造成麻烦，贻害工作。要特别注意一些模态词语的使用，诸如“应（该）”“可（以）”等，它们在办法中出现的频率颇高，使用时务求恰切适度，以充分体现办法所具有的原则性与灵活性相结合的特点。

五、要注意区别两种不同类型办法的写作特性和要求。如前所述，按办法所涉及内容的不同，一般将其分为实施性办法和规定性办法两大类，每种类型的办法有其不同的特性和要求，撰写时必须区别对待，以求实效。一般而言，实施性办法通常要围绕实施原件而写，着重对原件实施提出具体意见，其依附性较强，因而要求写得具体细致，以有效地指导实践；规定性办法往往是独立行文，它要针对管理对象的内容来确定，因而在写作时应力求全面系统，富有针对性和可行性。

第四节　细　　则

【功能特性】

细则是为了更好贯彻实施某一法规而对其中某些条款进行解释和说明的法规性文件，例如，《河北省党政机关公文处理工作实施细则》，是为具体贯彻实施《党政机关公文处理工作条例》而制定的。

细则是从行政法规中派生的，是行政法规的补充和延伸，其主要特点是：

（一）规章性。权力机关和国务院不使用这一文种，通常是下级机关为实施上级机关的行政法规规章而制定的，就其性质而言属于行政法规。

（二）细致性。办法侧重于在措施、步骤、程序等方面作出规定，而细则是侧重于原法规、规章界限范围的划分及概念、措施的解释，比实施办法更详细具体。

（三）依附性。细则就是原有法规、规章的派生文字，必须依附于原件，不能独立行文。

【结构模式】

细则的内容结构通常由标题、题注和正文三部分组成。

一、标题

细则的标题一般应由适用范围和文种名称两个要素组成，例如《短信网址注册实施细则》；也可由制定细则的机关或单位名称、主要内容和文种三个要素组成。如果细则所补充或解释的法规文件属于“试行”或“暂行”性质的，则需在标题中冠以“试行”或“暂行”字样。

二、题注

在标题之下居中位置写明批准时间和批准机关名称、发布时间和发布机关名称等内容，用圆括号括入。

三、正文

这部分是细则写作的实质性内容，是细则的主体部分，是对原有法规或规章正文的进一步解释和补充。应当采用条款式结构形式，首先用一个条文简明扼要地表明细则的制定依据，即写明根据什么法规的哪一章、哪一条而制定的细则，常用“为了……根据（法律、法规名称或法律、法规某条）……制定本实施细则”的固定性语句提领，以此引出主体部分；然后分条具体列明各项细则内容。要力求做到详尽明确，以便管理和遵照执行。细则的最后一条通常是结语部分，主要写明细则的生效日期及解释权等内容。要注意根据细则内容的实际情况进行叙写，全面实施细则要对原件全部条文做出全面解释和补充；部分实施细则则要紧紧围绕实施条文做详细说明；地方实施细则要结合区域或单位实际提出具体意见和措施。

【典范文例】

例文 1

中华人民共和国专利法实施细则

（2001 年 6 月 15 日中华人民共和国国务院令第 306 号公布　根据 2002 年 12 月 28 日《国务院关于修改〈中华人民共和国专利法实施细则〉的决定》第一次修订　根据 2010 年 1 月 9 日《国务院关于修改〈中华人民共和国专利法实施细则〉的决定》第二次修订　根据 2023 年 12 月 11 日《国务院关于修改〈中华人民共和国专利法实施细则〉的决定》第三次修订）

第一章　总　　则

第一条　根据《中华人民共和国专利法》（以下简称专利法），制定本细则。

第二条　专利法和本细则规定的各种手续，应当以书面形式或者国务院专利行政部门规定的其他形式办理。以电子数据交换等方式能够有形地表现所载内容，并可以随时调取查用的数据电文（以下统称电子形式），视为书面形式。

第三条　依照专利法和本细则规定提交的各种文件应当使用中文；国家有统一规定的科技术语的，应当采用规范词；外国人名、地名和科技术语没有统一中文译文的，应当注明原文。

依照专利法和本细则规定提交的各种证件和证明文件是外文的，国务院专利行政部门认为必要时，可以要求当事人在指定期限内附送中文译文；期满未附送的，视为未提交该证件和证明文件。

第四条 向国务院专利行政部门邮寄的各种文件，以寄出的邮戳日为递交日；邮戳日不清晰的，除当事人能够提出证明外，以国务院专利行政部门收到日为递交日。

以电子形式向国务院专利行政部门提交各种文件的，以进入国务院专利行政部门指定的特定电子系统的日期为递交日。

国务院专利行政部门的各种文件，可以通过电子形式、邮寄、直接送交或者其他方式送达当事人。当事人委托专利代理机构的，文件送交专利代理机构；未委托专利代理机构的，文件送交请求书中指明的联系人。

国务院专利行政部门邮寄的各种文件，自文件发出之日起满 15 日，推定为当事人收到文件之日。当事人提供证据能够证明实际收到文件的日期的，以实际收到日为准。

根据国务院专利行政部门规定应当直接送交的文件，以交付日为送达日。

文件送交地址不清，无法邮寄的，可以通过公告的方式送达当事人。自公告之日起满 1 个月，该文件视为已经送达。

国务院专利行政部门以电子形式送达的各种文件，以进入当事人认可的电子系统的日期为送达日。

第五条 专利法和本细则规定的各种期限开始的当日不计算在期限内，自下一日开始计算。期限以年或者月计算的，以其最后一月的相应日为期限届满日；该月无相应日的，以该月最后一日为期限届满日；期限届满日是法定休假日的，以休假日后的第一个工作日为期限届满日。

第六条 当事人因不可抗拒的事由而延误专利法或者本细则规定的期限或者国务院专利行政部门指定的期限，导致其权利丧失的，自障碍消除之日起 2 个月内且自期限届满之日起 2 年内，可以向国务院专利行政部门请求恢复权利。

除前款规定的情形外，当事人因其他正当理由延误专利法或者本细则规定的期限或者国务院专利行政部门指定的期限，导致其权利丧失的，可以自收到国务院专利行政部门的通知之日起 2 个月内向国务院专利行政部门请求恢复权利；但是，延误复审请求期限的，可以自复审请求期限届满之日起 2 个月内向国务院专利行政部门请求恢复权利。

当事人依照本条第一款或者第二款的规定请求恢复权利的，应当提交恢复权利请求书，说明理由，必要时附具有关证明文件，并办理权利丧失前应当办理的相应手续；依照本条第二款的规定请求恢复权利的，还应当缴纳恢复权利请求费。

当事人请求延长国务院专利行政部门指定的期限的，应当在期限届满前，向国务院专利行政部门提交延长期限请求书，说明理由，并办理有关手续。

本条第一款和第二款的规定不适用专利法第二十四条、第二十九条、第四十二条、第七十四条规定的期限。

第七条 专利申请涉及国防利益需要保密的，由国防专利机构受理并进行审查；国务院专利行政部门受理的专利申请涉及国防利益需要保密的，应当及时移交国防专利机构进行审查。经国防专利机构审查没有发现驳回理由的，由国务院专利行政部门作出授予国防专利权的决定。

国务院专利行政部门认为其受理的发明或者实用新型专利申请涉及国防利益以外的国家安全或者重大利益需要保密的，应当及时作出按照保密专利申请处理的决定，并通知申请人。保密专利申请的审查、复审以及保密专利权无效宣告的特殊程序，由国务院专利行政部门规定。

第八条 专利法第十九条所称在中国完成的发明或者实用新型，是指技术方案的实质性内容在中国境内完成的发明或者实用新型。

任何单位或者个人将在中国完成的发明或者实用新型向外国申请专利的，应当按照下列方式之一请求国务院专利行政部门进行保密审查：

(一) 直接向外国申请专利或者向有关国外机构提交专利国际申请的，应当事先向国务院专利行政部门提出请求，并详细说明其技术方案；

(二) 向国务院专利行政部门申请专利后拟向外国申请专利或者向有关国外机构提交专利国际申请的，应当在向外国申请专利或者向有关国外机构提交专利国际申请前向国务院专利行政部门提出请求。

向国务院专利行政部门提交专利国际申请的，视为同时提出了保密审查请求。

第九条 国务院专利行政部门收到依照本细则第八条规定递交的请求后，经过审查认为该发明或者实用新型可能涉及国家安全或者重大利益需要保密的，应当在请求递交日起2个月内向申请人发出保密审查通知；情况复杂的，可以延长2个月。

国务院专利行政部门依照前款规定通知进行保密审查的，应当在请求递交日起4个月内作出是否需要保密的决定，并通知申请人；情况复杂的，可以延长2个月。

第十条 专利法第五条所称违反法律的发明创造，不包括仅其实施为法律所禁止的发明创造。

第十一条 申请专利应当遵循诚实信用原则。提出各类专利申请应当以真实发明创造活动为基础，不得弄虚作假。

第十二条 除专利法第二十八条和第四十二条规定的情形外，专利法所称申请日，有优先权的，指优先权日。

本细则所称申请日，除另有规定的外，是指专利法第二十八条规定的申请日。

第十三条 专利法第六条所称执行本单位的任务所完成的职务发明创造，是指：

（一）在本职工作中作出的发明创造；

（二）履行本单位交付的除本职工作之外的任务所作出的发明创造；

（三）退休、调离原单位后或者劳动、人事关系终止后1年内作出的，与其在原单位承担的本职工作或者原单位分配的任务有关的发明创造。

专利法第六条所称本单位，包括临时工作单位；专利法第六条所称本单位的物质技术条件，是指本单位的资金、设备、零部件、原材料或者不对外公开的技术信息和资料等。

第十四条 专利法所称发明人或者设计人，是指对发明创造的实质性特点作出创造性贡献的人。在完成发明创造过程中，只负责组织工作的人、为物质技术条件的利用提供方便的人或者从事其他辅助工作的人，不是发明人或者设计人。

第十五条 除依照专利法第十条规定转让专利权外，专利权因其他事由发生转移的，当事人应当凭有关证明文件或者法律文书向国务院专利行政部门办理专利权转移手续。

专利权人与他人订立的专利实施许可合同，应当自合同生效之日起3个月内向国务院专利行政部门备案。

以专利权出质的，由出质人和质权人共同向国务院专利行政部门办理出质登记。

第十六条 专利工作应当贯彻党和国家知识产权战略部署，提升我国专利创造、运用、保护、管理和服务水平，支持全面创新，促进创新型国家建设。

国务院专利行政部门应当提升专利信息公共服务能力，完整、准确、及时发布专利信息，提供专利基础数据，促进专利相关数据资源的开放共享、互联互通。

第二章 专利的申请

第十七条 申请专利的，应当向国务院专利行政部门提交申请文件。申请文件应当符合规定的要求。

申请人委托专利代理机构向国务院专利行政部门申请专利和办理其他专利事务的，应当同时提交委托书，写明委托权限。

申请人有2人以上且未委托专利代理机构的，除请求书中另有声明的外，以请求书中指明的第一申请人为代表人。

第十八条　依照专利法第十八条第一款的规定委托专利代理机构在中国申请专利和办理其他专利事务的，涉及下列事务，申请人或者专利权人可以自行办理：

（一）申请要求优先权的，提交第一次提出的专利申请（以下简称在先申请）文件副本；

（二）缴纳费用；

（三）国务院专利行政部门规定的其他事务。

第十九条　发明、实用新型或者外观设计专利申请的请求书应当写明下列事项：

（一）发明、实用新型或者外观设计的名称；

（二）申请人是中国单位或者个人的，其名称或者姓名、地址、邮政编码、统一社会信用代码或者身份证件号码；申请人是外国人、外国企业或者外国其他组织的，其姓名或者名称、国籍或者注册的国家或者地区；

（三）发明人或者设计人的姓名；

（四）申请人委托专利代理机构的，受托机构的名称、机构代码以及该机构指定的专利代理师的姓名、专利代理师资格证号码、联系电话；

（五）要求优先权的，在先申请的申请日、申请号以及原受理机构的名称；

（六）申请人或者专利代理机构的签字或者盖章；

（七）申请文件清单；

（八）附加文件清单；

（九）其他需要写明的有关事项。

第二十条　发明或者实用新型专利申请的说明书应当写明发明或者实用新型的名称，该名称应当与请求书中的名称一致。说明书应当包括下列内容：

（一）技术领域：写明要求保护的技术方案所属的技术领域；

（二）背景技术：写明对发明或者实用新型的理解、检索、审查有用的背景技术；有可能的，并引证反映这些背景技术的文件；

（三）发明内容：写明发明或者实用新型所要解决的技术问题以及解决其技术问题采用的技术方案，并对照现有技术写明发明或者实用新型的有益效果；

（四）附图说明：说明书有附图的，对各幅附图作简略说明；

（五）具体实施方式：详细写明申请人认为实现发明或者实用新型的优选方式；必要时，举例说明；有附图的，对照附图。

发明或者实用新型专利申请人应当按照前款规定的方式和顺序撰写说明书，并在说明书每一部分前面写明标题，除非其发明或者实用新型的性质用其他方式或者顺序撰写能节约说明书的篇幅并使他人能够准确理解其发明或者实用新型。

发明或者实用新型说明书应当用词规范、语句清楚，并不得使用“如权利要求……所述的……”一类的引用语，也不得使用商业性宣传用语。

发明专利申请包含一个或者多个核苷酸或者氨基酸序列的，说明书应当包括符合国务院专利行政部门规定的序列表。

实用新型专利申请说明书应当有表示要求保护的产品的形状、构造或者其结合的附图。

第二十一条 发明或者实用新型的几幅附图应当按照“图1，图2，……”顺序编号排列。

发明或者实用新型说明书文字部分中未提及的附图标记不得在附图中出现，附图中未出现的附图标记不得在说明书文字部分中提及。申请文件中表示同一组成部分的附图标记应当一致。

附图中除必需的词语外，不应当含有其他注释。

第二十二条 权利要求书应当记载发明或者实用新型的技术特征。

权利要求书有几项权利要求的，应当用阿拉伯数字顺序编号。

权利要求书中使用的科技术语应当与说明书中使用的科技术语一致，可以有化学式或者数学式，但是不得有插图。除绝对必要的外，不得使用“如说明书……部分所述”或者“如图……所示”的用语。

权利要求中的技术特征可以引用说明书附图中相应的标记，该标记应当放在相应的技术特征后并置于括号内，便于理解权利要求。附图标记不得解释为对权利要求的限制。

第二十三条 权利要求书应当有独立权利要求，也可以有从属权利要求。

独立权利要求应当从整体上反映发明或者实用新型的技术方案，记载解决技术问题的必要技术特征。

从属权利要求应当用附加的技术特征，对引用的权利要求作进一步限定。

第二十四条 发明或者实用新型的独立权利要求应当包括前序部分和特征部分，按照下列规定撰写：

（一）前序部分：写明要求保护的发明或者实用新型技术方案的主题名称和发明或者实用新型主题与最接近的现有技术共有的必要技术特征；

（二）特征部分：使用“其特征是……”或者类似的用语，写明发明或者实用新型区别于最接近的现有技术的技术特征。这些特征和前序部分写明的特征合在一起，限定发明或者实用新型要求保护的范围。

发明或者实用新型的性质不适于用前款方式表达的，独立权利要求可以用其他方式撰写。

一项发明或者实用新型应当只有一个独立权利要求，并写在同一发明或者实用新型的从属权利要求之前。

第二十五条　发明或者实用新型的从属权利要求应当包括引用部分和限定部分，按照下列规定撰写：

（一）引用部分：写明引用的权利要求的编号及其主题名称；

（二）限定部分：写明发明或者实用新型附加的技术特征。

从属权利要求只能引用在前的权利要求。引用两项以上权利要求的多项从属权利要求，只能以择一方式引用在前的权利要求，并不得作为另一项多项从属权利要求的基础。

第二十六条　说明书摘要应当写明发明或者实用新型专利申请所公开内容的概要，即写明发明或者实用新型的名称和所属技术领域，并清楚地反映所要解决的技术问题、解决该问题的技术方案的要点以及主要用途。

说明书摘要可以包含最能说明发明的化学式；有附图的专利申请，还应当在请求书中指定一幅最能说明该发明或者实用新型技术特征的说明书附图作为摘要附图。摘要中不得使用商业性宣传用语。

第二十七条　申请专利的发明涉及新的生物材料，该生物材料公众不能得到，并且对该生物材料的说明不足以使所属领域的技术人员实施其发明的，除应当符合专利法和本细则的有关规定外，申请人还应当办理下列手续：

（一）在申请日前或者最迟在申请日（有优先权的，指优先权日），将该生物材料的样品提交国务院专利行政部门认可的保藏单位保藏，并在申请时或者最迟自申请日起4个月内提交保藏单位出具的保藏证明和存活证明；期满未提交证明的，该样品视为未提交保藏；

（二）在申请文件中，提供有关该生物材料特征的资料；

（三）涉及生物材料样品保藏的专利申请应当在请求书和说明书中写明该生物材料的分类命名（注明拉丁文名称）、保藏该生物材料样品的单位名称、地址、保藏日期和保藏编号；申请时未写明的，应当自申请日起4个月内补正；期满未补正的，视为未提交保藏。

第二十八条　发明专利申请人依照本细则第二十七条的规定保藏生物材料样品的，在发明专利申请公布后，任何单位或者个人需要将该专利申请所涉及的生物材料作为实验目的使用的，应当向国务院专利行政部门提出请求，并写明下列事项：

（一）请求人的姓名或者名称和地址；

（二）不向其他任何人提供该生物材料的保证；

（三）在授予专利权前，只作为实验目的使用的保证。

第二十九条 专利法所称遗传资源，是指取自人体、动物、植物或者微生物等含有遗传功能单位并具有实际或者潜在价值的材料和利用此类材料产生的遗传信息；专利法所称依赖遗传资源完成的发明创造，是指利用了遗传资源的遗传功能完成的发明创造。

就依赖遗传资源完成的发明创造申请专利的，申请人应当在请求书中予以说明，并填写国务院专利行政部门制定的表格。

第三十条 申请人应当就每件外观设计产品所需要保护的内容提交有关图片或者照片。

申请局部外观设计专利的，应当提交整体产品的视图，并用虚线与实线相结合或者其他方式表明所需要保护部分的内容。

申请人请求保护色彩的，应当提交彩色图片或者照片。

第三十一条 外观设计的简要说明应当写明外观设计产品的名称、用途，外观设计的设计要点，并指定一幅最能表明设计要点的图片或者照片。省略视图或者请求保护色彩的，应当在简要说明中写明。

对同一产品的多项相似外观设计提出一件外观设计专利申请的，应当在简要说明中指定其中一项作为基本设计。

申请局部外观设计专利的，应当在简要说明中写明请求保护的部分，已在整体产品的视图中用虚线与实线相结合方式表明的除外。

简要说明既不得使用商业性宣传用语，也不得说明产品的性能。

第三十二条 国务院专利行政部门认为必要时，可以要求外观设计专利申请人提交使用外观设计的产品样品或者模型。样品或者模型的体积不得超过30厘米×30厘米×30厘米，重量不得超过15公斤。易腐、易损或者危险品不得作为样品或者模型提交。

第三十三条 专利法第二十四条第（二）项所称中国政府承认的国际展览会，是指国际展览会公约规定的在国际展览局注册或者由其认可的国际展览会。

专利法第二十四条第（三）项所称学术会议或者技术会议，是指国务院有关主管部门或者全国性学术团体组织召开的学术会议或者技术会议，以及国务院有关主管部门认可的由国际组织召开的学术会议或者技术会议。

申请专利的发明创造有专利法第二十四条第（二）项或者第（三）项所列情形的，申请人应当在提出专利申请时声明，并自申请日起2个月内提交有关发明创造已经展出或者发表，以及展出或者发表日期的证明文件。

申请专利的发明创造有专利法第二十四条第（一）项或者第（四）项所列情形的，国务院专利行政部门认为必要时，可以要求申请人在指定期限内提交证明文件。

申请人未依照本条第三款的规定提出声明和提交证明文件的，或者未依照本条第四款的规定在指定期限内提交证明文件的，其申请不适用专利法第二十四条的规定。

第三十四条　申请人依照专利法第三十条的规定要求外国优先权的，申请人提交的在先申请文件副本应当经原受理机构证明。依照国务院专利行政部门与该受理机构签订的协议，国务院专利行政部门通过电子交换等途径获得在先申请文件副本的，视为申请人提交了经该受理机构证明的在先申请文件副本。要求本国优先权，申请人在请求书中写明在先申请的申请日和申请号的，视为提交了在先申请文件副本。

要求优先权，但请求书中漏写或者错写在先申请的申请日、申请号和原受理机构名称中的一项或者两项内容的，国务院专利行政部门应当通知申请人在指定期限内补正；期满未补正的，视为未要求优先权。

要求优先权的申请人的姓名或者名称与在先申请文件副本中记载的申请人姓名或者名称不一致的，应当提交优先权转让证明材料，未提交该证明材料的，视为未要求优先权。

外观设计专利申请人要求外国优先权，其在先申请未包括对外观设计的简要说明，申请人按照本细则第三十一条规定提交的简要说明未超出在先申请文件的图片或者照片表示的范围的，不影响其享有优先权。

第三十五条　申请人在一件专利申请中，可以要求一项或者多项优先权；要求多项优先权的，该申请的优先权期限从最早的优先权日起计算。

发明或者实用新型专利申请人要求本国优先权，在先申请是发明专利申请的，可以就相同主题提出发明或者实用新型专利申请；在先申请是实用新型专利申请的，可以就相同主题提出实用新型或者发明专利申请。外观设计专利申请人要求本国优先权，在先申请是发明或者实用新型专利申请的，可以就附图显示的设计提出相同主题的外观设计专利申请；在先申请是外观设计专利申请的，可以就相同主题提出外观设计专利申请。但是，提出后一申请时，在先申请的主题有下列情形之一的，不得作为要求本国优先权的基础：

（一）已经要求外国优先权或者本国优先权的；

（二）已经被授予专利权的；

（三）属于按照规定提出的分案申请的。

申请人要求本国优先权的，其在先申请自后一申请提出之日起即视为撤回，但外观设计专利申请人要求以发明或者实用新型专利申请作为本国优先权基础的除外。

第三十六条　申请人超出专利法第二十九条规定的期限，向国务院专利行政部门就相同主题提出发明或者实用新型专利申请，有正当理由的，可以在期限届满之日起2个月内请求恢复优先权。

第三十七条　发明或者实用新型专利申请人要求了优先权的，可以自优先权日起16个月内或者自申请日起4个月内，请求在请求书中增加或者改正优先权要求。

第三十八条　在中国没有经常居所或者营业所的申请人，申请专利或者要求外国优先权的，国务院专利行政部门认为必要时，可以要求其提供下列文件：

（一）申请人是个人的，其国籍证明；

（二）申请人是企业或者其他组织的，其注册的国家或者地区的证明文件；

（三）申请人的所属国，承认中国单位和个人可以按照该国国民的同等条件，在该国享有专利权、优先权和其他与专利有关的权利的证明文件。

第三十九条　依照专利法第三十一条第一款规定，可以作为一件专利申请提出的属于一个总的发明构思的两项以上的发明或者实用新型，应当在技术上相互关联，包含一个或者多个相同或者相应的特定技术特征，其中特定技术特征是指每一项发明或者实用新型作为整体，对现有技术作出贡献的技术特征。

第四十条　依照专利法第三十一条第二款规定，将同一产品的多项相似外观设计作为一件申请提出的，对该产品的其他设计应当与简要说明中指定的基本设计相似。一件外观设计专利申请中的相似外观设计不得超过10项。

专利法第三十一条第二款所称同一类别并且成套出售或者使用的产品的两项以上外观设计，是指各产品属于分类表中同一大类，习惯上同时出售或者同时使用，而且各产品的外观设计具有相同的设计构思。

将两项以上外观设计作为一件申请提出的，应当将各项外观设计的顺序编号标注在每件外观设计产品各幅图片或者照片的名称之前。

第四十一条　申请人撤回专利申请的，应当向国务院专利行政部门提出声明，写明发明创造的名称、申请号和申请日。

撤回专利申请的声明在国务院专利行政部门做好公布专利申请文件的印刷准备工作后提出的，申请文件仍予公布；但是，撤回专利申请的声明应当在以后出版的专利公报上予以公告。

第三章　专利申请的审查和批准

第四十二条　在初步审查、实质审查、复审和无效宣告程序中，实施审查和审理的人员有下列情形之一的，应当自行回避，当事人或者其他利害关系人可以要求其回避：

（一）是当事人或者其代理人的近亲属的；

（二）与专利申请或者专利权有利害关系的；

（三）与当事人或者其代理人有其他关系，可能影响公正审查和审理的；

（四）复审或者无效宣告程序中，曾参与原申请的审查的。

第四十三条　国务院专利行政部门收到发明或者实用新型专利申请的请求书、说明书（实用新型必须包括附图）和权利要求书，或者外观设计专利申请的请求书、外观设计的图片或者照片和简要说明后，应当明确申请日、给予申请号，并通知申请人。

第四十四条　专利申请文件有下列情形之一的，国务院专利行政部门不予受理，并通知申请人：

（一）发明或者实用新型专利申请缺少请求书、说明书（实用新型无附图）或者权利要求书的，或者外观设计专利申请缺少请求书、图片或者照片、简要说明的；

（二）未使用中文的；

（三）申请文件的格式不符合规定的；

（四）请求书中缺少申请人姓名或者名称，或者缺少地址的；

（五）明显不符合专利法第十七条或者第十八条第一款的规定的；

（六）专利申请类别（发明、实用新型或者外观设计）不明确或者难以确定的。

第四十五条　发明或者实用新型专利申请缺少或者错误提交权利要求书、说明书或者权利要求书、说明书的部分内容，但申请人在递交日要求了优先权的，可以自递交日起2个月内或者在国务院专利行政部门指定的期限内以援引在先申请文件的方式补交。补交的文件符合有关规定的，以首次提交文件的递交日为申请日。

第四十六条　说明书中写有对附图的说明但无附图或者缺少部分附图的，申请人应当在国务院专利行政部门指定的期限内补交附图或者声明取消对附图的说明。申请人补交附图的，以向国务院专利行政部门提交或者邮寄附图之日为申请日；取消对附图的说明的，保留原申请日。

第四十七条　两个以上的申请人同日（指申请日；有优先权的，指优先权日）分别就同样的发明创造申请专利的，应当在收到国务院专利行政部门的通知后自行协商确定申请人。

同一申请人在同日（指申请日）对同样的发明创造既申请实用新型专利又申请发明专利的，应当在申请时分别说明对同样的发明创造已申请了另一专利；

未作说明的，依照专利法第九条第一款关于同样的发明创造只能授予一项专利权的规定处理。

国务院专利行政部门公告授予实用新型专利权，应当公告申请人已依照本条第二款的规定同时申请了发明专利的说明。

发明专利申请经审查没有发现驳回理由，国务院专利行政部门应当通知申请人在规定期限内声明放弃实用新型专利权。申请人声明放弃的，国务院专利行政部门应当作出授予发明专利权的决定，并在公告授予发明专利权时一并公告申请人放弃实用新型专利权声明。申请人不同意放弃的，国务院专利行政部门应当驳回该发明专利申请；申请人期满未答复的，视为撤回该发明专利申请。

实用新型专利权自公告授予发明专利权之日起终止。

第四十八条 一件专利申请包括两项以上发明、实用新型或者外观设计的，申请人可以在本细则第六十条第一款规定的期限届满前，向国务院专利行政部门提出分案申请；但是，专利申请已经被驳回、撤回或者视为撤回的，不能提出分案申请。

国务院专利行政部门认为一件专利申请不符合专利法第三十一条和本细则第三十九条或者第四十条的规定的，应当通知申请人在指定期限内对其申请进行修改；申请人期满未答复的，该申请视为撤回。

分案的申请不得改变原申请的类别。

第四十九条 依照本细则第四十八条规定提出的分案申请，可以保留原申请日，享有优先权的，可以保留优先权日，但是不得超出原申请记载的范围。

分案申请应当依照专利法及本细则的规定办理有关手续。

分案申请的请求书中应当写明原申请的申请号和申请日。

第五十条 专利法第三十四条和第四十条所称初步审查，是指审查专利申请是否具备专利法第二十六条或者第二十七条规定的文件和其他必要的文件，这些文件是否符合规定的格式，并审查下列各项：

（一）发明专利申请是否明显属于专利法第五条、第二十五条规定的情形，是否不符合专利法第十七条、第十八条第一款、第十九条第一款或者本细则第十一条、第十九条、第二十九条第二款的规定，是否明显不符合专利法第二条第二款、第二十六条第五款、第三十一条第一款、第三十三条或者本细则第二十条至第二十四条的规定；

（二）实用新型专利申请是否明显属于专利法第五条、第二十五条规定的情形，是否不符合专利法第十七条、第十八条第一款、第十九条第一款或者本细则第十一条、第十九条至第二十二条、第二十四条至第二十六条的规定，是否明显不符合专利法第二条第三款、第二十二条、第二十六条第三款、第二十六条第四款、第三十一条第一款、第三十三条或者本细则第二十三条、第四十九条第一款的规定，是否依照专利法第九条规定不能取得专利权；

（三）外观设计专利申请是否明显属于专利法第五条、第二十五条第一款第（六）项规定的情形，是否不符合专利法第十七条、第十八条第一款或者本细则第十一条、第十九条、第三十条、第三十一条的规定，是否明显不符合专利法第二条第四款、第二十三条第一款、第二十三条第二款、第二十七条第二款、第三十一条第二款、第三十三条或者本细则第四十九条第一款的规定，是否依照专利法第九条规定不能取得专利权；

（四）申请文件是否符合本细则第二条、第三条第一款的规定。

国务院专利行政部门应当将审查意见通知申请人，要求其在指定期限内陈述意见或者补正；申请人期满未答复的，其申请视为撤回。申请人陈述意见或者补正后，国务院专利行政部门仍然认为不符合前款所列各项规定的，应当予以驳回。

第五十一条　除专利申请文件外，申请人向国务院专利行政部门提交的与专利申请有关的其他文件有下列情形之一的，视为未提交：

（一）未使用规定的格式或者填写不符合规定的；

（二）未按照规定提交证明材料的。

国务院专利行政部门应当将视为未提交的审查意见通知申请人。

第五十二条　申请人请求早日公布其发明专利申请的，应当向国务院专利行政部门声明。国务院专利行政部门对该申请进行初步审查后，除予以驳回的外，应当立即将申请予以公布。

第五十三条　申请人写明使用外观设计的产品及其所属类别的，应当使用国务院专利行政部门公布的外观设计产品分类表。未写明使用外观设计的产品所属类别或者所写的类别不确切的，国务院专利行政部门可以予以补充或者修改。

第五十四条　自发明专利申请公布之日起至公告授予专利权之日止，任何人均可以对不符合专利法规定的专利申请向国务院专利行政部门提出意见，并说明理由。

第五十五条　发明专利申请人因有正当理由无法提交专利法第三十六条规定的检索资料或者审查结果资料的，应当向国务院专利行政部门声明，并在得到有关资料后补交。

第五十六条　国务院专利行政部门依照专利法第三十五条第二款的规定对专利申请自行进行审查时，应当通知申请人。

申请人可以对专利申请提出延迟审查请求。

第五十七条 发明专利申请人在提出实质审查请求时以及在收到国务院专利行政部门发出的发明专利申请进入实质审查阶段通知书之日起的3个月内，可以对发明专利申请主动提出修改。

实用新型或者外观设计专利申请人自申请日起2个月内，可以对实用新型或者外观设计专利申请主动提出修改。

申请人在收到国务院专利行政部门发出的审查意见通知书后对专利申请文件进行修改的，应当针对通知书指出的缺陷进行修改。

国务院专利行政部门可以自行修改专利申请文件中文字和符号的明显错误。国务院专利行政部门自行修改的，应当通知申请人。

第五十八条 发明或者实用新型专利申请的说明书或者权利要求书的修改部分，除个别文字修改或者增删外，应当按照规定格式提交替换页。外观设计专利申请的图片或者照片的修改，应当按照规定提交替换页。

第五十九条 依照专利法第三十八条的规定，发明专利申请经实质审查应当予以驳回的情形是指：

（一）申请属于专利法第五条、第二十五条规定的情形，或者依照专利法第九条规定不能取得专利权的；

（二）申请不符合专利法第二条第二款、第十九条第一款、第二十二条、第二十六条第三款、第二十六条第四款、第二十六条第五款、第三十一条第一款或者本细则第十一条、第二十三条第二款规定的；

（三）申请的修改不符合专利法第三十三条规定，或者分案的申请不符合本细则第四十九条第一款的规定的。

第六十条 国务院专利行政部门发出授予专利权的通知后，申请人应当自收到通知之日起2个月内办理登记手续。申请人按期办理登记手续的，国务院专利行政部门应当授予专利权，颁发专利证书，并予以公告。

期满未办理登记手续的，视为放弃取得专利权的权利。

第六十一条 保密专利申请经审查没有发现驳回理由的，国务院专利行政部门应当作出授予保密专利权的决定，颁发保密专利证书，登记保密专利权的有关事项。

第六十二条 授予实用新型或者外观设计专利权的决定公告后，专利法第六十六条规定的专利权人、利害关系人、被控侵权人可以请求国务院专利行政部门作出专利权评价报告。申请人可以在办理专利权登记手续时请求国务院专利行政部门作出专利权评价报告。

请求作出专利权评价报告的，应当提交专利权评价报告请求书，写明专利申请号或者专利号。每项请求应当限于一项专利申请或者专利权。

专利权评价报告请求书不符合规定的，国务院专利行政部门应当通知请求人在指定期限内补正；请求人期满未补正的，视为未提出请求。

第六十三条　国务院专利行政部门应当自收到专利权评价报告请求书后2个月内作出专利权评价报告，但申请人在办理专利权登记手续时请求作出专利权评价报告的，国务院专利行政部门应当自公告授予专利权之日起2个月内作出专利权评价报告。

对同一项实用新型或者外观设计专利权，有多个请求人请求作出专利权评价报告的，国务院专利行政部门仅作出一份专利权评价报告。任何单位或者个人可以查阅或者复制该专利权评价报告。

第六十四条　国务院专利行政部门对专利公告、专利单行本中出现的错误，一经发现，应当及时更正，并对所作更正予以公告。

第四章　专利申请的复审与专利权的无效宣告

第六十五条　依照专利法第四十一条的规定向国务院专利行政部门请求复审的，应当提交复审请求书，说明理由，必要时还应当附具有关证据。

复审请求不符合专利法第十八条第一款或者第四十一条第一款规定的，国务院专利行政部门不予受理，书面通知复审请求人并说明理由。

复审请求书不符合规定格式的，复审请求人应当在国务院专利行政部门指定的期限内补正；期满未补正的，该复审请求视为未提出。

第六十六条　请求人在提出复审请求或者在对国务院专利行政部门的复审通知书作出答复时，可以修改专利申请文件；但是，修改应当仅限于消除驳回决定或者复审通知书指出的缺陷。

第六十七条　国务院专利行政部门进行复审后，认为复审请求不符合专利法和本细则有关规定或者专利申请存在其他明显违反专利法和本细则有关规定情形的，应当通知复审请求人，要求其在指定期限内陈述意见。期满未答复的，该复审请求视为撤回；经陈述意见或者进行修改后，国务院专利行政部门认为仍不符合专利法和本细则有关规定的，应当作出驳回复审请求的复审决定。

国务院专利行政部门进行复审后，认为原驳回决定不符合专利法和本细则有关规定的，或者认为经过修改的专利申请文件消除了原驳回决定和复审通知书指出的缺陷的，应当撤销原驳回决定，继续进行审查程序。

第六十八条　复审请求人在国务院专利行政部门作出决定前，可以撤回其复审请求。

复审请求人在国务院专利行政部门作出决定前撤回其复审请求的，复审程序终止。

第六十九条 依照专利法第四十五条的规定，请求宣告专利权无效或者部分无效的，应当向国务院专利行政部门提交专利权无效宣告请求书和必要的证据一式两份。无效宣告请求书应当结合提交的所有证据，具体说明无效宣告请求的理由，并指明每项理由所依据的证据。

前款所称无效宣告请求的理由，是指被授予专利的发明创造不符合专利法第二条、第十九条第一款、第二十二条、第二十三条、第二十六条第三款、第二十六条第四款、第二十七条第二款、第三十三条或者本细则第十一条、第二十三条第二款、第四十九条第一款的规定，或者属于专利法第五条、第二十五条规定的情形，或者依照专利法第九条规定不能取得专利权。

第七十条 专利权无效宣告请求不符合专利法第十八条第一款或者本细则第六十九条规定的，国务院专利行政部门不予受理。

在国务院专利行政部门就无效宣告请求作出决定之后，又以同样的理由和证据请求无效宣告的，国务院专利行政部门不予受理。

以不符合专利法第二十三条第三款的规定为理由请求宣告外观设计专利权无效，但是未提交证明权利冲突的证据的，国务院专利行政部门不予受理。

专利权无效宣告请求书不符合规定格式的，无效宣告请求人应当在国务院专利行政部门指定的期限内补正；期满未补正的，该无效宣告请求视为未提出。

第七十一条 在国务院专利行政部门受理无效宣告请求后，请求人可以在提出无效宣告请求之日起1个月内增加理由或者补充证据。逾期增加理由或者补充证据的，国务院专利行政部门可以不予考虑。

第七十二条 国务院专利行政部门应当将专利权无效宣告请求书和有关文件的副本送交专利权人，要求其在指定的期限内陈述意见。

专利权人和无效宣告请求人应当在指定期限内答复国务院专利行政部门发出的转送文件通知书或者无效宣告请求审查通知书；期满未答复的，不影响国务院专利行政部门审理。

第七十三条 在无效宣告请求的审查过程中，发明或者实用新型专利的专利权人可以修改其权利要求书，但是不得扩大原专利的保护范围。国务院专利行政部门在修改后的权利要求基础上作出维持专利权有效或者宣告专利权部分无效的决定的，应当公告修改后的权利要求。

发明或者实用新型专利的专利权人不得修改专利说明书和附图，外观设计专利的专利权人不得修改图片、照片和简要说明。

第七十四条　国务院专利行政部门根据当事人的请求或者案情需要，可以决定对无效宣告请求进行口头审理。

国务院专利行政部门决定对无效宣告请求进行口头审理的，应当向当事人发出口头审理通知书，告知举行口头审理的日期和地点。当事人应当在通知书指定的期限内作出答复。

无效宣告请求人对国务院专利行政部门发出的口头审理通知书在指定的期限内未作答复，并且不参加口头审理的，其无效宣告请求视为撤回；专利权人不参加口头审理的，可以缺席审理。

第七十五条　在无效宣告请求审查程序中，国务院专利行政部门指定的期限不得延长。

第七十六条　国务院专利行政部门对无效宣告的请求作出决定前，无效宣告请求人可以撤回其请求。

国务院专利行政部门作出决定之前，无效宣告请求人撤回其请求或者其无效宣告请求被视为撤回的，无效宣告请求审查程序终止。但是，国务院专利行政部门认为根据已进行的审查工作能够作出宣告专利权无效或者部分无效的决定的，不终止审查程序。

第五章　专利权期限补偿

第七十七条　依照专利法第四十二条第二款的规定请求给予专利权期限补偿的，专利权人应当自公告授予专利权之日起 3 个月内向国务院专利行政部门提出。

第七十八条　依照专利法第四十二条第二款的规定给予专利权期限补偿的，补偿期限按照发明专利在授权过程中不合理延迟的实际天数计算。

前款所称发明专利在授权过程中不合理延迟的实际天数，是指自发明专利申请日起满 4 年且自实质审查请求之日起满 3 年之日至公告授予专利权之日的间隔天数，减去合理延迟的天数和由申请人引起的不合理延迟的天数。

下列情形属于合理延迟：

（一）依照本细则第六十六条的规定修改专利申请文件后被授予专利权的，因复审程序引起的延迟；

（二）因本细则第一百零三条、第一百零四条规定情形引起的延迟；

（三）其他合理情形引起的延迟。

同一申请人同日对同样的发明创造既申请实用新型专利又申请发明专利，依照本细则第四十七条第四款的规定取得发明专利权的，该发明专利权的期限不适用专利法第四十二条第二款的规定。

第七十九条 专利法第四十二条第二款规定的由申请人引起的不合理延迟包括以下情形：

（一）未在指定期限内答复国务院专利行政部门发出的通知；

（二）申请延迟审查；

（三）因本细则第四十五条规定情形引起的延迟；

（四）其他由申请人引起的不合理延迟。

第八十条 专利法第四十二条第三款所称新药相关发明专利是指符合规定的新药产品专利、制备方法专利、医药用途专利。

第八十一条 依照专利法第四十二条第三款的规定请求给予新药相关发明专利权期限补偿的，应当符合下列要求，自该新药在中国获得上市许可之日起3个月内向国务院专利行政部门提出：

（一）该新药同时存在多项专利的，专利权人只能请求对其中一项专利给予专利权期限补偿；

（二）一项专利同时涉及多个新药的，只能对一个新药就该专利提出专利权期限补偿请求；

（三）该专利在有效期内，且尚未获得过新药相关发明专利权期限补偿。

第八十二条 依照专利法第四十二条第三款的规定给予专利权期限补偿的，补偿期限按照该专利申请日至该新药在中国获得上市许可之日的间隔天数减去5年，在符合专利法第四十二条第三款规定的基础上确定。

第八十三条 新药相关发明专利在专利权期限补偿期间，该专利的保护范围限于该新药及其经批准的适应症相关技术方案；在保护范围内，专利权人享有的权利和承担的义务与专利权期限补偿前相同。

第八十四条 国务院专利行政部门对依照专利法第四十二条第二款、第三款的规定提出的专利权期限补偿请求进行审查后，认为符合补偿条件的，作出给予期限补偿的决定，并予以登记和公告；不符合补偿条件的，作出不予期限补偿的决定，并通知提出请求的专利权人。

第六章 专利实施的特别许可

第八十五条 专利权人自愿声明对其专利实行开放许可的，应当在公告授予专利权后提出。

开放许可声明应当写明以下事项：

（一）专利号；

（二）专利权人的姓名或者名称；

（三）专利许可使用费支付方式、标准；

（四）专利许可期限；

（五）其他需要明确的事项。

开放许可声明内容应当准确、清楚，不得出现商业性宣传用语。

第八十六条　专利权有下列情形之一的，专利权人不得对其实行开放许可：

（一）专利权处于独占或者排他许可有效期限内的；

（二）属于本细则第一百零三条、第一百零四条规定的中止情形的；

（三）没有按照规定缴纳年费的；

（四）专利权被质押，未经质权人同意的；

（五）其他妨碍专利权有效实施的情形。

第八十七条　通过开放许可达成专利实施许可的，专利权人或者被许可人应当凭能够证明达成许可的书面文件向国务院专利行政部门备案。

第八十八条　专利权人不得通过提供虚假材料、隐瞒事实等手段，作出开放许可声明或者在开放许可实施期间获得专利年费减免。

第八十九条　专利法第五十三条第（一）项所称未充分实施其专利，是指专利权人及其被许可人实施其专利的方式或者规模不能满足国内对专利产品或者专利方法的需求。

专利法第五十五条所称取得专利权的药品，是指解决公共健康问题所需的医药领域中的任何专利产品或者依照专利方法直接获得的产品，包括取得专利权的制造该产品所需的活性成分以及使用该产品所需的诊断用品。

第九十条　请求给予强制许可的，应当向国务院专利行政部门提交强制许可请求书，说明理由并附具有关证明文件。

国务院专利行政部门应当将强制许可请求书的副本送交专利权人，专利权人应当在国务院专利行政部门指定的期限内陈述意见；期满未答复的，不影响国务院专利行政部门作出决定。

国务院专利行政部门在作出驳回强制许可请求的决定或者给予强制许可的决定前，应当通知请求人和专利权人拟作出的决定及其理由。

国务院专利行政部门依照专利法第五十五条的规定作出给予强制许可的决定，应当同时符合中国缔结或者参加的有关国际条约关于为了解决公共健康问题而给予强制许可的规定，但中国作出保留的除外。

第九十一条　依照专利法第六十二条的规定，请求国务院专利行政部门裁决使用费数额的，当事人应当提出裁决请求书，并附具双方不能达成协议的证明文件。国务院专利行政部门应当自收到请求书之日起3个月内作出裁决，并通知当事人。

第七章　对职务发明创造的发明人或者设计人的奖励和报酬

第九十二条　被授予专利权的单位可以与发明人、设计人约定或者在其依法制定的规章制度中规定专利法第十五条规定的奖励、报酬的方式和数额。鼓励被授予专利权的单位实行产权激励，采取股权、期权、分红等方式，使发明人或者设计人合理分享创新收益。

企业、事业单位给予发明人或者设计人的奖励、报酬，按照国家有关财务、会计制度的规定进行处理。

第九十三条　被授予专利权的单位未与发明人、设计人约定也未在其依法制定的规章制度中规定专利法第十五条规定的奖励的方式和数额的，应当自公告授予专利权之日起3个月内发给发明人或者设计人奖金。一项发明专利的奖金最低不少于4000元；一项实用新型专利或者外观设计专利的奖金最低不少于1500元。

由于发明人或者设计人的建议被其所属单位采纳而完成的发明创造，被授予专利权的单位应当从优发给奖金。

第九十四条　被授予专利权的单位未与发明人、设计人约定也未在其依法制定的规章制度中规定专利法第十五条规定的报酬的方式和数额的，应当依照《中华人民共和国促进科技成果转化法》的规定，给予发明人或者设计人合理的报酬。

第八章　专利权的保护

第九十五条　省、自治区、直辖市人民政府管理专利工作的部门以及专利管理工作量大又有实际处理能力的地级市、自治州、盟、地区和直辖市的区人民政府管理专利工作的部门，可以处理和调解专利纠纷。

第九十六条　有下列情形之一的，属于专利法第七十条所称的在全国有重大影响的专利侵权纠纷：

（一）涉及重大公共利益的；

（二）对行业发展有重大影响的；

（三）跨省、自治区、直辖市区域的重大案件；

（四）国务院专利行政部门认为可能有重大影响的其他情形。

专利权人或者利害关系人请求国务院专利行政部门处理专利侵权纠纷，相关案件不属于在全国有重大影响的专利侵权纠纷的，国务院专利行政部门可以指定有管辖权的地方人民政府管理专利工作的部门处理。

第九十七条　当事人请求处理专利侵权纠纷或者调解专利纠纷的，由被请求人所在地或者侵权行为地的管理专利工作的部门管辖。

两个以上管理专利工作的部门都有管辖权的专利纠纷，当事人可以向其中一个管理专利工作的部门提出请求；当事人向两个以上有管辖权的管理专利工作的部门提出请求的，由最先受理的管理专利工作的部门管辖。

管理专利工作的部门对管辖权发生争议的，由其共同的上级人民政府管理专利工作的部门指定管辖；无共同上级人民政府管理专利工作的部门的，由国务院专利行政部门指定管辖。

第九十八条　在处理专利侵权纠纷过程中，被请求人提出无效宣告请求并被国务院专利行政部门受理的，可以请求管理专利工作的部门中止处理。

管理专利工作的部门认为被请求人提出的中止理由明显不能成立的，可以不中止处理。

第九十九条　专利权人依照专利法第十六条的规定，在其专利产品或者该产品的包装上标明专利标识的，应当按照国务院专利行政部门规定的方式予以标明。

专利标识不符合前款规定的，由县级以上负责专利执法的部门责令改正。

第一百条　申请人或者专利权人违反本细则第十一条、第八十八条规定的，由县级以上负责专利执法的部门予以警告，可以处10万元以下的罚款。

第一百零一条　下列行为属于专利法第六十八条规定的假冒专利的行为：

（一）在未被授予专利权的产品或者其包装上标注专利标识，专利权被宣告无效后或者终止后继续在产品或者其包装上标注专利标识，或者未经许可在产品或者产品包装上标注他人的专利号；

（二）销售第（一）项所述产品；

（三）在产品说明书等材料中将未被授予专利权的技术或者设计称为专利技术或者专利设计，将专利申请称为专利，或者未经许可使用他人的专利号，使公众将所涉及的技术或者设计误认为是专利技术或者专利设计；

（四）伪造或者变造专利证书、专利文件或者专利申请文件；

（五）其他使公众混淆，将未被授予专利权的技术或者设计误认为是专利技术或者专利设计的行为。

专利权终止前依法在专利产品、依照专利方法直接获得的产品或者其包装上标注专利标识，在专利权终止后许诺销售、销售该产品的，不属于假冒专利行为。

销售不知道是假冒专利的产品，并且能够证明该产品合法来源的，由县级以上负责专利执法的部门责令停止销售。

第一百零二条　除专利法第六十五条规定的外，管理专利工作的部门应当事人请求，可以对下列专利纠纷进行调解：

（一）专利申请权和专利权归属纠纷；

（二）发明人、设计人资格纠纷；

（三）职务发明创造的发明人、设计人的奖励和报酬纠纷；

（四）在发明专利申请公布后专利权授予前使用发明而未支付适当费用的纠纷；

（五）其他专利纠纷。

对于前款第（四）项所列的纠纷，当事人请求管理专利工作的部门调解的，应当在专利权被授予之后提出。

第一百零三条 当事人因专利申请权或者专利权的归属发生纠纷，已请求管理专利工作的部门调解或者向人民法院起诉的，可以请求国务院专利行政部门中止有关程序。

依照前款规定请求中止有关程序的，应当向国务院专利行政部门提交请求书，说明理由，并附具管理专利工作的部门或者人民法院的写明申请号或者专利号的有关受理文件副本。国务院专利行政部门认为当事人提出的中止理由明显不能成立的，可以不中止有关程序。

管理专利工作的部门作出的调解书或者人民法院作出的判决生效后，当事人应当向国务院专利行政部门办理恢复有关程序的手续。自请求中止之日起 1 年内，有关专利申请权或者专利权归属的纠纷未能结案，需要继续中止有关程序的，请求人应当在该期限内请求延长中止。期满未请求延长的，国务院专利行政部门自行恢复有关程序。

第一百零四条 人民法院在审理民事案件中裁定对专利申请权或者专利权采取保全措施的，国务院专利行政部门应当在收到写明申请号或者专利号的裁定书和协助执行通知书之日中止被保全的专利申请权或者专利权的有关程序。保全期限届满，人民法院没有裁定继续采取保全措施的，国务院专利行政部门自行恢复有关程序。

第一百零五条 国务院专利行政部门根据本细则第一百零三条和第一百零四条规定中止有关程序，是指暂停专利申请的初步审查、实质审查、复审程序，授予专利权程序和专利权无效宣告程序；暂停办理放弃、变更、转移专利权或者专利申请权手续，专利权质押手续以及专利权期限届满前的终止手续等。

第九章 专利登记和专利公报

第一百零六条 国务院专利行政部门设置专利登记簿，登记下列与专利申请和专利权有关的事项：

（一）专利权的授予；

（二）专利申请权、专利权的转移；

（三）专利权的质押、保全及其解除；

（四）专利实施许可合同的备案；

（五）国防专利、保密专利的解密；

（六）专利权的无效宣告；

（七）专利权的终止；

（八）专利权的恢复；

（九）专利权期限的补偿；

（十）专利实施的开放许可；

（十一）专利实施的强制许可；

（十二）专利权人的姓名或者名称、国籍和地址的变更。

第一百零七条　国务院专利行政部门定期出版专利公报，公布或者公告下列内容：

（一）发明专利申请的著录事项和说明书摘要；

（二）发明专利申请的实质审查请求和国务院专利行政部门对发明专利申请自行进行实质审查的决定；

（三）发明专利申请公布后的驳回、撤回、视为撤回、视为放弃、恢复和转移；

（四）专利权的授予以及专利权的著录事项；

（五）实用新型专利的说明书摘要，外观设计专利的一幅图片或者照片；

（六）国防专利、保密专利的解密；

（七）专利权的无效宣告；

（八）专利权的终止、恢复；

（九）专利权期限的补偿；

（十）专利权的转移；

（十一）专利实施许可合同的备案；

（十二）专利权的质押、保全及其解除；

（十三）专利实施的开放许可事项；

（十四）专利实施的强制许可的给予；

（十五）专利权人的姓名或者名称、国籍和地址的变更；

（十六）文件的公告送达；

（十七）国务院专利行政部门作出的更正；

（十八）其他有关事项。

第一百零八条　国务院专利行政部门应当提供专利公报、发明专利申请单行本以及发明专利、实用新型专利、外观设计专利单行本，供公众免费查阅。

第一百零九条　国务院专利行政部门负责按照互惠原则与其他国家、地区的专利机关或者区域性专利组织交换专利文献。

第十章　费　　用

第一百一十条　向国务院专利行政部门申请专利和办理其他手续时，应当缴纳下列费用：

（一）申请费、申请附加费、公布印刷费、优先权要求费；

（二）发明专利申请实质审查费、复审费；

（三）年费；

（四）恢复权利请求费、延长期限请求费；

（五）著录事项变更费、专利权评价报告请求费、无效宣告请求费、专利文件副本证明费。

前款所列各种费用的缴纳标准，由国务院发展改革部门、财政部门会同国务院专利行政部门按照职责分工规定。国务院财政部门、发展改革部门可以会同国务院专利行政部门根据实际情况对申请专利和办理其他手续应当缴纳的费用种类和标准进行调整。

第一百一十一条　专利法和本细则规定的各种费用，应当严格按照规定缴纳。

直接向国务院专利行政部门缴纳费用的，以缴纳当日为缴费日；以邮局汇付方式缴纳费用的，以邮局汇出的邮戳日为缴费日；以银行汇付方式缴纳费用的，以银行实际汇出日为缴费日。

多缴、重缴、错缴专利费用的，当事人可以自缴费日起3年内，向国务院专利行政部门提出退款请求，国务院专利行政部门应当予以退还。

第一百一十二条　申请人应当自申请日起2个月内或者在收到受理通知书之日起15日内缴纳申请费、公布印刷费和必要的申请附加费；期满未缴纳或者未缴足的，其申请视为撤回。

申请人要求优先权的，应当在缴纳申请费的同时缴纳优先权要求费；期满未缴纳或者未缴足的，视为未要求优先权。

第一百一十三条　当事人请求实质审查或者复审的，应当在专利法及本细则规定的相关期限内缴纳费用；期满未缴纳或者未缴足的，视为未提出请求。

第一百一十四条　申请人办理登记手续时，应当缴纳授予专利权当年的年费；期满未缴纳或者未缴足的，视为未办理登记手续。

第一百一十五条　授予专利权当年以后的年费应当在上一年度期满前缴纳。专利权人未缴纳或者未缴足的，国务院专利行政部门应当通知专利权人自应当缴纳年费期满之日起6个月内补缴，同时缴纳滞纳金；滞纳金的金额按照每超过规定的缴费时间1个月，加收当年全额年费的5%计算；期满未缴纳的，专利权自应当缴纳年费期满之日起终止。

第一百一十六条 恢复权利请求费应当在本细则规定的相关期限内缴纳；期满未缴纳或者未缴足的，视为未提出请求。

延长期限请求费应当在相应期限届满之日前缴纳；期满未缴纳或者未缴足的，视为未提出请求。

著录事项变更费、专利权评价报告请求费、无效宣告请求费应当自提出请求之日起1个月内缴纳；期满未缴纳或者未缴足的，视为未提出请求。

第一百一十七条 申请人或者专利权人缴纳本细则规定的各种费用有困难的，可以按照规定向国务院专利行政部门提出减缴的请求。减缴的办法由国务院财政部门会同国务院发展改革部门、国务院专利行政部门规定。

第十一章 关于发明、实用新型国际申请的特别规定

第一百一十八条 国务院专利行政部门根据专利法第十九条规定，受理按照专利合作条约提出的专利国际申请。

按照专利合作条约提出并指定中国的专利国际申请（以下简称国际申请）进入国务院专利行政部门处理阶段（以下称进入中国国家阶段）的条件和程序适用本章的规定；本章没有规定的，适用专利法及本细则其他各章的有关规定。

第一百一十九条 按照专利合作条约已确定国际申请日并指定中国的国际申请，视为向国务院专利行政部门提出的专利申请，该国际申请日视为专利法第二十八条所称的申请日。

第一百二十条 国际申请的申请人应当在专利合作条约第二条所称的优先权日（本章简称优先权日）起30个月内，向国务院专利行政部门办理进入中国国家阶段的手续；申请人未在该期限内办理该手续的，在缴纳宽限费后，可以在自优先权日起32个月内办理进入中国国家阶段的手续。

第一百二十一条 申请人依照本细则第一百二十条的规定办理进入中国国家阶段的手续的，应当符合下列要求：

（一）以中文提交进入中国国家阶段的书面声明，写明国际申请号和要求获得的专利权类型；

（二）缴纳本细则第一百一十条第一款规定的申请费、公布印刷费，必要时缴纳本细则第一百二十条规定的宽限费；

（三）国际申请以外文提出的，提交原始国际申请的说明书和权利要求书的中文译文；

（四）在进入中国国家阶段的书面声明中写明发明创造的名称，申请人姓名或者名称、地址和发明人的姓名，上述内容应当与世界知识产权组织国际局（以下简称国际局）的记录一致；国际申请中未写明发明人的，在上述声明中写

明发明人的姓名；

（五）国际申请以外文提出的，提交摘要的中文译文，有附图和摘要附图的，提交附图副本并指定摘要附图，附图中有文字的，将其替换为对应的中文文字；

（六）在国际阶段向国际局已办理申请人变更手续的，必要时提供变更后的申请人享有申请权的证明材料；

（七）必要时缴纳本细则第一百一十条第一款规定的申请附加费。

符合本条第一款第（一）项至第（三）项要求的，国务院专利行政部门应当给予申请号，明确国际申请进入中国国家阶段的日期（以下简称进入日），并通知申请人其国际申请已进入中国国家阶段。

国际申请已进入中国国家阶段，但不符合本条第一款第（四）项至第（七）项要求的，国务院专利行政部门应当通知申请人在指定期限内补正；期满未补正的，其申请视为撤回。

第一百二十二条 国际申请有下列情形之一的，其在中国的效力终止：

（一）在国际阶段，国际申请被撤回或者被视为撤回，或者国际申请对中国的指定被撤回的；

（二）申请人未在优先权日起32个月内按照本细则第一百二十条规定办理进入中国国家阶段手续的；

（三）申请人办理进入中国国家阶段的手续，但自优先权日起32个月期限届满仍不符合本细则第一百二十一条第（一）项至第（三）项要求的。

依照前款第（一）项的规定，国际申请在中国的效力终止的，不适用本细则第六条的规定；依照前款第（二）项、第（三）项的规定，国际申请在中国的效力终止的，不适用本细则第六条第二款的规定。

第一百二十三条 国际申请在国际阶段做过修改，申请人要求以经修改的申请文件为基础进行审查的，应当自进入日起2个月内提交修改部分的中文译文。在该期间内未提交中文译文的，对申请人在国际阶段提出的修改，国务院专利行政部门不予考虑。

第一百二十四条 国际申请涉及的发明创造有专利法第二十四条第（二）项或者第（三）项所列情形之一，在提出国际申请时作过声明的，申请人应当在进入中国国家阶段的书面声明中予以说明，并自进入日起2个月内提交本细则第三十三条第三款规定的有关证明文件；未予说明或者期满未提交证明文件的，其申请不适用专利法第二十四条的规定。

第一百二十五条 申请人按照专利合作条约的规定，对生物材料样品的保藏已作出说明的，视为已经满足了本细则第二十七条第（三）项的要求。申请人应当在进入中国国家阶段声明中指明记载生物材料样品保藏事项的文件以及在该文件中的具体记载位置。

申请人在原始提交的国际申请的说明书中已记载生物材料样品保藏事项，但是没有在进入中国国家阶段声明中指明的，应当自进入日起4个月内补正。期满未补正的，该生物材料视为未提交保藏。

申请人自进入日起4个月内向国务院专利行政部门提交生物材料样品保藏证明和存活证明的，视为在本细则第二十七条第（一）项规定的期限内提交。

第一百二十六条　国际申请涉及的发明创造依赖遗传资源完成的，申请人应当在国际申请进入中国国家阶段的书面声明中予以说明，并填写国务院专利行政部门制定的表格。

第一百二十七条　申请人在国际阶段已要求一项或者多项优先权，在进入中国国家阶段时该优先权要求继续有效的，视为已经依照专利法第三十条的规定提出了书面声明。

申请人应当自进入日起2个月内缴纳优先权要求费；期满未缴纳或者未缴足的，视为未要求该优先权。

申请人在国际阶段已依照专利合作条约的规定，提交过在先申请文件副本的，办理进入中国国家阶段手续时不需要向国务院专利行政部门提交在先申请文件副本。申请人在国际阶段未提交在先申请文件副本的，国务院专利行政部门认为必要时，可以通知申请人在指定期限内补交；申请人期满未补交的，其优先权要求视为未提出。

第一百二十八条　国际申请的申请日在优先权期限届满之后2个月内，在国际阶段受理局已经批准恢复优先权的，视为已经依照本细则第三十六条的规定提出了恢复优先权请求；在国际阶段申请人未请求恢复优先权，或者提出了恢复优先权请求但受理局未批准，申请人有正当理由的，可以自进入日起2个月内向国务院专利行政部门请求恢复优先权。

第一百二十九条　在优先权日起30个月期满前要求国务院专利行政部门提前处理和审查国际申请的，申请人除应当办理进入中国国家阶段手续外，还应当依照专利合作条约第二十三条第二款规定提出请求。国际局尚未向国务院专利行政部门传送国际申请的，申请人应当提交经确认的国际申请副本。

第一百三十条　要求获得实用新型专利权的国际申请，申请人可以自进入日起2个月内对专利申请文件主动提出修改。

要求获得发明专利权的国际申请，适用本细则第五十七条第一款的规定。

第一百三十一条　申请人发现提交的说明书、权利要求书或者附图中的文字的中文译文存在错误的，可以在下列规定期限内依照原始国际申请文本提出改正：

（一）在国务院专利行政部门做好公布发明专利申请或者公告实用新型专利权的准备工作之前；

（二）在收到国务院专利行政部门发出的发明专利申请进入实质审查阶段通知书之日起3个月内。

申请人改正译文错误的，应当提出书面请求并缴纳规定的译文改正费。

申请人按照国务院专利行政部门的通知书的要求改正译文的，应当在指定期限内办理本条第二款规定的手续；期满未办理规定手续的，该申请视为撤回。

第一百三十二条 对要求获得发明专利权的国际申请，国务院专利行政部门经初步审查认为符合专利法和本细则有关规定的，应当在专利公报上予以公布；国际申请以中文以外的文字提出的，应当公布申请文件的中文译文。

要求获得发明专利权的国际申请，由国际局以中文进行国际公布的，自国际公布日或者国务院专利行政部门公布之日起适用专利法第十三条的规定；由国际局以中文以外的文字进行国际公布的，自国务院专利行政部门公布之日起适用专利法第十三条的规定。

对国际申请，专利法第二十一条和第二十二条中所称的公布是指本条第一款所规定的公布。

第一百三十三条 国际申请包含两项以上发明或者实用新型的，申请人可以自进入日起，依照本细则第四十八条第一款的规定提出分案申请。

在国际阶段，国际检索单位或者国际初步审查单位认为国际申请不符合专利合作条约规定的单一性要求时，申请人未按照规定缴纳附加费，导致国际申请某些部分未经国际检索或者未经国际初步审查，在进入中国国家阶段时，申请人要求将所述部分作为审查基础，国务院专利行政部门认为国际检索单位或者国际初步审查单位对发明单一性的判断正确的，应当通知申请人在指定期限内缴纳单一性恢复费。期满未缴纳或者未足额缴纳的，国际申请中未经检索或者未经国际初步审查的部分视为撤回。

第一百三十四条 国际申请在国际阶段被有关国际单位拒绝给予国际申请日或者宣布视为撤回的，申请人在收到通知之日起2个月内，可以请求国际局将国际申请档案中任何文件的副本转交国务院专利行政部门，并在该期限内向国务院专利行政部门办理本细则第一百二十条规定的手续，国务院专利行政部门应当在接到国际局传送的文件后，对国际单位作出的决定是否正确进行复查。

第一百三十五条 基于国际申请授予的专利权，由于译文错误，致使依照专利法第六十四条规定确定的保护范围超出国际申请的原文所表达的范围的，以依据原文限制后的保护范围为准；致使保护范围小于国际申请的原文所表达的范围的，以授权时的保护范围为准。

第十二章　关于外观设计国际申请的特别规定

第一百三十六条　国务院专利行政部门根据专利法第十九条第二款、第三款规定，处理按照工业品外观设计国际注册海牙协定（1999 年文本）（以下简称海牙协定）提出的外观设计国际注册申请。

国务院专利行政部门处理按照海牙协定提出并指定中国的外观设计国际注册申请（简称外观设计国际申请）的条件和程序适用本章的规定；本章没有规定的，适用专利法及本细则其他各章的有关规定。

第一百三十七条　按照海牙协定已确定国际注册日并指定中国的外观设计国际申请，视为向国务院专利行政部门提出的外观设计专利申请，该国际注册日视为专利法第二十八条所称的申请日。

第一百三十八条　国际局公布外观设计国际申请后，国务院专利行政部门对外观设计国际申请进行审查，并将审查结果通知国际局。

第一百三十九条　国际局公布的外观设计国际申请中包括一项或者多项优先权的，视为已经依照专利法第三十条的规定提出了书面声明。

外观设计国际申请的申请人要求优先权的，应当自外观设计国际申请公布之日起 3 个月内提交在先申请文件副本。

第一百四十条　外观设计国际申请涉及的外观设计有专利法第二十四条第（二）项或者第（三）项所列情形的，应当在提出外观设计国际申请时声明，并自外观设计国际申请公布之日起 2 个月内提交本细则第三十三条第三款规定的有关证明文件。

第一百四十一条　一件外观设计国际申请包括两项以上外观设计的，申请人可以自外观设计国际申请公布之日起 2 个月内，向国务院专利行政部门提出分案申请，并缴纳费用。

第一百四十二条　国际局公布的外观设计国际申请中包括含设计要点的说明书的，视为已经依照本细则第三十一条的规定提交了简要说明。

第一百四十三条　外观设计国际申请经国务院专利行政部门审查后没有发现驳回理由的，由国务院专利行政部门作出给予保护的决定，通知国际局。

国务院专利行政部门作出给予保护的决定后，予以公告，该外观设计专利权自公告之日起生效。

第一百四十四条　已在国际局办理权利变更手续的，申请人应当向国务院专利行政部门提供有关证明材料。

第十三章　附　　则

第一百四十五条　经国务院专利行政部门同意，任何人均可以查阅或者复制已经公布或者公告的专利申请的案卷和专利登记簿，并可以请求国务院专利行政部门出具专利登记簿副本。

已视为撤回、驳回和主动撤回的专利申请的案卷，自该专利申请失效之日起满2年后不予保存。

已放弃、宣告全部无效和终止的专利权的案卷，自该专利权失效之日起满3年后不予保存。

第一百四十六条　向国务院专利行政部门提交申请文件或者办理各种手续，应当由申请人、专利权人、其他利害关系人或者其代表人签字或者盖章；委托专利代理机构的，由专利代理机构盖章。

请求变更发明人姓名、专利申请人和专利权人的姓名或者名称、国籍和地址、专利代理机构的名称、地址和专利代理师姓名的，应当向国务院专利行政部门办理著录事项变更手续，必要时应当提交变更理由的证明材料。

第一百四十七条　向国务院专利行政部门邮寄有关申请或者专利权的文件，应当使用挂号信函，不得使用包裹。

除首次提交专利申请文件外，向国务院专利行政部门提交各种文件、办理各种手续的，应当标明申请号或者专利号、发明创造名称和申请人或者专利权人姓名或者名称。

一件信函中应当只包含同一申请的文件。

第一百四十八条　国务院专利行政部门根据专利法和本细则制定专利审查指南。

第一百四十九条　本细则自2001年7月1日起施行。1992年12月12日国务院批准修订、1992年12月21日中国专利局发布的《中华人民共和国专利法实施细则》同时废止。

例文2

芜湖市完善市区建设用地使用权转让、出租、抵押二级市场实施细则

第一章　总　　则

第一条　为进一步完善我市建设用地使用权转让、出租、抵押二级市场（以下简称“土地二级市场”），规范土地二级市场管理，按照《中华人民共和国土地管理法》、《国务院办公厅关于完善建设用地使用权转让、出租、抵押二

级市场的指导意见》（国办发〔2019〕34号）和安徽省自然资源厅等七部门《关于完善建设用地使用权转让、出租、抵押二级市场实施意见的通知》（皖自然资规〔2019〕3号）有关要求，结合我市实际制定本细则。

第二条　本实施细则适用于市区（不含湾沚区、繁昌区，下同）范围内的建设用地使用权转让、出租、抵押管理。

企业国有资产交易、行政事业单位国有资产交易、农村集体资产交易涉及建设用地使用权转让、出租的，国家、省、市另有规定的，从其规定。

湾沚区、繁昌区、南陵县、无为市可结合本地实际，参照本细则另行制定实施细则。

第三条　本细则所称建设用地使用权转让是指土地使用权人将依法获得的建设用地使用权转移的行为，包括买卖、交换、赠与、出资等，以及司法处置、资产处置、法人或其他组织合并或分立等形式涉及的建设用地使用权转移。具体包括净地转让、在建工程及对应的建设用地使用权转让，“连地带房”整体转让等。涉及房地产开发项目对外转让的，按照房地产转让相关法律法规规定办理房地产转让相关手续。

第四条　本细则所称建设用地使用权出租是指土地使用权人将建设用地使用权单独或者随同地上建筑物、其他附着物出租给承租人使用，由承租人向出租人支付租金的行为。

第五条　本细则所称建设用地使用权抵押是指土地使用权人以建设用地使用权或建（构）筑物（含在建工程）所有权及对应的建设用地使用权进行抵押的行为。具体包括净地抵押、在建工程及对应的建设用地使用权抵押、“连地带房”整体抵押等。

第六条　市自然资源和规划局负责搭建全市城乡统一的土地二级市场交易平台，在现有的不动产交易登记平台基础上建设土地二级市场线上交易系统（以下简称线上交易系统），汇集土地二级市场交易信息，与相关部门加强信息共享集成，大力推行“互联网+政务服务”模式，逐步实现与全国土地二级市场交易服务平台互联互通。

在市不动产登记中心设置土地二级市场交易登记集成服务窗口（以下简称集成服务窗口），负责受理交易申请和初审、核验权利人身份和土地权属、向相关部门及区政府（开发区管委会）征求意见、组织双方签订交易合同以及完成交易后办理不动产登记手续等交易相关事务。

第七条　建立健全转让、出租二级市场“信息发布—达成意向—签订合同—交易监管”的交易流程。交易双方可通过自行协商交易或者通过土地二级市场交易平台达成交易意向，签订交易合同。自行协商交易或者通过土地二级市场交易平台交易的，可通过集成服务窗口线下或线上交易系统提交相关资料。

（一）自行协商交易

权利人向集成服务窗口提交交易申请及相关材料，集成服务窗口当场完成初审。集成服务窗口根据本细则进行初审，初审通过后正式受理并转入征求意见环节；初审不通过的，当场向申请人出具《不予进入土地二级市场交易告知书》，明确告知申请人不予进入二级市场交易的具体原因。对经初审符合进入二级市场交易条件的工业等产业项目，集成服务窗口向属地区政府、开发区管委会和市自规局线下发出征求意见函（线上交易系统建成后通过线上发送），划拨土地使用权和房地产开发项目向市自然资源和规划局征求意见，被征求意见方应在3个工作日内完成审核并反馈意见，对不同意交易的需在反馈意见中说明不同意交易的具体原因。集成服务窗口收到不同意交易反馈意见后0.5个工作日向申请人出具《不予进入土地二级市场交易的告知书》，详细告知不予进入二级市场交易理由。

（二）通过土地二级市场交易平台交易

申请人向土地二级市场交易平台申请发布交易信息，转让方或出租方需提交不动产权属信息及交易需求信息等，求购方或求租方只需提供求购和求租相关需求信息。集成服务窗口当场完成初审，审核方式及流程、时限等比照自行协商交易有关规定执行。

集成服务窗口收到同意交易的反馈意见后通过线上、线下公告推介，成交后组织双方签订交易合同、完成交易、办理不动产登记等。

第二章　建设用地使用权转让

第八条　有下列情形之一的，建设用地使用权不得进入土地二级市场转让：

（一）未依法取得建设用地使用权不动产权证书的；

（二）土地权属不清、有争议的；

（三）经有权机关依法裁定、决定查封或者以其他形式限制权利的；

（四）共有的建设用地使用权未经占份额三分之二以上的按份共有人或者全体共同共有人同意，但是共有人之间另有约定的除外；

（五）已超过建设用地使用期限，未办理续期的；

（六）按照《闲置土地处置办法》规定禁止转让的；

（七）工业项目配套建设的行政办公及生活服务设施占用的建设用地单独分割转让的；

（八）应当依法征收或者收回建设用地使用权的；

（九）法律法规规定禁止转让的其他情形。

第九条　以划拨方式取得土地使用权的，转让房地产时，需经市自然资源和规划局审查同意，并报市政府批准，土地用途符合《划拨用地目录》的，可不补缴土地出让价款，按转移登记办理；不符合《划拨用地目录》的，在符合规划的前提下，由受让方依法依规办理土地出让手续并补缴土地出让价款。对不改变土地及建筑物、构筑物现状的，补缴土地出让价款按照评估现状使用条件下的出让土地使用权正常市场价格，减去划拨土地使用权价格合理确定；依法变更规划条件的，补缴土地出让价款应按照评估变更后规划条件下的出让土地使用权正常市场价格，减去现状使用条件下的划拨土地使用权价格合理确定。

第十条　对政府国有资产调拨转移土地或房屋产权的，不纳入二级市场交易程序办理，市不动产登记中心根据不动产登记规定办理不动产转移登记。

第十一条　拟转让的建设用地，需进行宗地分割、合并或者调整边界的，按审批权限由自然资源和规划部门批准后，可一并办理宗地分割、合并或者调整边界的变更登记和不动产转移登记。宗地分割、合并涉及公共配套设施建设和使用的，转让双方应在合同中明确有关权利义务。

第三章　建设用地使用权出租

第十二条　有下列情形之一的，建设用地使用权不得进入土地二级市场出租：

（一）未依法取得建设用地使用权不动产权证书的；

（二）土地权属不清、有争议的；

（三）经有权机关依法裁定、决定查封或者以其他形式限制权利的；

（四）共有的建设用地使用权未经占份额三分之二以上的按份共有人或者全体共同共有人同意，但是共有人之间另有约定的除外；

（五）已超过建设用地使用期限，未办理续期的；

（六）按照《闲置土地处置办法》规定禁止出租的；

（七）应当依法征收或者收回建设用地使用权的；

（八）法律法规规定禁止出租的其他情形。

第十三条　以划拨方式取得的建设用地使用权出租还应同时符合下列条件：

（一）按划拨决定书约定支付全部土地价款；

（二）取得不动产权证书；

（三）出租信息发布时出具按规定上缴租金中所含支付土地收益承诺，出租成交后依法申报并及时缴纳土地收益。

第十四条　划拨方式取得的建设用地使用权长期出租，或部分用于出租且可分割的，应依法补办出让、租赁等有偿使用手续。

第四章　建设用地使用权抵押

第十五条　有下列情形之一的，建设用地使用权不得进入土地二级市场抵押：

（一）宅基地、自留地、自留山等集体所有土地的使用权，但是法律规定可以抵押的除外；

（二）学校、幼儿园、医疗机构等为公益目的成立的非营利法人的教育设施、医疗卫生设施和其他公益设施；

（三）所有权、使用权不明或者有争议的财产；

（四）依法被查封、扣押、监管的财产；

（五）按照《闲置土地处置办法》规定禁止抵押的；

（六）法律法规规定禁止抵押的其他情形。

第十六条　自然人、企业均可作为抵押权人，依法申请以建设用地使用权及其地上建筑物、其他附着物所有权办理不动产抵押登记，涉及企业之间债权债务合同的须符合有关法律法规的规定。

第十七条　以划拨方式取得的建设用地使用权可依法设定抵押权，划拨建设用地抵押权实现时债权人应优先缴纳土地出让收入。

第十八条　不以公益为目的的养老、教育等以有偿方式取得的建设用地使用权可用于抵押。抵押双方须承诺抵押权实现后不改变原土地用途并保障原有经营活动持续稳定。

第十九条　对工业、仓储等产业项目申请建设用地使用权抵押的，属地区政府、开发区管委会需对项目是否已享受产业扶持优惠政策进行把关，并向集成服务窗口出具同意办理抵押登记的意见后，集成服务窗口方可办理抵押登记。

第五章　监管服务

第二十条　市自然资源和规划局负责建立土地二级市场交易与不动产登记信息共享机制，实行“交易+登记”并联办理，提供一次告知、一窗受理、一站办结的一体化服务。制定规范统一的交易合同文本，保障交易双方合法权益。

第二十一条　市自然资源和规划局应积极配合人民法院在司法处置前对案涉土地、房屋（含在建工程）信息进行协查，并在收到人民法院协查通知之日起10日内反馈相关信息，对涉及土地的限制权利状况及处理意见提示人民法院纳入拍卖、变卖公告，人民法院完成拍卖、变卖或者以物抵债后，如需办理审批手续及缴纳土地出让价款的，由竞得人或者受让人向市自然资源和规划局申请，依法缴纳相关费用。司法处置土地可进入土地二级市场交易平台交易。

第二十二条　发挥社会中介组织在市场交易活动中的桥梁作用，探索发展专业化产权交易机构，为交易各方提供招商推介、展示、咨询、估价、交易、资金结算等服务。

第二十三条　健全土地二级市场动态监测监管制度，完善监测监管信息系统。严格落实公示地价体系，定期更新和发布基准地价或标定地价，定期分析土地二级市场运行状况，防止交易价格异常波动。

第六章　附　　则

第二十四条　本细则自印发之日起施行，未尽事宜以国家、省有关规定为准。以往规定与本细则要求不一致的，以本细则为准。涉及二级市场交易具体业务流程及操作规范，由市自然资源和规划局另行制定。

【进阶内容】

一、要紧扣原文条款。细则是为了能够更好地贯彻重要法规的某些条款而制定的，是这些条款规定的具体化。因此，在撰写时决不能仅在序言中提出是根据某“条例”或某“规定”中的某一条款制定的，而主体内容却离开原条款主旨去随意引申和发挥，这样会使执行者无所适从，影响法规的贯彻执行。

二、要从实际情况出发。撰写细则，不能仅就原法规条款进行字面或者演绎推理性的解释，而必须深入实际，认真进行调查研究，与本系统、本地区、本部门的实际情况结合起来。这样，所制定的细则才能做到有的放矢，切实可行，真正发挥指导与帮助执行者正确理解党和政府的方针政策并更好地贯彻执行的作用。

三、要注意把握细则的制定机关权限。制定细则的机关部门的要求相当严格，即对国务院制定的行政法规的实施细则，通常经国务院授权，由国务院所属部门或者以地方人民政府名义制定发布；下级地方人民政府可以根据上级人民政府发布的行政法规制定实施细则；地方人民政府可以根据同级权力机关发布的地方性法规制定实施细则；政府的有关部门可以根据本级人民政府发布的行政法规制定实施细则。

党的机关工作部门、社会团体、企业事业单位也可以根据本级领导机关制定的重要规章性公文制定相应的实施细则。

四、要体现出“准”与“细”的特点。“准”是指要抓住那些容易出现问题的关键之处进行解释或说明；“细”是指所制定的措施一定要做到详尽具体，界限分明，使人易于理解，便于执行。

第十一章　书信体文书的写作

第一节　慰问信

【功能特性】

慰问信是常用的一种专用书信形式。它是以组织或个人的名义向对方表示热情关怀和慰勉问候的礼仪文书。慰问信如以电报发出，即称慰问电。慰问信的应用范围很广，从作者角度看，有以组织名义写的，有以个人名义写的；从读者角度看，有些给集体的，也有些给个人的；从内容看，有向工作中做出突出贡献的人员进行慰问的，也有向遭受不幸者慰问的，也有向烈军属慰问的，还有向部队指战员进行慰问的等，其作用在于充分体现组织或集体的温暖和关怀“社会的关心，以及组织或集体与个人之间”同志之间的真挚感情，给人以继续奋发向上的信心“克服困难的勇气”勤奋学习和努力工作的正能量。

【结构模式】

慰问信的内容结构一般由以下几部分组成：

一、标题

多数标题可直接写文种名称，即“慰问信”；有时也可写明受文对象和文种名称两个要素，如“致×××的慰问信”等。

二、称谓

应当在标题之下顶格写明被慰问的单位名称或个人姓名，后加冒号，提领正文部分。

三、正文

慰问信的正文部分则应主要写明3层意思：一是慰问的背景、原因及问候用语，要写得简明扼要、诚恳亲切；二是对对方在工作和生产过程中所做出的成绩以及体现出来的可贵精神予以较为具体的叙述并表示赞扬，对不幸、损失和困难等表示安慰和同情，撰写时要根据发信的目的和收信对象有所侧重；三是通常要在最后提出有关的希望或要求，抑或表明慰问与祝愿。

四、结尾

在正文的右下侧由发送慰问信的单位或个人署名，并签具日期。以单位名称发出的慰问信，还应加盖公章，以示郑重、严肃。

【典范文例】

例文 1

致全国环卫工人的慰问信

全国环卫工人同志们：

在全国上下深入学习贯彻党的二十届三中全会精神之际，我们再次迎来了10 月 26 日这个具有特殊意义的日子。在此，中华全国总工会、中华人民共和国住房和城乡建设部谨向一直以来默默耕耘、辛勤付出的广大环卫工人致以崇高的敬意和亲切的问候，向长期关心和支持环卫事业的社会各界人士以及环卫工人亲属表示诚挚的感谢！

环卫事业是建设美丽中国的重要组成部分，环卫工人是推进环卫事业高质量发展不可或缺的力量。党和国家历来重视环卫工作，习近平总书记赞誉环卫工人是“城市美容师”，要求全社会尊重环卫工人、珍爱生活环境。1959 年，环卫工人时传祥的事迹得到时任国家主席刘少奇同志的充分肯定。65 年春华秋实，65 年砥砺前行，“宁肯一人脏，换取万家净”的环卫精神代代相传、历久弥新，一代代环卫工人坚守初心，立足本职，担当作为，在服务社会的平凡岗位上展现风采，谱写了服务、奉献、创新的精彩篇章，为城市高质量发展贡献了积极力量。

党的二十届三中全会擘画了改革开放的新蓝图，对建设美丽中国提出了新要求，为环卫事业转型升级提供了新机遇。新的画卷需要我们共同描绘，新的历史需要我们共同开创。希望广大环卫工人继续发扬爱岗敬业、吃苦耐劳、甘于奉献的优良品格，以更强的责任心和使命感勇挑重担，在平凡而光荣的岗位上再展新风采、再创新业绩，用扎实的行动推动环卫事业高质量发展。

各级环境卫生主管部门和工会组织将以习近平新时代中国特色社会主义思想为指导，深刻领会和把握进一步全面深化改革的目标要求，持续深化产业工人队伍建设改革，推动环卫设施设备更新，提升城市道路清扫保洁水平，加快推进环卫事业现代化建设，努力维护保障好环卫工人合法权益。希望社会各界一如既往重视和支持环卫事业，自觉爱护环境卫生，积极践行垃圾分类，更加珍惜环卫工人劳动，尊重环卫工作成果，关爱环卫工人成长，与广大环卫工人携手并肩，共创共享美好生活环境，为建设美丽中国贡献更大力量。

衷心祝愿全国广大环卫工人身体健康、工作顺利、阖家幸福！

中　华　全　国　总　工　会

中华人民共和国住房和城乡建设部

2024 年 10 月 26 日

例文 2

致全省广大新闻工作者的慰问信

全省广大新闻工作者：

在全省上下深入学习宣传贯彻党的二十届三中全会、习近平总书记在青海考察时的重要讲话精神，深入学习宣传贯彻省委十四届六次、七次全会精神之际，我们迎来了第 25 个中国记者节。在这个特殊而光荣的时刻，谨向奋战在新闻战线的我省广大新闻工作者致以节日问候！向长期以来关心支持青海新闻事业的社会各界人士表示衷心感谢！

一年来，全省广大新闻工作者深入贯彻落实习近平文化思想，精心开展“奋进强国路·阔步新征程”“锚定现代化·改革再深化”“文化中国行”等一系列重大主题宣传，在重大活动、重要节点中传递党的声音，讲好青海故事，全面反映了习近平新时代中国特色社会主义思想在青海大地落地生根、开花结果的生动局面，让党的创新理论“飞入寻常百姓家”。一年来，全省广大新闻工作者围绕中心、服务大局，学习好、宣传好、贯彻好习近平总书记对青海工作的重大要求，深怀“懂青海、爱青海、宣传好青海”的使命感，真情记录了青海打造生态文明高地、建设产业“四地”、持续增进民生福祉、推进民族团结进步的不懈奋斗和璀璨华章，让正能量更强劲，让主旋律更高昂。一年来，全省广大新闻工作者切实增强改革的责任感，有效激发创新创造活力，不断探索媒体融合发展路径，全面推动主力军挺进主战场，传统媒体与新兴媒体优势互补、此长彼长的进程取得新的进展，进一步提高了新闻舆论传播力、引导力、影响力、公信力。

党的二十届三中全会作出推动主流媒体系统性变革等一系列改革部署，为媒体融合发展指明了前进方向。希望全省广大新闻工作者担负新时代新的文化使命，始终坚持正确政治方向，坚持正确舆论导向，坚持守正创新，不断增强“四力”，按照省委“干部要干、思路要清、律己要严”的要求，踔厉奋发、勇毅前行，团结奋斗、顽强拼搏，积极推进文化体制机制改革，推动媒体融合时代网上网下同心圆，为党的新闻事业再做新贡献，为奋力谱写中国式现代化青海篇章凝聚强大精神力量。

祝广大新闻工作者节日愉快、身体健康、工作顺利、阖家幸福！

青海省新闻工作者协会

2024 年 11 月 7 日

【进阶内容】

1. 感情要真挚：慰问信应当充满真挚的情感，表达对受慰问者的关心和同情，文字中要洋溢着关爱之情，使受慰问者能够得到精神上的安慰和鼓励。

2. 文字要热情：慰问信的字里行间要充满热情，客观评价受慰问者的模范事迹、取得的巨大成绩或遇到的困难，提炼和概括他们表现出来的高尚品质和奋斗精神，多写一些鼓励、安慰或祝愿的话，以增强他们的信心和力量。

3. 主题要集中：写作时要围绕一个主题进行，避免枝节过多，以免冲淡要表达的问候和关切之情。

4. 篇幅要简短：慰问信的篇幅不宜过长，文字要干净利索，只要把慰问的事由、目的表达清楚即可。

5. 针对性要强。要根据不同的慰问对象选用不同的写作素材和慰勉用语等，切不可大而化之，写一些空泛无物的“放之四海而皆准”的大道理，那样就会使人感到缺乏真切感，有损慰问信的应有效用。

第二节　感谢信

【功能特性】

感谢信是一种常用的专用书信，是对有关单位、团体和个人的关心、支持、帮助表示谢意的礼仪文书。它可以直接送给对方，也可以在对方所在地的公共场所张贴，还可以通过新闻媒介刊播。

感谢信的应用范围很广，具有对象的确指性、事实的具体性和感情的鲜明性等特点，只要对方给予关心、支持和帮助，任何单位和部门以及个人都可以运用感谢信的方式向对方表示感激之情。

【结构模式】

感谢信的内容结构一般由以下几部分组成：

一、标题

多数标题可直接写文种名称，即“感谢信”。有时也可写明受文对象和文种名称两个要素，如“致××的感谢信”等。

二、称谓

应当在标题之下顶格写明被感谢的单位名称或个人姓名，后加冒号，提领正文部分。

三、正文

感谢信的正文内容应着重在叙事中表现人物，即在简明扼要地交代所发生的事情的过程中，表现被感谢者在事情发生过程中所体现出来的好思想、好品德、好作风，并赞扬其可贵精神，表示发文者的真诚谢意。一般分三个层次进行叙写：一是先陈述事实。写清楚对方在什么时间、地点，由于什么原因，对自己或单位有什么支持和帮助；二是对事实做出评价，重点说明在对方的关心、支持和帮助下所产生的效果，指出从事件中表现了对方哪些好思想、好品德、好风格；三是表示谢意和向对方学习的态度、决心。

四、结尾

在正文的右下侧由发送感谢信的单位或个人署名，并签具日期。以单位名称发出的感谢信，还应加盖公章，以示郑重、严肃。

【典范文例】

例文 1

2024 年中国航天大会感谢信

华中科技大学：

2024 年 4 月 23—26 日，由中国宇航学会和中国航天基金会联合主办的 2024 年中国航天大会，在湖北武汉成功召开。大会以“极目楚天共襄星河”为主题，汇聚中华航天领军人士，发布 2024 年宇航领域科学问题和技术难题，促进航天科技创新，推动新质生产力和商业航天发展，拓展国际交流与合作空间，助力人类探索太空的脚步迈得更稳、更远，社会各界反响强烈。

大会的成功举办得到了贵单位及航空航天学院、共青团华中科技大学委员会、高校航空航天类院系大思政联盟的高度重视和大力支持。在此，谨向贵单位表示衷心的感谢，并向在大会组织实施过程中做出贡献的同志致以诚挚的敬意！希望我们以本次大会的成功举办为契机，共同为和平开发太空、造福人类社会而努力，为中国航天事业的发展贡献力量。

中国宇航学会

2024 年 5 月 21 日

例文 2

公司领导新春感谢信

尊敬的地产商：

您好！

春风送暖蛇年好，瑞气盈门鹊语香，值此辞旧迎新之际，我公司向您提前拜年并送上新春的祝福，感谢您长期以来的支持！因为有您恒久的支持才成就今天的××过去的十年，在您的鼎力支持下，我们以优质的服务和良好的信誉，取得了辉煌的成绩，本公司的业务得到了令人鼓舞的进步，精英团队空前扩大，公司产品与服务体系日渐成熟完善，市场信誉良好，赢得了广大客户的信任和选择。

值此 2025 新年来临之际，我代表××公司领导及全体员工向大家致以美好的祝福，并衷心地向你们道一声："谢谢！"感谢您选择并信任××，无论面对激烈的市场竞争抑或是低迷疲软的市场环境，依然不改初衷，与××携手并肩，共抵霜雪；××这棵绿树，因背靠了您的理解与信任才得以迅速茁壮的成长，您的关心与支持是我们成长的不竭源泉，您的每一次参与，每一次建议，都是我们前进征途的动力。

在此，我们衷心地感谢您的大力支持和配合，为答谢这十年来您对我们的厚爱与支持，在新的一年里，我们将以更优质产品和更热情周到的服务来回馈答谢您！必将给您带来更多的利益。尊敬的伙伴朋友，长风破浪会有时，直挂云帆济沧海！2025 年，是崭新的一年，我诚挚地希望在未来的发展中，让我们共同创造一流的产品、一流的品牌、一流的效益、一流的企业形象、一流的发展速度、一流的员工队伍、一流的企业管理、一流的科学技术。让我们共同努力，进入工作状态，让我们用着眼于未来的战略眼光，做到比竞争对手领先一步，让我们自强不息、拼搏进取，团结一致，拧成一股绳，同心同德，为了我们辉煌灿烂的明天，一起努力奋斗，挑战未来！

再一次感谢您的信任和支持，合作伙伴对我们的信任和支持，是我们事业的基石，是我们前进的动力。在新的一年里，我们郑重向您承诺，我们将加倍努力，坚持诚信合作，为合作伙伴提供高质量的产品，与合作伙伴携手同行、共赢发展。我们的团队随时准备为您的建设需求做出更多贡献！希望在新的一年里我们要增加双方交流与互通，使双方能有更进一步的了解，让我们的合作朝着更紧密、更稳固的方向发展。再次感谢您的帮助和支持，祝您身体健康、阖家幸福、万事如意！祝贵公司生意丰盈、财通四海！

例文 3

写给医生的感谢信

尊敬的宣武医院领导：

今天，我怀着感激的心情，向你们反映医德高尚、医术精湛的好医生——骨科主任医师刘利民和骨科病房主治医生王伟。

我叫张宏，去年 11 月 11 日，因晚间到一家私人商店购物，本人因有高度的近视只顾低头看台阶没有看到玻璃门关闭着，结果一头碰撞后踉跄时身体失重后重重地从台阶上摔下来，造成左手腕粉碎性骨折，当时去了复兴医院急诊正骨处理后，又过两三天复查后不合格，医生建议住院手术，而复兴医院没有床位，只好转入贵医院，入住贵院三楼骨科病房，经刘主任医生和王主治医生接管后。他们认真检查诊断，由于我的伤势较重错过了最佳手术时期，做内固定条件又不具备，所以他们决定给我进行左手腕外固定手术。当时我心里很恐惧，他们便安慰我，向我详细解释了做外固定手术的原因、相关情况以及手术材料的费用情况，并根据与我协商的结果确定手术所用的材料。我看到他们胸有成竹的表情后心稳定了。11 月 20 日是一个星期六，他们放下休息，不辞辛苦，特意加班为我做手术，由于准备工作做得很充分，我的手术做得很成功，手术后，住在医院中，我得到了刘主任医生、王主治医生和其他医护人员无微不至的关心和护理，好似亲人一样，使我的伤势得以顺利恢复，在本月 26 日出院。在我出院那天，刘主任和王医生分别再三叮嘱我要好好地休养，定时到医院做复查。由于贵医院好医生高超的医术，得到治疗和康复指导的我，伤势康复得很快，在第八周后再次住进贵医院骨科病房做取固定物手术，接管医生还是刘主任和王医生，他们熟练地摘取下我左手臂上的固定物后，每天在查房时都要细心询问有什么不适、检查伤口是否长好了、帮助病人做功能恢复，我很感动且感谢他们！对我这样一个没有任何关系的病人，不光治愈了我的病，还温暖了我的心，我的感激之情无以言表。我现已基本康复出院了，为了表达我的感激之情，谨以此信，向医院领导反映他们；请你们弘扬他们的精神，并请你们向骨科病房刘主任和王医生转达我的谢意。同时，也感谢医院培养了这样优秀的医务人员。从他们身上充分体现了宣武医院医生的良好的医风医德。

春节将到来，我预祝好医生们春节快乐、阖家幸福！

患者　张　宏

2025 年 1 月 4 日

【进阶内容】

感谢信的写作要领主要包括以下几个方面：

1. 真诚的表达感激之情。感谢信要真实、真诚地表达感激之情，清楚地表达出对方帮助的重要性和帮助给自己带来的好处。

2. 简洁明了的语言。感谢信要力求简洁明了，不要过多废话，选用恰当的词句来表达感激之情，并注意语法正确，避免错别字、语病等问题。

3. 具体细节的描述。要将被感谢的人物、事件交代清楚，使读者能够具体地了解到是什么人，在什么时间、什么地点，做了什么好事，产生了什么好的影响等，以便从更加深广的范围内传播先进事迹，继而产生强大的感召力和影响力，在全社会营造浓厚的学习氛围。

4. 适当的提问与回应。在感谢信中，可以适当地提问对方的近况、工作、生活等情况，并表达对对方的关心和祝福。同时，也要回应对方可能存在的困难和问题，让对方感受到你的关心和支持。

5. 友善的语气和姿态。写感谢信时要用友善的语气，表达对对方的尊重和感激之情，以平和、正面的态度来写信，避免使用过于夸张或不恰当的形容词和修饰词。

第三节　贺　　信

【功能特性】

当某一团体建立、某一重要会议召开、某一工程竣工、某一科技项目顺利完成、某一工作获得成功之际，以及一些重要人物遇到喜庆之事，常以党、国家、团体、组织或领导人的名义写信祝贺，我们称这种信函为祝贺信。贺信如以电报发出，即称贺电。

贺信与贺电统称为贺词，是向对方表示祝贺的专用礼仪文书。通常用于对方在某一领域取得重大成就和突出成绩，举行重要庆祝活动，召开重大会议，完成某项重要工作或任务等各种情况。

【结构模式】

贺信（电）的写作模式一般由如下几部分构成：

一、标题

一般可直写“贺信”“贺电”，对某些内容特别重大的贺信（电），可采取致词者的名称加致送对象再加文种，并以“给……”的特定语法结构形式，即

《×××给×××的贺信（电）》。

二、称谓

根据祝贺对象的不同情况，在标题之下顶格位置标明受文单位全称或者规范化简称。

三、正文

正文是贺信（电）写作的重心。要用简明扼要的语句写明祝贺的原因和内容。其中原因即指盛赞对方所取得的成绩，或者简略交代问题的缘起；对于祝贺的内容要依适用对象、场合、身份等具体情况而有所侧重。例如祝贺节日，则应侧重叙述节日的意义以及如何以实际行动来庆祝节日；如祝贺企业竣工、开业，则应侧重对该企业寄予期望；如系祝贺重要会议的召开，则应着重阐明会议的内容及重要性。要注意对祝贺的内容进行适当的分析和评价，并在此基础上进一步提出希望，表示祝愿。

四、结尾

一般写明表示祝愿或祝福的言辞，如“祝大会圆满成功”“祝愿今后取得更大的胜利”，等等。然后在其右下侧署上单位名称和日期，并加盖公章，以示庄重、严肃。

【典范文例】

例文 1

习近平主席致“梦想”号大洋钻探船建成入列的贺信

值此“梦想”号大洋钻探船建成入列之际，向各参研参建单位和全体同志表示热烈祝贺！

“梦想”号海试成功并正式入列，标志着我国在深海进入、深海探测、深海开发上迈出了重要一步，是建设海洋强国、科技强国取得的又一重大成果。你们发挥新型举国体制优势，发扬开拓创新、团结协作、攻坚克难、勇攀高峰的精神，攻克了多项世界级技术难题，充分展现了新时代中国科技人员的自信自强和使命担当。

希望你们再接再厉，用好这一重大科技装置，加强海洋科技创新，拓展国际海洋合作，为推进中国式现代化、推动构建人类命运共同体作出更大贡献。

习近平

2024 年 11 月 17 日

例文 2

中共中央　国务院
致第 33 届奥运会中国体育代表团的贺电

中国体育代表团：

在第 33 届夏季奥林匹克运动会上，我国体育健儿顽强拼搏、奋勇争先、不负使命，勇夺 40 枚金牌、27 枚银牌、24 枚铜牌，实现了运动成绩和精神文明双丰收，为祖国和人民赢得了荣誉。党中央和国务院向你们表示热烈祝贺和亲切慰问！

在本届奥运会上，你们始终牢记党和人民的嘱托，大力弘扬中华体育精神和奥林匹克精神，坚持拿道德的金牌、风格的金牌、干净的金牌，以昂扬的斗志、顽强的作风、高超的技能，书写了中国体育昂扬奋进的崭新篇章，展现了体育战线改革创新、奋勇向前的时代风貌。你们积极践行“更快、更高、更强——更团结”的奥林匹克格言，同世界各国各地区运动员公平竞争、友好交流，增长了技能、增进了友谊，向世界展示了中国力量和中国风貌、传播了中国声音和中国精神。你们的优异成绩和出色表现，进一步激发了海内外中华儿女的爱国热情、振奋了民族精神、凝聚了奋进力量。

希望你们坚持以习近平新时代中国特色社会主义思想为指引，深入贯彻落实党的二十大和二十届二中、三中全会精神，锚定建设体育强国目标，牢记为国争光使命，不断攀登竞技体育新的高峰，带动群众体育、青少年体育蓬勃开展，为以中国式现代化全面推进强国建设、民族复兴伟业作出新的贡献。

祖国和人民期待着你们凯旋！

中共中央
国 务 院
2024 年 8 月 11 日

例文 3

贺　信

全国电机工程界全体女科技工作者：

值此三八国际妇女节到来之际，中国电机工程学会谨向工作在电力工业科研、设计、生产和运行等不同岗位上的女科学家、女工程师、女技术工作者致以节日的祝贺！

多年来，电机工程界的女科技工作者在各自的岗位上兢兢业业，埋头苦干，躬行笃实，勇于创新，取得了出色的成绩，涌现出了一大批“三八”红旗手，女标兵和女先进工作者，为我国电力工业的发展，为电力科技进步做出了重要贡献。

当前，电力工业面临新的发展机遇，同时也面对新的挑战。在贯彻落实科学发展观，全面建设小康社会，构建社会主义和谐社会的历史使命中，电力工业的科技工作者承担着光荣而艰巨的任务。解决新世纪电力和能源工业发展的难题，必须依靠科技创新，管理创新和体制创新，依靠先进实用技术的广泛推广应用。希望全体女科学家、女工程师、女技术工作者们再接再厉，不断取得新成绩，做出新贡献。

祝大家节日快乐、工作顺利、身体健康。

中国电机工程学会　×××

20××年×月×日

【进阶内容】

1. 要切合双方的关系和身份。撰写贺信（电），必须首先考虑到发信（电）方与受信（电）方之间的关系。是上下级关系还是不相隶属关系，是单位对单位还是单位对个人，必须做到胸中有数，因为双方的关系不同，其在措辞和语气方面也就会有很大的不同。

2. 要实事求是，恰如其分。撰写贺信（电），对其内容的表达一定要做到实事求是，不能随意夸大或缩小，对被祝贺者的成绩以及对有关会议的意义、重要性等所作出的分析和评价一定要恰如其分。否则，过分赞誉，会使对方不安，往往还会失去祝贺的意义。表示祝贺要热情洋溢，给人以强烈的鼓舞力量，使人感到温暖和愉快，甚至受到启发和教育。

3. 用语要诚恳谦逊，简要得体。写进贺信（电）中的语言必须注意讲求分寸，做到谦逊诚恳、恰切适度，既祝贺而又不流于阿谀，既热情而又不流于虚伪，要以简洁顺畅、通俗明快的语句表达出对对方由衷的祝贺之意，切忌哗众取宠、谄媚讨好，更不能信口开河、洋洋洒洒、不着边际，那样就会失去贺信（电）的应有之义，徒留笑柄。

第四节　求职信

【功能特性】

求职信是一种使用频率很高的应用文，它是求职者寻求某种职业、某种工作的一种专用书信。在当今新时代中国特色社会主义形势下，工作单位的转换、人才的流动是司空见惯的事情，用人单位可以面向社会公开招聘，选拔符合条件的优秀人才；面对纷繁复杂的社会现实需要，人们也经常通过向用人单位主动地推荐自己，以求寻找一份适合自己的工作，实现自身的理想和人生价值。从内容上看，求职信与自荐信很近似，但二者的最突出区别就在于自荐信是一种没有具体目标的、广泛寻找、寻求职业和工作的行为，而求职信比自荐信运用更为广泛，求职者经常会以求职信“投石问路”，而究竟能否实现自己的目标，能否被用人单位成功录用，认真把握求职信的写作技巧和规律要求有着极其重要的作用。

【结构模式】

一般而言，一篇完整的求职信应当由以下几个部分组成：

一、标题

可以直接写明“求职信”，简练醒目。

二、称呼

在标题之下第一行左空两字顶格写明求职信致送的单位名称或其主要负责人姓名。值得注意的是，在主要负责人姓名之后一定要加上对其职务的称谓，前面也可冠以“尊敬的”修饰词，以示郑重。

三、正文

这是求职信的核心部分，也是求职能否成功的关键所在，因此一定要着力写好。就通常而论，应当载明3层意思：一是交代清楚求职者目前的状况，一定要真实、“准确”、简要，不可过于冗杂，同时写明对对方单位的了解或如何获取你的个人信息，这是下面提出求职事项的铺垫。二是进行自我介绍，即基本情况简介，包括主要学历、经历以及自己的能力特长，能够从事何种工作，如有相应的佐证材料，可以作为附件在此处标明，以增强说服力。三是请对方根据单位用人情况和自己的能力特长予以安排合适的工作，并着重表明自己能够胜任并做好工作的信心和决心。

四、结尾

在正文结束后之下一行左空两字写“此致”，然后另起一行靠左顶格写“敬礼”，这与一般的书信相同。当然也可以写明表示祝愿的其他语句。

五、署名和日期

在结尾下一行的右下侧写上求职者的姓名及日期。

【典范文例】

例文1

求 职 信

尊敬的公司领导：

您好！

我是吉林大学2023届本科毕业生，主修电子信息与通信工程专业（本科），辅修经贸英语专业（本科），现已获得两个专业的毕业证书。我诚挚申请加盟贵公司，以谋求个人与公司的共同发展。

我出生在一个知识分子家庭，良好的家庭教育及浓重文化氛围的熏陶，造就了我优良的品质和高雅、坚忍不拔的精神，勤恳的态度，聪慧的头脑。自信、自强、奋斗、拼搏，伴我度过了十几年的学生生涯，大学毕业在即，是我回报父母、回报社会的时候，我渴求一个压力无限、创造无限的空间。

机遇偏爱有准备的头脑。不断挑战、不断完善是支持我在大学四年中进取的不竭动力。母校踏实严谨的学风使我树立了勤奋刻苦、敏捷思辨、努力求知的学习态度，扎实的专业知识和熟练的计算机技能相结合的知识结构，是我的一大优势。在专业基础学习中，我学习了 PROTEL、PSPICE、ORCAD 等电子电路设计软件，单片机，CPLD（复杂的大规模集成电路设计），FPCA 的开发和应用，以及 PLC 可编程控制器等，擅长于电子电路的开发与设计及单片机的应用和 PROTEL 电子制板。我深知，作为一名电类学生，掌握计算机应用的必要性，先后自学了多种计算机编程语言，OFFICE 文件、FOXBASE、WINDOWS98、WINDOWSNT、C 语言、FORTRAN、DELPHI、C++BUILDER 等，能熟练掌握与应用，顺利的通过有关的计算机等级考试，取得了的不菲成绩。

理论联系实践是时代主流，本着这一原则，我一直朝这个方向努力，参加电子科协，多次参加电子设计大赛，并取得了优异的成绩，近两年本人一直在长春智能网络公司兼职期间参与了仪表计算机系统——水、煤气、电量计费系统的开发与设计，并出色完成了任务，并多次利用 PROTEL 软件为学校实验室、电子大赛及公司设计电路及制板，积累了丰富的实践经验，深得副院长及系主任的赏识。

当今社会，计算机能力+英语=实力，我坚信这一点，努力学习英语，在四级考试中取得了较高的分数，在校期间辅修了经贸英语，并以优异成绩结业。现在正在东北师大吉林省留学服务中心，参加高级英语口语班，取得了理想的效果。英语听、说、读、写基本功扎实，并能阅读英文报刊及有关电类的科技英语刊物。

在平时的社会实践活动中，我培养了管理协调能力、敬业合作精神和奉献创新意识。在任电子科协副会长期间，我为电子科协的发展倾注了汗水和才智，圆满完成了日常管理工作，并成功地策划了“大学生科技文化节”，在这次实践活动中，使我清醒认识到团体智慧源于个人创造，企业才富源于个人素质，与此同时，我凭着较好的组织协调能力，凭着良好的交际能力，广泛交友，诚实为本，乐于同他人合作；以信交友，善于与人沟通是我的为人处事准则，在广大同学中我获得了很高的威望。

“一万年太久，只争朝夕”，时间不等人，不超越时间的人将被历史淘汰，拿破仑说过：“不想当元帅的士兵不是好士兵。”我要说“不想干出一番事业的职员也不是好职员”，我要与风赛跑，我希望用实力与魅力征服一切，但我更希望能在最年轻、最有能力、最有挑战意识的时间里培养、体现自我价值，成长为能吃苦、能战斗的英才。因为年轻，所以我要有干劲和信心；因为年轻，我也有缺点和不足。但我愿在新的环境中与其他同事共同学习、共同进步、共同创造企业财富。

思考、创新、追求、给予，是我不变的人生信条。

感谢您于百忙之中读我的自荐信，希望早日答复，安排面谈为盼！

此致

敬礼！

求职人：×××

××年××月××日

例文 2

在职人员求职信

尊敬的领导：

您好！

虽然我对此行业并不是非常精通，可是俗话说，人往高处走，每个人都希望自己在更大的平台有更大的进步。

感谢您在百忙之中抽出时间来翻阅这份求职信。或许您正面对着众多的求职者，或许您只是在繁忙的会议休息之间，在嘈杂的电话安静之后，顺手打开了它的封面，但我能感受到这一瞬间的意义。对我而言，您揭开的将是我人生新的一页，因为您的厚爱和关照，我的人生将在此刻出现一个值得纪念的转折点。

我是深圳世纪宏博××的在职人员。能熟练地操作 OFFICE，EXCEL 等办公软件。我性格开朗，乐于接受新事物，爱好广泛，敢于挑战，在大学期间曾多次参加学校和系里组织的文体活动，并获奖。

我选择贵公司就是想领导能给我一个展示的平台。给予我磨炼自己的机会。古人云，“十年磨一剑”，十多年的求学生涯正如一个磨剑的过程。在校期间的兼职工作经验，虽在现在的公司已不能有足够的空间提升自己。今天终于将它呈现在您的面前，请您鉴别它的锋利，我相信它将不会使您失望。大学四年以及工作一年，“做人，做事，做学问”是我的生活写照。修身立志，一日三省，自信品格日益完善；勇于任事，务实革新，自信工作有所成就。因此，我今天冒昧地向您毛遂自荐，希望能得到一个检验自己的机会，也希望能为贵公司的发展贡献微薄之力。

同时，我也深知，现在仅仅是我求学的开始，贵公司是我真正的求学平台。我今天的求职，也正是希望能得到一个更好的学习环境，从而能以更好的工作成绩来报答您的厚爱。最好，谨祝您身体健康，工作顺利，并祝贵公司政通人和，兴旺发达！

此致

敬礼

求职人　×××

20××年××月××日

【进阶内容】

1. 内容要实在，切忌虚妄。求职信与自荐信一样，信件本身所述内容是一个人综合能力的反映，因此，必须坚持实事求是的原则，客观真实地叙写自己的各方面情况，包括基本的身份介绍，特别是主要特长及能力水平的叙写，必须恰切属实，不可夸大其词、自我吹嘘，那样不利于求职目的的实现。

2. 要准备好求职信所需的各种附件。诸如学历证书、获奖证书以及本人简历等能够对正文起到补充、说明和印证参考的重要资料，这些附件所附的内容，有时能够代替很多的文字说明，是最为直接的佐证材料，不容忽视。

3. 要注意在求职信的最后写明求职人详细的通信联络方式，否则就会造成不应有的麻烦，影响求职目的的顺利实现。

第十二章　协议体文书的写作

第一节　合　　同

【功能特性】

《中华人民共和国民法典》明确规定：合同是平等主体的自然人、法人、其他组织之间设立、变更、终止民事权利义务关系的协议。作为合同的主要形式的经济合同是以法律形式管理经济业务活动的重要手段，具体而言，经济合同的内涵是指平等民事主体的法人、其他经济组织、个体工商户、农村承包经营户相互之间，为实现一定的经济目的，明确相互权利义务关系而签订的书面契约；经济合同的外延包括了购销、建设工程承包、加工承揽、货物运输、供用电、仓储保管、财产租赁、借款、财产保险以及其他经济合同。

【结构模式】

合同的结构，主要有两种类型：一种是条款式类型，即通常所说的制作式合同；另一种是表格式类型，即通常所说的格式合同。条款式是指将双方口头约定好的有关内容列成若干条款写入合同之中。表格式是指按照印制好的表格，将协商一致的内容逐项填入表中，表格式一般用于经常使用的合同如工矿产品购销合同，农副产品购销合同，货物运输合同，仓储保管合同等。在写作上，无论是条款式，还是表格式，其内容结构都须具备如下几部分：

一、标题

即在合同的顶端居中写明“××××合同”，其中“××××”是写明合同的性质类型，如“房屋租赁合同”“买卖合同”“建筑工程合同”等。不能只写“合同”。

二、写明双方签约者

在标题之下左侧按顺序列出立约双方的名称。如系公民个人签约的应写明甲方：×××，乙方：×××。如系法人签约的写明各自单位的全称。立约人的称谓应根据合同的不同类型来决定，如系买卖合同，应统一用“供方”“需方”“出卖人”“买受人”称谓；系承揽合同，用“定作方”“承揽方”称谓；财产租赁合同，称“出租方”“承租方”；仓储保管合同称“存货方”“保管方”；技术转让合同称“技术让与方”“技术受让方”；承包合同称“发包方”“承包方”；借款合同称“贷款方”和“借款方”等。为了行文方便，在名称之后还可以用括号注明（以上简称甲方）（以上简称乙方）。属格式合同的，在签约者名称之下还应写明合同编号，合同签订地点及签订时间。

三、正文

这是合同的核心部分，用列出的条款或表格写明合同的具体内容。合同正文一般来说需要写明两方面的内容。

（一）写明双方或多方签定本合同的缘由或目的。这是合同的起句开头部分，要求用十分简练的几句话交代为何事或出于何种目的签订本合同，如：“借款方为开发研制心脏医疗器械软件系统，向贷款方申请借款并请求××贝特工贸公司作为保证人，贷款已审查批准，经三方协商，特订立本合同，以便共同信守。”也可先引用有关经济法规，再引出签约的缘由，如：“根据《中华人民共和国经济合同法》及有关规定，为明确出租方与承租方的权利义务关系，经双方协商一致，签订本合同。”

开头部分，要求文字简明扼要，只需将订立合同的依据和目的一笔写明即可，起到引入正文的作用，不要文字拖沓，写得冗长累赘，以免喧宾夺主，影响正文内容的表现。

（二）合同条款。合同条款即协商的具体内容，是合同的主体部分。条款式合同应按先后次序写明双方或多方所商定的有关事项即双方共同做什么事情、如何去做、做到什么程度、何时完成、违约了怎么办，从中体现出各方在履行中所应承担的义务和应享有的权利。表格式合同则需按照表格中所列项目协商填写。无论条款式还是表格式，一般来说，都要反映以下一些要点，即合同须具备的九要素：

1. 标的。即签约要达到的目的，如交付实物、交付货币、提供劳动、保管财产、完成工作项目等。标的是合同中权利和义务所指向的对象，任何合同都必须具备标的，这是因为合同大都是以一定的财产关系，即物质利益关系为其内容的，若标的物不明确，合同就无法履行。合同的类别不同，标的物所体现的形式也各不相同，如买卖合同的标的物是某种产品，房屋租赁合同的标的物是不动产（房屋）；建筑工程合同的标的物是某项勘察、设计建筑安装工程，借贷合同标的是货币，科技协作合同的标的是某项科研成果等。

2. 数量。标的数量是确定合同履行的重要条件之一，某些合同的签订必须明确标的数额，如买卖合同中发货的件数、每件的金额、总计的金额、运费支出的金额，借贷合同中贷款的数额及利息的标准，建筑工程施工合同中工程造价、预算数额等都必须在合同中规定得具体而明确，绝不能笼统含糊，否则，极易因此而引发纠纷。

3. 质量。合同标的物的质量是合同的重要内容之一，也是履约的重要依据。质量标准规格如不具体写清，履约时则容易发生纠纷，一旦提起诉讼后，也容易造成有理说不清，因而必须规定得明确、具体。如工业产品的质量，必须具体定出何年何月的国家或部颁标准，并在合同中明确写出标准的编号。如果是协商标准，必须另附协议书或提交样品。

4. 价款或者报酬。这是指取得对方产品或物品，接受对方劳务所支付的代价。凡国家规定有价格的产品（包括国家定价，浮动价），应遵守国家的价格；国家未规定价格的，可由当事人双方自愿协商议定。

5. 履行的期限、地点和方式。履行的期限，是指当事人完成合同规定义务的时间范围，逾期即属违约；履行的地点，是指当事人完成合同规定义务的地理位置，合同履行的地点对于诉讼提起确认管辖权具有重要作用；履行的方式，是指当事人完成合同规定义务的方法，如货物是自提还是送货上门或是代办托运，付款方式是现金支付还是托收承付或是支票转账。这些内容写清对于完成合同任务以及对双方当事人进行制约都有重要作用。

6. 违约责任。违约责任是指当事人因过错而不履行或者不完全履行合同时应当承受的法律制裁措施。如支付违约金、支付赔偿金、价格制裁、定金制裁、解除合同、信贷制裁、给付逾期保管费等，违约责任对于维护合同的法律严肃性，敦促当事人按合同履约具有重要保证作用。在合同中有些违约责任是法定的，也就是说在合同法中规范了一旦违约应如何制裁的措施，如合同法第 115 条规定的定金罚则，合同法第 63 条规定的价格制裁等。违约金比例则大都是靠双方自行约定，但不能越过法律规定的标准幅度，如工矿产品购销合同违约金比例，法律规定通用产品为货款总额的 1% ~5%，专用产品为 10% ~30%，农副产品购销合同的违约金比例为货款总额的 5% ~25%。超过此额，法律不予保护。

除了上述八项主要内容外，合同法还规定，根据法律规定的或者按照合同的性质必须具备的条款，以及当事人一方要求必须规定的条款，也是合同的主要条款。这些条款应根据合同的性质不同有所区别地写入。如建筑安装工程合同中，应明确规定工程范围、建设工期、工程开竣工时间、工程质量、工程造价、验收等条款；在仓储保管合同中，应明确规定储存货物的品名、规格、数量、保管方法、验收项目和验收方法、入库和出库手续、损耗标准和损耗的处理、费用负担和结算方法等条款；在财产租赁合同中应明确规定租赁财产的名称、数量、用途、租赁期限、租金和租金交纳期限、租赁期间财产维修保养的责任等条款；在借贷合同中，应明确规定贷款的数额、用途、期限、利率、结算办法等；保险合同中应明确规定保险标的、坐落地点、保险金额、保险责任、除外责任、赔偿办法、保险费交付办法以及保险起止期限等条款。

合同的主要条款写完之后，一般还应写明如下几条：一是争议的解决办法，写明合同履行中如发生纠纷双方应友好协商解决，协商不成提交××人民法院裁判（此条属约定管辖）或提交××仲裁委员会仲裁（仲裁或诉讼只能选其一）；二是写明双方未尽事宜，可制订补充协议，补充协议与本合同具有同等效力；三是写明本合同一式×份，由××保管一份，××保管一份。合同有附件的还应予注明，有的还写明合同的有效期限。

四、结尾

写明两项内容：一是在正文末尾的下方写明双方或多方签订合同的单位名称和单位代表人姓名，并加盖公章或合同专用章，个人签订的需签字或盖私章，如有保证单位和鉴证单位做监订的，应签署监订单位名称及代表姓名。二是注明签约的年月日。

【典范文例】

例文 1

环岛豪庭房屋预订合同

甲　　方：××世茂房地产开发有限公司

乙　　方：×××

签订地址：×××市滨江国际 A 座

签订日期：20××年 3 月 20 日

根据《中华人民共和国民法典》及有关法律、法规的规定，为了保证和满足乙方能够优先购买“环岛豪庭”的房屋，现经甲方和乙方在平等、自愿、协商一致的基础上，就乙方预定“环岛豪庭”房屋有关事宜达成如下协议。

第一条　乙方所预定房屋的基本情况

乙方所预定的房屋位于石家庄市桥东区“环岛豪庭”项目内，即雅苑楼 2 单元 201 ~202 室（房号最终以房管局审核确认为准），户型为三室两厅两卫。

该房屋的用途为住宅，建筑面积为 132 平方米。甲乙双方约定，该面积仅为图纸设计面积，在签订正式买卖合同时房屋建筑面积以规划局和房管局预测绘面积为准。

第二条　计价方式与价款

甲方与乙方约定按建筑面积计算房屋预定总价款，该房屋单价为￥3600元/平方米，总价款计￥475200元（大写肆拾柒万伍仟贰佰元整）。地下室单价为￥1000元/平方米，另行交纳。

第三条　付款方式和期限

在签订本预订合同时，乙方同意按下列第一种方式如期付款，并享受相应的付款优惠：

1. 一次性付款：

乙方同意在签订本合同时一次性交清预订款，优惠后该房屋单价为￥3100元/平方米，总价款合计￥409200元（大写肆拾万玖仟贰佰元整）。

2. 分期付款

未经甲方同意，乙方不得转让该套房屋优先购买权。

第四条　交房及违约责任

1. 该房屋预计竣工时间为2011年5月30日，甲方自正式竣工之日起1个月内交付使用。若甲方延期交付，自逾期之日起至交房之日止，甲方应根据乙方实际交款金额按照日万分之一的比例向乙方支付违约金。逾期交房三个月的，乙方有权退房。

2. 乙方未按合同规定时间付款，违约金自本合同约定的应付款日第二日起至实际付款日止，每延期一日按乙方逾期应付款额的万分之一向甲方支付违约金，逾期10日乙方仍未付清房款的，按乙方自动退房处理，定金不予退还，甲方另行出售此房屋。

第五条　双方就以下事项约定

1. 该房屋所在楼宇的屋面使用权属于全体业主共有，由物业管理公司统一管理；

2. 该房屋所在楼宇的外墙使用权属于全体业主共有，由物业管理公司统一管理；

3. 该房屋所在楼宇的命名权属于甲方。

4. 小区公建产权归属按照政府相关部门的规定执行，由物业管理公司统一管理，小区会所、幼儿园不计入公共分摊面积，产权归甲方所有；

5. 该房屋天然气集资费、公共维修基金和契税等有关税费由乙方按政府部门相关规定自行承担。

6. 该房屋户型结构及面积等以政府最终批准文件为准，甲方有权根据政府批准文件进行变更，乙方已明知以上内容。审批后双方若有争议，乙方可在签订正式合同时，选择订房或退房。若选择退房，甲方应按照乙方已交实际房款全部退还给乙方。

7. 乙方的联系电话及家庭住址必须真实有效，家庭住址必须为通信可到达的地址，如有变更及时通知甲方。乙方应按照甲方通知办理相关事宜。如因乙方联系电话、通信地址变更或不实等原因造成甲方通知不能到达乙方的，视为已通知乙方。自通知之日起超过30日乙方仍未按甲方通知要求办理相关事宜的，甲方有权解除合同。

第六条　争议解决

本合同在履行过程中发生争议的，由双方当事人协商解决，协商不成的，依法向该预定房屋所在地人民法院起诉。

第七条　其他

本合同未尽事宜，由双方协商后签订补充协议，与本合同具有同等法律效力。

本合同共肆页，一式叁份，甲方贰份，乙方壹份，具同等法律效力。本合同自双方签订之日起生效，至签订房屋买卖合同后自动失效。

甲方：河北世茂房地产开发有限公司　　乙方：方文殊盖章：（公司印章）
签字：本人签字（手印）　　电话：0311-86070500
电话：0311-86115110

附件：雅苑楼2单元201~202室房屋平面图

例文2

户外广告发布合同

编号：LP2789

甲　　方：新天地广告有限公司
乙　　方：××神州科技开发有限公司
签约地点：××市××街246号迎宾大厦
签约时间：20××年12月10日

甲、乙双方根据《中华人民共和国广告法》及《广告管理条例》，在平等、自愿、协商的基础上，就广告发布有关事项签订本合同，并共同遵守。

一、广告形式

彩喷路牌广告。

二、广告位置

济南市和平路、解放路、泉城路三个路段。

三、广告规格

宽 4 米×高 2 米×2 面

四、广告期限

自 2009 年 2 月至 2011 年 2 月，共计 3 年。实际发布时间以《验收报告》中确认的发布时间为准。

五、广告价格

1. 广告费：含发布费、占地费、维修费、保险费、基础架制作费，单价：4800 元/块，20 块。年租金合计 96000 元。

2. 广告费的支付：第一期款：签订合同后 15 日内，乙方向甲方支付广告费，计 70000 元。

六、双方责任

1. 甲方负责户外广告报批手续，广告稿样审批，验收及发布期间的保修维护。

2. 甲方负责提供广告样件，甲方负责将广告稿样报有关部门审批，审批不合格，稿样退回乙方修改。稿样一经确认即作为制作及验收的有效依据，为本合同附件，与本合同一并保存。乙方如再次提出与稿样不同要求所发生的费用由乙方负担，由此而耽误的广告发布时间，甲方不予顺延。

3. 甲方收到乙方第一期款，及广告稿样经过确认后 30 天内，完成制作。制作完成后 3 天内，甲、乙、制作三方共同验收，验收合格，乙方在《验收报告》上签章，乙方接到甲方通知，不及时验收，超过 3 日后，甲方视同乙方验收合格。

4. 乙方应按期付款，如乙方不按期付款，甲方有权终止本合同并对广告位置不予保留。

5. 广告发布期间，如因甲方责任造成广告发布终止由甲方承担责任；如因乙方责任造成广告发布终止由乙方承担责任；如因不可抗力造成广告发布终止，甲乙双方友好协商解决。

七、合同续签

合同期满前 1 个月，双方可重新商讨延长本合同事宜。同等条件下，乙方享有优先权。如合同期满乙方未办理续签手续，乙方不再享有优先权，广告位置不予保留。

八、任何一方违反合同，双方协商不成，可向经济合同仲裁机关申请仲裁或向人民法院起诉。

九、附则

1. 本合同一式两份，甲乙双方各执一份。

2. 合同附件一式两份，甲乙双方各执一份。

3. 合同中未尽事宜或本合同如需修改，可签订补充合同。

4. 本合同自签字盖章之日生效。

甲方：新天地广告有限公司	乙方：××神州科技开发有限公司
代表：吴××	代表：肖××
银行：中国工商银行济南分行南华路支行	银行：中国农业银行北京分行
账号：	账号：
电话：	电话：

例文3

房屋租赁合同

出租方：张××，男，身份证号：610104520708571

承租方：中国××××学院，中华国际××推广西安中心。

根据《中华人民共和国经济合同法》及有关规定，为明确出租方与承租方的权利义务关系，经双方协商一致，签订本合同。

第一条 房屋坐落地址、间数、面积、房屋质量

西安市莲湖区劳动路糜家桥村43号整座楼房（共四屋）建筑面积1400平方米。

第二条 赁期限

租赁期共拾年。出租方从20××年6月1日起将出租房屋交付承租方使用，至20××年6月1日收回。

承租人有下列情形之一的，出租人可终止合同，收回房屋：

1. 承租人利用承租房屋进行非法活动，损害公共利益的。

2. 承租人拖欠租金累计达15天的。

合同期满后，如出租方仍继续出租房屋，承租方享有优先权。

第三条 租金和房屋外部及结构性改造、修缮、清洗及水电设施，维修费的交纳期限：

1. 房屋租金每年20万元。

2. 改造、修缮、清洗、水、电设施维修费每年15万元。

以上两项共计35万元，10年不变。

以上两项以下统简称为租金。

3. 交纳期限：第一租赁年度分两次付清，20××年6月1日付20万元，20××年8月1日付15万元。20××年6月1日付清20××年6—12月的租金17.5万元；自20××年起，每年6月1日—12月1日各付清前半年租金17.5万元，以后各年以此类推。

第四条　租赁期间房屋修缮

房屋外部及结构性修缮由出租方负责，内部装修由承租方负责，内部结构性改动须经出租方的同意。

第五条　出租方与承租方的变更

1. 如果出租方将房产权转移给第三方时，合同对新的房产所有者继续有效。

2. 出租人出卖房屋，需在3个月前通知承租人。在同等条件下，承租人有优先购买权。

第六条　承租方在租赁期间有权转让他人使用。

第七条　违约责任

1. 出租方未按前述合同条款的规定向承租人交付合乎要求的房屋的，负责赔偿。

2. 出租方未按时（或未按要求）修缮出租房屋，负责偿付违约金每逾期一天一万元。如因此造成承租方人员人身受到伤害或财物受毁的，负责赔偿损失。

3. 承租方应对租用房屋的用途做充分的调查论证，达到安全无误，如出现有项目活动的设备不符合安装地点，人为造成事故导致房屋损坏，承租方应负全部经济责任（包括房屋损坏的赔偿损失）。

4. 承租方逾期交付租金的，除仍应及时如数补交外，应支付违约金每逾期一天一万元。

出租方应负责保证承租方在租赁期内安全使用房屋，不受外来干扰，保证水电通畅，否则造成的损失由出租方赔偿。

第八条　免责条件

房屋如因不可抗力的原因导致毁损和造成承租方损失的，双方互不承担责任。

第九条　争议的解决方式：

1. 当地工商行政管理局经济合同仲裁委员会。

2. 当地人民法院。

第十条　本合同未尽事宜，一律按《中华人民共和国经济合同法》的有关规定，经合同双方共同协商，做出补充规定，补充规定与本合同具有同等效力。

第十一条 本合同自20××年6月1日起生效，合同效力不因法定代表人的变更而变更。

第十二条 本合同一式四份，出租方、承租方各执两份，具有同等效力。

出 租 人：（盖章） 承 租 人：（盖章）

法定代表人：×××

签约地点：西安市莲湖区劳动南路糜家桥村43号

签约时间：20××年5月24日

有效期限：20××年6月1日至20××年6月1日

附件： 莲集建〔××〕字120051号（集体土地建设用地使用证）

例文4

绣品买卖合同

编号：0015791

签订时间和地点：20××年10月21日签订于××市纺织产品交易会。

买方：××市北方商场（以下简称甲方），地址：××市中山路101号，电话：×××××××，电传：××××××，电报挂号：××××××。邮政编码：×××××

卖方：××市绣品进出口公司（以下简称乙方），地址：××市长寿路22号，电话：×××××××，电传：××××××，电报挂号：××××××。邮政编码：×××××

甲乙双方就买卖下列商品经过协商达成一致意见，签订合同并共同遵守之。

一、商品名称、规格、型号、数量、单价、金额及备注：

商品名称	规格型号	计量单位	数量	单价	金额	备注
春秋单边全绣床罩	1.5米×2米	套	100	140.00	14000.00	粉色、黄色
素丝缎满绣双边床罩	1.5米×2米	套	150	260.00	39000.00	银灰色、粉色
真丝缎三边床罩	1.5米×2米	套	120	340.00	40800.00	白色、浅蓝色
双光缎双面边靠垫	0.45米×0.45米	个	200	25.00	5000.00	粉色、黄色、蓝色
合计金额（大写）：玖万捌仟捌佰元整						

二、质量要求及验收期限：

乙方应当按照双方共同封存的样品标准保证商品质量，并由甲方验收。甲方认为质量未达到样品标准的，应当于收货之日起15日内通知乙方。乙方在接到通知后15日内有权提出异议；过期未提异议的，视为商品质量未达样品标准，应当按甲方要求给予退货或者更换。

三、包装及费用：

由乙方负责对商品进行单件密封塑料袋内包装，外部加硬纸箱包装。乙方应保证商品的包装质量，避免商品因包装不善而发生损毁。包装费用由乙方承担。

四、交货期限与方式：

乙方应当在当年11月20日以前将商品交铁路运输部门发往甲方，运费由甲方承担。

五、货款结算方式及期限：

乙方发货后凭此合同和铁路运输部门签发的运单办理托收承付收取货款。甲方应当在接到铁路运输部门发出的收货通知之日起15内提取货物并完成验货。如商品质量、数量及包装等方面均符合合同规定，则甲方应当在验货期满后10日内向乙方支付全部货款。

六、违约责任：

1. 甲方不得中途退货或少要货物，否则，应当向乙方偿付退货部分货款总值的5%的违约金，并赔偿乙方因此所受到的实际损失。

2. 甲方应当按期向乙方支付全部货款，无正当理由拒不支付货款时，应当向乙方偿付逾期付款的违约金，并赔偿乙方的实际损失。

3. 乙方应当按照合同规定的商品品种、规格、花色、数量和质量向甲方交货，不能交货或少交货的，应当向甲方偿付不能交货部分货款总值的5%的违约金，并赔偿损失；少交的部分还应当补交。

4. 乙方交付的商品品种、规格、花色、数量和质量等方面，有不符合合同规定的，应当负责更换；甲方不再需要的，乙方应准予退货，并赔偿甲方因此受到的实际损失。

七、其他：

甲乙双方任何一方由不可抗力的原因不能履行合同时，应当及时向对方通报，在取得主管部门的证明后，与对方另行协商合同的延期履行或者部分履行，也可以不履行。

在本合同的履行过程中，如果双方发生争议，应当尽量协商解决，协商不成时，任何一方均可以向××市仲裁委员会申请仲裁解决争议。

本合同自双方签订之日起生效。在合同履行期间，甲乙双方均不得随意变更或者解除合同。如有未尽事宜，可由双方共同协商一致，做出补充规定，补充规定与本合同具有同等的法律效力。

本合同一式4份，甲、乙双方各执1份，其余2份送各自开户银行办理货款结算。

买　方（甲方）：××市北方商场（合同专用章）

承办人：孟××

卖　方（乙方）××市绣品进出口公司（合同专用章）

承办人：李××

例文5

供 用 电 合 同

合同编号：03-0291

签订时间和地点：20××年3月11日签订于××县供电局。

供电方：××县供电局（以下简称甲方），地址：××县城关镇中心大街7号。电话×××××。

用电方：××县第一棉纺厂（以下简称乙方），地址：××县三里庄镇。电话×××××。

为了协调电力供、用双方的关系，明确双方的权利和义务，根据有关电力供用方面的法律、法规的规定，经甲乙双方协商一致，特订立本合同，以便双方共同遵守。

一、受电地点、受电电压、受电容量及期限

受电地点：××县第一棉纺厂内。

受电电压：10千伏。

受电容量：400千伏安。

合同期限：1年，自20××年5月1日至20××年4月30日。

二、双方责任

1. 甲方按照合同约定的供电标准为乙方提供并安装有关供电设备和装置，保证按时向乙方供电。

2. 在合同规定的期限内，甲方应当保证乙方的电力电量供应；如发生不能供电，必须提前7天通知乙方；因自然灾害造成停电的，甲方应当及时抢修，尽早恢复供电。

3. 甲方应当负责供电设施的安全检修工作，因此需要对乙方停电时，应当提前7天通知乙方。

甲方1年对乙方进行的停电检修不得超过3次。

4. 甲方供电后，乙方应当在1个月内根据供电设备安装工程结算书，一次性向甲方支付全部设备款和安装费。

5. 乙方应按照合同规定的标准安全用电；需要超标用电或者不能在约定时间用电的，应当提前7日通知甲方，征得甲方同意后方可做出改变。

6. 乙方应当依国家规定的电费标准按季度向甲方缴付电费；在合同有效期限内国家电费标准调整时，本合同的电费标准也做相应调整。电费由乙方的开户银行按期扣缴。

7. 乙方不能擅自改动供电设施，凡擅自改动的，应当恢复原状。

三、违约责任

1. 甲方未按照合同约定向乙方供电的，应当补还少供的电力、电量，并向乙方支付少供电力、电量的5倍的违约金；违约金不足以弥补乙方所受损失的，还应向其支付赔偿金。

2. 乙方擅自超过合同约定标准用电的，甲方有权将其多用部分从以后供电量中扣除，并对多用部分加收5倍的电费；因此给甲方造成损失的，还应向甲方支付赔偿金。

3. 因甲方的责任，导致乙方停电的，甲方应当按照乙方在停电时间内可能用电量的电费的5倍给予赔偿；但因供电系统自动开关跳闸而停电的，甲方不予赔偿。

4. 因乙方的责任造成甲方停电的，乙方应当按照甲方的少供电量电费的5倍予以赔偿。

5. 甲方应当按照合同约定的期限供电，每少供一天，应当向乙方支付电费总量5%的违约金；

乙方应当按照合同规定的期限缴纳电费，每逾期一天，应当向甲方支付电费总量的5%的违约金。

6. 因甲方的原因导致乙方用电设备烧毁时，甲方应当负责修复，并按实际情况对乙方赔偿损失。

7. 乙方擅自迁移、变动供电设置或者擅自接用低价供电线路的，应当予以拆除或恢复原状；甲方有权向其收取差额电费；情节严重的，甲方有权解除合同。

四、本合同自签订之日起生效；在合同有效期限内，双方不得擅自变更或解除。本合同的未尽事宜，经双方协商一致后，可以做出补充规定，补充规定与本合同具有同等的法律效力。

五、本合同一式4份，双方各执2份。

甲　　方：××县供电局（公章）
法定代表人：从××
联 系 人：王××
开户银行及账号：中国工商银行××县支行，账号：××××

乙　　方：××县第一棉纺织厂（公章）
法定代表人：刘××
联 系 人：王××
开户银行及账号：中国农业银行××县支行，账号：××××

例文6

计算机显示终端承揽合同

合同编号：9×—021

签订时间和地点：××年5月10日签订于××市××咨询公司。

定做方：××金星电脑技术开发公司（以下简称甲方），地址：××省××市经五路12号，法定代表人：陈××，电话×××××，传真：××××，邮政编码×××××。

承揽方：××泰德咨询公司（以下简称乙方），地址：××省××市德兴路71号，法定代表人：耿××，电话：××××，传真：××××，邮政编码×××××。

一、项目名称、数量、工程造价（包括酬金）、完成期限及备注：

项目名称	数量	工程造价	完成期限	备　注
计算机LED单色显示终端	1块	104267元	50天	酬金包括在工程造价中
计算机LED彩色显示终端	3块	1188432元	120天	
合计金额（大写）：壹佰伍拾玖万伍仟陆佰玖拾玖元整				

二、项目内容及质量要求：

乙方按甲方要求制作计算机LED显示终端4块，其中单色1块、彩色3块，自行解决所需的原料、设备和资料等，并应保证工程质量。甲方应当监督乙方的工作，全部显示终端须经甲方验收后方为合格；但甲方逾期不验收，视为验收合格。

三、工程款支付方式及期限：

甲方应在合同生效之日起5日内，向乙方预付工程总造价金额的50%，余款将在甲方对全部工程验收合格后3天内一次性支付。

四、验收方法及期限：

甲方应在乙方完成显示终端调试后3天内对工程进行验收，如果有质量问题，乙方应当负责维修或者重做；如果出现乙方无力解决的质量问题，甲方有权要求乙方退还全部预付款并解除此合同。

五、工程维修：

乙方自全部显示终端交付甲方之日起一年内负责工程的免费维修，对于因甲方的操作不当造成的故障，乙方可适当收取维修费用。

六、违约责任：

1. 甲方应当按合同规定期限支付工程款，逾期付款的，应向乙方支付应付金额每日5%的违约金，因此而影响工程进度的，甲方可以延长工期。

2. 甲方不得无故拒绝接受定做物或不按期验收定做物，否则，应当赔偿乙方因此受到的全部损失。

3. 乙方应保证工程质量，不得使用废旧材料制作显示终端，否则，甲方有权拒绝接受定做物，并索回预付工程款。

4. 乙方不能完成工程或不能按期完成工程的，应当返还甲方的预付工程款、赔偿甲方因此所受的经济损失，或者按延期期限向甲方支付工程造价金额每日5%的违约金。

七、本合同自签订之日起生效。在合同履行期间，甲、乙双方均不得单方变更或解除合同。对于合同执行期间所发生的新情况，甲乙双方应本着协商一致的原则达成补充协议，补充协议与本合同具有同等的法律效力。

本合同一式2份，甲、乙双方各执1份。

定 做 方（甲方）：××金星电脑技术开发公司（合同专用章）
法定代表人：陈××

承 揽 方（乙方）：××承德咨询公司（合同专用章）
法定代表人：耿××

例文 7

建设工程勘察合同

合同编号：04–0288

签订日期和地点：20××年 3 月 6 日签订于明天大厦。

委托方：明天大厦（以下简称甲方），地址：××市东风大街 10 号。电话：××××××，传真：×××××××。

承包方：华能地矿工程勘察院（以下简称乙方），地址：××市阳平路 22 号。电话：×××××××，传真：××××××。

甲方委托乙方为新建办公楼进行岩土工程的勘察工作。根据有关法律、法规的规定，结合本工程的具体情况，为明确责任，配合工作，经双方协商，同意签订本合同，以资遵守。

第一条 工程勘察范围

一、本工程计划批准文件为××省计划经济委员会计字 778 号文件。

二、工程建设地点：××市东风大街 10 号

三、工程内容：工程名称为办公大楼，其东西间距为 80 米，南北间距为 25 米，场地面积为 2000 平方米，建筑层次为 6 层，砖混结构。

四、勘察阶段：一般勘察。

五、预计工程量：拟定勘察孔 12 个，孔深 13 米至 15 米，总进尺 168 米；相应的标贯试验、取土样、水样测试以及各孔孔口高程测量等。

第二条 甲方按时向乙方提供下列文件资料及条件：

一、工程项目批准文件（复印件）1 份。

二、勘察孔平面布置位置图 1 份。

三、拆除施工障碍物并平整现场，修好通行道路，接通电源、水源及排水渠道。

第三条 乙方于 20××年 3 月 26 日向甲方提交岩土工程勘察报告，图纸 3 件。

第四条 双方定金的规定（略）

第五条 双方责任

一、甲方的责任

1. 甲方在订立合同时须向乙方明确技术要求和勘察阶段，按时提交已有的技术资料和图件，满足乙方编写勘测施工纲要和编制工程预算的基本要求。

2. 甲方应按时创造并提供适当的施工条件。

3. 工程完成后，甲方应负责组织工程验收，并在乙方填写的工程勘测交验单上签署意见，作为工程款结算的依据。

4. 甲方应当维护乙方提交的勘察成果，不得擅自修改，也不得转让给第三方使用。

二、乙方的责任

1. 乙方应当派出工程技术人员按任务委托书和技术要求进行施工现场的踏勘，确定勘察手段、工作量、编制工程预算。

2. 在施工前，乙方应向甲方提出勘察施工纲要，并可以根据场地地形、地质条件和技术规范要求增减工程量或改变勘察手段，但应将变更情况通知甲方。

3. 乙方应当按照国家标准，规范规程进行施工，按合同规定期限提交成果，并对工程质量全面负责。

第六条　违约责任

一、甲方不履行合同时，无权要求乙方返还定金；乙方不履行合同时，应当向甲方双倍返还定金。

二、甲方未按期向乙方支付勘察费，每超过一天，应向乙方偿付勘察费额5%的违约金；乙方未按期提交勘察成果的，每逾期一天，应向甲方偿付勘察费额5%的违约金。

三、由于甲方原因致使工程返工或窝工的，所发生的费用由甲方承担。

四、由于乙方的原因致使工程质量低劣，不能满足设计要求的，应当返工，因此所发生的费用由乙方承担。

五、合同生效后，未经双方协商同意，不得擅自变更和解除合同，否则应承担因此所发生的损失。

第七条　本合同签订后，经工程所在地城乡建设主管部门审查和工商行政管理机关鉴证后生效。

第八条　本合同未尽事宜，由双方另行协商议定，补充协议与本合同有同等法律效力。

第九条　本合同一式2份，甲、乙双方各执1份。

委托方（甲方）：明天大厦（合同专用章）
法定代表人：赵××

承包方：华能地矿工程勘察院（合同专用章）
法定代表人：刘××
工程负责人：张××

例文 8

企业借款合同

合同编号：9×–110

借款人：江南电子集团公司（以下简称甲方），地址：××市解放路 11 号，法定代表人：李××。开户银行：中国工商银行××市分行，账号：×××××，电话：××××××，传真：×××××××，邮政编码：××××××。

贷款人：中国工商银行××市分行（以下简称乙方），地址：××市土城路 2 号，法定代表人：杜××。电话：××××××，传真：×××××××，邮政编码：××××××。

甲方因经营需要，向乙方申请 8000 万元贷款，乙方同意发放该项贷款，并对有关事宜协商一致，订立本合同。

一、贷款的种类、金额、用途、利率及期限：

贷款的种类：流动资金贷款；

贷款金额（大写）：捌仟万元；

贷款用途：用于对外支付贷款；

利率：月利率 9.15%；

期限：1 年，自 20××年 7 月 3 日至 20××年 6 月 30 日。

二、甲方责任：

1. 本合同生效后，甲方应当在提用贷款前向乙方提交提款计划，并按计划提用贷款。

2. 甲方应当以销售收入额归还借款的本金和利息，利息自乙方划拨贷款之日起计算，按季结算。

3. 甲方应当在合同规定的借款期限内向乙方提交还款计划，并按计划归还借款的本息。

4. 甲方应当在合同生效前向乙方提交与乙方认可的担保人签订的保证合同，以担保本借款合同的履行。

5. 甲方必须按合同规定的用途使用借款，并按期向乙方提供报表和资料，接受乙方的监督和检查。

三、乙方责任：

1. 乙方应当在甲方按提款计划办理手续后 15 个营业日内将贷款放出。

2. 乙方应按合同约定利率收取利息，并不得在本金中预先扣除。在合同有效期内，遇国家利率调整时，本合同利率如需变化，应当征得甲方的同意。乙方不得计复利。

四、合同的变更和解除：

1. 在合同有效期内，甲、乙双方均不得擅自变更和解除本合同；如因特殊情况的发生需要变更或解除合同时，必须经双方协商一致，达成书面协议。

2. 合同期满后，甲方需要延长借款期限的，应在借款到期前5个营业日向乙方提出申请，经乙方同意后，签订延期还款的补充协议，并续订保证合同。

3. 在合同有效期内，甲方发生经营方式改变的，应当于变更5日前通知乙方，乙方有权参加甲方清产核资。甲方将合同的权利和义务转让给第三人时，应取得乙方的书面同意，并由受让人与乙方重新签订借款合同。

4. 合同有效期内，甲、乙双方的住所和通信地址变更时，应在变更后5天内通知对方。

五、违约责任：

（共10条内容，略）

六、争议的解决方式

甲、乙双方在履行本合同时所发生的争议，应当由双方协调或者通过调解解决；协商或者调解不成的，可以向合同签订地的仲裁机构申请仲裁。

七、本合同未尽事宜，双方可按有关法律、法规及金融规章的规定执行；有不同意见的，应当协商解决。

八、本合同自双方法定代表人签字并加盖双方单位公章之日起生效，于合同项下贷款本息全部清偿之日起自动失效。

九、本合同一式2份，甲、乙双方各执1份。

借款人（甲方）：江南电子集团公司
法定代表人：李××

贷款人（乙方）：中国工商银行××市分行（公章）
法定代表人：杜××

签订合同的时间和地点：20××年7月6日签订于××市中国工商银行××市分行。

例文 9

居 间 合 同

合同编号：02—019

签订时间和地点：20××年 7 月 2 日签订于通达物资公司。

委托方：通达物资公司（以下简称甲方），地址：××市中华大道 7 号，电话：××××××，电报挂号：×××××××，邮政编码××××××。

居间方：大宇矿业公司（以下简称乙方），地址：××市通北路 12 号，电话：××××××，电报挂号：×××××××，邮政编码××××××。

甲、乙双方就委托介绍签订购买钢材合同一事协商一致，签订本合同。

第一条 委托事项

甲方委托乙方介绍签订购销合同，购进意大利产螺纹钢 2 万吨。

第二条 居间报酬及其支付

甲方向乙方支付中介服务费 100 万元，分两次交付。其中，首期服务费 60 万元，应当于甲方和供货方签订螺纹钢购销合同后 3 日内交付乙方；剩余服务费，甲方应当在货到××港后 3 日内向乙方交付。两次支付均应使用银行汇票。

第三条 委托期限

委托期限 4 个月，自 20××年 7 月 2 日至 20 年××月 1 日，期满本合同自动失效。

第四条 违约责任

1. 乙方应当在合同规定的期限内完成甲方的委托事项，到期不能完成的，应当向甲方支付违约金 5 万元；未经甲方许可，为他人完成相同委托事项的，除需向甲方支付违约金 5 万元以外，甲方有权要求乙方继续完成委托事项，并赔偿甲方因此所受的实际损失。

2. 甲方应当按照合同约定向乙方支付居间费用；逾期付款的，每逾期一天，应当按照支付金额向乙方支付 5%的违约金。

3. 因供货方的原因致使委托方无法得到钢材的，乙方应当向甲方返还所得报酬并赔偿甲方为订立合同而支付的费用。

4. 甲方不得擅自变更或撤销委托，否则应当向乙方支付 5 万元违约金；乙方要求甲方继续履行合同的，甲方应当继续履行合同，并赔偿乙方因此所受的实际损失。

第五条 本合同自签订之日起生效，双方当事人应当全面履行合同。本合同的未尽事宜，由双方当事人协商一致做出补充规定，该补充规定与本合同有同等法律效力。

第六条　本合同一式2份，双方各执1份。

甲　　方：通达物资公司（公章）
法定代表人：杜××
承 办 人：刘××

乙　　方：大宇矿业公司（公章）
法定代表人：彭××
承 办 人：王××

例文 10

钢桶生产线技术开发合同

合同编号：0401041720011

合同签订的时间和地点：20××年4月10日签订于××市设备改造公司。

委托方：××染料制桶厂（以下简称甲方），地址：××市宁波路20号，电话：××××××，电报挂号：×××××××，邮政编码××××××。

研究开发方：××稀设备改造公司（以下简称乙方），地址：××市南京路1号，电话：××××××，电报挂号：×××××××，邮政编码××××××。

甲乙双方就甲方委托乙方设计、制造25~70升钢桶生产线问题，经协商一致，签订合同如下：

第一条　项目名称

25~70升钢桶生产线。

第二条　项目内容

甲方委托乙方设计、制造25~70升钢桶生产线。

第三条　项目技术指标

1. 采用国际先进技术，达到甲方引进的德国设备的水平。

2. 电气控制采用可编程序控制器，液压采用部分进口原件。

3. 钢桶生产线的工作范围为从衔接缝焊机至钢桶桶体成型交验；

4. 生产方式为连续自动、机械手、自动机构操作，工人只对设备进行调整、巡回监视和将原料送入自动上料装置。

第四条 研究开发期限

研究开发期限为1年零7个月，自20××年5月至20××年12月。其中20××年5月至12月完成产品试设计，20××年1月至3月完成工艺设计；20××年4月至6月完成安装设计及制造；20××年6月至12月完成安装及调试。

第五条 项目造价及其支付

生产线总造价150.5万元。甲方在本合同成立后30日内向乙方支付定金30万元，合同履行后，定金抵作研究开发费用。其余工程款，甲方按照下列期限向乙方支付：(略)

第六条 技术资料提供

乙方技术开发所需资料，应由乙方自行解决；需要甲方提供的，甲方应当提供或为乙方提供便利，协助乙方查阅资料或调查数据。

第七条 风险责任的承担

在履行本合同过程中，因现有技术水平或条件难以克服的困难，导致研究开发失败或者部分指标难以达到约定标准的，所发生的损失均由甲方承担；但乙方对此有过错的除外。

第八条 技术成果的归属

乙方应当按约定期限将研究开发成果交付甲方，并由甲方就该技术成果享有专利申请权或非专利技术的转让权和使用许可权。

第九条 验收的标准和方式

项目完成后，甲、乙双方应当按照本合同第三条规定的技术指标对生产线进行会审验收。验收合格的，由双方共同签署验收证明。

第十条 违约责任

1. 甲方在合同成立后中途终止履行合同的，无权请求乙方返还定金；乙方因此所受的损失，甲方应赔偿。

2. 乙方在合同成立后中途终止履行合同的，应当向甲方双倍返还定金，并赔偿甲方因此所受的损失。

3. 甲方应当按期向乙方支付经费；逾期支付的，每逾期一天，应当按照项目造价金额向乙方偿付5%的违约金；超过30天不支付经费的，乙方有权解除本合同，因此所受损失，由甲方予以赔偿。

4. 乙方应当按照约定的定期向甲方交付研究成果；逾期交付的，每逾期一天，应当向甲方支付工程造价金额5%的违约金；超过30天不能交付的，甲方有权解除合同，并要求乙方返还全部经费。乙方在向甲方交付研究成果之前，不得将该成果转让给第三方。

5. 甲方无正当理由拒不接受研究开发成果的，应当向乙方赔偿损失。

第十一条　争议的解决

在本合同的履行过程中所发生的争议，双方应当协商解决；协商不成，可以向人民法院提起诉讼。

第十二条　本合同自订立之日起生效，双方当事人应当全面履行合同的各项规定，如果需要对合同的内容进行变更时，应当由双方当事人另行协商，达成一致意见后方可变更。双方所达成的补充协议与本合同具有同等的法律效力。

第十三条　本合同一式 2 份，双方当事人各执 1 份。

甲　　　方：××染料制桶厂（公章）
法定代表人：孙××

乙　　　方：××稀设备改造公司
法定代表人：段××

例文 11

非专利技术转让合同

合同编号 302110760977

合同签订的时间和地点：20××年 8 月 21 日签订于××轻化工业公司

转让方（以下简称甲方）：于××，男，47 岁，汉族，系××城电子工业学校教师。

受让方：××轻化工业公司（以下简称乙方），地址：××市共青团路 11 号，电话：××××××，电报挂号：×××××××，邮政编码：××××××。

甲、乙双方就转让“安全节能电镀循环过滤加热器技术”的有关事项协商一致，签订本合同，双方当事人共同遵守。

一、项目名称

安全节能电镀循环过滤加热器技术。

二、转让内容

甲方向乙方转让自己的非职务性发明创造——安全节能电镀循环过滤加热技术，允许乙方取得该项技术并可就该项技术申请专利。

三、双方当事人的责任

1. 甲方应当于合同成立之日起将“安全节能电镀循环过滤加热器”技术的

有关资料和数据全部交付乙方；此后，甲方不得再使用该技术。即使乙方不以此技术申请专利，甲方也不得申请专利。

2. 甲方应当对乙方实施约定技术，进行技术指导，协助乙方实施技术。

3. 甲方应当保证技术的实用性和真实性，乙方按照合同约定实施技术侵害他人合法权益的，所发生的法律责任由甲方承担。

4. 甲方应当对该项技术和技术的转让承担保密责任。

5. 乙方有权全面实施合同约定的技术，但应当向甲方支付20万元的转让费。

转让费分两次支付。其中，第一笔费用10万元，应当在合同成立之日支付给甲方；第二笔费用10万元则需要在技术实施之日起支付给甲方。

6. 乙方对受让技术应当承担保密责任。

四、后续改进技术成果的归属

甲、乙双方均可对合同约定技术进行后继改进研究，所取得的技术成果，为各方当事人享有，任何一方无权分享另一方后续改进的技术成果。

五、违约责任

1. 甲方所转让的技术缺乏实用性和真实性的，应当返还乙方所支付的转让费，并赔偿乙方所受的损失。

2. 甲方违反保密义务，将技术成果泄露给他人的，乙方有权解除合同，收回转让费，因此所受的损失，应由甲方赔偿。

3. 甲方未全部向乙方提供技术资料，致使乙方无法实施技术的，乙方有权要求返还转让费，并要求赔偿损失。

4. 乙方未按合同约定向甲方支付转让费，应当赔偿甲方因此所受的损失，并补交转让费，不补交转让费和赔偿损失的，甲方有权收回技术资料，解除合同。

5. 乙方违反保密责任，将技术向公众泄露，应当向甲方承担赔偿责任。

六、争议的解决

本合同履行过程中所发生的争议，双方当事人应当尽量协商解决；协商不成的，应当向仲裁机构申请仲裁。

七、本合同自签订之日起生效，在合同履行过程中，双方不得擅自变更或解除合同，如确需对合同内容进行调整或补充，应当由双方另行协商后做出补充规定，该补充规定与本合同具有同等法律效力。

八、本合同一式2份，双方各执1份。

甲方：于××

乙方：××轻化工程公司（公章）

法定代表人：陈××

例文 12

技术服务合同

合同编号：0309180072

合同签订的时间和地点：20××年 9 月 18 日签订于××省硅酸盐研究所

委托方（以下简称甲方）：大华过滤材料厂，地址：××市开封路 18 号。电话：××××××，邮政编码：××××××。

受托方（以下简称乙方）：××省硅酸盐研究所，地址：××市河西路 2 号。电话：××××××，邮政编码：××××××。

根据有关法律的规定，合同双方就油烧辊道窑项目的技术服务，经协商一致，签订本合同。

一、服务内容、方式和要求：

乙方为甲方设计、调试一座 14 米油烧辊道窑。

窑炉技术指标：1. 焙烧制品：硅藻土；2. 燃料：轻柴油；3. 烧成温度：1000℃；4. 制品在烧成带的烧成时间：15 分钟至 20 分钟；5. 年产量：500 吨；6. 制品容器的设计：容器材料一年内不出现影响产品质量和产量的现象。

二、协作事项：

甲方自筹资金采购项目的原材料、设备、仪表运至现场，并负责定做、加工全部零部件，砌筑窑件；乙方提供全套设计图纸和原材料外购件明细表，负责窑体砌筑及设备安装调试的指导。

三、服务费及其支付：

技术服务费 6000 元，合同生效后 7 日内支付 4200 元，窑炉验收后 7 日内支付 1800 元。

四、履行期限：

甲方应当在最短的时间内完成零配件的购置、订货和加工；乙方应当在甲方完成材料的购置、订货和加工后 30 天内完成指导安装调试。

五、验收：

甲、乙双方共同对项目建设和运行进行验收，如达不到规定技术指标，视为项目不合格，由甲、乙共同调查原因。

六、违约责任：

1. 乙方应在甲方首次付款后 15 日内将图纸和材料外购明细表交付甲方，逾期不交付的，每逾期 1 天，按服务费的 5%，按日支付违约金；

2. 甲方应按约定日期向乙方付款，逾期支付的，应当按照服务费5%，按日支付违约金；

3. 乙方应当按期完成项目，否则要赔偿甲方因此受到的实际损失。

七、风险承担：

甲方应当按照乙方的要求采购原材料，如果因原材料不合格造成窑炉达不到技术指标时，全部责任均由甲方自负；在窑炉安装调试中，如果因乙方的设计错误、原材料选择错误造成窑炉不合格的，乙方承担责任；因不可抗力的发生造成窑炉不合格的，乙方不承担责任。

八、纠纷解决：

履行本合同发生的争议，由当事人协商解决；协商不成时，双方均同意由××仲裁委员会仲裁解决。

九、本合同自签订之日起生效，本合同履行期间，任何一方不得擅自变更或解除合同。如有未尽事宜，双方可以另行协商，做出补充规定，补充规定与本合同具有同等约束力。

本合同一式2份，双方各执1份。

甲　　方：大华过滤材料厂（公章）
法定代表人：张××

乙　　方：××省硅酸盐研究所
法定代表人：朱××

例文13

房屋委托销售合同

合同编号：003718

签订时间和地点：20××年8月8日签订于虹桥房地产开发有限公司。

委托人（以下简称甲方）：××市虹桥房地产开发有限公司，地址：××市新兴路1号。电话：××××××，邮政编码××××××。

受托人（以下简称乙方）：陈××，女，汉族，住××市长河路幸福里8号。

双方经协商一致，就有关事项达成协议，共同遵守。

一、委托事项：甲方委托乙方以甲方的名义代理销售其所开发的益寿小区20栋共4万平方米的商品房。

二、授权范围：乙方有权根据市场情况决定该房屋的销售价格，但最低售价为每平方米1200元，超过此标准部分，乙方获得70%，甲方得30%。

三、委托报酬：甲方按乙方完成的销售情况支付报酬，共分2档：乙方按每平方米1200元销售房屋的，获得销售额的30%；乙方按每平方米1200元以上价格销售房屋的，除按前项获利外，超过部分按合同第二条规定办理。

四、委托费用：甲方按乙方完成的销售总额的6%向乙方支付销售费用，不足部分由乙方自理，结余归乙方所有。

五、委托期限：6个月，自本合同签订之日起至20××年2月8日止。

六、双方当事人的权利和义务：

1. 甲方应当为乙方提供完成委托事务所需要的各种凭证，包括甲方营业执照副本、合同专用章、空白合同书、业务介绍信等。

2. 乙方完成销售后，甲方按照乙方签订的销售合同向乙方支付报酬，乙方每签订一份合同，甲方则应当在合同生效之日起7日内支付乙方应得报酬的50%，其余50%则在乙方收回销售额后7日内支付。

3. 乙方应当按期完成委托事务，否则甲方不支付任何费用和报酬。

4. 乙方完成销售后，应当足额收回销售收入；如果销售出的房屋尾款不能按期收回，乙方应当负责追回，在尾款未获追回之前，乙方不得要求甲方支付剩余报酬和销售费用。

七、争议解决：合同签订后即发生法律效力，双方当事人应当严格履行，未经协商同意不得变更、解除，如果发生争议，任何一方均可以向人民法院提起诉讼。

本合同一式2份，双方各执1份。

甲方：××市虹桥房地产开发有限公司（公章）
法定代表人：胡××
乙方：陈××

例文14

煤炭仓储合同

合同编号：03—002246

签订时间和地点：20××年5月5日签订于××市三北路货场。

存货人：××市发达集团公司（以下简称甲方），地址：××市明星小区12栋401号，电话：××××××。

仓管人：××市三北路货场（以下简称乙方），地址：××市三北路10号。电话：××××××。

按照有关法律规定，存货人和仓管人根据委托储存计划和仓储容量，经双方协商一致，签订本合同。

一、储存货物的品名、质量、数量：甲方委托乙方为其储存烤火用散煤3000吨，并办理中转。

二、保管条件和要求：乙方可露天堆放所存散煤，但应妥善保管，避免发生货物减少。

三、货物的出库或入库：甲方在乙方为其核定的存储总量内，可以随时办理货物的储存，乙方应当及时为甲方办理入库手续；甲方需要将煤炭发给他人时，可直接委托乙方办理出库，乙方凭甲方的出库通知将货物运到甲方指定地点，运费由甲方承担。

四、储存期限：3年，自20××年5月4日起至20××年5月5日止。

五、仓储费及其支付：甲方按每月1000元的标准向乙方支付仓储费，每季结算一次。

六、双方责任

1. 甲方的责任：甲方应当按期办理货物的入库，如不能入库，应当向乙方偿付相当于仓储费30%的违约金；甲方原则上不能超定量储存货物，如确需超量储存，应当征得乙方的同意；甲方应当按期向乙方支付仓储费，逾期支付的，应当向乙方支付逾期费用的每日5%的违约金，如超过3个月不支付仓储费，则除需要乙方支付违约金外，乙方有权变卖甲方所存煤炭，以所得价款弥补仓储费。

2. 乙方的责任：乙方应当妥善保管甲方的货物，货物损耗超过货物总量的5%的，乙方应当负责赔偿损失或者补足货物；乙方应当根据甲方的出库通知办理出库手续，不能及时出库时，应当向甲方支付因此给甲方造成的损失，如果不能出库是因为甲方的原因造成的，则乙方不承担责任。

本合同期满后终止，一方愿意续订合同时，另一方应当优先考虑。

本合同一式2份，双方各保留1份，自订立之日起生效。

甲　　　方：××市发达集团公司（合同专用章）
法定代表人：洪××

乙　　　方：××市三北路货场（合同专用章）
法定代表人：赵××

例文 15

融资租赁合同

合同编号：040901002719

签订时间和地点：20××年9月1日签订于××租赁有限公司。

出租人：××租赁有限公司（以下简称甲方），地址：××市工业路14号。电话：××××××，电传：××××××，邮政编码××××××。

承租人：××市无线电二厂（以下简称乙方），地址：××市沿河路115号。电话：××××××，电传：××××××，邮政编码××××××。

担保人：××省经济技术合作公司（以下简称丙方），地址：××市河口路2号。电话：××××××，电传：××××××，邮政编码××××××。

根据有关法律、法规的规定，甲、乙双方经协商一致，签订如下合同，并共同遵守。

第一条　租赁物的购进。甲方根据乙方的委托，购进日本产充气塑料打火机全套设备和配套气罐车，租给乙方使用。

第二条　租赁期限。租赁期限3年，从年20××11月1日至20××年11月1日。

第三条　租金及其支付期限。合同租金总额397501830日元，分6次支付，每6个月还一次。

第四条　担保责任。丙方担保乙方按照本合同的约定向甲方支付其应付的租金及其他费用，当乙方到期不能支付租金时，丙方应当无条件地代替乙方将上述租金及其他费用交付甲方。

第五条　双方的责任

1. 甲方的责任：甲方应当按期将合同约定设备交付给乙方使用，延迟交付或不能交付时，应当向乙方支付延迟支付的违约金，或者赔偿乙方所受到的实际损失。因出卖人不履行买卖合同的义务，致使甲方不能交付设备时，甲方可以将自己向出卖人索赔的权利，交由乙方行使，否则，甲方应当向乙方承担赔偿责任。

2. 乙方的责任：乙方应当按合同约定接受该设备，无正当理由拒不接受时，应当向甲方支付违约金或者赔偿甲方所受到的实际损失。乙方应当按期支付租金，逾期支付租金的，甲方除可以向丙方要求支付租金外，还可以收回设备。乙方应当负责租赁期间的设备维修。甲方所提供的设备如果不符合乙方的使用目的，甲方不承担责任，由乙方自行解决。

第六条 纠纷解决。在本合同的履行过程中，甲乙双方发生纠纷时，应当协商解决，协商不成时，任何一方均可以向××市仲裁委员会申请仲裁。

第七条 其他。本合同未尽事宜，双方可以签订补充协议，补充协议与本合同具有同等法律效力。

本合同自签字之日起生效，出租人与出卖人签订的设备买卖合同是本合同的附件。

本合同一式2份，甲乙双方各执1份。

甲　　　方：××租赁有限公司（合同专用章）
法定代表人：郝××

乙　　　方：××市无线电二厂（合同专用章）
法定代表人：王××

丙　　　方：××省经济技术合作公司（合同专用章）
法定代表人：刘××

例文16

合 伙 合 同

合同编号：04–01125

签订时间和地点：20××年5月5日签订于××区劳动联合中心。

甲方：王××，男，40岁，汉族，住××区太平路15号。

乙方：刘××，男，24岁，汉族，住××区城顶街3号。

丙方：薛××，男，28岁，汉族，住××区朝阳街11号。

甲、乙、丙三方本着互利互惠、共同发展的原则，经过充分协商一致，决定共同设立合伙企业，特订立本合伙合同。

一、合伙企业名称和主要经营场所的地点：

甲、乙、丙三方共同设立腾达经贸发展公司，其主要经营场所设立于××区域顶街3号。

二、合伙企业的经费范围：

腾达经贸发展公司主要经营电子产品的批发、零售，兼营同类产品的维修和中介服务。

三、投资总额及出资的交付：

腾达经贸发展公司的投资总额20万元，分别由甲、乙、丙按照下列形式和期限交付：甲方以现金投资5万元，占投资总额的25%；乙方以其临街房屋作价10万元出资，占投资总额的50%；丙方的现金3万元、小货车一辆作价2万元，共计5万元出资，占投资总额的25%。以上出资应当在合同成立之日起5日内交付。

四、合伙企业事务的执行：

腾达经贸发展公司由甲担任经理，对外代表合伙企业，对内履行管理职责。甲应当定期向乙和丙报告工作，乙和丙有权监督甲执行公司事务。

甲应当在本合同签订后10日内向东城区工商局办理公司登记，领取营业执照。

五、利润分配及亏损分担办法：

甲、乙、丙三方各自按照出资比例分配利润和分担亏损。经三方协商一致，可以另行确定利润分配和亏损分担办法。

六、合伙企业的财产管理：

甲、乙、丙三方的出资和以腾达经贸发展公司名义取得的财产，共同构成合伙企业的财产，甲、乙、丙三方享有共同管理和使用的权利，甲、乙、丙如需转让其在合伙企业中的财产份额，应当通知其他合伙人，或者征得其他合伙人的一致同意。

七、入伙和退伙：

1. 甲、乙、丙三方以外的其他人入伙时，应当经甲、乙、丙三方的一致同意；新合伙人与甲、乙、丙享有同等的权利，承担同样的义务。

2. 经全体合伙人同意或者依照有关法律规定可以退伙的，合伙人可以退伙。

八、合伙企业的解散与清算：

1. 有下列情形之一的，腾达经贸发展公司可以解散：

(1) 合伙人不愿意继续经营，决定解散的；(2) 有2个以上合伙人要求退伙时；(3) 被依法吊销营业执照时。

2. 腾达经贸发展公司解散后，甲、乙、丙三方当事人共同作为清算人，对公司的债权债务进行清理、清算。在公司财产不足以清偿全部债务时，甲、乙、丙三方对公司债务承担连带无限责任；当清偿数额超过自己所应承担的数额时，有权向其他合伙人追偿。

九、违约责任：

(共5条内容，略)

十、本合伙合同经甲、乙、丙三方共同签字后生效；经三方协商一致，可以对合同内容进行修改或补充，补充协议与本合同具有同等法律效力。

十一、本合同一式三份，甲、乙、丙三方各执一份。

甲　方：王××
乙　方：刘××
丙　方：薛××

【进阶提示】

一、要合法

合同是一种法律文书，其使用的目的就是用法律手段来规范制约立约人的行为，使其在法律的轨道上运行。因此，订立合同，首先必须遵守国家的法律、符合国家政策要求。否则，无论其条款如何完善具体，合同也不能成立。合法主要表现在以下三点：一是主体资格合法；二是合同内容合法；三是经营范围合法。

二、要合理

合同必须贯彻平等互利、协商一致、等价有偿的原则，任何一方不得将自己的意志强加给对方。

三、要完善

完善是指条款内容的完善。一份合同不仅整体的条款内容要完善，而且每一条款的内容也要尽量周密严谨，避免发生漏洞而出现问题。比如房屋租赁合同，要将各种可能发生的意外情况概括进去。

四、要合格

合格是指合同的书写须合乎格式规定，合同有它特定的写作格式和必备的条款内容，制作时须按照其规定的要求去写。

五、要明确

即指明确合同类型和基本信息，首先，要明确合同的类型，如销售合同、租赁合同等，并写明合同各方的基本信息，包括名称、地址、联系方式等。

其次，要明确合同的定义条款，对合同中出现的专业术语进行定义，确保双方理解一致，避免后续纠纷。

六、要得体

即指合同的语言要求精确、清楚、肯定、简洁，并能准确表达当事人的意思。合同是契约性文件，最忌讳内容笼统、语言含混不清、模棱两可。

第二节　协议书

【功能特性】

协议书是国与国、政党团体与政党团体之间，国内机关、团体、企事业单位之间为了解决某一事项，通过协商将取得一致意见的内容事项整理成相互共同遵守的文字材料。

关于协议书的特性，主要体现在两个方面：一是内容事项的原则性。从性质上说，协议书类似合同，但合同较为全面、细致、具体，而协议书则相对单纯一些、原则一些。二是适用范围的广泛性。在适用范围上，协议书要比合同广泛得多。它不仅适用于经济活动，同时适用于有关上层建筑方面的活动。

【结构模式】

协议书是国与国之间、政党团体与政党团体之间，国内机关、团体、企事业单位之间为了解决某一事项，通过协商将取得一致意见的内容整理成相互共同遵守的文字材料。

协议书的内容结构一般由以下几个部分组成。

一、标题

应写明协议书的性质，诸如“经济协作协议书”，也可只写文种，即“协议书”，视具体情况，还可标明“××（单位名称）与××（单位名称）关于××的协议书”。

二、名称

要写明签订协议的双方或各方名称（要写全称）及其代表人姓名。一般列于标题之下空两行的位置。为方便起见，可以将订约双方或各方分别称为甲方、乙方等。

三、正文

这是协议书的主体和核心部分。要按照一定顺序，逐条写明签订协议书的原因、目的和具体内容。在结构形式上，如果内容单一，可独段阐释；如内容复杂，可以采用分条列项的模式，以使眉目清晰、层次分明。

四、结尾

要写明执行要求以及对协议书本身的说明，一般应交代清楚协议书的书面形式、份数、保存人或单位、有效期限以及违约责任等项要素。

五、落款

包括署名和签订时间两项要素。应在正文的右下侧，由协议各方依次签署，分别写明单位名称、代表人姓名，并加盖公章，然后另起一行写明达成协议的时间，要用公元全称，用阿拉伯数字。

【典范文例】

例文 1

公路运输合作协议

协议编号：×××

甲方：×××公司　　　　　　　　乙方：×××公司

甲、乙双方本着平等互利、相互协作、共同发展的原则，经友好协商，就甲方委托乙方运送货物事宜，达成如下协议：

一、双方的权利和义务

（一）甲方的权利和义务

1. 甲方每日以定时或不定时的方式将货物托运计划（业务指令）以书面形式（电子邮件、传真或电话通知后补单）传递到乙方业务受理部门（负责人姓名：×××　电话：××××××），乙方接到通知后 2 小时内安排运输。甲方若有紧急任务，乙方应按甲方要求优先安排，30 分钟内落实。乙方应按甲方要求准时到达甲方指定地点进行装配，并应持乙方有效派车单或介绍信，未持有有效证件的，甲方有权拒绝装配，由装货延误带来的相关处罚与损失由乙方承担。

2. 甲方负责向乙方提供准确齐全的货物运输资料，所提供运输的货物必须和所提供的资料相符。

3. 甲方负责自起运地至目的地所发生的商检、卫检、工商、公安等政府部门依法查验货物的资料，负责提供所运输货物的注意事项和特殊要求等。

4. 乙方为甲方西安至甘肃地区、新疆地区线路的指定主要供应商，在协议期内，乙方不得以任何理由和借口延迟装货和作业，若因乙方不能及时调度车辆，甲方有权另行安排车辆，超出协议价格的成本部分由乙方承担。

5. 在装货现场乙方须听从甲方装货现场管理人员的指挥，遵守装货单位的各项规章制度，不得随地吐痰、乱扔垃圾或在禁烟区吸烟，不得与甲方发货人员及甲方客户发生争吵、斗殴等不良行为，若因未遵守引起的后果由乙方负完全的责任，且甲方有权对乙方的不良行为进行每次 200 元的罚款，在乙方应收取的运费中扣除。

6. 如由于乙方的人为原因造成货物延迟到达而给甲方带来的直接经济损失由乙方承担，且甲方将按迟到天数每天扣减乙方本趟运费的 30% 作为违约金：

如由于延迟到货给收货方带来经济损失，甲方有权按照实际经济损失向乙方进行索赔。

（二）乙方的权利和义务

1. 乙方车辆装货时，凭甲方提供的运输单据准确清点货物，乙方责任由发运地货物装车开始，至目的地货物卸离车板交付收货人签收为止。在此责任范围内产生的货物污染、变形、破损、短少以及运输途中的超载行为和其他交通违法行为等造成的经济损失，由乙方负责全额赔偿。

2. 乙方负责运输过程中车辆运行动态的及时跟踪和反馈，货差货损的记录，运输事故的处理，出险相关单据、照片及凭证的收集以及人员伤亡的赔付等。

3. 乙方如在运输途中出现异常，不能按规定时间送达或收货人拒收货物的，应立即（在30分钟内）通报甲方，不得私自处理，若因擅自处理给双方带来的损失由乙方负完全的责任。

4. 乙方负责按甲方要求的时间将货物安全送达目的地并让指定收货人签收(要求签名并加盖收货专用章或公章)，并负责将甲方委托代交的运输单据按甲方单证的回单时间要求及时、完整交给甲方指定的单证交接人员。回单延误的，甲方按每票每延误1天支付50元的违约金，在乙方应收取的运费中扣除。

5. 若回单丢失或损坏，乙方应及时通知甲方并采取补救措施，补签回单的相关费用由乙方负责；乙方应保证客户的签收单真实有效，若因乙方弄虚作假造成甲方的任何经济损失及法律责任，由乙方承担全部经济赔偿及相关法律责任；对于回单丢失或损坏且无法补救或收货方不承认已收货物的情况，由乙方承担该批货物的全部赔偿责任，并同时扣减当票次运输费用。

6. 乙方必须为甲方提供24小时服务（包括节假日），必须遵守甲方所制定的规章制度和服务要求。

7. 如乙方将甲方委托的物流工作委托给第三方，乙方必须通知甲方并经甲方许可后，才能将货物委托给第三方，并且要保证第三方的资质，对第三方所提供的服务负责，并承担视同为乙方操作的同等责任。

8. 甲、乙双方任何人员不得以收受对方回扣、礼品作为合作条件，否则，双方均有权终止协议，并追究对方的相关责任；若乙方发现甲方相关调度人员或负责人有相应要求或暗示行为，应及时与甲方营运部负责人或公司总经理沟通汇报情况，若经公司发现乙方与甲方任何人员有营私舞弊行为，且乙方未及时反馈，给甲方造成经济损失的，应予以赔偿，甲方有权立即中止合同。

9. 在任何情况下，乙方不得以任何理由扣留甲方的货物或单据；若因乙方扣留货物带来的经济损失及赔偿责任，由乙方全额承担。

二、乙方代理人资格的确定

乙方自与甲方签署本协议后，即取得甲方规定的业务范围内的物流服务供应商资格，乙方必须严格按照双方的约定和国内货运规则、惯例作业，遵守国家及地方政府的法规、法令和相关规定，高度重视甲方委托的各项物流工作任务。甲方随时可通过考核确定乙方是否继续具备成为甲方供应商的资格和审查乙方风险担保或赔偿能力。

1. 合同签订时，乙方应按甲方要求提供具有法律效力的营业执照、组织机构代码证、公路运输许可证、税务登记证、发票样本的复印件。乙方以上证书一旦更改，应于10个工作日内将更改后的证书复印件提供给甲方。

2. 签订本协议时，乙方应提供日常用于同甲方进行业务交流的常用电子邮件地址4个，加盖乙方印章后提交甲方。甲方依据该邮件地址同乙方进行业务联络。

3. 乙方指定专人作为同甲方货物运输项目联络的委托代理人，代理人的行为视为乙方的法人行为。代理人变更，乙方应书面通知甲方。

4. 乙方传真到甲方的加盖乙方印章或相关人员签名的传真文件，是乙方的法人行为，具有法律效力。

5. 如甲方认为有必要，乙方应向甲方提供具有法律效力的风险担保确认书。

6. 乙方在本合同签订时应向甲方缴纳10万元作为履约保证金，如货物在乙方承运期间完好无损、保持原样，甲方在合同期满或提前终止后30天内无息如数返回给乙方。若期满后双方继续合作，该保证金直接转入下一个合同期限。如因乙方责任造成甲方损失的，甲方有权按货物销售发票价格及因乙方原因导致甲方客户索赔的金额总额从该保证金中扣除。

（此条也可为：乙方运作前需向甲方缴纳10万元作为运作保证金，甲方将在运作三个月后将此保证金无息返回给乙方）

三、结算方式和时间

乙方次月10日前将当月运作单据及对账单据提供给甲方，甲方于收到上述单据后10日内对其审核，确定无异议后通知乙方开具国家税务总局认可的公路运输业专用发票，甲方于收到发票后10日内将运费支付给乙方。

四、本协议附件

1. 双方需交换的文件

A. 营业执照副本复印件

B. 组织机构代码证复印件

C. 法定代表人身份证明

D. 签约人授权委托书

2. 乙方向甲方提供的文件

A. 公路运输许可证复印件

B. 税务登记证复印件

C. 发票样本复印件

3.《运输价格表》

4.《业务联络及签名式样表》

五、协议修订及终止与生效和顺延

1. 合同期内甲、乙双方如需修改或终止协议，应提前30天书面通知对方，双方协商同意后方可变更或提前终止协议，否则视为违约，由违约方负责赔偿对方因此所遭受的全部损失。

2. 若乙方违反本合同服务要求，甲方提出后并没有改进的，以及乙方经营出现重大问题或有严重违法行为，甲方有权单方面解除合同，书面解除合同通知书到达乙方处本合同立即终止，且乙方仍应当依照合同约定承担相应的责任。

3. 本协议履行期限为12个月，从20××年××月××日至20××年××月××日自签订之日起30日内为试运行期，试运行期双方可对协议内容进行磋商、修改和终止合作关系，试运行期本协议条款对双方均有效；试运行期结束后，甲乙双方均未提出终止合同关系的，自动转入合同履行期。

4. 甲、乙双方合作期间及双方合作关系结束一年之内，乙方不得与甲方的客户发生任何业务关系，否则将视乙方违约，甲方有权在应付给乙方的运费或保证金中扣除相应的损失金额。

5. 本协议自甲、乙双方签字盖章之日起生效，正文及附件一式三份，甲方两份，乙方一份，具有同等法律效力；除非经双方授权代表签署书面协议，否则任何条款的修改均无效。

六、争议的解决

1. 双方如发生争议可协商解决；协商不成，任一方均可提起诉讼，由甲方所在地人民法院管辖。

甲方全称：×××公司（盖章）	乙方全称：×××公司（盖章）
注册地址：	注册地址：
授权代表：	授权代表：
签署时间：	签署时间：
开户银行：	开户银行：
银行账户：	银行账号：

例文2

自愿离婚协议书

男方：×××，男，汉族，______年____月____日生，住______________，身份证号码：

女方：×××，女，汉族，______年____月____日生，住______________，身份证号码：

男方×××与女方×××于______年____月认识，于______年____月____日在______________登记结婚，婚后于______年____月____日生育一儿子/女儿，名________。因____________________致使夫妻感情破裂，已无和好可能，现经夫妻双方自愿协商达成一致意见，订立离婚协议如下：

一、男女双方自愿离婚。

二、子女抚养、抚养费及探望权：

儿子/女儿________由女方抚养，随同女方生活，抚养费（含托养费、教育费、医疗费）由男方全部负责，男方应于______年____月____日前一次性支付______元给女方作为女儿的抚养费（男方每月支付抚养费______元，男方应于每月的1—5日将女儿的抚养费交到女方手中或指定的××银行账号）。

在不影响孩子学习、生活的情况下，男方可随时探望女方抚养的孩子。（男方每星期休息日可探望女儿一次或带女儿外出游玩，但应提前通知女方，女方应保证男方每周探望的时间不少于一天。）

三、夫妻共同财产的处理：

（1）存款：双方名下现有银行存款共______元，双方各分一半，为______元。分配方式：各自名下的存款保持不变，但男方/女方应于____年____月____日前一次性支付____元给女方/男方。

（2）房屋：夫妻共同所有的位于××的房地产所有权归女方所有，______房地产权证的业主姓名变更的手续自离婚后一个月内办理，男方必须协助女方办理变更的一切手续，过户费用由女方负责。女方应于____年____月____日前一次性补偿房屋差价______元给男方。

（3）其他财产：婚前双方各自的财产归各自所有，男女双方各自的私人生活用品及首饰归各自所有（附清单）。

四、债务的处理：

双方确认在婚姻关系存续期间没有发生任何共同债务，任何一方如对外负有债务的，由负债方自行承担。（____方于______年____月____日向×××所借债务由____方自行承担……)

五、一方隐瞒或转移夫妻共同财产的责任：

双方确认夫妻共同财产在上述第三条已做出明确列明。除上述房屋、家具、家电及银行存款外，并无其他财产，任何一方应保证以上所列婚内全部共同财产的真实性。

本协议书财产分割基于上列财产为基础。任何一方不得隐瞒、虚报、转移婚内共同财产或婚前财产。如任何一方有隐瞒、虚报除上述所列财产外的财产，或在签订本协议之前______两年内有转移、抽逃财产的，另一方发现后有权取得对方所隐瞒、虚报、转移的财产的全部份额，并追究其隐瞒、虚报、转移财产的法律责任，虚报、转移、隐瞒方无权分割该财产。

六、经济帮助及精神赔偿：

因女方生活困难，男方同意一次性支付补偿经济帮助金______元给女方。鉴于男方要求离婚的原因，男方应一次性补偿女方精神损害费______元。上述男方应支付的款项，均应于______年____月____日前支付完毕。

七、违约责任的约定：

任何一方不按本协议约定期限履行支付款项义务的，应付违约金______元给对方（按______支付违约金）。

八、协议生效时间的约定：

本协议一式三份，自婚姻登记机关颁发《离婚证》之日起生效，男、女双方各执一份，婚姻登记机关存档一份。

九、如本协议生效后在执行中发生争议的，双方应协商解决，协商不成，任何一方均可向××人民法院起诉。

男方：(签名)　　　　女方：(签名)

20××年××月××日　　　　20××年××月××日

【进阶内容】

要写好协议书，应当注意把握如下要点：

1. 任何协议书的签订，都必须在法律允许的范围内进行，其内容必须符合党和国家的政策法令。因此签订协议是一件非常严肃的事情，必须对协议内容进行反复推敲，权衡执行协议的利弊，切不可草率从事。

2. 订立协议，必须坚持平等、自愿、互利的原则。无论是当事人的一方还是局外人，都必须坚持公正立场，不允许带有丝毫的个人感情。

3. 协议书的签订者必须具有法人地位。代表单位在协议书上签字的人，必须是该单位的主要领导，或受单位正式书面委托的全权代表。

第三节　意向书

【功能特性】

意向书是双方或多方就合作项目在进入实质性谈判之前，根据初步接触所形成的带有原则性、意愿性和趋向性意见的文书。在对对方的资信能力、技术、经营作风未充分了解前，对合作项目先签订一个意向书是较为合适的。意向书和契约、合同的性质很相似，都是用以表达双方通过谈判而获得共同意向或共同决定的一种形式。意向书不具有强制性的法律效力，但作为下一步实质性谈判客观的、基本的依据有利于双方进行实质性接触和谈判。意向书的特性主要表现为3个方面：

（一）目标导向性。意向书不具有法律效力。是双方初步协商的产物，是双方或多方为了表示某项合作意愿而签订的文书，合作目标只求总体轮廓清楚，不求描述具体；合作意向只求大体方向一致，不求进程具体和步骤明确。可为下一步磋商奠定良好的基础。因此，具有促使双方进一步协商并签订合同的导向作用。

（二）条款原则性。意向书的各项条款必须是就一些重大问题做出原则性的确定，对实质性的关键问题不像合同那样需做出具体、准确的表述，而只表达原则性的意向。这样才可能求同存异，取得较为满意的结果，为下一步研讨留有余地。

（三）行文灵活性。意向书不像协议、合同那样，一经签约不能随意更改，它的行文措辞一般比较灵活、原则，在协商过程中，当事各方均可按各自的意图和目的提出意见，在正式签订协议、合同前亦可随时变更或补充，最终达成协议。

【结构模式】

意向书一般由三部分组成：标题、正文和结尾。

一、标题

意向书的标题一般有三种写法。

（一）单一性标题。只写文种，即《意向书》。这种写法较少。

（二）两要素标题。由项目名称和文种组成，如《开展技术经济合作意向书》《关于合作办学的意向书》。

（三）完全式标题，一般由合作双方名称、合作项目和文种三项组成，如《××市光明镇和××市宏伟镇合作经营雁鸣湖度假村意向书》。

二、正文

正文由前言、主体和结尾三部分构成。

（一）前言。又称导言。要写明以下内容：

1. 一般写明合作各方当事人的单位名称，双方接触的简要情况；

2. 明确该意向书的指导思想和政策依据；

3. 规定本意向书需要实现的总体目标，最好用承上启下的惯用语结束引言，导出正文。如双方因何事项进行了协商，以及合作的指导思想，磋商后达成的意向性意见。继而用“双方就有关事宜，达成如下意向”一类承上启下的惯用语导出主体部分。或用“本着××原则，兴建××项目”作为导语的结束。

（二）主体。主体部分是意向书的重点内容，是意向书所要实现的总体目标的具体化。一般要写明双方的意图及初步商谈后达成的意向性意见和比较认同的事项。

在逻辑结构上，可参照合同或协议采用分条列项的形式写。一般都以分项排列条款的形式来表述，各项条款之间的界限要清楚，内容要相对完整，既不要交叉叠叙，也不要过于琐碎，更不能有所疏漏。

（三）结尾。一般应写明“未尽事宜，在正式签订合同或协议书时予以补充”作结语，以便留有余地。

三、签署

写明意向书签订各方单位的名称、代表人姓名并加盖公章、私章以及签订意向书的时间、通信地址、电子邮箱、电话号码等。

【典范文例】

例文 1

开展多方技术经济合作意向书

××市对外开放办公室（甲方）与新科集团股份有限公司（乙方），经双方协商同意，确定如下技术经济合作关系：

一、双方就以下范围进行长期的技术经济合作

1. 高科技产品开发；

2. 农副产品深加工与综合利用；

3. 外贸出口；

4. 合办第三产业；

5. “三高农业”项目开发；

6. 技术咨询；

7. 高新技术以及资金等方面的引进合作。

二、合作方式

双方本着互惠互利、利益共享、风险共担的原则，根据具体项目协商采用具体的多种合作方式。

三、合作程序

由双方商定在适当时间，组团考察，根据考察结果共同拟定合作项目、方式、内容、步骤。

四、甲乙双方义务

1. 甲方负责提供其资源、项目及资料和项目的落实。

2. 乙方负责提供合作开发项目的技术资料，组织有关技术力量，以及协调开发项目的有关关系。协助或代理甲方的产品出口，合作项目产品的出口，甲方所需或双方合作项目所需的设备、技术的引进。

3. 双方确定具体的联络人员，进行经常的联络工作。

五、此意向书一式四份，各执两份。

甲方：××市对外开放办公室	乙方：深圳×××有限公司工贸发展部
代表：×××	代表：李××
时间：20××年11月1日	时间：20××年11月1日
甲方联系人：黄××	乙方联系人：李××
电话：	电话：
传真：	传真：
联系地址：	联系地址：

例文2

初步合作意向书

甲方（单位名称）：________________________（以下简称甲方）

甲方代表：　　　　联系电话：　　　　传真：

地址：

乙方（公司名称）：________________________（以下简称乙方）

乙方代表：　　　　联系电话：　　　　传真：

经甲、乙双方充分沟通，在平等自愿、协商一致的基础上，就甲方灯具置换、采购、服务等事项初步达成合作意向，特做如下说明：

一、经甲方对乙方综合考察，甲方拟委托乙方就甲方工程进行灯具置换、改造工作。

二、经乙方现场了解、勘查并制订改造方案，甲方就方案事项做好补充意见后，乙方即开始准备对甲方该工程提供实际服务。

三、经双方对该工程的改造方案及改造效果充分沟通后，甲方拟采购乙方LED系列灯具具体为：详细清单见附件（最终采购以订货单上所列为准）。

四、经初步预算，甲方该工程预计工程款约为______元。最终工程款以合同约定为准。

五、经初步预算，甲方该工程预计工期约为××天，具体工期因人力、条件变化而变化。

六、双方在签署正式合作协议之前，均有权利对合作细节、合作方式、服务方案等做出修改及建议。

七、经甲乙双方确认，拟达成合作时，乙方应做好工程改造、产品定制、服务方案等准备工作，甲方应做好方案确认、意见提出、款项落实等工作。

八、本意向书，不具备法律效应，只作为双方合作意向声明，促使双方更快、更有效的合作。

九、甲方其他建议及要求：略。

十、乙方其他承诺及说明：略。

甲方代表签字：　　　　　　乙方代表签字：

日期：　　　　　　　　　　日期：

【进阶内容】

一、态度要严肃认真

意向书虽然不具法律效力，不受法律保护，但所要达到的意向是各方今后进一步商谈的依据，不要表现出我方对关键问题的要求。如前所述，意向书仅仅是表明双方对某个项目的意愿和趋向，而不是对该项目的完全确认，加之各自对对方资信情况的了解也有待继续深化。因此，在编写项目意向书时，我方对项目中的关键问题的要求不宜写入，以便在下一步洽谈时，能进退自如，取得主动。

二、内容要明确简洁

意向书既然是洽谈各方今后谈判的依据，所以在内容上必须明确，表意周全，但不必过于具体。凡我方需要上级或其他部门才能解决的问题，不能写入意向书。兴办一个项目，必然涉及很多有关部门，绝不是项目承办单位能单独解决的。因此，在拟定项目意向书时必须谨慎从事，不可将不适当的承诺写入意向书。同时要符合法律法规的规定，不要写入超越我方工作范围的意向条款，也不要写入与我国现行政策和法规相抵触的内容。

三、用词要准确严谨

思考要周密，特别是不要随便使用肯定性的词句，尤其是关系到双方权益的问题，务必慎用肯定性词句，以便留有余地。宜多使用“初步”“暂拟定”“于适当时候”等词语。

第十三章　诉讼文书的写作

第一节　刑事自诉状

【功能特性】

刑事自诉状是刑事自诉案件的被害人或其法定代理人为追究被告人的刑事责任而向人民法院提起诉讼时所制作和使用的文书。

刑事自诉是对国家公诉的一种补充，刑事自诉状是自诉人控告被告人犯罪的书状，它有利于依法及时地追究犯罪，保证受害人具体地陈述案情，维护自己的切身利益，充分调动人民群众同犯罪做斗争的积极性。

【结构模式】

根据《法院刑事诉讼文书样式》为刑事自诉状制定的格式，主要由首部、正文和尾部组成。结构内容比起诉状简单。

一、首部

（一）标题

标题即“刑事自诉状”，有附带民事诉讼要求的，可写为“刑事附带民事诉状”，无须编号。

（二）自诉人基本情况

自诉人或者代为自诉人的姓名、性别、出生年月日、民族、出生地、文化程度、职业、工作单位和住址等。如系被害人的法定代理人或者近亲属代为告诉的，还应注明与被害人的关系。对被告人的出生年月日确实不知的，可写其年龄。

（三）被告人基本情况

被告人的姓名等基本情况，写法与自诉人的相同。

二、正文

包括以下三项内容：

（一）案由和诉讼请求

要按照刑法分则规定的罪名，写明控告被告人犯了什么罪，要求人民法院追究其刑事责任。有附带民事赔偿要求的，必须另项具体写明。诉讼请求要明确具体，明确指出被告人的犯罪行为所触犯的罪名，向法院提出给予被告人刑事处罚的要求。如“被告人李××犯重婚罪，请人民法院依法判处”。应注意以下问题：

1. 罪名要准确，要有法律依据，不可自造罪名。

2. 诉讼请求表述要简洁。只写明被告人什么行为构成什么罪，要求人民法院处理就可以了，不必在此发挥。如为什么定这个罪名，为什么要求人民法院给予刑事处罚等，都应当是事实理由部分的内容。

（二）事实和理由

事实，是自诉人指控被告人具体犯罪行为的时间、地点和犯罪的手段、情节、危害结果等。由于被告人的犯罪行为而遭受经济（物质）损失的，还要写明其损失的实际情况。理由，要写明被告人行为的性质和社会危害性，并引用有关法律条款，指控被告人已触犯刑律，构成何种犯罪，应当依法追究刑事责任，或者同时承担民事责任等。

应注意以下问题：

1. 叙事方面。应尊重客观事实，绝不可夸大对自己有利的事实，掩盖对自己不利的事实，更不可虚构和编造；注意写清因果关系，即损害结果是否由于被告人的犯罪行为所引起，被告人在实施犯罪行为时主观上是出于故意还是过失等；关键情节要交代清楚，即影响到定罪量刑的情节要详写，便于法院审查案件的是非曲直，把握案件的本质。

2. 说理方面。虽不及公诉案件的起诉书要求严格，但同样不能忽略理由的写作。首先要对事实进行高度的概括，按照犯罪构成的理论进行分析论证，结合刑法分则中所规定的构成某个罪的必备条件进行分析。如《中华人民共和国刑法》第二百五十八条规定的重婚罪，是以“有配偶而重婚的，或者明知他人有配偶而与之结婚的”为必备条件；第二百六十条规定的虐待罪，是以“情节恶劣的”为必备条件，等等。在概括事实的基础上，通过论证推理，再援引法律，说明被告人的犯罪行为触犯了刑法的何种条款，已构成什么罪。最后用“特向你院起诉，请依法判处”作为理由部分的结束语。

（三）证人姓名和住址，其他证据名称和来源

自诉人对提起诉讼的刑事案件负有举证责任，对所指控的犯罪事实应当有证据证明。如果自诉人在起诉时缺乏证据，起诉后又提不出补充证据，自诉人应当撤回自诉，否则，人民法院将依法驳回起诉。因此，在自诉状中写明证据十分重

要，凡是能够证明被告人犯罪事实的各种证据都要写清楚。物证，要写清它的来源；书证，可以作为附件递交；人证，除说明能证明什么问题外，还应当将证人的姓名和住址明确写上，以便人民法院调查核实。

三、尾部

（一）写明致送法院的单位名称，分两行写："此致""××人民法院"。

（二）右下方由自诉人署名或盖章，并注明具文的年月日。如系律师代书，则写明"××律师事务所律师×××代书"。

（三）附项。写明下列事项：本状副本×份，物证×件，书证×份。

【典范文例】

刑事自诉状

自诉人张×珍，女，38岁，汉族，××省××市人，××市××公司职工，住××市××区××街×号。

被告人黄××，男，40岁，汉族，××省××市人，××市工商局科长。住××市××区××街×号。

案由和诉讼请求

被告人犯重婚罪、虐待罪，请求人民法院依法惩处。

事实和理由

我与被告人于20××年5月自愿结婚，婚后两年内感情尚好，并生一女孩，今年已5岁。20××年8月，被告人结识了外地来本市打工的妇女田×兰，二人便打得火热。开始，二人还仅是暗中来往，被告人经常借口在单位值班而夜不归宿，实际是与田×兰在一起姘居。20××年1月，我发现了他们之间的丑事，便劝阻被告人，被告人不但不悔改，反而对我进行打骂，骂我不能给他生男孩，断了他黄家的香火。之后，二人便公开姘居，于是我反映到被告人的单位，单位对其进行了批评教育，被告人恼羞成怒，于20××年2月25日赶回家，将我痛打。被告人抓住我的头发使劲向墙上撞，朝我身上拳打脚踢，打得我头晕目眩，卧床7天不起，被市××医院诊断为轻微脑震荡。被告人继续与田×兰姘居，并停付了我和女儿的生活费用。

综上所述，被告人有配偶而与别人公开姘居已形成了事实上的重婚，且殴打自诉人，其行为已触犯了《中华人民共和国刑法》第二百五十条、第二百六十条第一款之规定，构成重婚罪、虐待罪，请贵院依法追究其刑事责任。

证人姓名和住址，其他证据名称、来源

1. ××市××区××街居委会的证言；

2. 邻居王××、孙××的证言。二人均住××街××号；

3. ××市××医院诊断证明。

此致

××市××区人民法院

附：本诉状副本1份

自诉人：张×珍

20××年×月×日

【进阶内容】

1. 要真实、合法。真实是指叙述有罪的事实必须符合案情的原貌，做到客观、不走样。切忌为达到胜诉而片面夸大有利于自己的情节，渲染不利于对方的因素。否则，不仅会给人民法院造成不必要的负担，拖延审结，而且还会出现与自己意愿相反的结果，导致败诉。倘若无视事实，随意虚构捏造，诬陷对方当事人或他人，还要承担一定的法律责任；触犯刑律的，还要受到法律制裁。合法，是指制作刑事自诉状必须严格依照法律的规定，有充分的法律依据，指控被告人犯有何罪，必须符合该罪的犯罪特征，否则，就不能提起自诉。

2. 严格区分罪与非罪的界限。叙述犯罪事实所使用的材料，须是构成犯罪的内容，属于道德品质、思想意识、生活作风等问题和轻微违法行为，不要写入。

3. 叙述事实要层次清晰，主次分明，重点突出；阐述理由要依法论理，写出个性，令人信服；文字也应简约、明了，不要冗长、累赘。

4. 附带民事诉讼，应制作"刑事附带民事自诉状"。刑事责任和民事责任，与被告人的犯罪行为之间，是一因两果的关系。应写明被告人的犯罪行为与受害人经济损失之间的因果关系。要求赔偿的具体数额应写得有根有据。

第二节　刑事附带民事诉状

【功能特性】

刑事附带民事诉状是指刑事案件的自诉人向人民法院控告被告人犯罪行为的同时，要求一并解决因犯罪行为造成民事损害，予以赔偿的书面请求。

《中华人民共和国刑事诉讼法》第 77 条第 1 款规定："被害人由于被告人的犯罪行为而遭受物质损失的，在刑事诉讼过程中，有权提起附带民事诉讼。"被害人及其法定代理人通过刑事附带民事诉状提起诉讼，要求依法追究被告人的刑事责任，并提出附带民事赔偿，不仅可以从刑罚上有力地制裁犯罪，而且从经济上也能使自己的物质损失得到赔偿、合法权益受到保护。同时，刑事附带民事诉状的提起，也为人民法院、人民检察院及时受理案件，并制作刑事附带民事判决书及其他司法文书提供了重要的依据。

【结构模式】

刑事附带民事诉状的内容结构通常由首部、诉讼请求、事实与理由、尾部四部分组成。

一、首部

依次写明下列事项：

（一）标题。在文书篇首标明"刑事附带民事诉状"字样。

（二）当事人身份事项。按自诉人、被告人的先后顺序依次写明其姓名、性别、出生年月日、民族、出生地、工作单位、住址等项内容。

二、诉讼请求

刑事附带民事诉状的诉讼请求主要应写明两项内容：一是提出的要求依法追究被告人刑事责任的请求；二是提出的要求依法予以民事赔偿的请求。诉讼请求是自诉人提起诉讼所希望达到的结果，在表述上应精要而明确。如：

诉讼请求：

（一）被告人×××犯故意伤害罪，请依法追究其刑事责任。

（二）要求被告人赔偿我因受伤产生的住院医疗费、误工费、护理费、车船费共计 7832 元。

三、事实与理由

事实与理由是刑事附带民事诉状写作的重点，应从犯罪的时间、地点、动机、目的、手段、情节及导致的后果等诸要素方面组织文字，将被告人的犯罪经过及由犯罪行为而造成的民事赔偿侵权行为层次清晰、有条不紊地叙述出来。这一点与刑事自诉状及民事起诉状具有很大的不同。刑事自诉状叙述的是只有告诉才处理或其他不需要进行侦查的轻微刑事案件犯罪事实，民事起诉状叙述的是由侵权行为而蒙受损害的权利义务争议事实，而刑事附带民事诉状则叙述的是属于自诉案件范畴的犯罪事实及由犯罪行为造成民事赔偿的事实，由此，叙述时必须抓住这一特点，既要写清犯罪经过，又要从犯罪经过中反映出导致的损害赔偿这一民事法律后果。叙述过程中需要举证的，还应列出有关证人、证言、书证、物证等证据，以增强其可靠性。

理由部分在用“综上事实，具状人认为”一语提起之后，用简明扼要的文字对犯罪事实进行文字概括，说明其行为已触犯的刑法条款、构成何罪，并阐明应予民事赔偿的事实根据及法律依据，最后写明“为此，特向贵院具状起诉，请依法判决”。

四、尾部

分两行写明致送文书的单位名称，“此致”“××××人民法院"。右下角由具状人署名，注明制作日期，如系律师代书，日期之后写出“××××律师事务所×××代书”字样。

【典范文例】

刑事附带民事起诉状

附带民事诉讼原告人李××，男，42岁，农民，住××县××乡××村。
附带民事诉讼被告人王××，男，39岁，农民，住××县××乡××村。

诉讼请求

请依法追究附带民事诉讼被告人王××的刑事责任，判令其赔偿因其犯罪行为给附带民事诉讼原告人所造成的医疗费、护理费、误工费共计20000元。

事实和理由

我与附带民事诉讼被告人王××之间素有纠葛，但已通过村委会调解解决。20××年4月26日下午，我在村东的路上遇到王××，王××因对村委会的调解处理不满，便对我破口大骂。我对王××说，过去的事已经解决了，就别再纠缠了。王××二话不说，就向我腰部踢了几脚，王××的弟弟上来劝阻，王××又从我的手里夺过挑水的扁担，嘴里骂道：“狗东西，今天我打不死你，也得把你打残。”骂着，就朝我头上打了过来，头上被打了一个两寸长的口子，鲜血直流，我当场就昏了过去。王××见我被打伤，扔下扁担，扬长而去。此后两天，我头昏恶心，浑身疼痛难忍，不能吃东西。4月29日，我妻扶我去王××家要求他给我治病看伤，王××不但不答应，反而把我锁在他家中。我两日无人过问，水米未进。5月1日，王××指使其弟，将我从他家中拖出，扔到我家门口。我妻找到村委会，村委会责令王××处理好此事，王××置之不理。我病情日甚一日，5月12日，我妻带我去乡医院，后又转至县医院。县医院诊治为脑外伤、脑震荡。经过20天的治疗，头上伤口已愈合，但至今仍头昏、头疼，留有脑震荡后遗症。后来夏收大忙季节已到，我多次要求出院，主治大夫指出，我的病伤未治愈，就是出院在一个月内也不能干活。我在看病治疗期间，共花去医药费、车费 6000 多元，家中有一人长期陪伴，影响了生产。我在受伤前搞面粉加工业，每天的纯收入平均 100 元，伤后 50 天不能干活，经济上受到很大损失。

综上所述，附带民事诉讼被告人王××无视国家法纪，寻机报复，故意伤害我的身体健康，致使我身体和精神受到严重摧残，而其犯罪行为也使我在经济上受到了很大损失，根据《中华人民共和国刑事诉讼法》第七十七条第一款之规定，特向你院起诉，请依法判处。

证人姓名和住址，其他证据名称、来源

××县人民医院诊断证明一份

××县人民医院收费单据五份

此致

××县人民法院

附：本诉状副本一份

附带民事诉讼原告人：李××

20××年×月×日

【进阶内容】

（一）所提诉讼请求要合法、可行

合法是指民事赔偿的诉讼请求，必须限定在本案犯罪事实所造成的民事法律后果范围内，如自诉人与被告人还有其他方面的权利义务争议，则不能一并要求主张权利，否则，即违反了刑事附带民事的法定条件。可行是指所提赔偿数额要合理，既不能要求过高，又不能过低，高了不现实，低了又可能损害了自身利益，只有适度、切合实际，才容易被接受。

（二）叙述事实要清楚、完整

如系伤害案件应具体写清被告人实施伤害的具体过程，关键的情节要详细叙述，以便确定责任。此外，犯罪的后果也要叙述完整，诸如致伤后医院的医疗诊断结果、法医鉴定结果、现在的身体现状、经济的损失费用等需件件列明，以便作为确定民事赔偿的事实依据。

（三）理由部分适用法律准确、定性准确

阐述的应予民事赔偿分析认定要凝练、具有说服力。

第三节 民事起诉状

【功能特性】

民事起诉状，是民事案件的原告在自己的民事权益受到侵害或者与他人发生争议时，为了维护自身的合法权益，依据事实和法律，向人民法院提起诉讼，要求依法裁判的书状、民事案件的起诉亦有书面和口头两种形式，这里讲的是书面形式。

民事起诉状经有管辖权的人民法院受理后，将进入民事诉讼程序，以便使当事人的合法权益依法得到应有的保护；它是人民法院审查，立案和处理的凭据之一，便于人民法院首先了解原告一方的诉讼请求、事实和理由；同时，它又是被告人应诉答辩的依据。因此，使用民事起诉状提起诉讼，对当事人双方来说，在维护自己的民事权益方面，具有重要的意义。

【结构模式】

一、首部

（一）标题

标题，即“民事起诉状”，无须编号。

（二）当事人的称谓及基本情况

提出起诉的一方称原告，被起诉的一方称被告。

公民提起诉讼的原告、被告双方的基本情况，应依次写明姓名、性别、出生年月日、民族、籍贯、职业或工作单位和职务、住址等。被告是法人，组织的，应写明其名称和所在地址。

法人和其他组织提起诉讼的，原告一方应写明如下内容：原告名称，所在地址，法定代表人（或代表人）的姓名，职务，电话，企业性质，工商登记核准号，经营的范围和方式，开户银行和账号（如属非企业法人的其他组织，企业性质，以下的内容不写）等。对被告一方只要写明名称，所在地址，电话即可。

二、正文

按格式规定应写明诉讼请求、事实和理由、证据和证据来源、证人姓名和住址。并按上述三部分内容安排固定的层次结构。

（一）诉讼请求

诉讼请求是原告要求达到的诉讼根本目的，主要写明请求人民法院依法解决有关民事权益争议的具体问题。比如，请求法院解决损害赔偿，或清偿债务，或归还产权，或要求离婚，或给付赡养费，或继承遗产等事项。应注意以下几点：

1. 请求事项应写得言简意赅，即用最概括的语言将当事人要表达的意思都表达出来。请求就是对法院的要求，这个要求是双方争执的焦点，表面上是向法院提出，而实质上是通过人民法院向被告方提出的要求。在请求事项中，只写明通过诉讼所达到的目的就可以了，至于说原告要达到这个目的的根据，则是事实和理由部分的内容，不能写在请求事项里。同时，请求事项必须明确、具体，不能笼统、含糊。如离婚诉状应写明，要求与被告离婚，而不可写为，离与不离请人民法院决定。又如财产纠纷，应当写明财产的具体名称和数额。

2. 请求事项应合理合法，切实可行。如果提出无理的要求，则不但不利于矛盾的解决，增加人民法院审理工作的难度，而且还显示出原告无解决纠纷的诚意，也易让被告抓住把柄。

3. 请求事项的提出，首先应慎重考虑，做到周到、无遗漏。法院立案之后，不能今天要变换请求事项，明天要变换诉讼标，给法院造成办案上的曲折。如果确有不实、不全之处，最好在第一次传讯之前补正。

（二）事实和理由

事实和理由虽列为一个项目，但实际上仍是两个组成部分。应先写明纠纷事实，在写清事实的基础之上，再写理由。事实应包括纠纷发生的时间、地点、涉及的人物、起因、发展过程、造成的结局以及双方争执的焦点等，并按案件的不同性质，写明不同案件中的法定要素。如合同纠纷，则应写明原告与被告于何时、何地订立以何种标的物为内容的合同，合同的具体内容，在合同履行过程中产生了何种纠纷，造成了何种后果，责任在哪一方，对纠纷造成的后果双方的争执焦点是什么。这些都一一写清。然后根据以事实为依据、以法律为准绳的原则，阐明起诉理由。论证原告诉讼理由和要求的合理性和合法性，并应具体引证相关的法律条款，分清是非，明确责任。

（三）证据和证据来源、证人姓名和地址

民事案件的原告负有举证责任，在递交诉状的同时，应一并向人民法院递交有关的证据。所以，《法院诉讼文书样式》专设此项，要求当事人在诉状中把证据列写出来。这一项的写作要求与刑事自诉状一致。

三、尾部

写致送给哪一个人民法院；次行写附项，注明副本的份数（按被告人数提交）及证据材料；再由起诉人署名，并注明年月日。如系律师代书，可在最后写明代书人的姓名、工作单位和职务。

【典范文例】

民事起诉状

原告名称：××市××开发建设总公司

所在地址：××市××区××大街261号

法定代表人：李××，总经理，电话×××××××

企业性质：全民工商登记核准号××××××××

经营范围和方式：工程开发，设备安装，零售建筑材料、装饰材料、机电设备及化工产品。

开户银行：建设银行××分行账号：×××××××

被告名称：××市××区×××旅馆

所在地址：××市××区××大街甲47号

法定代表人：王×，经理，电话：×××××××

诉 讼 请 求

1. 判决被告给付工程欠款43.7万元；
2. 判决被告支付逾期付款违约金27万元；
3. 判决被告承担全部诉讼费用。

事实与理由

20××年5月24日，原、被告共同订立建筑装饰工程承包合同，约定由原告对被告经营处所进行装饰工程装修，工期自20××年6月1日起，至8月31日止，工程总承包费88万元，被告于合同订立第二日支付工程款10万元，于6月30日前支付20万元，全部工程完工后5日内付清剩余工程款58万元。

合同订立后，原告依约保质保量，按时完成工程，经被告验收完全符合要求，并已交付使用。但被告却仅支付工程款44.3万元，其余部分虽经原告多次催讨，但被告却以“经营不善，企业亏损”为由，拖延支付。

原告认为：被告的上述行为已严重违背了双方订立的合同约定，且给原告造成了经济损失，构成了明显的违约行为，损害了原告的合法权益。根据我国合同法的有关规定，特诉请你院，依法裁决。

证据和证据来源，证人姓名和住址

1. 装饰工程承包合同原件。
2. 原告收款凭证。
3. 被告付款凭证。

4. 被告不付款的说明材料。

此致

××市××区人民法院

附：本诉状副本1份。

起诉人：××市××开发建设总公司

20××年×月×日

【进阶内容】

一、民事起诉状重点应叙述好纠纷的事实，因为事实是人民法院据以判明是非责任的重要依据。

二、说理要充分，坚持以理服人。起诉状的理由是具状人在事实的基础上所概括出来的结论性认识，需要针对事实进行法律评断，论说原告起诉的合法性，被告侵权行为的非法性，它集中体现了起诉方（原告）要求人民法院如何处理好本案，以维护原告合法权益的总观点、总认识。因此，要使自己的诉讼请求得以成立，就必须加强理由的论证力及针对性。通过剖析事实，列举证据，分析证据，从不同的角度、不同的方面去论证原告提起诉讼的合理性、合法性。这样才能区分责任，明确权利和义务的关系，使诉状具有说服人的力量。

三、诉讼请求要具体、明确，切实可行。诉讼请求是具状人诉讼所要求达到的目的，内容虽不多，但却异常重要，必须写得具体、明确。如离婚诉状，不能够仅写“请法院依法判决我与×××离婚”一项内容，因为一旦婚姻关系解除，随之而来，必定要涉及子女抚养、财产分割等方面问题，所以在请求事项中还必须将这些内容写入。又如索要赡养费、抚养费案件，不仅应具体写明索要的数额、期限、给付方法等，同时，还应提得合情合理、切实可行。如果索要的赡养费、抚养费远远超出了对方经济负担的能力，则不合情理，法院是不会支持不合理的请求的。

第四节　行政起诉状

【功能特性】

行政起诉状是行政诉讼主体即公民、法人或者其他组织由于国家行政机关的具体行政行为而使自身权益受到侵害，依据有关的法律或法规规定，向人民法院提出自己的诉讼请求和诉讼理由，从而引起诉讼程序发生的一种诉讼文书。它是人民法院依法受理行政案件和立案的重要根据，对于保护公民、法人或者其他组织的合法权益不受侵犯，正确行使法律赋予的职权具有极其重要的作用。

行政起诉状的种类繁多，《中华人民共和国行政诉讼法》第十一条将国家行政机关的具体行政行为分为 8 大类，据此行政起诉状也相应地分为 8 大类，但其中引发纠纷最多的是第一类，即对拘留、罚款、吊销许可证执照、责令停产停业、没收财物等行政处罚不服的情形，而在这一类下面又包括多种具体情形。当事人要提起行政诉讼，必须要有作为法律文书的《行政起诉状》，它是提起诉讼的工具，也是人民法院受理和审查立案的根据。

【结构模式】

行政起诉状的格式一般应由首部、请求事项、事实与理由、尾部四部分组成。现分述如下：

一、首部

首部应当载明两项内容：

（一）标题。即文书名称，它是行政起诉状的“眉目”。要写全称“行政起诉状”，明确表示出文书性质是不服行政机关的行政处罚决定或复议决定而提起诉讼。不要只写“起诉状”，以免与“刑事起诉状”和“民事起诉状”混淆，也不要写为“行政诉状”，此种写法在实践中较为普遍，但却有失规范。因为行政诉状与行政起诉状是两个具有属种关系的概念，行政诉状是个较为庞大的系统，它包括行政案件的自诉人、原告、上诉人和申诉人用书面形式向人民法院说明起诉、上诉和申诉的请求和理由，从而引起一审起诉程序、二审上诉程序、审判监督程序发生的起诉状、上诉状以及与之相应的起诉答辩状、上诉答辩状等一系列文书种类，这些统称为“行政诉状”。而行政起诉状仅系其中的重要一种，是行政诉状这一属概念下的一种概念。逻辑学认为，具有属种关系的概念不能并列使用。

（二）当事人的基本情况。应先写原告，后写被告。分段依次写明姓名、性别、年龄、民族、籍贯、单位、职业、住址等项内容。原告是法人的，要写法人的名称、性质、法定代理人的基本情况。如系二人以上共同诉讼，需将上述情况分别列出。有作为第三人申请参加诉讼的，如需要也需列出第三人的基本情况。没有诉讼行为能力的公民，确定的法定代理人应在下行列出，并写明其身份及与被代理人的关系等情况。在这里，还应注意行政诉讼案件和刑事诉讼案件中当事人称谓的区别。即行政诉讼的当事人的规范称谓是原告和被告，而刑事诉讼当事人的规范称谓是原告人和被告人，不能混淆。

二、请求事项

这部分内容是行政起诉状的精髓，表明原告方提起诉讼的宗旨。它一般包括两项内容：一是被告方所做的裁决结果，要具体写明行政裁决机关何时，以何理由，针对什么问题，做出了怎样的处理决定；二是诉讼请求事项，要根据案件的具体情况写明是请求变更或者撤销行政机关所做的决定，还是请求确认原告方的权利资格，抑或是请求行政赔偿和行政补救，等等。撰写这部分，用语必须简明准确、精练概括，令人一目了然。切忌含糊其词、笼统空泛，否则将直接影响诉讼目的的实现。如果请求事项不止一项，则应分条陈述，以示清晰、显豁。

三、事实和理由

这部分内容是行政起诉状撰写的重心。它要明确、具体地阐述行政诉讼请求事项的事实和理由（法律依据）。从实质上讲，上述“请求事项”系全文的“论点”，“事实和理由”则是“论据”，它要论证提起行政诉讼的道理。缺少这部分，就会使“请求事项”架空，成为无源之水、无本之木。因此，要精心研究这部分内容的写作规律。

撰写时，必须遵循这样几条原则：其一，客观性原则。即指对事实的叙述，必须做到从实际出发，实事求是。要如实反映事实的本来面目和客观过程，既不夸大其词，也不隐讳遮掩，更不能无中生有、随意杜撰。否则，就会从根本上失去诉讼的意义，胜诉也就无法保障。其二，重点性原则。即指对事实的叙述，应着重阐明行政争议的事实，即被处罚行为的基本情况。要突出主要事实，对纠纷双方争执的“热点”问题及关键性情节，用墨宜多，而对那些次要事实则应略写，切忌事无巨细，一概罗列。其三，论证性原则。在行政诉讼过程中，作为原告方的公民、法人或者其他组织担负着双重角色，一是原告身份，二是辩护人身份（为受处罚行为进行辩护）。由此，原告诉讼行为的实质是针对既成的行政处罚决定进行辩护。这样，就要求对事实和理由的撰写必须具有论证性，富于辩论色彩。应当紧紧围绕被告方所做的行政处罚决定，找准其“症结”所在，分别从事实、适用法律和程序运用三个方面寻求突破，进行有理有据地驳辩。事实要清楚，理由要充分，援引法律条款要准确恰当，从而表明自己的行为不应受到处罚，做出令人信服的结论。

在写法上，事实和理由两方面内容，既可分开写，也可合并写，应视具体情况确定。

四、尾部

尾部应写明如下几项内容：

（一）致送机关。应在正文部分结束后另起一行空两格书写“此致”，再在下行顶格书写“×××人民法院”。

（二）具状人。在上项内容的右下侧，由提起诉讼的原告方签名或盖章，以示郑重，严肃。

（三）日期。即指拟制行政起诉状的具体时间，要写全称即20××年×月×日，用汉字数字书写。

（四）附项。包括：本状副本的份数；证据（书证、物证）的名称、件数；证人的姓名、住址。

【典范文例】

行政起诉状

原告：××冷气机厂　××市银河路36号　法定代表人：朱××，厂长。被告：××区工商局法定代表人：李××，局长。

请求事项：撤销××区工商局×行罚字（20×××）第47号工商行政管理处罚裁决书之裁决。

事实与理由

20××年，我厂与《×市晚报》商定，共同举办一项有奖预测活动，由我厂提供全部奖品，由该报负责预测活动的宣传和组织工作，并在报上为我厂免费刊登一篇7厘米高的“多用食品处理器”通栏广告，我厂将自己生产的系列产品水晶牌“冷饮器”的注册商标图样，提供给《×市晚报》作为多用食物处理器的标识，并说明多用食物处理器还没有商标注册，只能用“水晶”图案做广告，不能做“注册商标”的字样，但对注册商标字样没有采取妥当的处理措施。《×市晚报》将广告制版后，没有送交我厂核对即登出有“水晶”图案和“注册商标”字样的多用食物处理器广告。我厂发现后，即向国家市场监管总局商标局、×市工商局、×区工商局写出书面报告，申请在多用食物处理器上使用“水晶”注册商标。×区工商局发出通知，要求我厂主要领导主动接受批评。我厂领导和有关人员先后5次到×区工商局说明情况，承认错误。其中一次×区工商局通知我厂厂长去接受批评，因当日厂长去市里开会，于是就派副厂长代表前往。最后，×区工商局以我厂冒充注册商标，触犯了《中华人民共和国商标法》第三十五条规定和厂主要领导没按通知要求主动接受批评，态度不好为由，做出对我厂罚款500元，对《×市晚报》罚款200元的处理决定。

我们认为，×区工商局现行的处理决定是错误的。我厂在提供广告图案时虽然对“注册商标”字样不能用作广告做了说明，但没对“注册商标”字样采取妥当处理措施，对造成广告失误，负有一定责任；《×市晚报》没按我厂提供标识所做说明制作广告，制版后又没交我厂核对，其行为违反了《广告管理条例》第七条规定，对造成广告失误应负主要责任。但×区工商局竟对《×市晚报》

罚款200元，对我厂罚款500元，明显属于轻重倒置；还有，我厂并无冒充注册商标，故意欺骗用户，属于过失违法行为，但×区工商局对故意和过失违法行为不加区分，同等看待，这样，其行政处罚必然不妥。此外，我厂在发现广告失误后，不仅立即采取了补救措施，而且厂领导和有关人员还先后5次到区工商局承认错误。至于那次厂长未按要求前往接受批评，系因厂长到市里开会，但尽管如此，也还派副厂长前往，这也完全合情合理。因此，×区工商局据此认定我厂态度不好的理由显然不足。

综上所述，我们对×区工商局×行罚字（20××）第46号裁决书表示不服，根据《中华人民共和国行政诉讼法》第三十九条及其他有关规定，特提起诉讼，请依法公正裁决。

此致

××人民法院

××冷气机厂法定代表人：×××（签名）

20××年×月×日

【进阶内容】

一、要如期撰制和提交

写作行政起诉状具有法定的期限要求。《中华人民共和国行政诉讼法》第三十八条第二款明确规定："申请人不服复议决定的，可以在收到复议决定书之日起15日内向人民法院提起诉讼。复议机关逾期不做决定的，申请人可以在复议期满之日起15日内向人民法院提起诉讼。法律另有规定的除外。"第三十九条又规定："公民、法人或者其他组织直接向人民法院提起诉讼的，应当在知道做出具体行政行为之日起三个月内提出。法律另有规定的除外。"这里，所谓"法律另有规定"系指单行法律对提起诉讼的期限规定，如果与此不一致，则应执行单行法律；第四十条还规定："公民、法人或者其他组织因不可抗力或者其他特殊情况耽误法定期限的，在障碍消除后的10日内，可以申请延长期限，由人民法院决定。"对上述规定，原告方必须予以高度重视，不容粗疏。不然，就会失去提起诉讼的机会，等于自动放弃了一项应有权利，从而使自身的合法权益得不到应有的维护。

二、要有明确的被告

拟制和提交行政起诉状，一定要有明确的被告，这是提起行政诉讼的必备条件之一。根据《中华人民共和国行政诉讼法》第二十五条的规定，行政诉讼被告计有如下五种情形：公民、法人或者其他组织直接向人民法院提起诉讼的，做出具体行政行为的行政机关是被告；经复议的案件，复议机关决定维持原具体行政行为的，做出原具体行政行为的行政机关是被告。复议机关改变原具体行政行为的，复议机关是被告；两个以上行政机关做出同一具体行政行为的，共同做出具体行政行为的行政机关是共同被告；由法律、法规所授权的组织所做的具体行政行为，该组织是被告。由行政机关委托的组织所做的具体行政行为，委托的行政机关是被告；行政机关被撤销的，继续行使其职权的行政机关是被告。撰写行政起诉状，一定要有明确的被告，做到目标准确、有的放矢。否则，人民法院将不予受理，从而直接影响诉讼目的和请求的顺利实现。

三、要有理有据，有法可依

撰写行政起诉状，还必须做到“以事实为根据，以法律为准绳”。从实质上讲，整个行政起诉状的宗旨就是要紧紧围绕行政处罚是否合法有效进行阐述，陈述能够证明行政处罚决定错误的事实与法律依据。其中，所列举的事实，必须实事求是、准确客观，不容许掺杂任何个人的意愿，并且这种事实还要有充分确凿的证据加以证实。同时，所引用的法律或法规条文，必须准确恰当，不容疏漏。只有这样，才能使所提出的诉讼请求和理由有理有据，有法可依，令人信服，胜诉才会有所保证。

第五节　民事答辩状

【功能特性】

答辩状，是民事、行政诉讼中的被告或者被上诉人，针对原告或者上诉人的起诉或上诉，进行答复和辩解的书状。

刑事自诉案件的被告是否有答辩状，法律无明文规定，按法理是可以答辩的，实践中，人民法院也要求被告人提出答辩状。

《中华人民共和国民事诉讼法》第一百一十三条第一款、第一百五十条第一款规定，被告收到诉状副本后 15 日内提出答辩状；上诉案件，被上诉人收到上诉状副本后亦在 15 日内提出答辩状。《中华人民共和国行政诉讼法》第四十三条规定，被告收到起诉状副本后 10 日内提出答辩状。这就是答辩状的制作依据。

答辩是一种应诉行为，也是被告和被上诉人依法享有的诉讼权利，体现了当事人的诉讼地位和权利平等的原则，但是，如果被告或被上诉人不提出答辩状，就意味着放弃了这种诉讼权利，并不影响人民法院对案件的审理。当事人提交答辩状，有助于人民法院全面地审查案件，从而做出公正的处理。

【结构模式】

答辩状的内容结构一般由以下几个部分组成。

一、首部

（一）标题

写为“民事答辩状”。民事案件如要结合反诉的，则写明“民事答辩与反诉状”。

（二）答辩人的称谓及基本情况

被告、被上诉人称“答辩人”，分公民和法人及其他组织两种类型，其基本情况的写法与民事起诉状相同。不列被答辩一方。

（三）案由

一审答辩状写为：

今为××诉××（姓名或单位名称）××（案由）一案。现提出答辩（或反诉）如下：

二审答辩状写为：

今为××不服××人民法院（　　）×民初字第×号××（案由）一判决（裁定），提起上诉。现提出答辩如下：

二、正文

民事答辩状的回答和辩解必须针对起诉状、上诉状的事实和理由提出答辩。对原告和上诉人陈述的正确的部分要予以肯定，对有异议的部分，要作为重点问题进行答辩。一般先从事实上，再从理由上进行辩驳。在事实上，要注重举证，让真凭实据说话；在理由上，要讲理讲法，根据法律和政策说话。同时可以提出相反的事实和理由，证明自己的主张和意见是正确的。

三、尾部

写明下列内容：

（一）答辩状致送的人民法院单位名称。分两行写：“此致”“××人民法院”。

（二）左下角写明附项：本诉状副本×份。

（三）右下角由答辩人签名或盖章，并注明制作日期。

【典范文例】

民事答辩状

答辩人齐××，女，46岁，汉族，××省××市人，住××市××区××路×号。

因原告刘××诉我继承纠纷一案，提出答辩如下：

一、我对公婆尽了主要的赡养义务，依法有权继承遗产。

我于20××年嫁到刘家后，就承担了家中的主要家务。20××年和20××

年丈夫、公公相继去世，使我精神受到严重打击。由于当时婆婆年老体弱，小姑刘××（即原告）尚在读书，需人照料，我便操持起繁重的家务，使一家和睦相处、生活美满。20××年原告刘××出嫁后，我与婆婆相依为命，对婆婆照顾周到。为使婆婆能安度晚年，我一个人承担了全部家务，包括房屋的修缮等重体力劳动。由于不忍心婆婆一人独自生活，我一直守寡未嫁。20××年年底，婆婆病逝，是我操办的丧事。这些都有××路居委会证明。原告在起诉状中诬告我虐待婆婆，对婆婆未尽赡养义务，与事实完全不符。根据《中华人民共和国继承法》第12条的规定，丧偶的儿媳对公婆尽了主要赡养义务的，应同样作为第一顺序继承人，有权继承公婆的财产。

二、我与原告应以平等的份额继承遗产。

在继承遗产的份额上，我与原告应继承平等的份额，因为我对公婆尽了主要的赡养义务，事实和理由已如上述。原告虽与我同为第一顺序继承人，但原告自出嫁后，虽然也有时来探望父母，但并未尽侍奉老人的责任，特别是我公公去世后，婆婆主要由我奉养，原告只是每周去看望一次老人。因此，根据事实和法律，我与原告在继承遗产份额上，应完全相等，这样对原告已是有所照顾了。原告无端否定我的继承权，实属非法，也有悖情理。

总之，第一，原告父、兄死后，我承担了养家的重担；第二，我对婆婆尽了主要赡养义务。请人民法院查明事实，并根据继承法权利与义务一致的原则，对我的继承权予以确认和保护，驳回原告的无理请求。

此致

××市××区人民法院

附：本答辩状副本1份。

答辩人齐××

20××年×月×日

【进阶内容】

答辩状的重点是写好答辩理由，被告或被上诉人在诉讼活动中的答辩成功或者失败，完全取决于答辩理由写得好坏，具体说，应遵循以下几点：

1. 写答辩理由要尊重客观事实。
2. 写答辩理由应富有针对性。
3. 答辩理由要充分、深刻，避免用空洞的话语代替具体的分析。
4. 语言要讲究文明，力求文风朴实、文字准确精练。

第六节　行政答辩状

【功能特性】

行政答辩状是在行政诉讼过程中，作为被告或被上诉人（以下统称被告）一方的行政机关，针对原告或上诉人（以下统称原告）《行政起诉状》（或《行政上诉状》）中提出的诉讼请求及其事实、理由进行答复、辩解和反驳的一种书状。其目的在于用确凿有力的事实和法律依据驳倒对方，从而证实自己，在整个行政诉讼活动中占据有利地位。

行政答辩状肩负着双重的任务。它一方面要提出原告文书中事实与理由上的错误或不当，为自己的具体行政行为辩护；另一方面又要以充分的事实根据和法律依据来证明原告被处罚行为的违法性和自己所做行政处罚决定的正确性。因此，写作时难度比较大。如不精心审慎，往往容易造成失误，从而不能有效地维护自己的观点或主张，严重者甚至可能导致败诉。从当前的行政诉讼实践来看，有些答辩状拟制得并不规范，随意性较强，以至于在一定程度上影响了文书的质量和效用。有鉴于此，国家行政机关必须充分重视这一文书的写作，以便更好地适应行政诉讼实践的需要。

【结构模式】

一份合乎规范的行政答辩状应当由首部、答辩理由、答辩意见和尾部四部分组成。具体写法如下。

一、首部

首部应当载明以下几项内容：

（一）标题。即书状名称。标题要明确表示出文书的性质，即写为“行政答辩状”，不能遗漏“行政”二字，以免与“刑事答辩状”和“民事答辩状”混淆。亦可在前面冠以具体的机关类别，如“治安行政案件答辩状”等。

（二）答辩人的身份概况。即答辩人（委托代理人）的基本身份情况，要写得准确、具体、完整。应先写出项目名称，后用冒号，接下去依次标明其身份要素，包括姓名，性别、年龄、工作单位、职务等项内容，其模式为：“答辩人：×××。”委托代理人如系二人，亦应分别逐项写明。

（三）案由。即进行答辩的缘由，要写得简练明快，精要概括。其模式一般表述为：“原告×××因不服×××（行政机关名称）20××年×月×日×字〔××〕第×号行政处罚裁决（或‘决定’），向人民法院提起诉讼（或‘上诉’）一案，现根据原告起诉（或‘上诉’）理由，提出答辩如下”，后用冒号，引出答辩事项部分。从结构上讲，这部分系一过渡段，具有承上启下的重要功用。

二、答辩理由

答辩理由是行政答辩状写作的主体部分。它的提出，应当根据《起诉状》（或《上诉状》）的内容来确定。要紧紧围绕原告提出的诉讼请求及其所依据的事实和理由，抓住关键性和实质性的问题进行答辩、辩解或反驳，重点是对矛盾双方的争执焦点即事实、适用法律和程序三方面问题进行答辩。就事实而言，应具体指出原告所提出的事实何处不准、不清或失之偏颇，或者主要证据不足，不能充分说明问题等。要紧扣原告文书中的事实内容来写，做到有的放矢，针对性强；同时，还要提供相应的、有充分说服力的证据材料。写作时要注意做到据实而论，言必有据，切忌随意藻饰或掩盖事实。否则，会使答辩理由的成立丧失基础，进而在行政诉讼中陷于被动地位。就适用法律而言，应具体指明原告在适用法律时，所引法律条文不当，不能与其所表述的事实情节相吻合；同时还应充分说明行政机关在实施行政处罚时所依据的法律条文是恰当的，量裁是适中的，没有违背法律规定，要对原告运用法律的不当之处做扼要分析，做到鞭辟入里，理据充分，令人信服。就程序而言，应当针对原告文书中提出的有关程序方面的问题，如实说明行政机关在实施行政处罚时是严格按照法律或法规的有关规定办事的，符合法律的规定要求。如果属于一般性的程序问题，还要明确指出其没有造成或者不可能造成原告利益的损害，等等。

在写法上，要注意讲求逻辑性，做到层次分明、条理清楚。不可主次不分，重点不清；还要注意做到合情、合理、合法，情依理生，情理相宜，于法有据。切忌强词夺理，抑或纠缠枝节问题或不相关问题，那样反倒令人感到理屈词穷，胜诉的可能性就会因此而丧失。用语要坚定有力，富于论辩性，做到字斟句酌，一丝不苟，令人无懈可击。

三、答辩意见

这部分是行政答辩状写作的精要之笔，表明进行答辩的目的和宗旨。要写得简明确切，合乎规范，一般应从这样两个方面进行阐述：一是揭示原告诉讼理由的谬误，要在上文事实叙述和精辟分析的基础上加以认定；二是说明答辩理由的正确性，要注意提供事实和法律依据，最后亮明自己的观点或主张，请求人民法院依法公正、合理地做出裁判。

四、尾部

尾部包括以下几项内容：

（一）致送机关名称。即行政答辩状致送的法定机关人民法院名称。应在答辩意见写完后，另起一行空两格书写“此致”，再在下行顶格书写“×××人民法院”（上诉答辩状则写“×××中级人民法院”）。

（二）具名。在上项内容的右下侧，由法定代表人和委托代理人签名或盖章，要上下顺次排列。委托代理人如系二人，均应具名。

（三）落款。即进行答辩的行政机关名称。要写机关全称，并加盖公章，以示庄重、严肃，其位置在上项内容的下侧。

（四）日期。即行政答辩状制作的具体时间，要写公元全称，用汉字数字书写。

【典范文例】

行政答辩状

答辩人：××市××区城市建设生态环境局，驻××区×街×号。法定代表人：赖××，局长。

委托代理人：王××，副局长。

因李××不服本局行政处罚向法院起诉一案，提出答辩：

我叫王××，现任××区城建局副局长。我受法定代表人赖××的委托，对李××在××区××村×街×号违章建新房不服从我局行政处罚决定而起诉一案进行答辩。

一、关于李××在私房建筑中的五处违章事实和对其处罚的法律依据。

1. 李××违章增建地下室。李××于20××年×月20日写了一份《申请》，请求建南楼二层六间，还未获批准，就于20××年×月初动工挖了地下室，深约一米，西端紧靠西邻吴××家的门洞。20××年×月×日李××的西邻吴×来我局向建管科原科长袁××反映李×挖地下室，影响他家门洞，请城建局解决。而后，其爱人孙××又来反映此事，并请求尽快解决。当时建管科科长袁××和史××等人到李××家查验了现场，指出李挖地下室是违章施工。史说：“挖地下室必须停工，立即采取防护措施，否则后果自负。”20××年×月李××曾两次找主持建管工作的副局长鲁××，请他帮助把南楼批了。鲁批评他与邻居关系搞得不好，并告诉他先把邻居关系搞好，办证手续齐全后，才能批准。以后此事无进展，也就一直未批准他盖南楼的申请。后李于20××年×月又提出盖东楼的申请。

在20××年×月9日我局以〔××〕×建字×号《私房建筑许可证》批准其建东楼时，史××、袁××对其明确提出：“把地下室填上，按许可证批准的事项和有关规定施工。”事实证明，李××建地下室是先斩后奏，没有经过任何人的同意，更没有任何批准手续，纯属违章建筑。其行为违反了《××市私房建筑管理实施细则》第11条：“在距邻居地界一米内，不准挖坑、挖沟或形成积水”的规定。直到20××年×月13日我局刘××、刘×、刘××、吴××四位同志到李××家，再次丈量所建房屋尺寸时，地下室还依然存在。

2. 李××的《私房建筑许可证》上批准的建筑面积为44.64平方米×2，但其实际建筑面积是45.99平方米×2，共超出2.7平方米。这是由于加宽、加长了各0.10米而造成的，是违章行为。

3. 李××的《私房建筑许可证》上批准楼房高度为6米。李××在20××年×月9日办理许可证时，我局经办人员史××、校××等人向他明确交代了房高6米的起标点是以××村××街中心点加20厘米起标。随后，我局鲁局长又向他强调了这一点。建房户李××是清楚的。这一点，李××在诉状中已承认了。原告自称：“按照被告批准的〔××〕×建字第×号《私房建筑许可证》及建楼图纸和其他要求，于20××年×月×日至×月×日在××村×号自家院内建成一座二层东楼。”但事实上李××又擅自提高房屋的高度，其所建的楼房高度是7.02米，超出批准的高度1.02米。所以认定其违反了《××市私房建筑管理规定实施细则》第三章第五条“房屋的层高一般应控制在3米至3.2米……临街房屋高度，高出街道中心15厘米至20厘米为宜，不允许任意提高房屋标高，影响四邻”的规定。

4. 擅自改变建筑立面。李××的申请图纸为东楼，正立面为西立面，主要的门窗向西开。按图，有两个向西开的门，并无申请向南开门。因其南临××村××街，东邻胡同、北邻自己的北房，而同意他在三面各开一个侧窗。但李在施工中，擅自将建筑正立面由西立面改成南立面，改变批准的建筑立面，将东楼变成了北楼，因而造成了西侧二层出现了侧窗：同时，由于其将东楼改变成北楼，违背了我局的批示，所以在实际上就等于我局所批的〔××〕×建字第×号《私房建筑许可证》由于李××的原因而作废。这是明显的违章行为。

5. 违章建挑檐。按照建筑管理的常规，一切建筑物应限定在平面位置图。即坐落图范围内施工。李××所建房屋应在本局批准的7.20米×6.20米内进行，超出此范围就是违章。为了防止李建房时违章，当时主管建筑的鲁局长在审批的李的图纸上明确限定西侧在1.15米距离内不能有任何建筑，李对此表示同意，并由李的儿子李××盖了章（见图纸）。但原告无视这一批示，擅自建西侧挑檐1.1米多。在李建挑檐过程中，我局工作人员史××听到反映后，找李指出其建筑是错误的，要打掉。20××年×月×日，史××把李××叫到城建局建管科明确告诉李××：“批准你建房宽6.20米，你违背批示，应改过来：出檐20厘米至30厘米，我们不能说你出了格，可是你出得太多。”后于×月×日，鲁局长和史

××同去现场，当着李××和其子的面，明确指出挑檐要全部拆掉。李不接受。后来鲁决定去掉一半，最多留60厘米。但李××对这一点仍置之不理，至今还留1.1米的大檐。

从以上可以看出，李××在私房建筑中的错误事实是清楚的。对于李××的违章行为，我们进行多次批评教育，要求其改正违章行为。李非但不听，反而四处活动，托人讲情。根据《××市城市建设规划管理办法》第二十三条之规定，李××在建房中违反了：①未领取建筑执照擅自兴建地下室。②未按批准图纸施工，擅自变更设计，增加建筑面积。根据市建〔1983〕号文，即《××市私房建筑管理实施细则》第15条第1款“无执照施工或未按执照批准事项施工，擅自改变位置、层数、面积、立面、结构者”视为违章行为之规定，确认李××的私房建筑有五处违章。我局根据《××市私房建筑管理实施细则》第17条第1款“责令停工、纠正、限期拆除”。第2款“处罚房主工程造价的10%以下罚款”。第3款“强行拆除”的规定，我局于20××年×月×日对李××下达了《处罚决定书》，要求其：①去掉西侧挑檐1.1米；②去掉二层侧窗；③对擅自建地下室、改变方位、房高、面积罚款1000元。这是有理有据的，是完全合法的。以上是李××私房建筑的违章事实和对其处理的过程。

二、《起诉状》中说“法院看到20××年×月×日诉状后，责成被告解决问题，纠正其错误”，这是李××的谎言。我们之所以撤回这个决定，并不是因为我们对李××处罚的错误，而是因为《处罚决定书》中两处不当：一是引用文不能只引用市建委规定；二是“限期三天”，法律文件上没有这个规定。撤回只是要重新修正罚款条文，而不是要撤销处罚决定。

三、《起诉状》中说：“史××三天两日到施工现场查看，在竣工验收时也没有提出异议。”李的这种言论纯系捏造。我们城建局每次找建房户是按照规定程序，即报图纸证件、现场勘查、验灰线、发建筑许可证、竣工验收这五步进行。哪有那么多时间看着他这一家施工？李在施工中擅自挖地下室，当场就予以纠正，并责令其停工，让其填上。在李的楼房即将竣工时，我们才知道其违章造挑檐一事，又多次进行批评，责令其全部打掉，怎么能说没有提出过异议呢？事实上是李××企图把自己违反建筑规定的责任推给我们城建局罢了。

四、《起诉状》中原告说他没有违反规定。在我们处理李××违章的过程中，李曾四处活动，托人说情，已多次表示自己违章，要求象征性地罚点款。请看省政府办公厅××给××区长的信，其中写道：“我的一个老战友李××同志退休后在原来的地基上盖了几间房，房檐突出了不到1米，按设计图纸不应突出那么多……本人也承认突出的地方是错误的，请你和有关部门说一下，一是叫本人做个检查或是酌情罚点款……”从这封信中看，第一，李××承认自己盖房檐是违章的；第二，要求罚款不要打掉房檐。可为什么在《起诉状》中，李××又说自己根本没有违章呢？这只能说明李××出尔反尔，搬起石头砸自己的脚。

以上我的答辩说明了我们对李××所做的处罚决定是完全正确的，是合乎法律规定的。在此，我们强烈要求法院：

一、请求法院维持20××年×月31日本局做出的《处罚决定书》，并强制执行。

二、对李××的违章行为重新从严处理，即将其房屋超高，东、西、南三处挑檐等违章部分全部打掉。

三、由于李××违章，批准的东楼盖成了北楼，造成我局批的图纸、手续全部作废，待法院判决后，令其重新办理手续。

四、李××在起诉状中捏造事实，给我局的声誉和工作造成极坏影响，要求李××给我局赔礼道歉，恢复名誉，赔偿经济损失。

此致

××区人民法院

答辩人：××区城建局（盖章）

法定代表人：赖××

委托代理人：王××

20××年×月×日

附件：1. 答辩状副本1份

2. 书证2份

【进阶内容】

1. 要如期制作和提交。行政答辩状的制作和提交具有法定的期限要求。《中华人民共和国行政诉讼法》第四十三条第一款规定：“人民法院应当在立案之日起5日内将起诉状副本发送被告。被告应当在收到起诉状副本之日起10日内向人民法院提交做出具体行政行为的有关材料，并提出答辩状。”第二款又进一步规定：“被告不提出答辩状的，不影响人民法院审理。”可见，提交答辩状是行政诉讼的必经程序，也是被告方的一项法定权利。这里要特别注意提出答辩状的法定期限为10日（上诉答辩状亦应如此），不能疏忽。否则，超过这一法定的期限规定，就等于被告方自动放弃一项权利，从而使自身的合法权益得不到应有的维护。

2. 要注意提供充分、确凿的证据。《中华人民共和国行政诉讼法》第三十二条规定：“被告对做出的具体行政行为负有举证责任，应当提供做出该具体行政行为的证据和所依据的规范性文件。”可见，撰写答辩状，仅仅指出原告诉讼理由不充分是不够的，还要列举足够的证据（举证）。要提供确凿、充分的事实根据与法律依据使法庭信服所做行政处罚决定的正确性，否则，必遭败诉。用以作为证据的，依照《行政诉讼法》第三十一条规定，主要有这样七种：书证；物证；视听资料；证人证言；当事人的陈述；鉴定结论；勘验笔记、现场笔录。它们在经法庭审查属实后，可以作为定案的依据。

3. 要抄备充足的副本。副本也是行政答辩状的重要组成部分，不容忽视。《行政诉讼法》第四十三条第一款规定：“人民法院应当在收到答辩状之日起5日内，将答辩状副本发送原告。”因此，应当根据原告人数抄备相应的副本份数。

第七节　刑事上诉状

【功能特性】

刑事上诉状，是刑事案件的当事人或者有权提出上诉的其他人，不服人民法院的第一审刑事判决、裁定，在法定上诉期限内向上一级人民法院提出上诉，请求撤销或者变更第一审刑事判决、裁定的书状。刑事上诉状分为口头和书面两种形式。这里只讲书面形式。

我国《刑事诉讼法》第一百八十条规定：“被告人、自诉人和他们的法定代理人，不服地方各级人民法院第一审判决、裁定，有权用书状或者口头向上一级人民法院上诉。被告人的辩护人和近亲属，经被告人的同意，可以提出上诉。附带民事诉讼的当事人和他们的法定代理人，可以对地方各级人民法院第一审判决、裁定中的附带民事部分，提出上诉。”最高人民法院《若干问题的解释》第二百二十三条更详细地规定了上诉状的写作要求，这些都是制作刑事上诉状的法律依据。

刑事上诉状，是二审人民法院受理案件并进行审理的依据。上诉人通过上诉状阐述上诉理由，指出一审的不当之处，说明自己的意见和要求，便于二审人民法院正确地了解情况，即时纠正原判的错误，提高审判质量。同时，当事人的合法权益亦得到保护。

【结构模式】

刑事上诉状的内容结构一般由以下几部分组成：

一、首部

（一）标题。写“刑事上诉状”。

（二）上诉人的称谓及基本情况。其基本情况的写法与起诉状相同。上诉人是原审当事人的，写为“上诉人（原审被告人或原审自诉人）×××”；上诉人是原审当事人的法定代理人或近亲属的，注明上诉人与当事人之间的关系；是原审被告人的辩护人经被告人的同意提出上诉的，要注明“系被告人×××的辩护人”。注意，刑事上诉状只有上诉人，没有被上诉人，公诉机关不能充当被上诉人；如果是附带民事的原告人提出上诉，则先写明“上诉人（原审附带民事原告人）”，再写明“被上诉人（原审被告人）”。

（三）案由。这是一段程式化的语段。主要包括：案由、收到一审裁判的时间、一审法院的名称和裁判文书的编号等。表达为：“上诉人……（写明案由）一案，于20××年×月×日收到××人民法院20××年×月×日〔××〕×刑初字第×号刑事判决（或裁定），现因不服该判决（或裁定），提出上诉。”

二、正文

（一）上诉请求。其内容是请求二审法院撤销或变更原判决或裁定，或者要求重新审理。上诉请求要明确具体。比如，刑事被告人提出上诉的，或写明要求撤销原判，宣告无罪，或要求减轻刑罚；对附带民事部分提出上诉的，就民事责任部分提出上诉人的请求，写明是否承担赔偿责任及具体数额等。

（二）上诉理由。上诉理由是论证上诉请求的。上诉的理由能否成立，关系到上诉请求有无根据和根据是否充分。这里主要从四个方面提出：认定事实方面；定性方面；适用法律方面；审判程序方面。这四个方面，应当从实际出发，对哪些地方不服，就针对哪些地方进行反驳，并注意在反驳的过程中阐明自己的观点和所依据的法律条文。在层次安排上，可采用“分列法”表述，即将上诉人对一审裁判不服的各个方面分别表述。这样，就能条理清楚，便于二审人民法院了解上诉人的意图。在表达方法上，一般使用“反驳法”，这是写刑事上诉状的一种最有效的表达方法。在具体运用时，应分三步进行：第一步，找准原裁判中的错误之处，列出需要反驳的论点；第二步，针对需要反驳的论点，摆出能证明原裁判错误的正确事实、确凿证据以及适用法律的依据，并讲出具体的理由；第三步，经过分析归纳，得出上诉请求是正确的结论。

三、尾部

包括送达用语，上诉人署名，提出时间及附项。

【典范文例】

刑 事 上 诉 状

上诉人孟××，男，48岁，××省××市人，××省××有限责任公司副总经理，住××省××市××区××路×号。

上诉人就收受贿赂一案，于20××年×月×日收到××市××区人民法院20××年×月×日〔20××〕×刑初字第×号刑事判决书，现因不服该判决，提出上诉。

上诉请求

一、撤销××市××区人民法院〔20××〕×刑初字第×号刑事判决；二、判决上诉人无罪。

上诉理由

一、原审判决书认定我"身为集体经济组织工作人员，利用职务之便推销商品，接受他人贿赂"，与事实不符，与法律规定相悖。我是应他人的请求帮助传递商品供销的信息，以中间人的身份介绍供、需双方见面，促成双方经济往来的。在此过程中，我一没有以"副总经理"的身份介入其中，二没有利用自己的权力强加于供、需任何一方，与自己的职务没有任何关系。事成之后，供方为感谢我帮助他们解决了产品积压问题，确实曾给付我部分"酬谢款"，但这与利用职务之便索取、收受财物有本质的区别，与刑法对受贿罪的规定根本不符。

二、上诉人为帮助解决供方产品积压问题，曾利用业余时间做了大量的工作，使流通渠道畅通起来，并使供方资金得以周转，经济利益得到提高。从客观上讲，我的行为是有利于市场经济的。我认为，在确定我的行为性质的时候，不应当违背是否有利于社会主义市场经济建立这个大前提，更不应当把业余劳动取得的酬金视为"非法所得"。

三、由于上诉人的行为根本没有构成犯罪，一审法院适用全国人大常委会《关于严惩严重破坏经济的罪犯的决定》而对上诉人定罪判刑，显属不当。

综上所述，一审人民法院在认定事实、适用法律等方面均存在错误，恳请贵院依法审理，撤销一审法院确有错误的判决，宣告上诉人无罪。

此致

××省××市中级人民法院

附：本上诉状副本×份

上诉人：孟××

20××年×月×日

【进阶内容】

1. 当事人提起上诉的时候，既可以向原审法院提出，也可以向上一级人民法院提出，在递交上诉状的同时，应一并提交所补充的新的证据。

2. 刑事上诉状的法定上诉期限应明确。不服判决的上诉期限为十日；不服裁定的上诉期限为五日。并从接到裁判文书的第二日起计算。当事人在此期限内提出上诉方为有效。当事人由于不可抗拒的原因或者其他正当理由而延误了上诉期的，在障碍消除后五日内，可以向审判本案的人民法院提出申请。但申请是否被批准，由人民法院裁定。过了上诉期而无正当理由的，不允许再行提出上诉，但可以提出申诉。

第八节　民事上诉状

【功能特性】

民事上诉状，是民事案件的当事人，不服人民法院第一审的判决、裁定，在法定的期限内，向上一级人民法院提起上诉，要求撤销、变更原裁判或者重新审理的书状。

根据《中华人民共和国民事诉讼法》的有关规定，有权提起上诉的主体，仅限于民事案件当事人，这与刑事案件的上诉主体有一定区别；上诉的期限，不服第一审判决的是在判决书送达之日起十五日内，不服第一审裁定的是在裁定书送达之日起十日内，逾期不提起上诉的，人民法院的第一审判决或裁定即发生法律效力。

民事上诉状，可以引起第二审民事诉讼程序的发生，使二审人民法院对上诉案件进行全面审查，正确处理；同时也有利于二审法院对下级的审判工作进行监督；而对当事人来讲，则有利于保护其自身的合法权益。

【结构模式】

民事上诉状的内容结构一般由以下几部分组成：

一、首部

（一）标题。即“民事上诉状”。

（二）当事人的称谓及基本情况。当事人的基本情况与起诉状相同，此处略。当事人的称谓写法是：提出上诉的一方称“上诉人”，对方称“被上诉”，并用括号注明他们在原审中的诉讼地位。如“上诉人”（原审被告）×××，“被上诉人”（原审原告）×××。上诉人或被上诉人是法人或其他组织的，应写明其单位名称、地址及法定代表人的姓名、职务。如果上诉人有法定代理人或委托代理人，则应写明代理人的基本情况。

（三）案由。这是一段程式化用语。一般可表达为“上诉人因……（写明对方当事人的姓名或名称和案由）一案，不服××人民法院20××年×月×日

〔××〕×民初字第×号民事判决或裁定，现提出上诉。”

二、正文

包括上诉请求和上诉理由。

（一）上诉请求。是对二审人民法院审理提出的要求，是针对第一审人民法院的判决或裁定，而不是针对被上诉人的。上诉请求的内容，应当概括地、准确地、有针对性地说明一审判决何处不当，请求二审人民法院撤销、变更原审的判决或裁定，或者要求重新审理。

在文字表述上，要求明确具体，简明扼要。如某离婚案当事人不服一审判决，上诉请求写为：请求撤销原判，判决不准离婚。

（二）上诉理由。上诉理由，主要是写明不服原审裁判而提出上诉的依据。上诉理由的内容，可从三个方面提出，即认定事实方面、适用法律方面、运用程序方面。这三个方面都可以作为上诉理由提出。上诉理由阐明后，可接着写一段结束语：为此，特向你院提出上诉，请求依法撤销原判（或裁定），予以改判或重新审理. 。

上诉状的主要表达方法是“反驳法”，可参见刑事上诉状的写法。

三、尾部

应写明受诉的上一级人民法院的名称、附件的名称和件数、上诉人签名或盖章，写明日期。

【典范文例】

民事上诉状

上诉人：王×珍，女，35岁，××省××县人，××省××县××公司职员，住该县××街×号。

被上诉人：吴××诚，男，38岁，××省××县人，××省××县××工厂干部，住该县××街×号。

上诉人王×珍因离婚一案，不服××省××县人民法院（20××）×民初字第×号判决，现提出上诉。

上诉请求

撤销××省××县人民法院〔××〕×民初字第×号判决。

上诉理由

上诉人与被上诉人于××年结婚，婚后感情尚好。但被上诉人于20××年结识了本单位女职工李×，二人便开始了不正当交往，20××年×月，被上诉人向××县人民法院起诉，要求离婚。一审判决认为：上诉人与被上诉人的婚姻由父母包办，无感情基础，婚后常为家庭琐事吵架。近年来，女方无根据地怀疑男方另有新欢，现男方提出离婚，经调解无效，感情确已破裂，因此判决离婚。

上诉人认为，一审判决认定的事实和判决的理由，都是错误的。理由是，上诉人与被上诉人结婚，虽由双方父母商定，但事先也征求过个人意见，定亲后，双方经常约见，彼此印象都好，结婚双方都无异议，这些有亲友、邻居证明，怎能说无感情基础呢？双方结婚12年来，生有两个孩子，家庭一直和睦，虽有争吵，但不过是些生活琐事，并未影响双方感情。被上诉人在单位另寻新欢，上诉人已掌握他们来往的信件与合影，且有被上诉人单位刘×、李××提供的证言，这怎能说是毫无根据的怀疑呢？为了挽救被上诉人，利于子女的抚养教育，我坚决不同意离婚。因此，特向你院提出上诉，请依法审理，撤销一审判决，予以改判。

此致

××省××市中级人民法院

附：本上诉状副本1份

证据材料3份

上诉人：王×珍

20××年×月×日

【进阶内容】

1. 阐述上诉理由要抓准主要的、关键性问题，无论是摆事实、讲道理还是援引法律依据，都要有的放矢，紧密围绕上诉人不服的原审裁判错误去写。避免不分主次地平行罗列材料，将无关紧要的细枝末节写入。

2. 恰当地运用一定的反驳方法，从具体案件的实际需要出发，抓住一审裁判的错误，进行有理、有力、有据的驳斥。反驳充分，中肯有力，上诉请求才易于成立。

3. 提出上诉请求，内容要明确，不可含糊其词，模棱两可。文字要概括、简练，不要拖泥带水、烦冗不堪。

4. 严格掌握上诉期限，即刑事上诉状必须在一审判决次日起10日内，一审裁定次日起5日内提出。

第九节　行政上诉状

【功能特性】

行政上诉状是行政诉讼当事人因不服人民法院对一审行政案件的判决或裁定，根据法律的有关规定向上一级人民法院上诉，请求撤销、变更原审裁判或者重新审理而制作并使用的一种文书。

行政上诉状是行政诉讼当事人行使上诉权一种书面形式，可以引起二审诉讼程序，对于纠正一审裁判的差错，维护当事人的合法权益，具有积极的意义。

《中华人民共和国行政诉讼法》第五十八条规定："当事人不服人民法院一审判决的，有权在判决书送达之日起十五日内向上一级人民法院提起上诉。当事人不服第一审裁定的，有权在裁定书送达之日起十日内向上一级人民法院提起上诉。逾期不提起上诉的，人民法院的第一审判决或者裁定发生法律效力。"第28条规定："没有诉讼行为能力的公民，由其法定代理人代为诉讼。法定代理人互相推诿代理责任的，由人民法院指定其中一人代为诉讼。"据此，可以看出，行政诉讼中的上诉人是特定的，即只有当事人和法定代理人才有权提起上诉。当事人既可以是作为第一审当事人的公民、法人和其他组织，也可以是作为第一审当事人的有关行政机关。法定代理人在行政诉讼中，仅适用于代理未成年人、精神病人等无诉讼行为能力的原告或者第三人进行诉讼，不适用作为被告的行政机关。法定代理人有权提起上诉。上诉只能向原审人民法院的上一级人民法院提起，不得越级上诉。

需要注意的是，行政上诉状是针对原审判决、裁定认定事实、适用法律不当或者诉讼程序违法而提起上诉，而并非针对对方当事人，这是此种文书的特质。

【结构模式】

行政上诉状作为维护行政诉讼当事人特别是败诉方当事人合法权益的一种重要文书，其内容结构一般由首部、上诉请求、上诉理由和尾部四部分组成。现分述如下。

一、首部

这部分应当载明以下五项内容：

（一）标题。即文书名称，要写全称"行政上诉状"，明确表示文书性质是不服人民法院的第一审判决或裁定，要求二审人民法院依法撤销、变更原审裁判或重新审判，不要只写"上诉状"，以免与"刑事上诉状"和"民事上诉状"混淆，也不要写为“行政诉状”，以免含糊笼统；更不能写为“行政复核申请书”。

《中华人民共和国行政诉讼法》实施之后，行政案件上诉状的名称，应依法统一称作“行政上诉状”。如果上诉人系法人或者其他组织，则应分上下两行书写标题，即“××××行政上诉状”，其中“××××”（法人或其他组织名称）在上，文种名称在下，以示鲜明、醒目。

（二）编号。上诉人如系公民，则此项内容需省略。如系法人或者其他组织，则应予以标明，即“×行上字〔××〕第×号”，即单位代字、年号（括号内）和顺序号，三者不可缺一。

（三）上诉人的基本情况。上诉人如系公民，则应写明其必要的个人身份情况，包括姓名、性别、年龄、民族、籍贯、职业、住址、工作单位、邮政编码等项；如系法人或者其他组织，则应写明其单位名称、地址、邮政编码、法定代表人姓名及行政职务。这里，还要对上诉人在原审当中的地位予以标注，如“上诉人（原审被告）”。

（四）被上诉人的基本情况。被上诉人如系公民，则需写明与上诉人相同的八项身份要素，如系法人或者其他组织的基本情况的书写也是如此。对被上诉人在原审中的诉讼地位也要予以标明，如“被上诉人（原审原告）”。

（五）案由。案由即上诉人不服原审判决或裁定，要求二审人民法院重新审理的事由，它是行政上诉状撰写由首部向正文部分的过渡，因此，要写得简明扼要，精练概括。一般应按这样规定语表述：“上诉人×××（姓名或单位名称）因×××（事由）一案，不服×××人民法院〔××〕×字第×号行政判决（或裁定），现提出上诉。上诉的请求和理由如下”，后用冒号，接下去即转入主文部分的写作。

二、上诉请求

这部分是表明上诉人提起上诉的宗旨。要明确表示不服原审行政判决或裁定，请求二审人民法院依法予以撤销、变更或重新审理的诉讼意向。

这里，应特别注意上诉请求的提出具有特定的对象和内容，即要对一审裁判不当提出请求，而不是对方当事人。在文字表达方面，要力求简洁凝练，例如“请求撤销原判，重新审理”，一言九鼎，坚实有力，既明确又具体。目前，不少行政上诉状在写作这部分内容时，往往失之烦冗，拐弯抹角，令人不得要领，在很大程度上影响了上诉目的的实现。

三、上诉理由

这部分是行政上诉状写作的主体和核心，是对上诉请求从事实和法律上进行论证，表明为何提起上诉，上诉的法律依据是什么，使请求的事项有理有据，有法可依，令人信服。因此，这部分内容至关重要，它是上诉请求能否实现的根本。

要写好上诉理由部分，使之充分有力，坚实可靠，首先必须对一审判决或裁定文书进行认真、细致的研究和揣摩，“吃透”其要旨，发掘其存在的错误或不当，以便做有理有据的驳辩；其次，要分清主次，即要紧紧围绕那些对行政诉讼具有决定意义和影响的事实情节，决不能纠缠细枝末节或那些关系不大甚至毫不相干的问题。具体地讲，上诉理由的提出应从以下三方面着手。

（一）针对原审判决或裁定认定事实方面存在的错误或不当，提出纠正或否定的事实依据和证据。要具体指出原审判决或裁定对事实的认定何处不清、不准，或有失全面，与实际情节相悖，同时，还必须列摆相应的证据，做到据实而论，实事求是，切忌随意藻饰或掩盖。

（二）针对原审判决或裁定适用法律方面存在的错误或不当，提出纠正或否定的法律依据。要具体指出原审判决或裁定在适用法律上何处不当，是错引了法律，还是漏引了有关条款，均须明确写出。因适用法律错误，其判决或裁定自然就会出现偏差。这里，还应注意对适用法律的错误或不当进行扼要分析，指出应该援引何种法律才是正确的，其具体条款是什么。要严谨周密，切中要害。

（三）针对原审判决或裁定中程序方面存在的错误或不当，提出纠正或否定的法律依据。要具体指出原审人民法院在审理行政案件过程中，没有按照法律、法规明确规定的程序去做，要找准症结，并指出其结果足以影响案件审理的公正性，对上诉方合法权益造成损害。由于程序方面出现错误，如审理行政案件采用调解方式，依法应当回避的人没有回避，审判组织不合法等，就会使案件的裁判显失公正。

写完上述内容后，接着写：“据此，特向你院提起上诉，请求依法撤销原判决（或裁定），予以改判（或重新审理）。”

总之，上述三个方面问题，均可作为上诉理由提出。但是，究竟应从哪一方面进行反驳，应视案件的具体情况和实际需要而定；在写作手法上，主要采用驳论方式。一般是先摆出不服原裁定或判决的论点，然后再进行反驳，具体有两种；一是对原审判决或裁定文书中存在的错误或不当加以综合概括，将其归纳为几点，然后集中力量进行反驳；一是边叙述边反驳，即将概括出来的几点分别摆出，摆一个驳一个。无论采用哪种方法，都必须注意做到论点和论据的统一。可以援引原审判决或裁定文书中的原话，也可以上诉人的语气转述；要注意摆事实、讲道理，有的放矢，破立结合，富于逻辑性和辩驳力，使自己的观点或主张融于辩论过程之中。切忌强词夺理，无理诡辩，那样只能事与愿违。

四、尾部

尾部包括以下四项内容：

（一）致送机关名称。即行政上诉状致送的法定机关人民法院的名称，应在主文部分结束后另起一行低两格的位置书写“此致”，再在下行顶格书写“×××市人民法院”。

（二）上诉人具名或盖章。在致送机关右下方由上诉人签名盖章。上诉人如系法人或者其他组织，则应签具机关或单位名称，并加盖公章。法定代表人也要签名或盖章。

（三）日期。日期位于上诉人具名下侧，要写全称即20××年×月×日。

（四）附项。附项内容包括：①上诉状副本×份；②书证×份；③物证×件。

【典范文例】

例文 1

行政上诉状

上诉人（原审原告）：蒋×，男，30岁，××县人，个体肉摊经营者，住××县东关4排3号。

被上诉人（原审被告）：××县标准计量所。地址：××县城关镇幸福路。法定代表人：马××，男，所长。

上诉人因诉××县标准计量所器具失准行政处罚决定一案，不服××县人民法院20××年×月×日第×号行政判决，现提出上诉。上诉的请求和理由如下：

要求撤销原判决，重新审判。

上诉人系××县城关镇东街农贸市场个体户（肉摊）。20××年×月×日被顾客发现所售猪肉分量不足，并报告了城关工商所。该所在处理中认为系上诉人使用的20公斤杆秤失准所致，即到衡量器管理站进行鉴定。结论是杆秤定量砣失准，少5.3克，定点钮亦松动，称量：每500克少10克，每20公斤少200克。20××年×月×日对上诉做出“计监罚字第×号行政处罚决定”，认定：“人为地改变定量砣质量，造成计量器具失准，严重损害消费者利益。”

而一审法院查明上诉人并未破坏计量器具准确度。被上诉人是基于上诉人人为地改变定量砣质量，造成计量器具失准，严重地损害消费者利益的违法事实，即应撤销被上诉人的行政处罚决定；维护上诉人的合法权益。上诉人认为一审法院未做出变更行政处罚决定的判决是不合理的。根据《中华人民共和国行政诉讼法》第五十八条之规定，向贵院提起上诉，请依法改判。

上诉人：蒋×
20××年×月×日

例文 2

行政上诉状

上诉人（原审原告）：胡××，男，65 岁，汉族，××市人，××市××厂退休工人，住本市××村××街×号。

被上诉人（原审被告）：××市××区城市建设生态环境局。

法定代表人：赖××，局长。

委托代理人：王××，副局长。

案由：上诉人因不服××区人民法院〔××〕×行初字第 4 号行政判决，现提出上诉。上诉的请求和理由如下：

上诉请求

1. 撤销××区法院〔××〕×行初字第 4 号《行政判决书》，依法改判；

2. 因被上诉人的工作人员失职及在执行职务中给上诉人造成的建楼损失，应由被上诉人承担行政侵权责任，并赔偿一切经济损失。

上诉理由

1. 上诉人于 20××年×月×日经被上诉人批准，在××村××街×号自己家院内建成一座二层东楼。上诉人是以审批的图纸和〔××〕×建字第×号《私房建筑许可证》为依据，并由被上诉人派工作人员到现场进行勘验、画线、打桩定位后，上诉人才进行建筑施工的。为了在施工中不和邻居发生矛盾，上诉人之子李××到被上诉人办公室，当面在批准的建楼图纸上加盖了自己的手章，并当场指明这 1.15 米（见图纸）是西侧房檐。被上诉人听后没做任何表示，也没有往图纸上做记录说明。在 20××年×月 4 日，被上诉人要求上诉人去掉西房檐 10 厘米，然后在房顶上修一个高檐，不要让雨水从西边流出就行。从被上诉人这一要求来看，足以证明原审法院《判决书》中的经查“……讲明不要有任何建筑物（指房檐）”的说法是不能成立的。原审法院片面地听取被上诉人没有任何根据和证明的说法来作为判决的依据，是不符合《中华人民共和国行政诉讼法》第四条“人民法院审理行政案件，以事实为根据，以法律为准绳”的规定的。如果案件的事实、证据不清楚，应予调查核实，不能轻信一方自述。

2. 原审法院的《现场勘验笔录》大部分失实，但是造成这个失实的原因何在呢？原审法院不做深入的调查研究，甚至连上诉人提供的有关证明（书证、调查笔录）也未详细调查核实，就以《现场勘验笔录》为依据进行判决，是一种不负责任的失职行为。据上诉人所知，在建楼时，有被上诉人现场勘验、打桩定位；在建楼一米高时，有其工作人员到现场查看，当时及以后均没有提出异议。这方面的情况，为什么原审法院不给予考虑呢？上诉人建楼西侧留窗户，是原图纸就有的，只是门的位置安在南边，并不像原审法院《判决书》所说“原告申请图纸的西立面是向西开门，但楼房建筑向南开门。因此出现西侧窗”那样。原告楼门留在南面，被告及工作人员是知道的，是看过现场的，有关证据都证明了这一点。从《判决书》中提到“西侧窗”问题，也足以说明“西边1.15米处不要有任何建筑物”说法是荒谬的。如果把门安在西侧，二层没有走廊、房檐，又怎么进屋呢？再说为房檐发生纠纷时，被上诉人只说西房檐去掉10厘米即可，其他问题概不追究。这只能说明被上诉人允许或默认建楼的现状，不做任何处理。现在被上诉人又出尔反尔，对这种行为原审法院就不应给予保护，更不应该作为定案判决的依据。

3. 原审法院认为：“原告未按批准的《私房建筑许可证》施工，楼房确属违章建筑。”这是不能成立的。因《私房建筑许可证》是被上诉人根据上诉人的；《私房建筑申请书》审查批准后发给的。在发证前，被上诉人都严格审查建楼图纸，做了必要的调查，进行了核实，才发给《私房建筑许可证》。特别是划线、打桩、定位这些工作都在发证以前做了，《许可证》上并没有记载说明应遵守事项，这怎么能说我们是未按《许可证》施工呢？上诉人的建筑楼房是按《许可证》和现场画线、打桩、定位进行建筑，这怎么能说是“确属违章建筑”呢？

4. 原审法院认为：“被告根据市人大通过的《××市城市建设规划管理办法（试行）》及××市《私房建筑管理办法》的有关规定，对原告的处罚并无不当。”这一认定违反了《××市建设规划管理办法（试行）》第二十九条和第六十九条的规定。再看一下被上诉人的《处罚决定书》吧，上诉人是20××年×月×日找被上诉人的史××同志，史说“过两天就给你盖章，可以换房证”。结果20××年×月9日被上诉人却做出了所谓的《处罚决定书》。上诉人接到后向原审法院提出起诉，被上诉人引用法规条文不当，另外还有其他错误，自动撤销了《处罚决定书》，按被上诉人《关于办理私房建筑手续的规定》第六条，已超过时间，法律是不予保护的。在时隔近几个月的20××年×月×日被上诉人又下达了所谓《处罚决定书》。上诉人又起诉到原审法院，而原审法院只听信被上诉人口述和《现场勘验笔录》，也没有落实有关证据就草率地做出了判决。《判决书》认为：“被告根据20××年2月27日市×届人大常委会第×次会议通过的《××市城市建设规划管理办法（试行）》及××市《私房建筑管理办法》的有关规定，对原告的处罚并无不当。”而实际上，被上诉人在《处罚决定书》中所引用的法规是〔××〕国函字121号文和冀政〔××〕161号文及《××市城市建设规划管理办法（试行）》有关条款。可见，原审法院在审理此案中的工作是怎么做的？连被上诉人处罚依据的法律、法规都没弄清，这怎么能公正审理案件呢？

《中华人民共和国宪法》第四十一条第三款规定："由于国家机关和国家工作人员侵犯公民权利而受到损失的人，有依照法律规定取得赔偿的权利。"《中华人民共和国行政诉讼法》第六十七条第一款规定："公民、法人或其他组织的合法权益受到行政机关或行政机关工作人员做出的具体行政行为侵犯造成损害的，有权请求赔偿。"

综上所述，上诉人认为原审法院不以事实、证据为依据，而轻信被上诉人的口述做出判决，是违反法律、法规的。为了维护上诉人的合法权益，依法追究被上诉人及其工作人员的行政侵权赔偿责任，纠正其错误，特依《中华人民共和国行政诉讼法》第五十八条之规定，向你院上诉，请求依法公正地审理此案，撤销原判决，并改判，责成被上诉人赔偿所造成的经济损失。

此致

××市中级人民法院

上诉人：李××

20××年×月×日

附件：上诉状副本 1 份

【进阶内容】

1. 要及时制作和提交。根据我国《中华人民共和国行政诉讼法》第五十八条之规定："当事人不服人民法院第一审判决的，有权在判决书送达之日起 15 日内向上一级人民法院提起上诉。当事人不服人民法院第一审裁定的，有权在裁定书送达之日起 10 日内向上一级人民法院提起上诉。逾期不提起上诉的，人民法院的第一审判决或裁定发生法律效力。"这里，提交上诉状的法定期限分别为 15 日（判决）和 10 日（裁定），必须确切把握。要在行政诉讼发生后，一旦接到判决或裁定文书，即应认真审阅，如发现确有错误，就应及时制作上诉状并在法定期限内提交。否则，时过境迁，再行上诉，就会失去其应有的效用。

2. 要坚持"以事实为根据，以法律为准绳"的原则。行政上诉状是对原审人民法院所做的判决或裁定的否决及纠正，因此，在阐述上诉请求和理由时，一定要坚持实事求是的原则，忠实于事实发生的本来面目和客观过程，既不夸大也不缩小，恰如其分；同时，还要忠实于法律，严格依法上诉，使自己的观点或主张有理有据，有法可依。如果违背事实，偏离法律，不仅达不到上诉目的，还会使自身的声誉蒙受更为严重的损失。

第十四章 仲裁文书的写作

第一节 仲裁协议书

【功能特性】

根据《中华人民共和国仲裁法》第四条的规定，平等主体的公民、法人和其他组织采用仲裁方式解决合同纠纷和其他财产权益纠纷，应当双方自愿，达成仲裁协议。没有仲裁协议，一方申请仲裁的，仲裁委员会不予受理。由此可见，有仲裁协议是当事人申请仲裁的必要条件之一。

仲裁协议书，是各方当事人自愿将他们之间可能发生或者已经发生的争议提交仲裁解决的书面协议。

《中华人民共和国仲裁法》第二十二条规定，当事人申请仲裁，应当向仲裁委员会递交仲裁协议。这是制作仲裁协议书的法律依据。仲裁协议一旦生效即对当事人产生严格的约束力，排除了法院对争议事项的管辖权，成为仲裁委员会受理仲裁的依据。没有仲裁协议，仲裁委员会无权受理案件。协议范围内发生的争议，当事人只能向选定的仲裁委员会申请仲裁，任何一方当事人无权向法院起诉，法院也不能受理有仲裁协议的争议案件。

【结构模式】

仲裁协议书由首部、正文和尾部三部分组成。

一、首部

（一）标题：即“仲裁协议书”。

（二）当事人的称谓及基本情况：当事人一般称甲方和乙方。基本情况包括各方当事人的姓名、性别、年龄、职业、通信方式、工作单位和住所；申请人若为法人或者其他组织的，则应当写明法人或者其他组织的名称、住所和法定代表人或者主要负责人的姓名或者职务。

如果申请人委托律师或者他人代理进行仲裁活动的，还应写明委托代理人的上述情况。

二、正文

正文部分应写明协议的内容。仲裁协议的内容至关重要，它直接关系到争议能否通过仲裁方式予以解决，关系到当事人的切身利益。因此，制作仲裁协议应当详细、明确，订立仲裁条款更应谨慎，不可缺少某些关键性的内容或者要点，以便发生争议需要仲裁时，能有所遵循。

依据《中华人民共和国仲裁法》的规定，不论何种形式的仲裁协议，都应当具有下列内容：

（一）请求仲裁的意思表示：各方当事人在订立合同或者签订其他形式的仲裁协议时，一致同意将他们之间已发生或者将来可能发生的争议，采取仲裁方式解决的共同而明确的意思表示。

（二）仲裁事项：仲裁事项是指各方当事人提请仲裁的争议范围，即当事人把何种争议采取仲裁方式予以解决。一方当事人提请仲裁的争议以及仲裁委员会受理的争议，都不得超过仲裁协议中所约定的提交仲裁的事项。

（三）仲裁委员会的选定：仲裁机构的选择是仲裁协议中极为重要的内容。当事人在签订仲裁协议时，必须选定有权解决争议事项的仲裁委员会。依据国务院办公厅 1995 年颁发的《重新组建仲裁机构方案》的规定，新组建的仲裁委员会名称应当规范，一律在仲裁委员会之前冠以仲裁委员会所在市的地名。如长沙仲裁委员会，北京仲裁委员会，因而当事人在仲裁协议中选定的仲裁委员会的名称一定要明确、具体。否则，有可能引起争议，拖延解决争议的时间。

三、尾部

由当事人或者委托代理人签字并加盖公章，写明仲裁协议书签订的日期和地点。

【典范文例】

例文 1

仲裁协议书

转让方：××开发公司　法定代表人：王××，总经理

受转方：××仪器厂　　法定代表人：马××，厂长

转让方××开发公司与受让方××仪器厂于20××年×月×日订立××技术转让合同。合同履行过程中，因受让方对转让的××技术的先进性提出异议，致使双方发生争议，双方虽然多次协商解决，但均未成功。现根据《中华人民共和国仲裁法》第 2 条、第 3 条之规定，双方约定将此项争议交××仲裁委员会，依法组成合议仲裁庭，根据××仲裁委员会仲裁规则进行仲裁并做出裁决，

该裁决对双方当事人均具有法律效力。

附：本协议书一式三份，送××仲裁委员会一份，立协议人双方各一份。

×××开发公司（公章）
法定代表人：王××（签章）
×××仪 器 厂（公章）
法定代表人：马××（签章）
20××年×月×日

例文 2

××国进出口公司与××公司仲裁协议书

甲方：××国进出口公司
乙方：××公司

甲、乙双方在履行合同订立的进口货物经销合同的过程中，因对合同中所涉及的 B、C 两种规格商品的运输费用由何方承担产生争议，虽经协商，但无结果，经甲、乙双方协商约定，将此争议提交中国北京国际经济贸易仲裁委员会裁决，并订立以下条款共同遵守：

一、此案适用《中华人民共和国仲裁法》以及有关法律的规定裁决。

二、仲裁委员会的有关裁决为终局裁决，甲、乙双方必须无条件服从。

三、本案仲裁费用，由败诉方承担。

四、本协议一式四份，由甲、乙方各执两份。

甲方：××国进出口公司　　乙方：××公司
代表人：刘××　　代表人：李××

20××年 7 月 31 日

【进阶内容】

（一）**仲裁事项必须明确**。如果仲裁协议对仲裁事项没有约定或者约定不明确的，当事人可以补充约定；达不成补充协议的，则仲裁协议无效。同时要注意争议事项的可仲裁性，根据仲裁法的规定，平等主体的公民、法人和其他组织之间发生的合同纠纷和其他财产纠纷，可以仲裁；婚姻、收养、监护、扶养、继承纠纷以及依法应当由行政机关处理的行政争议，不能仲裁。

（二）**选定的仲裁委员会的名称要准确、清楚并具有排他性**。既不能同时并举选定两个仲裁委员会，也不能在选定仲裁委员会的同时又选定诉讼解决。还应注意选定的仲裁委员会必须是真实存在的仲裁机构。

（三）**要注意仲裁协议的有效要件**。主要是：1. 它必须是处理当事人之间可能发生纠纷或者已经发生争议的协议；2. 这种纠纷必须是有关能够用仲裁方法加以解决的事项；3. 必须由合法的当事人双方签订；4. 必须出自当事人双方的自愿。因此，对于那些诸如无民事行为能力的人或者限制民事行为能力人订立的仲裁协议，以及当事人一方采取胁迫手段，迫使对方订立的仲裁协议，均属无效。

（四）**要注意把握时机**。根据《中华人民共和国仲裁法》第二十条的规定，当事人对仲裁协议的效力有异议，可以请求仲裁委员会作出决定或者请求人民法院作出裁定。但要注意对仲裁协议效力所持的异议，应当在仲裁庭首次开庭之前提出，不能贻误时机。

第二节　仲裁申请书

【功能特性】

仲裁申请书，是指签订合同的一方当事人，就合同执行过程中产生的纠纷或其他财产权益纠纷，根据各方当事人之间达成的仲裁协议，向仲裁协议中所选定的仲裁委员会提出仲裁请求的文书。

根据《中华人民共和国仲裁法》第二十一条的规定："当事人申请仲裁应当符合下列条件：（一）有仲裁协议；（二）有具体的仲裁请求和事实、理由；（三）属于仲裁委员会的受理范围。"第二十二条规定："当事人申请仲裁，应当向仲裁委员会递交仲裁协议、仲裁申请书及副本。"可见，当事人申请仲裁必须采取书面方式。

仲裁申请人可以委托代理人代为办理仲裁事项，但应当向仲裁机构提交书面授权委托书。仲裁机构在收到仲裁申请书之日起五日内，做出受理或不受理的决定，并通知当事人。

提出仲裁申请是开始仲裁程序的最基础的法律步骤，是仲裁程序的必要环节，也是被诉方进行答辩的依据。

【结构模式】

关于仲裁申请书的写作，《中华人民共和国仲裁法》第二十三条虽然列有应当载明的事项规定，但其具体的撰写模式尚待探究。一般说来，一份合乎规格的仲裁申请书应当由以下几部分组成：

一、首部

首部应当载明如下三项要素：

（一）标题。标题要写全称即“仲裁申请书”。视具体情况，亦可写为“经济合同仲裁申请书”等，以明确性质。但不要只写“申请书”，以免与其他文书混淆。如系法人或者其他组织提出的仲裁申请，则应标明单位或组织名称且宜与文种分行排列，单位或组织名称在上，文种名称在下。在字体设置上，后者宜大于前者。

（二）申请人概况。指申请仲裁人的基本身份情况，申请人如系公民，则应依次写明姓名、性别、年龄、职业、工作单位和住所六项要素；如系法人和其他组织，则应依次写明其名称、住所和法定代表人或者主要负责人的姓名、职务等项要素。视具体情况，亦可写明申请人的电话号码或通信方式，以便联系。如系委托律师或其他代理人代为参加仲裁活动，亦应将代理人的身份写清。

（三）被申请人概况。指被申请人的基本身份情况，与上述申请人身份情况的书写要求完全相同。

二、仲裁请求和所根据的事实、理由

这部分是仲裁申请书的主体和核心。要明确交代请求仲裁的争议事项，即要求仲裁的“标的”；同时还要提供充分有力的事实依据和法律依据（理由），用以说明“标的”的正确性和合理性，从而让仲裁委员会接受和认可，做出公正的裁决。必须认真研究这部分内容的写作规律和技巧，以极大地增加申请的成功系数。

关于仲裁请求。仲裁请求应表明申请人申请仲裁的目的和宗旨。因此，要用精练概括的语言直接写明请求仲裁的争议事项，其模式一般为：“仲裁请求：请求对×××（争议事项）依法做出裁决。”这里，要特别注意对有关争议事项概括的准确性。因为它是申请书的“论点”所在，“论”失准，下文据以提出的事实和理由便会无所依托。

关于事实和理由。撰写时必须严谨慎重，做到事实根据确凿有力，理由充分具体，通过条分缕析、逻辑缜密的论证，来表明仲裁请求的正确性和合理性，以便让仲裁委员会信服。主要应当把握这样三“性”：一是具体性。此点最为重要，因为“有具体的仲裁请求和事实、理由”，是申请人申请仲裁的必要条件之一（《中华人民共和国仲裁法》第二十一条第二项）。如果事实和理由的表达不够具体，而是泛泛空谈，就会缺乏应有的说服力和论证性，“仲裁请求”也就不易实现。因此，撰写时必须具体阐明争议纠纷发生的来龙去脉，包括有关时间、地点、目的、经过、结果（或后果）等诸项要素。试以经济合同纠纷而论，即应写明当事人双方（或多方）系从事何种经济交往于何时何地而签订的合同；合同的名称、类别、编号；合同的履行过程和违约情况；合同的履行结果（后果），等等。二是准确性。即指对事实和理由的阐述，必须符合事件发生的本来面目和客观过程，必须符合有关法律、法规和政策规定，做到准确无误，不容置疑。特别是有关经济合同纠纷的仲裁申请，往往需要涉及原合同中有关条款内容的引用，更应注意其准确性。至于其他的财产权益纠纷，也要涉及有关的财产品名、规格、数量、金额等项内容，同样要做到准确，不容出现疏漏。三是一致性。即对事实和理由的阐述必须相互一致，做到理依事生，事理相宜。要使二者之间具有内在的必然联系，互为补充，相得益彰，而不能彼此割裂，相互游离。

在结构安排上，一般将“仲裁请求”独段写明：“事实和理由”既可分开写，亦可合并写，应视具体情况而定。

三、证据和证据来源、证人姓名和住所

根据《中华人民共和国仲裁法》第四十三条的规定，当事人应对自己的主张提供证据，亦即“谁主张谁举证”。因此，应当在上述事实和理由部分之后，准确、具体地列出相关的证据。包括证据的名称、证据的来源以及证人姓名、住所等项要素，均应予以载明。如果证据不止一个，可以列成表格。这部分内容是整个申请书的“附项”，它对上文所述的事实和理由具有一种实体证明作用，两者相互印证，互为补充，构成一个有机的整体，共同说明和论证全文“论点”（仲裁请求）的正确性和合理合法性。

四、尾部

尾部应当载明以下四项内容：

（一）递交对象。即仲裁申请书致送的仲裁委员会名称。要写仲裁委员会全称或规范化简称。还要注意不能写“×××仲裁庭”，以保持其规范性。

（二）具名。在上项内容的右下侧，由申请人具名。其模式为：“申请人：×××。”如系委托他人代书，受委托人也应具名或签章。申请人如系法人和其他组织，还要有其法定代表人或者主要负责人具名，并加盖单位公章，以明确责任。

（三）日期。即仲裁申请书制作的具体日期。要写公元全称，用汉字数字书写。

（四）附注。主要是指仲裁申请书的副本份数、证据的件数等。

【典范文例】

例文 1

仲 裁 申 请 书

申　请　人：××××公司，地址：××市××路××号。

法定代表人：田××，总经理。

委托代理人：张××，××律师事务所律师。

被 申 请 人：×××厂，地址：××市××路××号。

法定代表人：刘××，厂长。

案由：购销合同货款纠纷。

仲裁请求：立即付清所欠货款并支付违约金××万元。

事实和理由：

20××年×月×日，被申请人的业务员持单位授权委托书来我公司看样订货，双方签订一份羊毛购销合同，合同中对羊毛的规格、质量、品名、数量、价款等做了详细的约定，详见合同。

合同签订后，我公司按照合同约定的交货时间及方式分三次将羊毛发送被申请人，总货款××万元，并将发票一并交给被申请人。但被申请人接到羊毛及发票后，以单位资金周转不灵为借口迟迟不付款，经多次催要，至今仍未付款。由于被申请人拖欠货款不还，给我公司造成严重的经济损失。

为了维护我公司的合法权益，现根据双方购销合同中的仲裁条款向贵仲裁委员会申请仲裁。

此致

××仲裁委员会

附：1. 申请书副本一份

2. 合同副本一份

申请人：××公司(盖章)

法定代表人：田××

委托代理人：张××

20××年×月×日

例文 2

仲裁申请书

致中国国际经济贸易仲裁委员会

申 请 人：中国××进出口公司

法人代表：×××

地　　址：中国××市××路××号

被申请人：×地利发公司

法人代表：×××

地　　址：××地××路××号

申请人与×地利发公司于20××年4月15日签署了一份产地交货合同，由于买方违约引起争议，为此向贵会提请仲裁，现将仲裁要求及所依据的事实和理由分述如下：

一、仲裁要求

被诉人赔偿因违约造成我方损失（货物折价）45000 美元。

仲裁费由被诉人负担。

二、事实和理由

申请人与被申请人于20××年 4 月 15 日签订了一份产地交货合同，出售鲜龙眼 5 吨，价值 75000 美元。按合同第八条规定，被申请人必须于 7 月 15 日至 20 日之间派冷藏集装箱车到指定地点接运货物，否则将取消合同。由此造成的一切损失由买方负责。申请人曾于20××年 7 月 14 日和 7 月 18 日先后两次去电催促对方派车，但直至 8 月 2 日仍未见派车来。因而申请人被迫于 8 月 4 日把这批龙眼卖给另一买主，提价只有 30000 美元。按《联合国国际货物销售合同公约》第七十五条规定："如果合同宣告无效，而在宣告无效后一段合理时间内，买方已以合理方式购买替代物，或者卖方已以合理方式把货物转卖，则要求损害赔偿的一方可根据以合同价格和替代货物交易价格之间的差额以及按照第七十四条规定可能取得任何其他损害赔偿。"被申请人应赔偿原总值额与再售货款之差 45000 美元给卖方。但被申请人以我方再售为理由，拒不赔偿，因此，我方不得不向贵仲裁委员会提出申请。

仲裁员拟请仲裁委员会主任代为指定。

仲裁手续费预付人民币××元，另行汇上。

经上申请，谨请贵会早日开庭审理。

中国××进出口公司

20××年×月×日

例文 3

仲 裁 申 请 书

申诉方：××县××镇××村村委会。

法定代表人：牛××，村主任。

被诉方：××县××综合厂，地址：××县城关镇东方红路 13 号。

法定代表人：南××，厂长。

案由：单方终止合同。

请求事项：

一、继续履行协议；

二、赔偿申诉方的经济损失。

事实与理由：

20××年5月5日，申诉方与被诉方签订“联办淀粉厂协议书”，约定双方共同投资筹建。申诉方投资为三分之一，被诉方投资为三分之二，投产后利润也按投资比例分成。协议书第十二条规定：“本协议签订后，双方信守协议，不得以任何理由单方终止。任何一方终止协议，一切后果由提出终止协议方负责。”（见附件二）

双方于2004年5月筹建施工。申诉方与被诉方各投资100万元，计划2005年元月底建成投产。不料被诉方××年8月突然提出：“经请示县经计委，不再给淀粉厂投资”（见附件三），为此，申诉方数次找被诉方协商，同时主动向县经计委申明情况，希望督促被诉方履约。但被诉方竟不予理会，公然单方终止协议，不但不承担任何经济损失，还无理要求申诉方承担被诉方全部投资款项。不仅如此，被诉方还背着申诉方函告县电力局，要求停止使用用电补贴，故意给筹建工作设置障碍。虽经申诉方多次规劝其继续履行协议，被诉方却根本听不进去，置经济合同法和双方签订的协议书于不顾，实属违法行为。申诉方在做出多方努力毫不见效的情况下，为了维护国家的法律尊严，保护自身的合法权益不受侵害，特向你会提出仲裁申请，请求依法裁决。

此致

××县工商行政管理局经济合同仲裁委员会

附：一、本申请书副本一份；

二、协议书一份（复印件）；

三、被诉方擅自终止合同的函件一份。

申诉方：××镇××村民委员会

（印）

20××年4月1日

【进阶内容】

（一）要备好仲裁协议和相应的副本份数

《中华人民共和国仲裁法》第二十二条明确规定：“当事人申请仲裁，应当向仲裁委员会递交仲裁协议、仲裁申请书及副本。”据此可见，仲裁协议和申请书副本亦是申请仲裁不可缺少的实质要件。其中前者是指合同中订立的仲裁条款和以其他书面方式在纠纷发生前或者纠纷发生后达成的请求仲裁的协议，它是申请仲裁的必要条件之一；后者则由仲裁委员会送达被申请人。对于这两项内容，必须在申请仲裁时连同仲裁申请书一并递交。

（二）要注意把握申请仲裁的适用范围

当事人申请仲裁，具有特定的适用范围。根据《中华人民共和国仲裁法》第二条的规定，平等主体的公民、法人和其他组织之间发生的合同纠纷和其他财产权益纠纷，可以仲裁。亦即凡属这一特定范围之内的纠纷和争议事项，当事人即可拟制《仲裁申请书》申请仲裁。又据第三条规定，下列纠纷不能仲裁：一是婚姻、收养、监护、抚养和继承纠纷；二是依法应当由行政机关处理的行政争议。

（三）注意把握申请仲裁的条件

当事人申请仲裁具有特定的条件。根据《中华人民共和国仲裁法》第二十一条的规定，申请人申请仲裁应当符合下列条件：1. 有仲裁协议；2. 有具体的仲裁请求和事实、理由；3. 属于仲裁委员会的受理范围。上述三条，是申请仲裁的条件，当然也是制作《仲裁申请书》的必备前提。

4. 注意仲裁时效。仲裁申请书的递交必须在法定的仲裁时效届满前提出，即自当事人知道或者应当知道其权利被侵害之日起法律规定的时限内提出。根据我国法律的有关规定，经济合同的时效是两年，技术合同时效是1年，涉外买卖合同时效是4年，劳动争议合同时效仅为60天，逾期提出，即丧失了仲裁申请权，也就失去了拟制该文书的实际意义。

5. 叙述事实要抓住关键，明确重点，逐层叙写，做到线索清晰，责任明确；阐述理由要依法论理，注重分析，避免空泛、说教式语言；请求事项要明确，简要，切实可行，此外还要注意语言通畅，格式规范。

第三节　仲裁答辩书

【功能特性】

仲裁答辩书，是仲裁案件的被申请人针对申请人在仲裁申请书中提出的仲裁请求及所依据的事实、理由进行答复辩解的文书。

根据《中华人民共和国仲裁法》第二十五条第二款规定：“被申请人收到仲裁申请书副本后，应当在仲裁规则规定的期限内向仲裁委员会提交答辩书。被申请人未提交答辩书的，不影响仲裁程序的进行。”这是制作答辩书的法律依据。

拟制并提交答辩书，是法律赋予被申请人的一项重要权利。通过此种文书，可以明确、充分阐述被申请方的观点和主张，反驳申请方错误或不当之处，使争执纠纷的主要焦点或实质性问题“曝光”，从而为在仲裁活动中获胜创造有利条件。同时，就申请人而论，在其看过答辩书（副本）后，如果认为被申请人所持观点和主张确实持之有故，言之成理，而自己多有偏颇和疏漏，则可以主动要求和解，或者撤回仲裁申请，从而解除不必要的争议，及时终止仲裁的进行。此外，对仲裁委员会而言，通过审理，如果认为被申请人所述事实清楚，证据确凿，理由充实，则将依法做出符合被申请人意愿的裁决。可见，答辩书的写作直接关系到被申请人在仲裁活动中的胜败。

【结构模式】

鉴于《中华人民共和国仲裁法》中未对答辩书应当载明的事项做出规定，故对其内容结构的设置则需要借鉴其他答辩类文书的制作模式，并要显示出独具的特色。一般而言，这一文书应当由以下几部分内容组成。

一、首部

首部包括如下两项要素：

（一）标题。即文书名称，全称是“仲裁答辩书。视具体情况，亦可写为“经济合同仲裁答辩书”等，以明确性质。不要只写．“辩书”，以免与其他答辩类文书混淆；也不能写作“答辩状”，以保持其规范性。如系法人和其他组织做出的答辩，则应标明单位或组织名称，且宜与文种名称分行排列。其中单位或组织名称在上，文种名称在下。在字体设置上，后者宜大于前者，以示醒目、美观。

（二）答辩人概况。即指仲裁答辩人的基本身份情况，要求准确、具体、完整。应先写出项目名称，后用冒号，接下去依次列明其身份要素，即“答辩人：×××”。答辩人如系公民，则应载明其姓名、性别、年龄、职业、工作单位和住所六项要素；如委托他人代为仲裁活动，则应写明受委托人的身份情况（如是委托律师做代理人则只需写其姓名和律师事务所名称即可）；如系其他组织，则应列明其名称、驻地和法定代表人或者主要负责人的姓名、职务，以及委托代理人的身份情况。委托代理人如有两人以上，应分别列明身份要素。

这一部分应特别注意不要设列“被答辩人”一项，因为法律上既无这种称谓，也未做此规定。

二、答辩缘起

这部分是仲裁答辩书的“序曲，是答辩理由（正文）的前置内容。要写得简明扼要，为全文定准基调。其用语模式一般应表述为“申请人因×××（案由或事由）向仲裁委员会申请仲裁一案，现根据申请人的申请理由，提出答辩如下”，后用冒号，引出答辩理由部分。这里，要特别注意对案由或事由概括的准确性，不能出现疏漏。

从写作手法上讲，这部分实质系一过渡段，是将首部与下文答辩理由部分连缀起来，使行文结构趋于自然严谨，和谐顺畅。

三、答辩理由

这部分是仲裁答辩书的重心，也是写作的重点和难点。它要运用具体、充分、有力的事实依据和理论依据（法律、法规和政策依据）来反驳申请人的仲裁请求及其依据的事实和理由，阐明自己的观点和主张，从而说服仲裁委员会接受和采纳，实现答辩的预期目的。这部分写得好与坏，直接关系到文书的质量及答辩的效果。因此，必须予以高度重视。

要写好答辩理由，首先必须精心研究申请人的《仲裁申请书》，弄清其所提出的仲裁请求及所依据的事实和理由，这是答辩的“标的”所在。以此为基础，根据争议纠纷的实际情况，准确确定答辩的侧重点和主攻方向。为此，应进一步明确：申请人所提仲裁请求的实质是什么？其错误或不当的症结何在？是属所述事实不准、不清或失之偏颇还是适用法律、法规和政策有误？应选择怎样的答辩角度才能击中对方要害？等等。弄清这些问题以后，答辩的主旨和基调也就确立了。其次，在答辩过程中，要注意讲究针对性，要紧扣申请人所提出来的问题，逐一进行辩驳。为此，可以援引申请书的原话作为批驳对象，通过条分缕析、逻辑缜密的论证，说明申请人所持观点的错误性。切忌无的放矢、漫无边际的答辩，也不可答非所问、旁骛枝节问题或者不相关的问题。再次，要注意提供相应的证据，以增强答辩的力度。对此，《中华人民共和国仲裁法》第四十三条做了明确规定：“当事人应当对自己的主张提供证据。”事实上，证据比一般的叙述和辩理具有更为直接的证明力和说服力，证据既出，所阐述的答辩理由就会坚实有力，不容置疑和辩驳。最后，还要注意答辩类文书的语体特点和要求。用语要精练明快、坚定有力，富于逻辑性和辩论性，要符合被申请人的身份特征，抓住引起争议纠纷的关键性和实质性问题有理有据地进行答辩。决不能强词夺理，或者对申请人恶语中伤，那样反而显得自己理亏。用语狂傲、尖刻并不代表有理，只有确凿的事实以及充分的法律、法规和政策依据才是答辩获胜的唯一法宝。特别是法人和其他组织作为被申请人进行答辩时，更应注意把握用语的分寸，要通过答辩体现出自身的尊严、风度和水平，这对烘托答辩主旨，进而实现答辩目的，无疑是大有裨益的。

四、答辩意见

这部分内容是仲裁答辩书的精髓所在，是在答辩理由的基础上做进一步的总结，表明被申请人进行答辩的目的和宗旨。一般要从这样两个方面进行阐述：一是揭示申请人仲裁请求及所依据的事实和理由的谬误性；二是说明答辩理由的正确性和合理合法性。通过这样一“破”一“立”，最后亮明自己的观点和主张，请求仲裁委员会依法合理裁决。

五、尾部

尾部包括以下四项要素：

（一）提交对象。即仲裁答辩书提交的仲裁委员会名称，应在上述内容写完后另起一行空两格书写“此致”，然后再另起一行顶格书写“×××仲裁委员会”。要注意书写仲裁委员会的全称，但不要写成“×××仲裁庭”，以保持其规范性和庄重性。

（二）具名。在上项内容的右下侧，由答辩人具名或签章。答辩人如系法人或其他组织，则应写明单位或组织全称，并另行写明法定代表人或者主要负责人姓名，并加盖公章和私章，以明责任。

（三）日期。指仲裁答辩书制作的具体日期，要写公元全称××××年×月×日，用汉字书写。

（四）附项。主要是指有关证据的名称和件数等，应用序号分别列于上项内容之左下侧。

【典范文例】

例文 1

仲 裁 答 辩 书

致中国国际经济贸易仲裁委员会：

答辩人：（被申请人）：香港乙有限公司

地　址：香港中环××××商业大厦××楼2012室

法定代表人：×××　　职务　董事长

电　话：××××××

电　传：××××××

传　真：××××××

对于香港甲有限公司（下称申请人）诉我公司（以下称被申请人）镀锌板供货质量与合同不符，我公司认为，这点不能成立，答辩理由如下：

一、关于合同规定的索赔期限与品质保证期条款问题

在本合同签字盖章前，被申请人对合同第19条做了修改，将索赔期限由90天改为30天，并取消合同第21条。这并非擅自修改，而是被申请人正式签名盖章后，交与申请人，申请人在收到被申请人修改的合同后并未提出异议，应视为接受和默认。

在订立合同后，被申请人按合同规定，分别于20××年1月16日和1月23日将货物交付与申请人。但直到20××年2月25日，申请人才来函提出货物存在品质问题，要求保留索赔权利，显然，已超过了合同中所规定的索赔期限。

关于合同中所规定的品质保证期12个月的规定不应予以确认。因为品质保证期指国际贸易中对机械、仪器、仪表、车辆机电产品，由于有些内在缺陷不能一时查出，双方在签订合同时规定品质保证的期限，而本期合同是申请人备有的许多贸易格式合同，其中关于品质保证条款是适用于如上所述之机械设备等用途的，根本不能适用于金属材料。按国际惯例，金属材料没有品质保证期的规定，更不能达12个月之久。

二、关于本案质量索赔纠纷未能及早解决的责任问题

在被申请人交付货物后，申请人于20××年2月25日来函提出质量问题，要求保留索赔权利。尽管当时已超过合同规定的索赔期限，被申请人还是本着友好协商的态度，即向申请人表示愿意向其厂家转达这一情况，并于20××年5月2日，被申请人和其厂家到××了解商检情况，同时对样品进行复检。20××年5月10日该厂家传真至被申请人认为：××商检局未能完全按照日本标准那样检验，不能接受××商检局检验结果，但为维护双方贸易关系，愿意接受合理的降价赔偿要求。被申请人在接到这一传真后，及时通知了申请人，并要求申请人提出一个合理的方案，以便被申请人向其厂家索赔，但申请人却于20××年5月25日提出要求降价50%的处理意见，造成被申请人的厂家改变了原来同意赔偿的承诺。在此种情况下，被申请人只好正式答复申请人，由于申请人未能在货物到达目的地港（香港）30天内提出索赔，故不接受申请人提出的索赔。后于20××年6月26日又在双方母公司领导下，申请人与被申请人进行了洽谈，一致认为降价50%实在太多，也不合理，应做合理降级削价处理，最多只可按冷轧板与镀锌板差价要求赔偿。根据这一会议精神，被申请人正在与其厂家协商索赔一事时，申请人却于20××年10月10日提请仲裁，根据以上事实，申请人应对纠纷未能协商解决负主要责任。

三、关于商检证书效力问题

合同第8条“目的口岸”中已明确写明目的口岸为香港，第17条第2款规定“货到目的口岸后买方可申请中国商品检验局进行有关品质、规格及数量、重量的检验”。但申请人并没有根据合同要求向被申请人提出有关目的口岸的商检报告，而是几经运转后由非目的口岸的××商检机构做出商检报告。因此，申请人以××商检局的商检报告作为索赔的依据是不符合合同规定的。

四、关于商检证书所列数字的代表性问题

即使以××商检局出具的商检证书作为索赔基础，也存在许多问题。因为合同规定按JISC3302标准检验。因此，按照JISC3302标准抽样，每1000张镀锌板抽取一张，被申请人共交货1000.86吨镀锌板，有镀锌板152421张，应对152421张镀锌板的千分之一检验，而××商检局只是抽了33张镀锌板进行检验，占应抽样的21.65%，是不符合日本标准的抽样要求的。由于抽样数量严重不足，样本的检验结果不能完全反映或不反映此批镀锌板的真实情况。因此，××商检局所出具的商检报告所列数字是没有代表性的。

综上所述，由于申请人并没有按合同规定在目的口岸进行商检，而且在索赔过程中，申请人提出的不合理索赔要求给被申请人造成严重经济损失，但被申请人还是本着实事求是的原则，经过现场行情的调查，被申请人同意赔偿申请人9016.23美元及利息，了结此案。

附件：合同一份

商检证书一份

被申请人：香港乙有限公司（章）

法定代表人：×××（签名）

20××年10月31日于香港

法定代表人：××××

委托代理人：×××（签章）

例文2

仲裁答辩书

答 辩 人：××公司

地　　址：××街××号

邮政编码：××××××

电　　话：××××××

传　　真：××××××

法定代表人：×××，总经理

委托代理人：××××，市××律师事务所律师

案由：因申请人××公司诉我公司××交货争议一案，现提出答辩。

答辩意见：申请人的索赔理由不能成立，请予以驳回。

答辩理由如下：

1. 被申请人已按时履行了交货义务。在本案中，被申请人（卖方）无须亲自把货物装上船，在把货物交给承运人后，实际装载的责任由承运人承担，卖方交货的责任主要是按时将货物交给承运人装运和取得合格证并向银行交单，取得

货款。判断被申请人是否按时交货，应考虑CIF合同的特点。根据CIF合同，只要卖方把合格的作为物权凭证的提单交给买方后，就可以认定卖方已履行了交货义务。

2. 提单日期不符的责任由船方承担。提单是作为卖方的托运人和承运人之间运输的证明，转移给作为买方的收货人后，提单即成了买方和承运人之间的运输合同，买方和承运人之间的权利义务关系应以提单为依据，货物没有按时装船并倒签提单是由船方造成的，作为提单持有人的买方有权而且应该直接向承运人追索，被申请人不应承担责任。

3. 申请人已接受合同项下的货物。申请人是在完全知道货物没有按时装船、提单日期不符的情况下接受单据、支付货款，并提取货物的。这种自愿的付款赎单和凭单提货的行为在法律上应当认为是有效的。

综上，申请人对属于自己所有的货物不及时处理，即使发生了损失，也只能由自己承担。因此，申请人的索赔请求不能成立，请予以驳回，以维护我公司的合法权益。

此致

中国国际经济贸易仲裁委员会

附：1. 答辩书副本××份

　　2. 证书××份

答辩人：××公司（盖章）

法定代表人：××（签章）

委托代表人：××（签章）

20××年××月××日

例文3

仲裁答辩书

答辩人：××市民政开源包装工业联营公司，地址：××市××街243号。法定代表人：马××，经理。

被答辩人：××委员会工程设计研究院，地址：××市××街156号。法定代表人：王××，院长。

××委员会工程设计研究院申请仲裁设计合同，追索设计费，并赔偿损失一案，我方答辩如下：

我公司与申请人于1998年4月25日签订了《（98）—设计合同》，根据合同条款即付申请人4万元定金（是设计费总额的20%）。后因工程建设投资较大，我公司只能是入股经营，与我公司合资的另一方要求从设计到施工完全由他们负责。因此我公司于1998年8月1日向申请人说明情况提出终止设计合同。事后双方经过多次磋商，由于申请人索取费用太高，双方未能达成协议，于是申请人向仲裁委员会申请仲裁，现就申请人提出的理由做出如下答辩：

一、申请人要求我公司支付方案设计费6万元是没有根据的。

根据有关部门编印的《工程设计收费标准》总说明中第十七条的规定："设计费按设计进度分期拨付，设计合同生效后，委托方应向设计单位预付设计费20%作为定金，初步设计完成后付30%，施工图完成后付50%。"申请人向我方提交的《方案意见书》，并不是初步设计书，这是我们双方之间的分歧意见之一，根据规定，初步设计书应具有初步设计说明书、初步设计概算书及设备、结构、电器三个专业的图纸。而申请人只交付方案意见书由我公司审批，没有初步设计说明书、概算书及三个专业图纸，我公司认为申请人没有完成初步设计，因此不能按规定支付设计费。

另外，就我公司与申请人签订的设计合同第八条第二款规定："方案设计完成后15天内，甲方即向乙方支付设计费6万元。"此合同之规定也是指初步设计书完成后付设计费6万元，并不是指"方案意见书"完成后即付6万元。作为申请人来说他们完全懂得"方案意见书"和"初步设计书"的不同概念和内容。而申请人却把两个概念及内容混为一谈，向我公司追索6万元，既不符合国家的有关规定，也不符合设计合同条款的规定。因此我公司拒绝申请人的请求是有道理的。据此，申请人请求我公司支付延期款0.3万元也是没有根据的。

二、申请人要求我公司赔偿经济损失2.7万元（施工图设计费2.4万元：逾期违约金0.3万元），这个请求是毫无根据的。

根据双方签订的设计合同中规定"写字商住楼的基础图，是在设计方案认可后两个月及收到勘探资料一个月后交付施工图"，而申请人在我公司对方案意见书尚未认可的情况下，违反双方签订的设计合同条款规定，这种不履行合同的行为属于无效行为，我公司不承担任何经济损失，因此我公司不能承担申请人提出的施工图设计费2.4万元及其他经济损失。

三、根据《建设工程勘察设计管理条例》第七条规定："按规定收取费用的勘察设计合同生效后，委托方应向承包方支付定金。勘察设计合同履行后，定金抵作勘察、设计费。"又规定："委托方不履行合同的，无权请求返还定金。"依据以上条款规定，我公司与申请人签订合同后，按规定支付4万元定金，并且申请人也提交"方案意见书"，双方均在履行合同，所以申请人毫无理由扣我公司的4万元定金，还另收取方案设计费6万元。我公司认为该定金应抵作申请人所提供的“方案意见书”的设计费用。

四、我公司与申请人在友好合作的基础上，接受申请人的要求，以设计赶工费的名义支付现金3000元，作为奖金使用，该款项在双方签订的合同中没有明文规定，我公司要求申请人如数返还。

以上意见，请求仲裁委员会公正裁决。

此致

××仲裁委员会

答辩人：××市民政开源包装工业联营公司

20××年10月5日

【进阶内容】

（一）要准备相应的副本。

副本也是仲裁答辩书的重要组成部分。《中华人民共和国仲裁法》第二十五条第二款明确规定：“仲裁委员会收到答辩书后，应当在仲裁规则规定的期限内将答辩书副本送达申请人。”据此，被申请人在拟制答辩书的同时，应当认真准备好副本。决不能有所疏漏，以免延误，造成被动。

（二）要适时拟制和提交。

仲裁答辩书的拟制和提交具有很强的时效性。《中华人民共和国仲裁法》第二十五条第二款规定：“被申请人收到仲裁申请书副本后，应当在仲裁规则规定的期限内向仲裁委员会提交答辩书。被申请人未提交答辩书的，不影响仲裁程序的进行。”可见，提交答辩书是被申请人的一项法定职责和应有的权利，必须严格把握，要在仲裁规则规定的时限内将答辩书拟就并及时递交。否则，时过境迁，就会失去应有的意义和价值。

第四节　仲裁调解书

【功能特性】

仲裁调解书，是指仲裁机关通过调解方式解决仲裁纠纷，就当事人之间达成调解协议所制作的文书。但它必须是当事人双方自愿达成的协议。经仲裁庭调解达成的仲裁调解书还必须符合有关法律的规定，调解书既是当事人协商结果的记录，又是仲裁庭认可调解协议的证明。仲裁调解书自双方当事人签收之日起生效，其法律效力与仲裁裁决书相同，可以作为执行的依据。如果一方当事人不履行调解协议，另一方当事人可以据此向有关的人民法院申请强制执行。仲裁调解书一般只适用于国内仲裁，而不适用于涉外仲裁。

《中华人民共和国仲裁法》第五十一条规定："仲裁庭在做出裁决前，可以先行调解。当事人自愿调解的，仲裁庭应当组织调解。调解不成的，应当及时做出裁决。调解达成协议的，仲裁庭应当制作调解书……"第五十二条规定："调解书应当写明仲裁请求和当事人协议的结果。调解书由仲裁员签名、加盖仲裁委员会印章，送达双方当事人。"这是制作仲裁调解书的法律依据。

【结构模式】

关于仲裁调解书的写作，《中华人民共和国仲裁法》第五十二条虽然列有应当载明的内容事项的规定，但其具体的撰写模式有待探索。一般说来，一篇合乎规范的仲裁调解书应当由以下几部分构成：

一、首部

（一）标题。由仲裁委员会全称和文书种类两项要素构成，即"×××仲裁委员会仲裁调解书"。要注意不能遗漏"仲裁"二字，以明确文书性质，并与其他类调解书如"民事调解书"（人民法院制作）和"治安调解书"（公安机关制作）等相区别。在排列形式上，应将仲裁委员会名称和文书种类分置两行，在字号使用上，后者宜大于前者，以示醒目、美观。

（二）案号。即文书编号，位于标题的右下侧。它相当于行政公文中的发文字号，表明文书制发的数量和次序。案号的拟制要做到准确、完整、规范，包括代字、年份和序号三项要素，不容疏漏。

（三）当事人概况。即指当事人的基本身份情况，应当先写申请人，后写被申请人。无论申请人还是被申请人，如系公民，则写明其姓名、性别、年龄、职业、工作单位和住所六项要素；如系法人和其他组织，则需写明其名称、住所和法定代表人或者主要负责人的姓名、职务四项要素。如系委托律师或其他代理人代理仲裁活动，则应将受委人的身份情况写清。

（四）案由。即争议纠纷的类别和性质，应写得简练精要，一语中的。直接写明系合同纠纷或其他财产权益纠纷等，以示明确。

二、事实与理由

这部分是仲裁调解书写作的重要内容。既要写清当事人之间争议纠纷的主要事实，又要阐明进行调解解决的必要性。鉴于调解书的制作系以当事人双方自愿达成协议为基础，故这部分内容可尽量写得简括、精要一些，不必事无巨细，详加叙述。

关于事实，是指仲裁委员会所认定的事实，要写清争议纠纷发生的基本要素，包括时间、地点、缘由、主要经过、情节和结果等。具体情况亦可结合当事人双方的申请书和答辩书所列的事实进行叙述，以增强其针对性。试以经济合同纠纷而论，应当着重阐明当事人之间缘于何目的、于何时何地签订的经济合同；其履行情况如何；当事人之间又是怎样产生了纠纷，导致了何种结果，等等。只有写清这些内容，才能使人了解争议纠纷发生的来龙去脉，为下文进一步提出调解理由和达成协议奠定必要的基础。

关于理由，应当以上述事实情况为前提，依据国家有关法律、法规和政策规定，对整个争议纠纷进行评判。要分清是非，明确臧否，对当事人双方应负的责任以及各自的态度等也要如实做出交代。用语要恰切公正，中肯适度，使当事人双方能够心悦诚服地接受调解，从而确保文书质量及其效用。否则，言辞欠妥，甚至过于偏颇，将有可能加重争议纠纷，进一步激化矛盾而不利于问题的处理和解决，给仲裁工作造成被动。

在结构安排上，事实和理由可以分开写，也可合并写，应灵活确定。

应当指出的是，民事调解书和治安调解书的制作多将事实和理由部分略而不写，有欠妥当。因为事实和理由是调解处理的基础和依据，如果省略，就会使协议结果架空，也难以令人信服。由此，仲裁调解书的写作不应省略这部分内容。

三、协议结果

协议结果即当事人双方达成协议的具体内容，是仲裁调解书写作的精要之笔。这部分应当紧随上述事实和理由之后写出，使两者之间形成因果关系，即前文事实和理由为“因”，引出的调解结论（协议结果）是“果”，前后顺承，具有内在的必然联系。在写作模式上，一般先用一过渡语段：“根据上述情况，依照《中华人民共和国仲裁法》第五十一条规定，对双方进行调解，经协商，自愿达成如下协议”，然后用冒号引出具体协议内容。

协议内容必须明确具体，切忌含混隐讳，笼统粗疏。如果协议事项较为简单，则集中一段写明；如果不止一项，则应按其轻重程度分条载明。如此，才能给人以明晰之感，便于当事人双方依照协议内容认真履行。

四、尾部

（一）结语。结语是标明调解书效力的固定性语句，应在上述内容结束后，另起一行写明：“本调解书与仲裁决定书具有同等法律效力，双方当事人必须认真遵守。”

（二）签名和盖章。《中华人民共和国仲裁法》第五十二条第一款规定：“调解书由仲裁员签名，加盖仲裁委员会印章，送达双方当事人。”其位置应在上项内容的右下侧。

（三）日期。指调解成立的日期，要写公元全称，用小写汉字书写。

【典范文例】

例文 1

中华人民共和国海事仲裁委员会
调　解　书

〔×××〕字第×××号

申　请　人：中国，上海××公司

法定代表人：×××，男，54 岁，经理

住　　　址：上海市××区××街××号

被 申 请 人：×国“范雷特”轮

法定代表人：××××，男，43 岁，船长

20××年×月×日，申请人，即救助人中国上海×××公司向海事仲裁委员会提出的对被申请人，即船舶所有人××××，关于申请人致救助被申请人“范雷特”轮救助报酬问题的仲裁申请书。

“范雷特”轮载运小麦 5000 余吨，于 20××年×月×日在上海附近的铜沙地区搁浅。同年×月×日，申请人的代表同“范特雷”轮的船长签订了中国海事仲裁委员会符合标准格式的救助契约。申请人根据救助契约进行了有效的救助。

“范雷特”轮经申请人强卸减载后于同年×月×日被拖救出浅，并因其不能自航而于同年×月×日被拖带到上海码头。

双方当事人对于救助工作有成效、救助人应该获得报酬这一点上，并无争议，但是，对于报酬的数额未能达成协议。

海事仲裁委员会根据双方当事人所签订的救助契约中的仲裁协议和申请人的仲裁申请书，受理了这一案件，并按照仲裁程序规则的规定成立了仲裁庭，由谢××任首席仲裁员，和仲裁员王××、周××组成。

在仲裁庭准备审理的过程中，海事仲裁委员会根据仲裁程序规定，在双方当事人的同意下进行调解。双方当事人互相做了友好让步，并已澄清争议中的救助报酬数额不包括被申请人在契约签订以前雇用船只等所应支付的人民币 36664.4 元。

20××年×月×日，在由海事仲裁委员会主持并由仲裁庭成员和双方当事人参加的会谈中，一致同意本案的解决方法如下：

1. 本案救助报酬总额确定为人民币 27000 元。由于申请人已经收到部分报酬人民币 13000 元，被申请人尚应支付人民币 14000 元。

2. 上述金额由申请人持海事仲裁委员会的调解书，并根据中国银行上海分

行20××年×月×日的担保向该行收取。被申请人应立即安排由中国银行上海分行凭中国海事仲裁委员会的调解书和救助人账单立即付款。

被申请人也可以向申请人直接支付上述金额。

如果申请人非由于自己原因而不能在20××年×月×日以前收到上述金额时，应从即日起按年利率百分之五加计利息。

3. 海事仲裁委员会的仲裁费，由双方当事人各半分担。

4. 有关本案的其他一切费用由双方当事人各自分担。

双方当事人同时通过海事仲裁委员会交换了确认上述解决方法的函件。

本案的仲裁手续费决定为人民币×××元。根据上述解决办法第三点，申请人和被申请人各向海事仲裁委员会缴纳人民币×××元、×××元。

本调解书一式3份，发给双方当事人各1份，本会留存1份。

仲裁庭首席仲裁员：谢××
仲裁员：王××
仲裁员：周××
20××年×月×日
中国海事仲裁委员会（章）

例文2

××仲裁委员会
仲裁调解书

〔××〕×仲调字第×号

申　请　人：××建筑工程公司，地址：××市××区××街××号。

法定代表人：陈××，总经理。

委托代理人：李××，××律师事务所律师。

被 申 请 人：××大厦，地址：××市××区××街××号。

法定代表人：许××，经理。

委托代理人：杨××，××律师事务所律师。

××仲裁委员会（以下简称本会）根据申请人××建筑工程公司（以下简称申请人）于20××年×月×日向本会提交的仲裁申请书和申请人与被申请人××大厦（以下简称被申请人）于20××年×月×日签订的《建设工程施工合同》中的仲裁条款，受理了申请人与被申请人之间上述合同项下的争议仲裁案。

依照本会仲裁规则，本会主任指定的首席仲裁员：×××与申请人选定的仲裁员×××、被申请人选定的仲裁员×××于20××年×月×日组成仲裁庭，对本案进行了审理。

本案仲裁庭于20××年×月×日开庭进行了审理。申请人的法定代表人及委托代理人、被申请人的法定代表人及委托代理人均出庭。仲裁庭听取了双方当事人的陈述和辩论，对本案有关的事实进行了庭审调查、质证及核实工作。申请人的仲裁请求为：

1. 被申请人给付申请人工程款350000元，同时承担逾期付款的利息103600元。

2. 被申请人承担本案仲裁费用。

在仲裁庭的主持下，双方当事人本着互谅互让、协商解决的精神，达成了调解协议。调解结果如下：

一、被申请人给付申请人工程欠款350000元；

二、被申请人给付申请人欠款利息50000元；

三、本案仲裁费23930元（申请人已全额垫付），由被申请人承担。

上述款项共计423930元，被申请人于本调解书生效之日起30日内付给申请人。逾期支付的，按照中国人民银行逾期付款的有关规定办理。

本调解书与裁决书具有同等法律效力，自双方当事人签收之日起生效。

首席仲裁员：×××
仲　裁　员：×××
仲　裁　员：×××
（印　章）
20××年×月×日
书　记　员：×××

【进阶内容】

（一）要写清纠纷事实。

撰写仲裁调解书，要着重写明当事人之间发生的合同纠纷和其他财产权益纠纷的事实，这是调解成立的客观基础。之所以如此，主要是用以说明仲裁委员会是在查明事实，分清是非基础上做出的调解。实践中，有些仲裁调解书往往忽略对事实的叙写，而只写调解协议的内容，是不尽妥当的。在具体写法上，一般可采取归纳的方式进行概括叙述即可，不必过细陈述。

（二）要注意讲求针对性。

撰写仲裁调解书，对于调解理由的叙写，必须紧紧围绕当事人争议的问题进行，讲明道理，分清是非曲直，做到有的放矢，针对性强。在此基础上做出公正、合理、恰切的评定，以便使当事人各方心悦诚服地接受调解，达成协议。切忌纠缠细枝末节，抑或旁骛其他，言不及义，否则就会有损整个调解书的质量。

(三) 要力求简明、具体、完整。

所谓简明，就是指无论对事实还是理由的表述，一定要做到清楚、明确，不能含混不清、似是而非、模棱两可；所谓具体，就是指调解协议必须是具体实在的，没有实际意义的语句不要写入；所谓完整，就是指经调解所达成的协议事项必须完备无遗，不能有所疏漏。

第五节　仲裁裁决书

【功能特性】

仲裁裁决书，是指仲裁机关根据当事人的申请，依照我国仲裁法规定的程序，对当事人之间的纠纷进行审理后，就案件的实体问题做出书面裁决。

《中华人民共和国仲裁法》第五十四条规定："裁决书应当写明仲裁请求、争议事实、裁决理由、裁决结果、仲裁费用的负担和裁决日期。当事人协议不愿写明争议事项和理由的，可以不写。裁决书由仲裁员签名，加盖仲裁委员会印章。"这是制定仲裁裁决书的法律依据。

根据《中华人民共和国仲裁法》的规定，仲裁实行一裁终局制度，这种裁决即为终局仲裁，裁决书自做出之日起发生法律效力，具有法定的执行意义。除依法由仲裁委员会所在地的中级人民法院撤销外，任何人不得随意变更或修改。

当事人就同一纠纷再申请仲裁或者向人民法院起诉的，仲裁委员会或者人民法院不予受理。

裁决书不同于裁定书。裁定书是人民法院在案件审理或者判决执行过程中就程序问题和部分实体问题所做的书面决定，包括刑事裁定、民事裁定和行政裁定三种情况，其无论在适用主体还是内容范围等方面都有显著的区别。

【结构模式】

一份完整、规范的仲裁裁决书应当由以下几部分组成：

一、首部

首部包括如下两项要素：

(一) 标题。即文书名称，由仲裁委员会全称加文书种类两要素构成。要分上下两行排列，其中仲裁委员会名称在上，文书种类在下。在字号使用上，后者宜大于前者，以示醒目、美观。要注意不能遗漏"仲裁"二字，以明确文书性质，并与其他裁决类文书如“治安管理处罚裁决书”（公安机关使用的治安文书之一）等相区别。

（二）案号。即裁决书的编号，位于标题的右下侧。它相当于行政公文中的发文字号，表明文书制发的数量和次序。一般应按仲裁委员会在该年内所制作的裁决书顺序统一编列。案号包括仲裁委员会代字、年份和序号三项要素，不得缺漏和疏误。

（三）当事人的称谓和自然状况。此项内容的书写要完整、准确、规范。应当先写申请人，后写被申请人。无论申请人还是被申请人，如系公民，则依次写明其姓名、性别、年龄、职业、工作单位和住所六项要素；如系法人和其他组织，则需要写明其名称、住所和法定代表人或者主要负责人的姓名、职务三项要素。其模式一般是先写出项目名称，然后依次列明其身份要素。

（四）委托代理人的称谓和自然状况。此项内容有则写明，无则从略。根据《中华人民共和国仲裁法》第二十九条的规定：“当事人、法定代理人可以委托律师和其他代理人进行仲裁活动。”因此，如系委托律师进行代理，则只需写明其姓名和律师事务所名称即可；如系委托其他代理人代为参加仲裁活动，则应写明与前述“公民”相同的六项身份要素。委托代理人的自然状况应当分别写于被代理的当事人的下一行，其模式为：

申　请　人：×××（自然状况）
委托代表人：×××（自然状况）
被 申 请 人：×××（自然状况）
委托代理人：×××（自然状况）

二、仲裁请求

这部分是仲裁裁决书写作的重要内容。所谓“仲裁请求”，就是当事人的主张，反映的是当事人请求仲裁的目的和宗旨。撰写这部分内容，一定要用简明精练的语句将当事人申请仲裁的争议事项如实做出交代，不要简单照搬申请人《仲裁申请书》中所提出的仲裁请求事项，而要结合当事人双方争议纠纷的实际情况以及仲裁协议中所设立的仲裁事项来写。

三、争议事实

这部分是仲裁裁决书写作的重点之一，也是正确解决当事人之间争议纠纷的基础。它要准确、具体、完整地将当事人之间发生的合同纠纷或其他财产权益纠纷的来龙去脉表述清楚，以便为下文进一步做出裁决结果提供基本的事实依据。要写好这部分，应当着重把握以下各点：

第一，要反映出争议纠纷发生的诸项要素。具体包括：纠纷发生的时间、地点、原因、过程、结果；争执的焦点或实质性分歧；认定事实的证据。试以经济合同纠纷而论，应准确写明当事人之间系为从事何种经济交往于何时何地而签订的合同；其履行过程如何；缘何发生争议纠纷；结果又怎样，等等。写清这些要素，事情的来龙去脉也就昭然若揭。

第二，要突出重点，抓住争议纠纷的要害而写。一纸裁决书，其篇幅容量是有限的，而当事人之间的争议事实往往较为复杂，要将其事无巨细地全部写入文中，显然是不可能的，也没有必要。为此，必须抓住重点内容，突出争议纠纷的实质性要素。仍以经济合同纠纷为例，对其事实的叙写则应以合同的履行情况特别是导致争执纠纷的缘由及其结果为重点进行详述，其他要素则可略述。如果不分主次轻重，平均用墨，势必令人不得要领，影响裁决书的质量和效力。

第三，要准确客观，实事求是。这主要是指对仲裁委员会根据调查所认定的事实的叙写，必须如实反映事件发生的本来面目，不能有所疏漏。因为仲裁委员会认定的事实具有“一锤定音”的作用，如有不真、不准或失之偏颇之处，势必影响对争议纠纷的正确处理和解决。此外，对于当事人所提供的事实和意见，亦应与其申请书和答辩书中的内容保持一致，以求准确。

对于“争议事实”这部分内容的结构安排，一般应先约略转述当事人各方所提供的事实，然后写明仲裁委员会认定的事实。这样，能给人以条理明晰之感。视具体情况，有时亦可省略当事人的陈述，而直接叙写仲裁委员会认定的事实。

四、裁决理由

这部分内容的重要程度可以与上述事实部分相提并论。如果说“争议事实”的叙述是摆事实，则裁决理由就是讲道理，它要为下文所做的裁决结果提供道理上和法律上的依据。

要写好这部分内容，首先应当讲求针对性。要在上述事实认定的基础上，紧紧围绕争执纠纷的焦点或实质性问题做出进一步的分析和评价，明辨是非，分清臧否，阐明仲裁委员会的观点和主张。切忌撇开争议纠纷的实际情况而空泛议论，以致失去其应有的说服力。其次要注意讲求论证性。由于仲裁委员会的裁决结果是在当事人双方意见相悖的基础上做出的，故应特别注意做到“以理服人”。要注意援引有关法律、法规和政策规定，对当事人双方所应负的责任做出恰切评断，使其具有论证性，令人不容置疑和辩驳。再次，要注意与下文的“裁决结果”保持一致，要使二者之间形成因果关系，前后顺承，具有内在的必然联系。如果理由和裁决结果相互割裂，就难免导致裁决的错误。

应注意的是，根据《中华人民共和国仲裁法》第五十四条的规定：“当事人协议不愿写明争议事实和裁决理由的，可以不写。”如属此种情况，亦应妥善处理。

五、裁决结果

这部分内容是仲裁裁决书的精髓所在，是全文的结论。它要依据上述事实和理由，对当事人双方的权利义务关系进行确认，使争议纠纷得到妥善、有效的处理和解决。由于裁决结果所涉及的内容通常很多，故应按其轻重程度分条（项）列明，以清眉目，便于履行和执行。用语要准确、具体、实在，对于当事人之间何方享有权利，何方承担义务，均要写得明晰可鉴，切忌模棱两可、笼统粗疏，令人费解甚至误解。特别在涉及有关财产的品名、规格、数量、金额时，更应做到确切无误，不允差错。此外，对于所涉及的数字，应当依照有关规定采用汉字数字书写；对于仲裁庭已经做出裁决的事项必须完整地予以载明，不能有所遗漏。

六、尾部

尾部应当载明以下几项要素：

（一）仲裁费用的负担。这是仲裁裁决书中不可缺少的一项内容。应在上述裁决结果写完后，另起一行写明“仲裁费×××元（大写），由×××负担”，或“仲裁费×××元（大写），由申请人负担×××元，被申请人负担×××元”。要注意不能将这项内容写入结论（裁决结果）部分，因为它并不体现当事人之间的权利义务关系。

（二）签名和用印。《中华人民共和国仲裁法》第五十四条规定：“裁决书由仲裁员签名，加盖仲裁委员会印章。”其位置应在上项内容的右下侧依次列明。依据该条规定：“对裁决持不同意见的仲裁员，可以签名，也可以不签名。”对此，亦应予以注意。

（三）裁决日期。即仲裁庭正式做出裁决的具体日期，要写公元全称，用汉字数字书写。

【典范文例】

例文 1

中国国际经济贸易仲裁委员会
裁　决　书

〔×××〕贸仲字第×××号

申 请 人：　北京×××实业公司

地　　址：　北京市×××大街××号

被申请人：××××公司（×国）

地　　址：×××.RUNDELAPART—DIEULYON（×国）

中国国际经济贸易仲裁委员会（原名中国国际贸易促进委员会对外贸易仲裁委员会）根据申请人（买方）和被申请人×国×××公司（卖方）于20××年×月×日在北京签订的85NAPY–4022号合同的仲裁条款和申请人于20××年×月×日提出的书面仲裁申请，受理了上述合同项下关于果汁生产线质量争议案。

申请人指定×××为仲裁委员，被申请人指定×××为仲裁员，×××和×××共同推选×××为首席仲裁员，组成仲裁庭，审查本案。

仲裁庭审阅了申请人、被申请人分别提出的申诉、答辩以及有关证明材料，并于20××年×月×日在北京开庭审理。被申请人及其代理人收到了开庭通知，但未到庭。仲裁庭应申请人的申请，根据仲裁规则第二十八条规定，进行了缺席审理，并做出裁决。

本案案情，仲裁庭的意见和裁决如下：

一、案情

申请人北京××实业公司（买方）与被申请人×国××公司（卖方）于20××年×月×日在北京签订了85NAPY–4022号合同。合同规定：买方向卖方购买柑橘浓缩果汁生产线及技术，价格条件为CIF湛江，价值总额为5250000法郎，后双方修改为5040000法郎，装运日期为20××年×月中旬前，到货日期为20××年×月底前，后双方修改为×月×日前货到湛江，允许转运但不允许分批装货。双方约定货款由买方分三次支付，第一次为合同总金额的15%，应在收到卖方开出的等值银行保函后15天内电汇卖方：第二次为合同总金额的80%，应在装运货物的20天后由买方向卖方开立不可撤销的信用证。第三次为合同总金额的5%，应在中国银行北京分行收到经双方签字的货物验收证明后15天内支付……

双方合同附件中还规定，设备到达买方厂里后，卖方须派三位工程技术人员负责该生产线的设备安装指导及调试工作，调试后在双方监督下进行100小时连续生产试验。如运转正常，达到技术要求，产品质量经检验合格，该生产线设备才算合格，双方才签订验收证书，其质量保证期为12个月。

买方按合同规定预付了15%的货款即756000法郎。又于20××年×月×日开出了相当于合同总金额的80%即4032000法郎的不可撤销的信用证。20××年×月×日，卖方将设备装船发送，设备分别于20××年×月×日和×日分两批到达中国港口湛江，20××年×月×日到达的设备全部装在一个集装箱内。20××年×月×日到达的设备装在13个本箱内。设备到达买方工厂后，卖方派两位工程技术人员于20××年×月×日至×月×日到买方工厂安装调试。

20××年×月×日，卖方工程技术人员到达广西××县××罐头厂（用户）

对设备进行多次调试，均未达到合同和备忘录规定的技术指标和要求。对此，双方的技术人员均在调试记录上写明并签字，买方于20××年×月×日向仲裁委员会提出书面仲裁申请，买方在仲裁申请书中要求：

1. 由于卖方违约，设备不能达到合同和备忘录规定的技术标准，即使是在设备调试到最佳状态时，浓缩汁的维生素损失率仍高达30%，温州蜜橘出汁率仅达64.14%，比规定少30.81%；出油率仅达33.4%。设备无法投入生产，损失严重，要求设备降价三分之一，即降价1680000法郎。

2. 卖方应按合同第十八条的规定，向买方赔付合同总值5%的延期交货罚款，即252000法郎。

3. 卖方赔偿买方下列各项损失：

……

卖方在答辩书中提出：

1. 卖方所有提供的设备是完全符合事先阐明的性能和规格的优良设备，设备是多功能的标准生产线，符合国际通用标准，完全能用于柑和橘的生产线，而且这些设备销往众多国家及众多企业，充分证明其能满足使用者的要求：

……

4. 买方的无理要求使卖方在中国和国际上的形象受到损害，因而遭受重大商业损失，卖方估算其所受损失为人民币800000元，要求得到买方的损害赔偿。

二、仲裁庭的意见

仲裁庭认为：

1. 在买方和卖方订立的合同和备忘录中，对设备使用的柑橘原料和应达到的去皮、出汁、出油率等指标，均有具体明确的规定，可双方技术人员签署的调试生产技术记录说明，设备的性能比合同和备忘录规定的生产技术要求确实约低三分之一。卖方自己的技术人员都确认了这一些事实，卖方要求国际或中国的其他检验人员进行检验，就没有必要了。根据这一事实，买方要求卖方的设备降低三分之一，是合理的。

2. 卖方设备的确未按买卖双方约定的日期抵达中国港口，但由于卖方是按合同规定在买方开出信用证后20天装船发货的，而且货到后，买方一直未能对货物迟延到港向卖方正式提出异议和罚款要求，只是在一年之后申请仲裁时才提出向卖方索取罚款的要求。因此买方的这一要求不能成立。

3. 卖方技术人员迟4天抵达用户工厂进行调试生产，因为路程遥远，客观上是可以允许的。4天之间，买方备妥的鲜橘500吨，竟霉烂了167吨，如果确实新鲜的橘子储藏适当的话，是不能产生这种现象的，而且买方未能对此提出充分的证据，故买方的索赔要求不能成立。

4．买方提出要求卖方赔付其向银行借款购买全套设备而产生的全部利息不合理，只能要求卖方由于设备不合格而降价的那一部分货款退回时加计利息。

5．买方向卖方提出赔偿进口关税的要求不能成立。因为，买方可以向海关提出退税的请求。

6．买方在桂林、北京等地的旅差费属其正常业务费用，应自行承担，根据仲裁法规则第三十四条的规定，由于仲裁而支出的费用可由卖方合理补偿一部分。

7．卖方提出向其他买主供应的设备都是合格的，因而其向本案买方供应的设备也必然是合格的，这二者没有必然的关系，因此其主张不能成立。上述事实证明卖方的设备是不符合买卖双方约定的技术标准和要求的，卖方如果在中国和国际上的形象受到损害而遭受重大商业损失，应由卖方自己负责。

三、仲裁庭的裁决

仲裁庭裁决：

1．被申请人×国××××公司（卖方）应将果汁生产线的总价格降低三分之一，即 1679832 法国法郎，并将此款减去申请人尚未支付给卖方的货款 252000 法郎后尚余的 1427832 法郎，加计自 20××年×月×日起至汇付之日年利 7%的款项一并立即汇付给申请人北京××实业公司。

2．申请人向被申请人索取迟交罚款的要求，索取鲜果霉烂损失赔偿的要求，索取合同总金额的银行贷款利息的要求，索取进口海关税补偿的要求等，均不予考虑。

3．被申请人应补偿申请人因办理本仲裁案所支出的一部分费用人民币 11350 元。

4．被申请人向申请人索取名誉损失赔偿的要求，不予考虑。

5．本案仲裁费用为人民币 20000 元，应由被申请人承担 80%，即人民币 16000 元；应由申请人承担 20%，即人民币 4000 元。被申请人应承担的仲裁费用由其已预付的 420518 美元（折合人民币 1565168 元）冲抵后，尚欠人民币 348.32 元，应由被申请人立即汇付仲裁委员会。申请人应承担的仲裁费用由其已预付的人民币 9000 元冲抵后，尚余人民币 5000 元，由仲裁委员会退还申请人。

本裁决为终局裁决。

首席仲裁员：谢××

仲裁员：王××

仲裁员：周××

20××年×月×日

中国国际经济贸易仲裁委员会(章)

例文2

××仲裁委员会
裁 决 书

〔××〕×仲裁字第×号

申请人：××省××市茶叶公司（供方），地址：××省××市××路×号。

法定代表人：王××，经理。

委托代理人：陈××，××律师事务所律师。

被申请人：××省××市前进食品店（需方），地址：××省××市××大街×号。

法定代表人：宋××，经理。

委托代理人：汪××，××律师事务所律师。

××仲裁委员会（以下简称本会）根据申请人××省××市茶叶公司（以下简称申请人）于20××年×月×日向本会提交的仲裁申请书和申请人与被申请人××省××市前进食品店（以下简称被申请人）于20××年×月×日签订的“湖北一级茉莉花茶购销合同”中的仲裁条款，受理了申请人与被申请人之间上述合同项下的争议仲裁案。

依照本会仲裁规则，本会主任指定的首席仲裁员赵××与申请人选定的仲裁员李××、被申请人选定的仲裁员王××于20××年×月×日组成仲裁庭，对本案进行了审理。申请人的法定代表人及委托代理人、被申请人的法定代表人及委托代理人均出庭。仲裁庭听取了双方当事人的陈述和辩论，对本案有关的事实进行了庭审调查、质证及核实工作。现查明如下：

上列双方于20××年5月18日签订“湖北一级茉莉花茶购销合同”一份，数量为5000公斤，每公斤价格60元，共30万元。双方按封存样品交货和验收。供方于20××年6月15日将货发送到需方后，经需方验收发现，申请方交付的茶叶与双方封存样品质量不符。由于部分包装不合规格，在运输过程中出现散包，损失茶叶180公斤，责任完全在供方。经本会主持调解，双方争执较大，未达成协议，特裁决如下：

一、供方交付的茶叶不符合合同规定的质量，按茶叶实际质量计价，将原价每公斤60元降为每公斤40元；

二、供方未按合同规定包装，在运输中损失茶叶180公斤，由供方负责；

三、需方按供方实际交付茶叶数量4820公斤折价付款，共计192800元。自裁决生效之日起十日内一次付清。

四、仲裁费按争议金额的0.5%征收，计1000元，由供方负担。本裁决为终局裁决，自做出之日起生效。

首席仲裁员：赵××
仲　裁　员：李××
仲　裁　员：王××
（印章）
20××年8月20日
书　记　员：周××

【进阶内容】

（一）要注意事实和理由的一致性

撰写仲裁裁决书，对有关纠纷事实和裁决理由的叙写必须符合一致性的要求，事实是基础和前提，理由是对事实所做的进一步分析和论证。理由的阐述必须紧紧围绕纠纷事实进行，切不可游离案件事实去唱“信天游”。

（二）表态要明确

即在仲裁裁决书的写作中，对当事人双方争议的主要事实和论据的认定以及对其所进行的分析，必须抓住问题的实质，有理有据地做出表述，做到是非分明，责任清楚、结论明确，切不可模糊不清、似是而非，否则将不利于问题的处理和解决，有损仲裁文书的质量和价值。

（三）措辞要准确得体

撰写仲裁裁决书，要用准确、精练的语言详尽、具体地陈述与案件有关的实体问题和程序事项，在对事实与理由进行恰切表述的基础上写明仲裁庭对案件的处理决定。措辞要得体，做到言必有据，以理服人，令当事人双方心悦诚服。切忌流于简单和生硬，既不要有偏袒一方之词，也不要有压制一方之意，认定要有据，否定要在理，从而使行文具有一种强大的说服力，令人不容置疑和辩驳。

第十五章　新闻体文书的写作

第一节　通　　稿

【功能特性】

新闻通稿是新闻机构在采访到一些重要新闻以后，以统一的稿件方式发给需要稿件的各有关媒体。这就叫作通稿。随着公务活动领域的不断扩大，信息传播速度的加快和渠道的增多，越来越多的党政机关和企事业单位在对外发布新闻的时候，为了统一宣传口径，也会组织新闻通稿，以提供给需要的新闻媒体。

【结构模式】

新闻通稿一般由以下几部分组成：

一、标题

是新闻通稿的“窗口”，全文的“眉目”，要写得准确、显豁、突出、传神。

二、导语

类似于消息，简要叙述发布的新闻事实、新闻亮点和重要意义。通常是用一句话或一段文字，将所要发布的新闻最重要的事实和事件的结果做出交代，起到提纲挈领的作用，引领人们继续读下去。

三、主体

由两部分组成，即新闻事实的详细介绍和相关背景材料。在写作时要注意运用充分、典型、有力的事实材料和背景材料对导语部分所揭示的主题做进一步阐释，可以采用纵式结构（按时间顺序来写）、横式结构（按事物的内部联系和逻辑顺序来写）、纵横式结构、断裂式结构（段落之间跳跃性较大）等多种结构形式，把所要表达的问题交代清楚即可。

四、结尾

是对全文内容的收束，可以是一句话，也可以是一段话；可以是全文内容的总括，也可以是对发展前景的展望；要能够加深读者印象，升华主题，发挥更好的宣传教育作用。

【典范文例】

2024年青岛市“三民”活动正式启动，网上意见建议征集专栏同步开通

11月20日，青岛市政府召开2024年市政府部门向市民报告、听市民意见、请市民评议活动（简称“三民”活动）动员部署会议，传达青岛市政府主要领导对“三民”活动的批示精神，对活动组织开展和各项工作任务安排作了具体部署，标志着今年“三民”活动全面启动。

2024年是青岛市连续开展“三民”活动的第十六年。今年“三民”活动的主题是全面贯彻落实党的二十大和二十届二中、三中全会精神，坚持以人民为中心的发展思想，深入践行全过程人民民主，走好新时代群众路线，更好倾听民声、尊重民意、顺应民心，不断提升政府治理体系和治理能力现代化水平，为加快建设新时代中国特色社会主义现代化国际大都市凝聚民心民智、汇聚磅礴力量。

围绕办好“三民”活动，青岛市政府不断深化线上线下融合举办模式，持续打造部门汇报展示工作、市民了解评议部门、政府听取意见建议的优质政民互动平台。

一是聚焦群众获得感，问卷调查内容更加广泛。进一步调整《社情民意调查问卷》，补充完善居住环境、社会治安、基本医疗、文体生活、基础教育、社会帮扶等六个领域方面内容，深入了解市民对相关工作的评价情况，查找问题、短板和不足，改进提升相关工作。

二是聚焦增强互动性，访谈形式更加丰富。根据12345政务服务热线大数据筛选、市办实事、民生攻坚等工作落实情况，筛选出市民最想了解的部门工作、最希望部门回应的事情，在访谈环节，由部门负责人解疑释惑，介绍工作开展情况，提出下步工作思路和改进措施，让更多群众声音得到回应，让更多群众意见转化为政府决策，使各项政府工作更加顺民意、得民心。

三是聚焦评议科学性，市民代表选聘更加合理。一方面，继续坚持市民代表每年轮换30%以上的比例，力求让更多关心支持城市发展的市民参与活动。同时结合新形势、新要求，在区（市）间横向优化调整代表结构，如莱西市、平度市等涉农区（市）适当增加村（社区）居民代表比例，市南区、市北区等城区适当增加企业代表比例，实现代表分布更加科学。

11月20日动员部署会召开当日，“三民”活动平台在青岛政务网（http：//

www. qingdao. gov. cn）上线，市民可通过平台及时了解有关情况。网上意见建议征集专栏同步开通，市民可以通过电脑登录专题页面或手机扫描下方二维码进入征集界面，提交意见建议，网上征集时间截止到最后一场网上云述职结束。

【进阶内容】

1. 要把握好报道时机。新闻通稿具有很强的时效性，要求报道得越快越好，它直接关系到宣传的效果。因此，在写作时要注意配合党和政府以及上级主管部门新的指示精神、新的方针政策和新的工作部署；要注意密切配合当前的中心工作和热点问题，及时加以反映。否则，时过境迁，就失去了新闻的意义和价值。

2. 要准备充分。一般来说，对于所要发布的新闻通稿，应该准备两篇以上，至少保证一篇消息、一篇通讯。消息中应该包括整个事件的过程，通讯则是对消息内容的补充，既可以是整个事件组织的背景情况介绍、也可以是一些花絮或者是参与事件的人物故事等。

3. 要处理好相关的要素交代。由于是新闻类稿件，就离不开新闻文体构成的诸要素，包括时间、地点、人物、事件、起因、结果等，要根据实际情况做出恰当的处理，做到完整得体，能够切实反映问题。文字要严谨，内容要充实，数字要准确，确保稿件的全面性、真实性和时效性。

4. 要力求活泼新颖。要在切实掌握充分可靠材料的基础上，运用鲜活流畅的语言增强行文的可读性，力避干瘪陈旧的叙述或者泛泛而论，这是新闻通稿写作中极为重要的一环。

第二节　通　　讯

【功能特性】

通讯是运用叙述、议论、描写等多种写作手法，详尽、形象地对典型人物、事件或问题进行报道的新闻文体。与消息相比，二者均具有新闻报道的真实性、指导性、时效性、典型性等特点，但也有不同之处。主要表现为消息一般是告诉人们发生了什么事，大都不展开情节；通讯则要详细地报道事件，还要展开情节，较为具体地描绘有意义的场面。同时，消息的写作一般不过多追求使用文学手法；通讯则要写得具体形象、生动感人，可以抒情，可以描写，也可以议论，带有较强的文艺性。另外，通讯所反映的必须是现实生活中的真人真事，不允许虚构，这也是它与文学作品之间的明显区别。人们一般将通讯称为“较详细的新闻”“展开了的新闻”“形象化的新闻”。

【结构模式】

通讯的结构模式一般由标题、正文两个部分组成。

一、标题

通讯标题的拟制要求言简意赅，力求形象生动，具有强烈的感染力。一般以单行标题居多，有时也用双标题，即正副标题，例如，《“东宇”在崛起——一个民营企业集团的成功之路》。

二、正文

通讯正文部分的写法比较灵活，一般应根据具体的报道对象而定，就总体来讲，大体需要经历如下几道程序：

一是深入采访，充分占有材料，精心选材。这是通讯写作中极为重要的环节。通讯容量大、材料多，必须经过深入细致的调查采访才能够占有大量的素材，在此基础上，对所收集的素材进行整理加工，紧紧围绕行文的主体进行，让材料为全文的中心服务。

二是选好典型，提炼主题。这里所说的典型应当包括两方面的含义：首先是典型人物和典型事件；其次是表现人物思想品德、人物性格特征和表现事件性质的事实材料即典型材料。要对所选定的材料进行认真组织，反复进行比较分析，从中升华出深刻的主题，然后在主题统帅下再合理编排材料，进而挖掘出典型人物和事件。

三是精心结构，合理布局。通讯的结构布局通常较为灵活，没有固定的模式，但常见的布局方法主要有：首先是纵贯式，即按照人物活动时间和事件发展先后顺序来安排结构，采用此种方式要注意剪裁得当，突出重点，力避平铺直叙；其次是横列式，即围绕全篇主题将材料按照性质分组归类，采用这种方式要注意做到层次清楚，重点突出；再次是纵横结合式，这是上述两种结构方式的综合运用。

四是综合运用各种表达方式，努力写出人物的思想和事件的本质意义。要根据具体内容充分运用叙述、描写、抒情、议论等各种手段，把人物和事件放到矛盾冲突中加以表达，这样才能使所写的通讯生动感人。叙述要简洁明快，描写要生动活泼，抒情要恰到好处，议论要实事求是。

【典范文例】

“十四五”规划建议诞生记

中华民族伟大复兴的逐梦航程，迎来新的出发——

2020 年 10 月 29 日，如潮的掌声中，中国共产党第十九届中央委员会第五次全体会议审议通过《中共中央关于制定国民经济和社会发展第十四个五年规划和2035年远景目标的建议》。

这份在习近平总书记亲自领导下、汇聚全党全国智慧编制而成的行动纲领和政治宣言，擘画了中国面向未来的宏伟蓝图——

在胜利实现第一个百年奋斗目标之后，以习近平同志为核心的党中央将带领14亿中国人民开启全面建设社会主义现代化国家新征程，向着第二个百年奋斗目标继续奋勇前行！

肩负伟大使命，把准前行航向，吹响向第二个百年奋斗目标进军的号角。

2020年，中华民族迎来又一个历史关键节点。

“十三五”收官在即，全面建成小康社会、完成脱贫攻坚任务、实现第一个百年奋斗目标胜利在望；“十四五”新篇待启，中华民族将踏上全面建设社会主义现代化国家、向第二个百年奋斗目标进军的新征程。

站在“两个一百年”奋斗目标的历史交汇点上，以习近平同志为核心的党中央担当着千钧重任。

2020年春天，北京中南海。

就在领导全国人民抗击新冠肺炎疫情的紧要时刻，以习近平同志为核心的党中央，同时进行着一场事关民族复兴前途命运的战略谋划。

3月，中央政治局常委会、中央政治局先后召开会议，决定党的十九届五中全会重点研究“十四五”规划建议问题，并决定成立文件起草组，由习近平总书记担任组长，有关部门和地方负责同志参加，在中央政治局常委会领导下进行文件起草工作。

4月13日，武汉“解封”还不到一周，习近平总书记就在中南海怀仁堂主持召开文件起草组第一次全体会，对文件起草工作进行指引。

在这次动员会上，习近平总书记鲜明指出：“十四五”时期是我国全面建成小康社会之后，乘势而上为实现第二个百年奋斗目标而奋斗的第一个五年，是我国抓住难得机遇、顶住各种挑战、拓展发展新空间的关键时期。

“现在，摆在我们面前的历史性课题就是加强顶层设计和科学规划，继续贯彻落实党的十九大作出的战略安排，指导全党全国做好未来5年经济社会发展工作。”习近平总书记在这次讲话中一下子就提出了38个需要重点研究的课题。

今日之中国，正在攻坚克难中书写新的历史巨变——

经济总量今年预计超百万亿元，人均GDP突破1万美元；拥有世界最大中等收入群体，形成强大国内市场；生态环境明显改善，美丽中国建设成效显著；5575万农村贫困人口实现脱贫，困扰中华民族千百年的绝对贫困问题将彻底解决……

“十三五”期间，面对错综复杂的国内外形势和突如其来的新冠肺炎疫情考验，以习近平同志为核心的党中央坚定沉着、保持定力，稳经济、促发展、战疫情、斗灾情、化危机、应变局，奋发有为推进党和国家各项事业，中华民族伟大复兴向前迈出了新的一大步，社会主义中国以更加雄伟的身姿屹立于世界东方。

来之不易的成绩，凝结着习近平总书记的心血智慧，展现出习近平新时代中国特色社会主义思想的强大生命力和科学真理性的光芒，汇聚着14亿人民团结奋进的磅礴伟力。

今日之中国，即将开启一段更辉煌的征程——

2021—2035年，在中华民族伟大复兴的历史坐标上，将是怎样的15年？

党的十九大对实现第二个百年奋斗目标作出分两个阶段推进的战略安排。这次五中全会提出2035年远景目标，正是对第一个15年基本实现社会主义现代化的具体谋划。到那时，改革开放后邓小平同志提出的“三步走”战略设想，将提前15年成为现实，而“十四五”则是这一阶段的开篇之作。

对于历经苦难与辉煌的中华民族来说，现代化国家，曾是如此期盼却遥不可及的梦想。无数仁人志士前仆后继不懈奋斗的目标，即将在我们这一代人手中成为现实！

今日之中国，已进入实现中华民族伟大复兴的关键时期，发展面临前所未有的复杂环境——

向内看，我国发展仍处于重要战略机遇期，但机遇和挑战都有新的发展变化。我国已转向高质量发展阶段，经济长期向好，但发展不平衡不充分问题仍然突出，重点领域关键环节改革任务仍然艰巨，全面实现社会主义现代化还有相当长的路要走；

向外看，世界百年未有之大变局进入加速演变期，和平发展仍是时代主题，但国际形势的不稳定性不确定性明显增强，新冠疫情大流行影响广泛深远，单边主义、保护主义、霸权主义对世界和平与发展构成威胁，世界进入动荡变革期。

面对历史的重托、人民的期待，习近平总书记以强烈的使命感责任感，登高望远、运筹帷幄。

事实上，2019年10月党的十九届四中全会后，习近平总书记就开始关于党的十九届五中全会部署全面建设社会主义现代化国家的思考，并开展了一系列调查研究，就相关重大问题作出了一系列重要指示批示，要求有关部门及时研判、及早研究。

统筹中华民族伟大复兴战略全局和世界百年未有之大变局，我们党如何团结带领全国各族人民踏上中国式现代化国家新征程？如何在世界的动荡变革期延伸和延展中国的战略机遇期，在化危为机中下好先手棋、赢得发展主动权？

"在发展环境发生深刻变化的情况下，党内外、国内外都在看着我们。五中全会要在历史关键时刻对国家发展走向作出战略指引。"习近平总书记的话铿锵有力。

无论在国际多双边场合，还是走进田间地头、产业园区调研，抑或主持召开一场场重要会议、一次次中央政治局集体学习……习近平总书记始终在深入调研和思考中把脉发展大势，回答时代之问。

习近平总书记高瞻远瞩的谋划，充分体现在起草组第一次会议上的重要讲话之中，并且成为此后约200天文件起草全过程的根本遵循。

——为新时代新征程的领航图把准方向。

明确"十四五"时期的时代方位，从"两个大局"出发阐明中国未来发展的机遇与挑战……习近平总书记谋深虑远，深刻阐明制定好"十四五"规划建议的重大意义。

"制定好'十四五'规划建议，将为编制规划纲要提供依据，向社会传递未来5年我国发展的主要目标、优先领域、重点任务，有利于引导全社会汇聚共识、凝聚力量，推动我国经济社会发展不断取得新的更大成就。"习近平总书记指出。

——明确研究制定规划建议的总体要求。

"谋划'十四五'时期发展，必须贯彻党的十九大和十九届二中、三中、四中全会确定的重大战略部署，把握全面建设社会主义现代化国家的目标要求，深入贯彻新发展理念。"习近平总书记强调。

在具体工作方法上，习近平总书记提出，思考和起草文件沿用制定"十三五"规划建议时五个"相"的工作法：坚持目标导向和问题导向相统一、面向国内和全球视野相统筹、全面规划和突出重点相协调、战略性和操作性相结合、中期规划和长远展望相衔接。

习近平总书记还强调，起草"十四五"规划建议必须紧扣新形势新任务，处理好五大关系：继承和创新的关系、政府和市场的关系、开放和自主的关系、发展和安全的关系、战略和战术的关系，为文件起草工作进一步指明了方向。

——提出需要深入研究的"十四五"重大问题。

问题是时代的声音。历史总是在不断解决问题中前进。

我们党领导人民干革命、搞建设、抓改革，都是为了解决我国的实际问题。世界百年未有之大变局在"十四五"时期会有哪些突出表现？新冠疫情导致的全球衰退会持续多长时间？我国工业化和城镇化处于什么阶段？“十四五”时期有哪些需要国家统筹谋划布局的重大工程项目……

习近平总书记指出，起草好“十四五”规划建议，要总结全面建成小康社会的成就和经验，科学研判“十四五”时期发展环境，深入研究“十四五”时期发展的总体思路和主要目标，准确把握“十四五”时期重大战略任务，研究提出深化改革开放重大举措，前瞻性谋划防范化解重大风险的应对预案。

“在文件起草工作正式启动的关键时刻，总书记的重要讲话让我们醍醐灌顶，既为‘十四五’时期我国实现高质量发展指明方向，也为我们写出一份指导高质量发展的高质量文献提供了行动指南和根本遵循。”起草组同志一致表示。

在习近平总书记深邃思考统筹谋划下，规划建议的指导思想、目标要求、重大任务日益清晰，一幅面向2035年的社会主义现代化国家新图景铺展在世界面前——

我国经济实力、科技实力、综合国力将大幅跃升，经济总量和城乡居民人均收入将再迈上新的大台阶，关键核心技术实现重大突破，进入创新型国家前列；

基本实现新型工业化、信息化、城镇化、农业现代化，建成现代化经济体系；

基本实现国家治理体系和治理能力现代化，人民平等参与、平等发展权利得到充分保障，基本建成法治国家、法治政府、法治社会；

建成文化强国、教育强国、人才强国、体育强国、健康中国，国民素质和社会文明程度达到新高度，国家文化软实力显著增强；

广泛形成绿色生产生活方式，碳排放达峰后稳中有降，生态环境根本好转，美丽中国建设目标基本实现；

形成对外开放新格局，参与国际经济合作和竞争新优势明显增强；

人均国内生产总值达到中等发达国家水平，中等收入群体显著扩大，基本公共服务实现均等化，城乡区域发展差距和居民生活水平差距显著缩小；

平安中国建设达到更高水平，基本实现国防和军队现代化；

人民生活更加美好，人的全面发展、全体人民共同富裕取得更为明显的实质性进展……

关键时点的精准研判，举旗定向的路径引领，让世界看到了一个百年大党聚精会神搞建设、一心一意谋发展，一张蓝图绘到底、坚定不移向前进的决心和行动。

加强顶层设计和坚持问计于民相统一，凝聚起新时代新发展力量源泉

北京西郊，文件起草组驻地，会议室的灯光常常彻夜不熄。

从4月15日进驻开始，在习近平总书记关心指导下，全体文件起草组成员夙兴夜寐、孜孜不倦，全身心投入文件起草工作中。

——整理汇编并深入学习领会习近平总书记有关重要讲话；

——专题研究习近平总书记在文件起草组第一次全体会议上所提的38个重大问题；

——深入研读中央财办、国家发展改革委组织有关部门、智库研究形成的200余份“十四五”规划前期重大课题研究报告；

——统筹吸收各地区各部门向中央提交的109份关于“十四五”规划的意见和建议；

……

“每天戴着口罩讨论规划，这在我国五年规划建议的起草史上前所未有。”起草组成员不无感慨地说。

6月17日，中南海怀仁堂前绿草茵茵。时隔两个多月以后，习近平总书记主持召开文件起草组第二次全体会议。

关于文件框架是采用传统“串糖葫芦式”条状结构，还是“集装箱式”块状结构，与会人员进行了热烈讨论。

“这两个框架方案都注重体现开启全面建设社会主义现代化国家的时代特征，都注重体现新发展理念和高质量发展的内在要求，各有特点。”习近平总书记综合考量后建议，可以按照多数同志赞同的条状结构先写起来，同时也借鉴块状结构的一些长处。

关键时刻的精准指点，让起草组成员豁然开朗。

“关于这次全会文件的题目，我赞成叫关于制定国民经济和社会发展第十四个五年规划和2035年远景目标的建议。”习近平总书记接着说，“应该把五年规划和2035年的远景展望有机结合起来，使之更有方向感、历史感、战略性。”

习近平总书记还亲自布置了文件起草组的分组和任务分工，并对下一步起草工作提出7方面要求——

“深刻把握时代背景”“坚持鲜明的方向指引”“突出办好我国自己的事情”“坚持改革开放”“突出系统观点”“突出科技创新”“同步推进经济社会现代化和国家治理现代化”……

“总书记既从大处着眼指明文件起草工作方向，又从细处落笔明确文件框架结构和任务分工，鼓舞着我们全力以赴为党和国家拿出一份经得起历史检验的高质量文献。”一位起草组成员说。

一份份专题报告，认真学习吸收；一篇篇参阅资料，抓紧汇总整理。数百万字的文字材料贴满了五颜六色的便签与索引，各种笔记、符号密密麻麻。

艰辛的“思想爬坡”中，有热烈讨论，也不乏切磋争论。

在框架结构上，文件虽然最终采用了条状结构，但在逻辑线索上暗含着创新、协调、绿色、开放、共享的新发展理念的块状顺序，这就使全文既浑然一体又简洁清晰。

在具体写法上，经过深入讨论，起草组借鉴了党的十八届三中全会文件写法，采用“60条”的序号形式，这有利于减少条与条之间的起承转合，既直指问题关键，又使文件信息密集度最大化。

顶层设计同问计于民相结合，是本次文件起草最鲜明的特点。

9月17日上午，湖南长沙。在基层教育一线工作了近30年的常宁市塔山瑶族乡中心小学副校长盘玖仁没有想到，能有机会当面向习近平总书记汇报工作、提出“十四五”规划建议。

当天，正在湖南考察的习近平总书记主持召开基层代表座谈会。

“首先是教师数量不足，存在结构性缺编；其次是条件艰苦，好的老师留不住……”盘玖仁坦诚直白地说出了偏远民族地区基础教育中存在的短板。

“你反映的问题很实际。”习近平总书记回应道。

“昨天我去看了汝城县文明瑶族乡第一片小学，学校里有教学楼、宿舍和食堂，营养午餐是免费的，孩子们很开朗，说明改革开放以来，我们基本解决了义务教育普及化的问题，但教育资源不均衡问题又突出出来。‘十四五’时期要着力解决这个问题，要好好研究。”

村支书、乡村教师、扶贫干部、农民工、种粮大户、货车司机、快递小哥、餐馆店主、法律工作者……两个多小时的座谈会上，习近平总书记同每一位发言代表都进行了交流。

“正确的道路从哪里来？从群众中来。我们要眼睛向下，把顶层设计同问计于民统一起来。”习近平总书记再次强调。

为了起草好“十四五”规划建议，从今年7月到9月，习近平总书记亲自主持召开了7场专题座谈会。

从出席人员看，涵盖企业家、党外人士、经济社会领域专家、科学家、教育文化卫生体育领域专家、地方党政领导、基层代表等各领域各阶层人士；

从召开地点看，既有北京，也有合肥、长沙等地在考察调研途中；

从座谈主题看，有专门针对某一群体的开门问策，有针对某一区域发展的问诊求方，还有针对基层群众的意见听取……

沉甸甸的“十四五”规划建议，正是在习近平总书记亲自谋划主持下，在一次次深入调研、广集民智中找到破题的关键，在一场场座谈交流中凝聚奋进的共识。

习近平总书记多次强调，要“鼓励广大人民群众和社会各界以各种方式为‘十四五’规划建言献策，切实把社会期盼、群众智慧、专家意见、基层经验充分吸收到‘十四五’规划编制中来，齐心协力把‘十四五’规划编制好”。

8月16日一大早，《人民日报》、新华社、中央广播电视总台所属官网、新闻客户端及“学习强国”学习平台同步推出了新专栏——建言“十四五”。

通过互联网就“十四五”规划编制向全社会征求意见和建议，在我国五年规划编制史上是第一次。基层百姓的所思所想、所期所盼，得以直通中南海。

开门问策、集思广益，亿万网友的议政热情被充分点燃。短短两周时间里，累计收到超过101.8万条建言，其中对民生保障、社会治理、经济发展、生态环境、党的建设、乡村振兴等方面的意见建议最为集中，为文件起草工作提供了有益参考。

网上意见征求活动告一段落后，习近平总书记专门作出重要指示强调，针对人民群众所提建设性意见，“有关部门要及时梳理分析、认真吸收”“要总结这次活动的经验和做法，在今后工作中更好发挥互联网在倾听人民呼声、汇聚人民智慧方面的作用，更好集思广益、凝心聚力”。

8月中旬，“十四五”规划建议稿向全国各地区各部门各单位党委、党组征求意见。共收到108个单位和10份党外人士书面材料反馈，总共提出修改意见2181条。收到从中央领导职务退下来的老同志等方面反馈意见58份。

在认真研究、逐条斟酌基础上，起草组对全会文件稿初步增写、改写、精简文字共计366处，覆盖各方面意见建议546条，反馈意见的吸收率达21.88%。

“从习近平总书记亲自主持召开多场座谈会到启动网络意见征求活动，从党内一定范围征求意见到听取党外人士意见建议，这次五年规划建议征求意见范围之广、参与人数之多、形式之多样堪称前所未有。”一位曾多次参与中央重要文件起草工作的起草组成员说。

春去秋来，耕耘收获，规划建议稿在夜以继日的反复打磨修改中日渐成熟。

习近平总书记先后3次主持召开中央政治局常委会会议、2次主持召开中央政治局会议审议建议送审稿。

10月26日上午9时，这份承载党和人民重托、凝聚各方智慧力量的文件，摆放在了出席党的十九届五中全会的各位同志面前。会上，习近平总书记代表中央政治局作工作报告，并就建议讨论稿向全会作了说明。

从26日下午开始，与会中央委员、候补中央委员、中央纪律检查委员会常务委员会委员、有关方面负责同志以及党的十九大代表中的部分基层同志和专家学者，分成10个小组，围绕中央政治局工作报告和建议讨论稿展开讨论。大家争相发言，气氛热烈，充分发扬党内民主。出席会议的198名中央委员中189人发言，166名候补中央委员全部发言，153名列席人员中151人发言，不少人多次发表了意见和建议。

与会同志一致表示，在新时代中国特色社会主义事业砥砺奋进中，习近平总书记以马克思主义政治家的恢宏气魄、远见卓识、雄韬伟略，惊涛骇浪中坚如磐石，风险挑战中运筹帷幄，充分展现了大国领袖的政治智慧、战略定力、使命担当、为民情怀、领导艺术，赢得了全党全军全国各族人民的衷心爱戴和高度信赖。有习近平总书记作为党中央的核心、全党的核心领航掌舵，有全党全国各族人民团结一心、顽强奋斗，我们就一定能够战胜前进道路上出现的各种艰难险阻。

与会同志一致认为，规划建议从全局和战略高度对我国中长期发展进行战略擘画，以理论武装引领整体设计，以洞察大势引领全盘布局，以目标愿景引领宏伟征程，兼顾谋当下与图长远、固根本与扬优势、驭变局与开新局，系统回答新发展阶段实现什么样的发展、怎样实现发展等一系列重大问题，通篇贯穿马克思主义立场观点方法，展现出强大的思想力量、真理力量、实践力量。

经过两天半的充分讨论，与会代表共提出修改意见290余条。文件起草组根据这些意见，对建议稿作出31处修改。

28日晚上，习近平总书记主持召开中央政治局常委会会议，审议建议修改稿。

29日上午，建议修改稿再次提交全会讨论。文件起草组吸收与会代表新的意见建议，又对建议稿作出修改，最终形成建议表决稿。

29日下午，全会正式审议通过了这份建议。

“全会通过的《建议》，是开启全面建设社会主义现代化国家新征程、向第二个百年奋斗目标进军的纲领性文件，是今后5年乃至更长时期我国经济社会发展的行动指南。”习近平总书记在党的十九届五中全会第二次全体会议上强调指出。

迈入新发展阶段、贯彻新发展理念、构建新发展格局，规划建议将指引中国实现高质量发展。

2020年11月3日，新华社受权播发规划建议全文。

思想有多深，实践就能走多远。

深刻认识新发展阶段、全面贯彻新发展理念、着力构建新发展格局——这三个“新”，构成了规划建议全文的逻辑主线，体现着习近平总书记关于中国未来发展的深邃思考。

“这三个‘新’的提法不是从石头缝里蹦出来的，而是充分体现了我们党对中国这样一个有着14亿人口大国迈向现代化强国的战略思考，是对习近平新时代中国特色社会主义思想的进一步丰富和发展。”一位起草组成员说。

发展，是解决我国一切问题的基础和关键。

从判断我国经济发展正处在“三期叠加”的特定阶段到提出经济发展进入新常态，从提出新发展理念到推进供给侧结构性改革，再到党的十九大明确我国经济发展已由高速增长阶段转向高质量发展阶段……

习近平总书记关于中国特色社会主义新时代我国不同发展阶段的论断一脉相承，表明我们党对经济发展阶段性特征的认识不断深化，充满着历史纵深感、与时俱进的时代感。

——新发展阶段之“新”，就在于中国进入了全面建设社会主义现代化国家、向第二个百年奋斗目标进军的阶段，这在我国发展进程中具有里程碑意义。

实现更加充分更高质量就业、实现高质量引进来和高水平走出去、推动共建“一带一路”高质量发展、建设高质量教育体系……翻开规划建议，一幅幅高质量发展的新图景跃然纸上。

“高质量发展不能只是一句口号，更不是局限于经济领域”；

“要研究经济社会发展目标如何充分体现高质量发展的要求”；

“当前制约高质量发展的体制机制障碍还不少，改革潜力有待进一步释放”……

文件起草过程中，习近平总书记系列重要讲话精神，传递一个鲜明指向：“十四五”乃至今后更长时期，以推动高质量发展为主题要体现在国家发展的各领域和全过程。

——新发展理念之“新”，就在于党的十八大以来、特别是“十三五”以来，被实践证明科学有效的新发展理念，将继续引领“十四五”时期的发展，保证新发展阶段走稳走深走实。

理念是行动的先导，管全局、管根本、管方向、管长远。

“十三五”规划建议中，创新、协调、绿色、开放、共享的发展理念如一条主线主导布局，统领全篇；

适应新形势新要求的“十四五”规划建议，则将五大发展理念化作一条论述逻辑线，如经脉般串联起各章节的枝枝叶叶，推动新发展理念在更深更广层面落细落实。

这是文件中一个别具深意的安排——在规划建议的12个方面重大任务部分，“坚持创新驱动发展”被放在了最前面。

“如同‘十三五’把创新发展放在‘集装箱式’块状结构的第一部分，‘十四五’规划建议的这一安排，进一步表明我们党对创新发展的极端重视，尤其是大变局下的大国博弈，更坚定我们走科技自立自强的创新发展道路决心。”起草组成员这样认为。

“抓住了创新，就抓住了牵动经济社会发展全局的‘牛鼻子’。”习近平总书记反复强调，要像当年攻克“两弹一星”一样，集中力量攻克“卡脖子”的关键核心技术。

在起草创新发展部分的重要内容时，习近平总书记给予进一步指导，强调“十四五”时期要加强系统谋划，集中优势兵力，敢于抢抓机遇，“尽快冲出重围，一个山头一个山头攻下来”。

坚持创新在我国现代化建设全局中的核心地位，强化国家战略科技力量；

坚持实施区域重大战略、区域协调发展战略、主体功能区战略，构建高质量发展的国土空间布局和支撑体系；

坚持绿水青山就是金山银山理念，促进经济社会发展全面绿色转型，建设人与自然和谐共生的现代化；

坚持实施更大范围、更宽领域、更深层次对外开放，依托我国大市场优势，促进国际合作，实现互利共赢；

坚持把实现好、维护好、发展好最广大人民根本利益作为发展的出发点和落脚点，促进人的全面发展和社会全面进步；

……

“规划建议中的这些重大部署进一步表明，新发展理念将贯穿发展全过程和各领域，强调要在质量变革、效率变革、动力变革的基础上，实现更高质量、更有效率、更加公平、更可持续、更为安全的发展，这反映出我们党对发展规律的更深刻认识。”一位起草组成员说。

——新发展格局之“新”，就在于这一新战略部署，是适应我国新发展阶段要求、塑造国际合作和竞争新优势的必然选择。

“构建以国内大循环为主体、国内国际双循环相互促进的新发展格局。”今年习近平总书记主持召开的第七次、第八次中央财经委会议，都与谋划新发展格局有关。自今年5月以来，习近平总书记在不同场合反复提到的这一新战略部署，成为规划建议的重要内容。

这是否是中国迫于外部形势的无奈之举、被动之举？是否意味着中国扩大开放政策将发生改变？

面对各方关切，习近平总书记明确指出：

“改革开放以来，我们遭遇过很多外部风险冲击，最终都能化险为夷，靠的就是办好自己的事、把发展立足点放在国内。”

“我们强调集中力量办好自己的事情，强调以国内大循环为主体，绝不是要关起门来搞建设，而是要在国际环境发生重大变化的情况下进行总体性应对，以顺畅的国内大循环形成对全球资源要素的引力场，形成参与国际竞争和合作新优势。”

坚持扩大内需这个战略基点，以深化供给侧结构性改革为主线，坚持把发展经济着力点放在实体经济上，畅通国内大循环，促进国内国际双循环，全面促进消费，拓展投资空间……规划建议的一系列部署，将在构建新发展格局中开拓发展新境界。

新发展阶段、新发展理念、新发展格局背后，始终贯穿着两件大事：统筹发展和安全。

实施国家安全战略、防范和化解影响我国现代化进程的各种风险……规划建议中关于“安全”的提法和系统部署，彰显着我们党在实践中不断完善的总体国家安全观。

“越是开放越要重视安全，统筹好发展和安全两件大事，增强自身竞争能力、开放监管能力、风险防控能力。”习近平总书记强调。

下好先手棋，打好主动仗。规划建议彰显了以习近平同志为核心的党中央统揽全局和守正创新，将为中国在新时代新征程上开好局、起好步发挥统领作用。

永葆初心使命，坚持以人民为中心的发展思想，不断满足人民美好生活需要。

“十四五”规划建议对人民群众意味着什么？

习近平总书记这样生动阐述：“为了不断满足人民群众对美好生活的需要，我们就要不断制定新的阶段性目标，一步一个脚印沿着正确的道路往前走。”

不断满足人民对美好生活的向往和需求，正是起草“十四五”规划建议的价值基点，也是我们党治国理政的出发点和落脚点。

“十四五”开启之时，恰逢中国共产党建党百年。

百年风雷激荡，中国共产党始终以为人民谋幸福、为民族谋复兴为初心和使命。此次起草规划建议的过程，也无时无刻不澎湃着赤诚火热的为民之心。

研读全会规划建议，扑面而来的是浓郁的人民情怀，贯穿始终的是以人民为中心的发展思想。

发展为了人民——

文件起草期间，正值新冠疫情肆虐之际。

习近平总书记指出，“这次应对新冠肺炎疫情，暴露出我国在重大疫情防控体制机制、公共卫生体系等方面存在的一些短板”。广大人民群众也对补齐发展短板有高度期待。

民有所呼，党有所应。

规划建议中有关公共卫生体系建设的论述篇幅，占到“全面推进健康中国建设”内容的一半以上。习近平总书记还亲自提出，科技创新要增加“面向人民生命健康”的要求，这进一步凸显中国共产党对生命的尊重、对人民的关爱。

一名起草组成员介绍：“起草本次全会文件的时候，我们始终秉持这样一条原则——是否能够真正增进人民福祉。”

习近平总书记曾深刻地指出：“党中央的政策好不好，要看乡亲们是笑还是哭。”

百姓期盼天更蓝、山更绿、水更清、环境更优美，这份规划建议就提出了促进经济社会发展全面绿色转型的一系列新举措；

贫困群众脱贫后仍有返贫风险，规划建议就提出建立农村低收入人口和欠发达地区帮扶机制、健全防止返贫监测和帮扶机制等具体举措，实现巩固拓展脱贫攻坚成果同乡村振兴有效衔接；

高速城市化进程中老旧小区暴露出治理困境，规划建议就对我国实施城市更新行动作出部署，努力让城市“有里有面”、百姓安居乐业……

据文件起草组介绍，规划建议提出的12个方面重大任务中，改善人民生活品质、提高社会建设水平所占的篇幅最大。可以说，规划建议中的一切发展政策都以人民利益为出发点和落脚点。

发展依靠人民——

网友“问琴知雅意”从未想到，听起来十分“高大上”的“十四五”规划建议，也有自己的一份“功劳”。

8月中旬，当看到几家中央媒体推出建言“十四五”专栏时，“问琴知雅意”便在央视网建言专栏上留言：

“养老问题已经成为社会保障的热点，农村养老更是困中之困，农村老龄化更为严重，探索有效的农村特色养老模式非常必要”“为农村老年人提供家门口的照料、医疗、娱乐服务”。

几乎同一时间，一位网名为“云帆”的网友在人民网建言专栏上建议：

“乡村振兴应该先从农村互助养老开始，让留守老人有归宿、让进城子女在城里能安心创业。在农村人口聚集区域，由政府财政投入建设公共食堂、公共宿舍，有意愿的老人都可以免费居住、生活在一起，年龄小的、有能力的老人照顾年龄大的、能力弱的老人，形成互助养老模式。”

网友们的建议，很快就送到了文件起草组案头，并得到起草组同志高度重视。

经过统筹考虑研究，规划建议把积极应对人口老龄化从卫生健康领域单列出来，作为单独的一条“实施积极应对人口老龄化国家战略”。同时，网友建议的“互助性养老”模式也正式写入了文件。

从群众中来，到群众中去。规划建议既充分汲取了人民群众智慧，也必将凝聚起广大干部群众撸起袖子加油干的强大合力。

发展成果由人民共享——

中国共产党是以马克思主义理论武装起来的政党，对社会主义本质有着清醒的认识：解放生产力，发展生产力，消灭剥削，消除两极分化，最终实现共同富裕。

“我们追求的发展是造福人民的发展，我们追求的富裕是全体人民共同富裕。改革发展搞得成功不成功，最终的判断标准是人民是不是共同享受到了改革发展成果。”习近平总书记话语坚定。

经过数十年高速发展，我国历史性地解决了绝对贫困问题，促进共同富裕的基础和条件比以往更加厚实。

在规划建议中，我们党第一次在全会文件中突出强调“扎实推动共同富裕”，同时下了更大力气促进共享发展——

“加大对欠发达地区财力支持，逐步实现基本公共服务均等化”“推进以县城为重要载体的城镇化建设”“千方百计稳定和扩大就业”“推动义务教育均衡发展和城乡一体化”……

规划建议还在收入分配领域出台一系列政策组合拳：“提高劳动报酬在初次分配中的比重”“着力提高低收入群体收入，扩大中等收入群体”“多渠道增加城乡居民财产性收入”“合理调节过高收入，取缔非法收入”……

生活在伟大祖国和伟大时代的中国人民，享有同祖国共发展、与时代同进步的无限机遇。

时代大潮，澎湃向前。

从 1953 年至今，14 个五年规划（计划）勾勒着中国从一穷二白到繁荣富强的伟大飞跃，也贯穿着一个百年大党一以贯之的主题：把我国建设成为社会主义现代化国家！

站在新的重大历史关口，中华民族伟大复兴将向前迈出更大的步伐，14 亿中国人民携手迈入现代化社会，逐步实现共同富裕，将是人类历史上一件影响深远的大事。

“这是何其远大的目标，何其宏伟的蓝图！”参加全会的一位中央委员动情地说，“百年大党的初心使命，就浓缩在这份规划建议中。这个伟大愿景不仅会造福14亿中国人民，更将深刻影响整个世界！”

全面建成小康社会—社会主义现代化国家—社会主义现代化强国，一步一个脚印，一步一个台阶。历史的接力棒，交到了新时代中国共产党人手中。

在以习近平同志为核心的党中央坚强领导下，深刻认识新发展阶段、全面贯彻新发展理念、着力构建新发展格局，亿万人民团结一心不懈奋斗，中国，必将在中国式现代化新征程上再创让世界刮目相看的更大奇迹！

【进阶内容】

（一）要注意叙述的直接性

直接叙述人物经历或事件发展变化过程是通讯写作最主要的表现手法。对于有关的时间、地点、人物、事件、因果等要素要直接加以交代；同时为了增强作品的真实性和现场感，往往也要将作者的采访过程直接写进去；此外通讯中故事与故事之间、场面与场面之间以及开头与结尾等上下文之间也一定要采用直接叙述的方式连缀起来，以便给人以圆润连贯之感。

（二）议论和抒情要实在

在通讯的写作中，议论和抒情是紧密结合在一起的，有不少文字，既是议论，又是抒情，议论是在叙述事实的基础上做画龙点睛般的发挥，抒情也是紧密结合事实，要言不烦地抒发作者的观感。无论叙述还是抒情，都要做到实实在在，不能虚情假意，泛泛空谈。

（三）要注意与消息之间的区别

通讯由消息发展而来，但二者之间具有较大差异。消息大多以事件为主，一事一报。虽然也有写人物的，但往往数量很少且大都只反映人物的一个重要片段，而且仅是粗线条的勾勒，通讯则以写人为主，人物的活动过程、思想感情、性格面貌、矛盾冲突等，在通讯中都要有所表现。涉及事件的，消息一般只做概略的报道，而通讯则在此基础上加以延伸，其对于事件始末的记述要比消息详尽得多。从结构上看，消息通常是采用“导语—主体—背景—结尾”的模式，而通讯则要灵活得多，而且题材各异。从篇幅上看，消息往往较为简短，而通讯则往往比较长。从表现手法上看，消息不如通讯那样可以运用描写、议论、抒情等多种方法，作者的风格也不像通讯那样容易得到发挥和体现。

第十六章　涉外文书的写作

第一节　国　　书

【功能特性】

国书，是国家元首为派遣或召回大使（或公使）而向接受国发出的正式文书。它是一种重要的外交公文，在外交活动中起着非常重要的作用。

国书分为两种：一是派遣国书，一是召回国书（又称辞任国书）。派遣国书由大使或公使在到达驻在国（接受国）时即将副本交给驻在国外交部，正本则亲自向国家元首呈递。按照国际惯例，外交使节在递交国书后才被视为开始履行职责。同级使节按递交国书的时间先后确定排列次序（“在先权”）；召回国书一般在新任大使或公使递交派遣国书时一并递交。我国在不久前礼宾改革中将召回国书与派遣国书合并为一，由新任大使递交。此外，代办到任后向驻在国外交部长递交由本国外交部长签署的介绍信，也称为“国书"。

【结构模式】

国书在结构上通常采用书信体，这与国家内部使用的公文格式显然是不一样的。一般先写明表示问候或致意性的语句，并陈述发出国书的目的及派遣或召回的对象；接下去对所派遣或召回的大使（或公使）的有关情况做出交代并给予评价，最后向接受国提出期望或请求。

【典范文例】

来自尼罗河畔的问候

卡扎人民帝国苏丹致贝西尔国王、首相：

卡扎早在北兰时期就与贵国建立了友好的外交关系，后来北兰及耶路撒冷迁至贝西尔，另创新世，卡扎也专于内政建设，与友国的联络就少了些。如今贵国在各国拓展商业，本人也曾仔细观察，发现贵国的商业模式有可借鉴之处，于是此次夜访贝西尔，希望能与贵国建立更进一步的合作伙伴关系，将贝西尔良好的商业与文化氛围带到遥远的非洲大陆，使更多的人民感受到欣欣向荣的“贝西尔模式”。

【进阶内容】

（一）平等行文

这与国家内部各级政府机关之间使用的公文不同。国书作为一种重要的外交公文，其最大的特点在于它在国与国之间使用，属于平行文。因此，必须遵循国家无论大小一律平等的原则，文书发出以后，能够产生联系作用“礼仪作用”凭证作用和互相制约作用，而不具有指导与指挥作用。

在写作上，国书除了一般公文必须具备的庄重性、条理性、规范性之外，尤其注重特定之格式、表达之准确和措辞之得体，即通常所说的“外交辞令”。

（二）讲究敬语

外交上使用的国书，除非处于某种严重的敌对状态，在一般情况下，都应讲究礼仪，注明敬语的使用，以促进国与国友好关系的发展。比如，开头通常写“尊敬的××总统（或主席、国王等）阁下”，正文结尾处也通常写有“顺致最崇高的敬意”，正文也多采用“贵”“请”“望”等敬辞。使用敬语与坚持正确的原则、立场并不矛盾，敬语不可无，原则不能丢，该说的要说，该坚持的要坚持，使二者做到有机的统一。

第二节　照　　会

【功能特性】

照会，是国与国之间通知某些事项，或就重要问题进行交涉，表明本国立场、态度时使用的文书，在外交场合比较常用。照会分为两种：

一是正式照会。由外交部部长、外交使节出面，用第一人称写成并签名发出。通常用于这样几种情况：

（一）重大事项通知。如国际承认、建交、断交、复交，国家领导人的变更，大使、领事的更换等事项的正式通知。

（二）重要问题交涉或商洽。如有关政治、军事、经济等方面重要问题的交涉，国家领导人访问或互设领事馆等事项的商洽，建议缔结或修改某项条约等。

（三）隆重的礼仪表示。如重大庆贺、吊唁等。

（四）对其他事件给予特别重视的表示。

二是普通照会。由外交部或外交使馆出面，用第三人称写成，加盖机关印章发出，用以提出问题，一般事项通知，或提醒对方就以前的照会或口头接洽予以答复等。不仅如此，还应注意的是正式照会与普通照会、面交的备忘录与送交的备忘录在格式上还有许多不同的地方。

【结构模式】

与国书一样，照会在结构上也通常采用书信体。

正式照会的称呼，分两行，均顶格写。首行写受照人国名、职衔、姓名的全称，不加标点；次行写“阁下”或“先生”之类尊称，后加冒号。普通照会则只写受照机关全称。

正式照会是人对人，它的正文以第一人称直接书写内容，如通知的事项，交涉的问题，洽商的方法、步骤，向对方提示或要求等；普通照会是机关对机关，故用第三人称写，先表示敬意，尔后即涉及照会内容。正式照会的落款写两行，上行写发照人国名、职衔的全称，并签名，下行写发照时间、地点。普通照会只写发照时间、地点，加盖机关公章，一般不签名。

例文是一份普通照会，写法采用书信体。抬头写受照机关全称，后加冒号。正文按惯例用一个礼节性句子开头，紧接着用一句“并谨通知如下”，礼貌地转入正题。第二段用一个严密的长句，说明我方对在什么时间、什么地点签订的什么协定，已完成了什么手续。紧接着一句推断，根据什么规定，说明对方应做些什么事情。仅用两句话写清了这份照会的主要内容。第三段又按惯例用一句敬语作结。最后是落款：发照机关全称、加盖公章，并标明时间、地点。

本文的内容单一，语言表达完整、精确。该用的词语决不能省略，应合并的语句也决不能分割。如“必要的法律手续”一句，“必要的”三字不能省略，省去了可能横生枝节，法律手续没完没了。而协定生效的两个条件“美方完成必要的法律手续”如“通知中方之日”，则合并在一个句子内，既科学完整，又显出这两个条件，联系之紧密，让对方有紧迫感，不致拖延。

【典范文例】

中华人民共和国外交部和美利坚合众国驻华大使馆就《中华人民共和国和美利坚合众国贸易关系协定》生效互致照会

美利坚合众国驻华大使馆：

中华人民共和国外交部向美利坚合众国驻华大使馆致意，并谨通知如下：

中华人民共和国政府对1979年7月7日在北京签订的《中华人民共和国和美利坚合众国贸易关系协定》已完成了必要的法律手续。根据协定第十条第一款的规定，该协定应自美方完成必要的法律手续并通知中方之日起生效。

顺致最崇高的敬意

中华人民共和国外交部（印）

××××年2月1日于北京

【进阶内容】

1. 内容要完整、准确、具体。

要将需要照会的事项完整、准确、具体地陈述清楚，以利于理解和执行。

2. 态度要明朗。

由于照会是一国政府或外交使馆致另一国政府或外交机构的正式文件，用于表明立场、态度、意见或有关事项等，因此，在撰写时必须注意做到表态明确清晰，旗帜鲜明，切忌含混笼统，让人不得要领。

3. 照会是外交文书中最常用的形式。

照会分为正式照会和普通照会两种。

正式照会是外交通信中最正式的形式，一般用于处理重要事务或履行重要的外交礼节。正式照会用第一人称书写，用于外长之间，外长与大使之间以及大使之间的通信。国家元首或政府首脑之间也可使用正式照会，但不常用。正式照会的正本必须由发文人亲自签字。如今在外交通信中必须使用正式照会的时候不多，而每当使用时必有其重要性。

普通照会同正式照会的最大区别在于普通照会是用第三人称书写的文书。它是机构与机构之间，一般是两国外交部之间、使馆与驻在国外交部等官方机构之间以及使馆与使馆之间使用的通信方式。普通照会不用签署，而是由发文机构在正本上盖公章。普通照会处理的事务非常广泛，大到边界纠纷，小到申请签证都可以使用普通照会。随着外交礼节的简化，以往要使用正式照会的现在也可用普通照会取代。普通照会虽然不如正式照会正式，但其内容却不一定都不如正式照会重要。

另外，由于普通照会使用第三人称，不像正式照会那样面对面，总担心直接刺激对方。所以，凡抗议性质的照会一般都用普通照会。但也有例外，1999年，时任中国外长的唐家璇代表中国政府正式照会美驻华大使，就美军轰炸我驻南联盟使馆事件正式向美方提出严正交涉，表示我方的强烈愤慨。

第三节　备忘录

【功能特性】

备忘录，是不同国家政府及其外交代表机关之间经常使用的一种外交文书，用以把某些事项的概况告知对方，并表明己方的立场或决定。可以是某一问题的具体事实说明、政策依据的交代，或法律上的解释、论证；也可以是外交会谈后，为避免误解而提供的书面纪要。

备忘录一般是在外交代表会晤后交，或附于一份简短的照会递交。

【结构模式】

备忘录的内容结构通常由标题、正文和结尾三个部分组成。

一、标题

一般采用正式公文标题的构成形式，写为“××（国名）与××（国名）关于××（内容事项）的备忘录”。应当注意国名要写全称，以示庄重、严肃。

二、正文

备忘录正文部分的主要内容通常包括事实的叙述和观点的说明两个部分。一般首先交代达成备忘录的基本背景，以此作为行文的引言，并提出具体的内容事项。要根据内容的主次轻重顺序做出恰当的表述，可采用撮要表达的形式，以分清眉目。

三、结尾

由签署备忘录的双方代表签字，写明国名全称，注明日期。

【典范文例】

备忘录例一：对外表态

×××总理致××国总理×××的备忘录

一、中国政府欢迎并且支持二〇××年×月×日至×日在××举行的××××会议为促进中×两国解决××问题所做的努力。

二、××××××××××××××××××××××××××××××××。

以上两点只在中×双方官员会晤以前和会晤期间有效，不影响双方官员会晤中提出的其他建议和做出的最后决定。

××××年×月×日于××

注：此件是作为照会附件发出的备忘录。

备忘录例二：陈述意见

备　忘　录

根据××国政府关于××××协定的建议，中国政府表示同意进行签订该协定的谈判。

中国政府的意见，在××××协定中应包括下列各款：

……

当然，上述各款可按双方愿望补充或变更。

请将上述事宜转达贵国政府。

××××年×月×日于××

注：此件为面交备忘录

【进阶内容】

1. 要讲求规范的格式。备忘录，凡由外交官直接面交的备忘录，不编号，不写抬头，落款处注明成文时间、地点，但不盖章；而派人送递的备忘录，则要编号，写明抬头，在成文时间、地点处加盖机关印章。

2. 用语要准确、精当、得体。作为一种重要的外交公文，备忘录的用语必须做到准确、精练，力避含混空泛的语言表述，同时还要切合外交文书的特定用语要求。